员工招聘与配置

（第 2 版）

主　编　宋艳红
副主编　崔培兵
参　编　吕书梅

北京理工大学出版社
BEIJING INSTITUTE OF TECHNOLOGY PRESS

图书在版编目（CIP）数据

员工招聘与配置/宋艳红主编．—2版．—北京：北京理工大学出版社，2020.1（2023.2重印）

ISBN 978-7-5682-5789-3

Ⅰ.①员… Ⅱ.①宋… Ⅲ.①企业管理-人力资源管理 Ⅳ.①F272.92

中国版本图书馆CIP数据核字（2018）第135807号

出版发行／北京理工大学出版社有限责任公司
社　　址／北京市海淀区中关村南大街5号
邮　　编／100081
电　　话／（010）68914775（总编室）
（010）82562903（教材售后服务热线）
（010）68944723（其他图书服务热线）
网　　址／http：//www.bitpress.com.cn
经　　销／全国各地新华书店
印　　刷／北京国马印刷厂
开　　本／787毫米×1092毫米 1/16
印　　张／18
字　　数／423千字
版　　次／2020年1月第2版 2023年2月第3次印刷
定　　价／49.80元

责任编辑／王俊洁
文案编辑／王俊洁
责任校对／周瑞红
责任印制／施胜娟

前　言

市场竞争越来越激烈，人才流动越来越频繁，这使组织的员工招聘必须基于战略眼光，从组织的长远发展角度看问题；同时，如今的应聘者也具有丰富的应聘经验和技巧，如何有效地把好选才关，科学合理地按照组织发展的需要招聘到合适的人才，已非传统的招聘业务职能所能解决的问题。管理流程的规范、专业技术的运用和信息化手段的辅助，已成为提高招聘准确性和效率的必要条件。

以构建基于工作过程的课程模式为目标，推进课程建设与改革，是我国高职院校加强内涵建设、全面提高教学质量的突破口与关键。国家示范性高等职业院校、骨干院校均积极进行“工学结合”课程开发探索，精细化成为人力资源管理专业“工学结合”课程开发的必然选择。

本教材来源于国家首批试点专业人力资源管理专业的精品课程《员工招聘实务》20年的教学实践经验与总结，由衷地感谢广大读者的厚爱，第2版修订，增加了互联网招聘的新兴内容，结合了目前最新的实务案例，深入细节，分析了招聘专员、招聘主管岗位的典型工作任务，以员工招聘的工作流程为脉络展开，将招聘的各环节内容优化组合，设立了新颖、逼真的学习情境，围绕招聘“能招聘会甄选”的职业核心能力的培养设计了任务化的实训项目，按照“提出仿真工作任务——精讲知识——完成任务”的模式，融汇知识、训练技能，体现“项目导向、任务驱动、工学结合、教学做一体”的原则。

本书共包括八个学习情境。这八个学习情境对招聘的原理、各个环节做了系统介绍，分别是：认识招聘；招聘的准备阶段；招聘与初步甄选（简历、履历表与应聘申请书的筛选，笔试，心理测验）；面试的组织与实施（行为描述面试、结构化与半结构化面试）；评价中心技术（无领导小组讨论、情境模拟测验、管理游戏、公文筐测验）；员工录用管理（作出录用决策、体检、录用手续的办理）；招聘的风险防控与招聘评估（招聘中、招聘后的用工风险，招聘的人力评估，招聘的财力评估）；人力资源的有效配置（时间配置和空间配置）。

本书在编写时努力注意做到以下4个方面：

1. 情境化背景。力求遵循学生的认知规律，保持课程的完整性。每个学习情境都设置了职业导向、职业情境，用情境案例引入，从而再现工作任务的真实背景。书中穿插了丰富的阅读材料、注意事项、职业导航等，供读者拓展学习领域。

2. 体验式操练。紧扣高职人力资源管理专业人才培养目标，体现了高职教育“职业引领、培养能力”的特点。每个学习情境都设有以核心技能点为中心的实训项目，课后安排的5个综合实训，突出了读者体验式学习的需要。

3. 职业资格化。近年来，人力资源管理师的国家职业资格认证已成为社会上备受关注的认证项目之一，本教材参照国家最新版培训教程，力求在内容上与时俱进。

4. 基于战略与胜任力素质模型。本书力求做到：理论与实务相结合、模板与工具相结合、方案与案例相结合，既具有战略人力资源管理视角，又能联系现实人力资源工作者操作实践。

本书由院校一线教师与企业人力资源一线管理者编写，再版前与北京知名咨询公司的

HR同仁进行了深度研讨，在此表示感谢，全书由山西经贸职业学院的宋艳红担任主编，由中国农业银行太原分行崔培兵担任副主编。具体分工如下：宋艳红编写学习情境一、二、三、四、五、六、七，崔培兵、吕书梅编写学习情境八。全书由主编定稿。

根据多年的教学实践，本课程建议教学计划安排64~70课时，其中，理论讲授30课时，实训34~40课时。本书配有电子版的课件、教学及实训课时分配表、课程标准、教学大纲。

本书除可作为高等职业院校人力资源管理、工商管理等专业的教学用书外，也可作为人力资源培训机构的培训用书，还可以供社会各界从事人力资源管理工作的人员参考阅读。

本教材的写作参考和引用了国内外有关专著、教材、案例及报纸网络等资料，因各种原因未能一一注明，在此谨向各位作者深表谢意！感谢山西经贸职业学院领导和北京理工大学出版社同仁的大力支持。由于编者水平有限，书中的不当之处，敬请专家和广大读者批评指正。

编　者

目 录

认识招聘

知识目标：通过对本情境的学习，掌握招聘的概念和原理、招聘的基础人力资源规划与岗位研究、招聘的基础流程等。

能力要求：能分析企业的战略、企业人力资源规划，能对职位进行岗位研究，为有效招聘做准备。

职业导向

组织的人力资源管理活动可以概括为获取、保留和发展三个阶段。获取即人员招聘。人员招聘处于整个人力资源管理过程的前端，起着至关重要的作用。人员招聘是一个组织形成和补充人力资源的主要渠道，也是获取优质人才、增强组织竞争力的重要方法。组织只有在把好招聘关的基础上，加强对员工的培训和教育，提供更多更大的事业舞台，做到人尽其才，才能更有效地整合人力资源，实现组织的持续发展。人员招聘的有效性是一项系统工程，它要求企业站在战略的高度上，以人为本，并结合企业的实际，制定人才引进的战略规划，再通过科学的招聘方法，使之有效地落实在招聘计划中。

职业情境

李敏是一名人力资源管理专业的毕业生，两年前通过层层选拔，进入一家大型集团的人力资源部，被安排在招聘专员岗位上工作。该集团发展迅速，李敏充满了无限的希望。招聘主管告诉他：一般人认为，在人力资源部的工作中，招聘最容易，不外乎筛选简历、面试、通知来上班。而一位做了 10 年人力资源工作的专家认为，招聘恰恰是最难的，它就像一场冒险、一场赌博。一场不正规的招聘，如只通过见面、谈话来确定人选，信度只有 20%；如果再加上心理测评、背景调查，完成整个流程，这样的信度也只有 66%。也就是说，把工作做足了，结果才刚刚及格。所以，整个招聘与选才的过程就像打仗一样，只有多学一点技能，把准备工作做得更专业一些，才能招到更合适的人选。

学习任务一 认识员工招聘

情境案例引入

丰田的全面招聘体系

丰田公司著名的“看板生产系统”和“全面质量管理”体系名扬天下，但是，其行之有效的“全面招聘体系”却鲜为人知，正如许多日本公司一样，丰田公司花费大量的人力、物力寻求企业需要的人才，用精挑细选来形容其招聘过程一点也不过分。

一、“全面招聘体系”内容

丰田公司“全面招聘体系的”目的就是招聘到最优秀的、最有责任感的员工，为此公司做出了极大的努力。丰田公司“全面招聘体系”大体上可以分成6大阶段，前5个阶段的招聘要持续5~6天。

第1阶段，丰田公司通常会委托专业的职业招聘机构进行初步的甄选。应聘人员一般会观看丰田公司的工作环境和工作内容的录像资料，同时了解丰田公司的“全面招聘体系”，随后填写工作申请表。1个小时的录像可以使应聘人员对丰田公司的具体工作情况有个大致了解，初步感受工作岗位的要求，这同时也让应聘人员做自我评估和选择。在这个过程中，会有许多应聘人员知难而退。专业招聘机构也会根据应聘人员的工作申请表、具体的能力和经验做初步筛选。

第2阶段，评估员工的技术知识和工作潜能。通常会要求员工进行基本能力测试和职业态度心理测试，以此来评估员工解决问题的能力、学习能力和潜能，并且了解员工的职业兴趣爱好。如果是技术岗位工作的应聘人员，需要进行6个小时的现场实际机器和工具操作测试。通过1~2阶段的应聘者的相关资料会转入丰田公司。

第3阶段，由丰田公司接手有关的招聘工作。本阶段主要是评价员工的人际关系能力和决策能力。应聘人员在公司的评估中心参加一个4小时的小组讨论。在讨论的过程中，丰田公司的招聘专家会对小组讨论进行即时观察评估，比较典型的小组讨论可能是，应聘人员组成一个小组，讨论未来几年汽车的主要特征是什么。解决实际问题可以考查应聘者的洞察力、灵活性和创造力。同样，在第3阶段，应聘者需要参加5个小时的实际汽车生产线的模拟操作。在模拟过程中，应聘人员需要组成项目小组，负担起计划和管理的职能，比如如何生产一种零配件，包括人员分工、材料采购、资金运用、计划管理、生产过程等一系列生产考虑因素的有效运用。

第4阶段，应聘人员需要参加一个1小时的集体面试，分别向丰田的招聘专家谈论自己取得过的成就，这样可以使丰田的招聘专家更加全面地了解应聘人员的兴趣和爱好，了解他们以什么为荣，什么样的事业才能使应聘员工兴奋，以便更好地做出工作岗位安排和职业生涯计划。在此阶段，也可以进一步了解员工的小组互动能力。

通过以上4个阶段，员工基本上被丰田公司录用，但是员工还需要参加第5阶段——一个25小时的全面身体检查。了解员工身体的一般状况和特别的情况，如酗酒、药物滥用的问题。

最后，在第6阶段，新员工需要接受6个月的工作表现评估和发展潜能评估，新员工会接受监控、观察、督导等严密的关注。

丰田的“全面招聘体系”使我们理解了如何把招聘工作与未来员工的工作表现紧密结

合起来。从“全面招聘体系”中可以看出：首先，丰田公司招聘的是具有良好人际关系的员工，因为公司非常注重团队精神；其次，丰田公司生产体系的中心点就是品质，因此需要员工对于高品质的工作进行承诺；再次，公司强调工作的持续改善，这也是为什么丰田公司需要招收聪明和受过良好教育的员工。基本能力、职业态度心理测试和解决问题能力模拟测试都有助于良好的员工队伍形成。正如丰田公司的高层经理所说：受过良好教育的员工，必然会在模拟考核中取得优异成绩。

【案例分析】 丰田的“全面招聘体系”是基于企业文化并把招聘工作与未来员工的工作表现结合考虑的。首先，丰田公司不仅要看招聘员工的技能，还要考查员工的价值观念；考查员工是否具备优秀的素质和持续改善的精神；是否诚实可信、有团队精神等。员工的自我选择也是重要的招聘过程。丰田公司不论在招聘的初期还是在长达6个月的试用期中，都给予员工双向选择的机会，同时淘汰不能胜任的员工，整个“全面招聘体系”需要应聘员工做出同样的牺牲，员工需要花费大量的时间并且竭尽全力才能入选。

【任务提示】 在激烈的市场竞争中，人才的重要性毋庸置疑，能否招聘到适合本企业的优秀人才，是企业生存发展的关键。良好的招聘机制是企业获得优秀员工的保证和企业进一步发展的基础。所以，重视招聘和组织成功的招聘，有助于企业抢占先机。在组织中，人力资源的数量和质量处于经常地变动中，如人员的退休、离职、调动等，所以就需要不断地举行招聘活动，以满足企业的长足发展。因此，人员招聘是人力资源管理中的一项经常性的活动。

必备知识

知识基础一　员工招聘的原理

（一）员工招聘的概念

招聘是指企业为了生存与发展的需要，根据人力资源规划和工作分析提出人员需求数量与任职资格要求，并通过发布需求信息来寻找、吸引那些符合任职资格又有兴趣到本企业工作的任职者，再通过科学甄选从中选出适宜人员予以录用，并将他们安排到企业所需岗位的过程。

在这里强调，第一，人力资源规划与工作分析是招聘与选拔的两项基础性的工作；第二，企业是通过需求信息的发布来吸引应聘者；第三，需要运用科学的甄选手段从应聘者中选拔适宜人员；第四，应将录用的人员安排到合适的岗位上。招聘是一个企业人力资源的获取和准备阶段，包括吸引、选拔和录用三个相对独立又密切相关的阶段。

在吸引阶段，通过在合适的时间、媒介和渠道发布合适的招聘信息，以达到吸引合格应聘者的目的。在选拔阶段，通过一定的程序、使用科学的选拔方法，从应聘者中挑选出符合组织发展战略、组织文化、岗位要求并具有一定素质和特征的人才。录用是依据选择的结果作出录用决策并进行安置的活动，主要包括制定录用决策、发放录用通知、办理录用手续以及员工的初始安置、试用、正式录用等内容。

阅读材料

招聘专员职业素描

招聘专员主要负责通过各种渠道（比如媒体、网络）发布和管理招聘信息，组织和执行招聘计划，还包括通知和安排面试等；并负责安排正式招聘前测试、简历甄别、组织招聘、员工的人事手续办理、员工档案管理及更新等与招聘相关的工作。人力资源、劳动经济、心理学、管理学等相关专业大学专科以上学历，有人力资源相关认证，熟悉人力资源管理各项事务操作流程的人士可以应聘此职位，未来发展趋势将成为人力资源经理或招聘经理。

招聘专员的职责：

（1）全面负责公司内部人才的招聘工作。

（2）根据现有编制及业务发展需求，协助上级确定招聘目标，汇总岗位需求数目和人员需求数目，制订并执行招聘计划。

（3）协助上级完成需求岗位的职务说明书。

（4）调查公司所需人才的外部人力资源存量与分布状况，并进行有效分析，对招聘渠道实施规划、开发、维护、拓展，保证人才信息量大、层次丰富、质量高，确保招聘渠道能有效满足公司的用人需求。

（5）发布职位需求信息，做好公司形象宣传工作。

（6）搜集简历，对简历进行分类、筛选，安排聘前测试，确定面试名单，通知应聘者前来面试（笔试），对应聘者进行初步面试（笔试），出具综合评价意见。

（7）组织相关部门人员协助完成复试工作，确保面试工作的及时开展及考核结果符合岗位要求。

（8）对拟录用人员进行背景调查，与拟录用人员进行待遇沟通，完成录用通知。

（9）负责招聘广告的撰写、招聘网站的维护和更新以及招聘网站的信息沟通。

（10）招聘费用的申请、控制和报销。

（11）总结招聘工作中存在的问题，提出优化招聘制度和流程的合理化建议，完成招聘分析报告。

（12）与其他招聘人员进行招聘流程、招聘方法与技巧的沟通和交流，提高招聘活动效率。

（13）负责建立企业人才储备库，做好简历管理与信息保密工作。

（14）搜集各地区人才市场信息，并熟悉各地区的人事法规。

（15）跟踪和搜集同行业人才动态，吸引优秀人才加盟公司。

（16）熟悉公司人力资源制度，对应聘人员提出的相关问题进行解答。

（二）员工招聘的意义

在组织的人力资源管理过程中，人员招聘是组织获取合格人才的渠道，是组织为了生存和发展的需要而进行的人员准备活动。在实践中，人员招聘状况对于组织人力资源管理的整体水平有着重要影响。

1. 招聘可确保录用人员的质量，提高组织的核心竞争力

现代组织竞争的实质是人才的竞争，人力资源成为组织的核心竞争力。招聘工作作为组织人力资源管理开发的基础，一方面直接关系到组织人力资源的形成，另一方面直接影响组织人力资源开发管理等其他环节工作的开展。只有拥有高素质的员工，才能保证企业提供高质量的产品和服务，保证企业高效有序的运作。

2. 招聘为企业注入新的活力，增强企业的创新能力

企业根据人力资源规划和工作分析要求，通过招聘，给岗位配置新的人员。新的人员在工作中运用新的管理思想、新的工作模式，可能会给企业带来制度创新、管理创新和技术创新。特别是从外部吸收人力资源，为企业输入新生力量，不仅可以弥补企业内人力资源不足，而且可以带来更多新思维、新观念和新技术。

3. 招聘有利于扩大企业知名度，树立企业良好的形象

招聘工作涉及面广，企业利用各种各样的形式发布招聘信息，如通过电视、报纸、广播、多媒体等。这个发布招聘信息的过程扩大了企业的知名度，让外界更多地了解本企业。有的企业以震撼人心的高薪、颇具规模和档次的招聘过程，来表明企业对人才的渴求和企业的实力。企业对人才的招聘，能使企业在招聘到所需的各种人才的同时，也通过招聘工作的运作和招聘人员的素质向外界展现企业的形象。

4. 招聘有利于减少人员离职，增强企业内部的凝聚力

有效的人力资源招聘，可以使企业更多地了解应聘者到本企业工作的动机与目的，企业可以从诸多候选者中选出个人发展目标明确并愿意与企业共同发展的员工；另一方面可以使应聘者更多地了解企业及应聘岗位，让他们根据自己的能力、兴趣与发展目标来决定是否加盟该企业。有效的双向选择使员工愉快地胜任所从事的工作，减少人员离职，减少因员工离职而带来的损失，增强企业内部凝聚力。

5. 招聘有利于促进人力资源的合理流动，提高人力资源潜能发挥的水平

一个有效的招聘系统，能促进员工通过合理流动，找到适合的岗位，达到能职匹配，从而调动员工的积极性、主动性和创造性，使员工的潜能得以充分发挥，人员得以优化配置。同时，调查表明，员工在同一岗位上工作达 8 年以上，就容易出现疲顿现象，而合理流动，会使员工感受到新岗位的压力与挑战，刺激员工发挥内在潜能。

（三）员工招聘的原则

1. 公平、公正、公开原则

在招聘过程中，企业应严格遵守《劳动法》及相关的劳动法规。坚持平等就业、公平竞争，双向选择，反对种族歧视、性别歧视、年龄歧视、信仰歧视，尤其是对弱势群体、少数民族和残疾人等应该予以保护和关心。严格控制未成年人就业，保护妇女、儿童的合法权益。企业招聘不管是以“内部调整”为主，还是以“外部选择”为主，都要依次确定招聘条件、招聘信息的发布范围。对所有应聘者平等对待，公平、公正、公开地筛选、录用，使整个招聘过程有组织、有计划，保证筛选录用程序严格统一，录用决策科学合理。

2. 能职匹配原则

招聘时，应保证所招聘的人的知识、素质、能力与岗位的要求相匹配，俗话说：“骏马能历险，犁田不如牛。”一定要从专业、能力、特长、个性特征等方面来衡量人与职之间是否匹配。在招聘时，贵在“能职匹配”。

3. 协调互补原则

有效的招聘工作，除了要达到“人适其职”的目的外，还应注意群体心理的协调。一方面，考察群体成员的理想、信念、价值观是否一致；另一方面，注意群体成员之间的专业、素质、年龄、个性等方面能否优势互补，相辅相成。群体成员心理相容、感情融洽、行为协调，有助于企业文化的塑造、企业目标的认同与和谐高效系统的形成。否则，可能造成群体成员间情感隔阂，人际关系紧张，矛盾冲突不断，工作相互扯皮。

4. 战略导向原则

招聘要有一定的战略眼光，对于稀缺人才、高科技人才、掌握特殊技能的人才，如果目前用不上，就可以当作储备人才，以满足企业未来发展的需要。

5. 综合性原则

在员工招聘中，组织应当从发展的角度出发，尽量吸收那些知识面广、综合素质高的人才，这样的人才有更好的发展前景，能够为组织的长远发展做出较大的贡献。

6. 内部为主原则

一般来说，企业总觉得人才不够，抱怨本单位人才不足。其实，每个单位都有自己的人才，问题是“千里马常有”，而“伯乐不常有”。因此，关键是要在企业内部建立起人才资源的开发机制和使用人才的激励机制。这两个机制都很重要，如果只有人才开发机制，而没有激励机制，那么本企业的人才就有可能外流。从内部培养人才，给有能力的人提供机会与挑战，造成紧张与激励的气氛，是促进公司发展的动力。但是，这也并非排斥外部人才。当确实需要从外部招聘人才时，我们也不能“画地为牢”。

（四）员工招聘依据的原理

1. 能级对应原理

能级对应包含两方面的含义：一是指某个人的能力完全能胜任该岗位的要求，即所谓人得其职；一是指岗位所要求的能力这个人完全能达到，即所谓职得其人。能级匹配原理指人的能力与岗位要求的能力完全匹配，这种匹配包含着“恰好”的概念，二者的对应使人的能力发挥得最好，岗位的工作任务也完成得最好。该原理的核心要素是：最优的不一定是最匹配的，最匹配的才是最优选择。即“职得其才，才得其职，才职匹配，效果最优”。

能级对应原理的内容包含以下几个方面：

（1）人有能级的区别。狭义地说，能级是指一个人能力的大小；从广义来说，能级包含了一个人的知识、能力、经验、事业心、意志力、品德等多方面的要素。不同的能级应承担不同的责任。

（2）人有专长的区别。不同的专业和专长，不能进行准确的能级比较，不能在一个优秀的计算机专家和一个优秀的建筑设计师之间进行能级比较。

（3）同一系列不同层次的岗位对能力的结构和大小有不同要求。由于层次的不同，其岗位的责任和权利也不同，所要求的能力结构和能力大小也有显著的区别。例如，处于高层的管理者需要有更高的战略能力和宏观控制能力，处于基层的管理人员应有更加具体的技术能力，并对生产工艺的细节有所了解。

（4）不同系列、相同层次的岗位对能力有不同要求。由于工作系列不同，虽然处于同一层次，其能力结构和专业要求也有显著的不同。如人力资源部经理必须具备较强的沟通能力和协调能力；财务部经理必须具备较强的计划能力，并熟知相关的财务法律知识；生产部经理则需有指导他人工作的能力和对质量的控制能力。

（5）能级高于岗位的要求，个人的才华无法施展，工作积极性会降低，企业的人员流动率会变大。能级低于岗位的要求，人心涣散，企业的凝聚力和竞争力均受到影响。能级与岗位要求匹配或基本匹配，是组织成熟的标志，也是组织进入稳步发展的状态。

【阅读材料】

能岗匹配原理在招聘中的应用

1. 根据能岗匹配原则对岗位进行特别分析

通常能岗匹配分析都是针对企业中高级管理层，对于一般员工不必做能岗匹配分析，只做一般的岗位分析即可，能岗匹配分析包括以下内容：

①岗位所需的素质、专业知识和能力。

②岗位所需的性格偏好。

③一把手的性别、性格特征、专业、兴趣和经历。

④曾经与一把手共事过的成功者与失败者的经验分析，尤其是共事者的个体特征分析。

⑤企业经营班子的组成分析，包括性别、年龄、专业、职位、性格特征等。

⑥企业以往的业绩分析：最缺少的人才是什么。

⑦拟招聘岗位在企业所处的组织地位。

2. 列出拟招聘岗位匹配清单

【情境案例】

某民营集团公司要招聘4位营销子公司的总经理，为了挑选到能岗匹配的合适人选，专家对该公司作了2天的访问，听取了各方面的情况，填写了4张调查表，分析了该岗位的各种情况，列出下述能岗匹配清单：

①学历不必太高，只需大专或本科学历。

②年龄不宜太小，应该30岁以上，有5年以上的工作经验和社会阅历。

③善于接触最普通的基层群众，平易近人，衣着朴素；懂得群众语言和与人谈心的方法，最好善饮酒、聊天；长相不能太秀气，谈吐不能太清高。

④为人谦和，能随遇而安，对工作和生活的期望值不太高。

⑤能服从领导，个人意志不宜太强，有协作精神。

⑥有稳定的婚姻和家庭生活。

公司的人事部门（HR）专家从20多个面试者中挑选了4位人选：两位大专毕业、两位本科毕业，至今已在该岗位工作6年，企业和个人都较满意，其中一位已有晋升总公司高职位的可能。

【情境案例】

某国营高科技公司要招聘一位总经理，经调查并作了为期2天的访问后，专家对招聘人选的能岗匹配作了分析，列出了下述能岗匹配清单：

①学历必须是计算机专业硕士及以上，最好是留学归国人员。

②有一定的社会阅历，至少有2年以上工作经验。

③对个人工作成就和生活品质期望值高，个人的成功愿望较强。

④有很好的沟通能力，能与高层接触交谈。

⑤外表和行为举止应较高雅，有一群IT界的朋友更好。

⑥最好出身于高知或高干家庭，因耳濡目染而具备高层公关的经验。

⑦行动果断，能把握市场的风云变幻。

⑧有流利的英语口语。

⑨婚姻状况不限，如已婚，伴侣最好有较高的学历背景。

专家在调查中发现，该公司可以支付较高的工资和提供较好的发展空间，但员工必须自己去创造和获取。公司所从事的工作是高科技的，因此必须有一定的专业背景。根据以上分析，专家最终为其物色了一位留美归国的年约30岁的计算机硕士，他到岗后，工作很顺利，为公司创造了很好的效益，个人的社会地位也迅速得到了提高。

【情境案例】

某国营航空港公司要为其子公司“航空港房地产公司”招聘副总经理，经调查并作了能岗匹配的特殊分析后，列出了下述能岗匹配清单：

①总公司的董事长和总经理均学历较高，能力较强，因此该子公司副总经理应符合总公司领导对人才的期望，必须有本科以上学历和5年以上工作经验，并具备与各类高层次人才沟通的能力。

②该子公司的总经理学历不高，但经验丰富，是一位转业军人，有军人风度，原则性强，因此该副总经理在本人具备高学历的情况下，应有谦虚、谦和的心态，善于向比自己学历低、但经验丰富的人学习，善于看到他人的长处，应具有较高的情商。

③应为建筑或工民建专业毕业。

④其能力结构应具备设计、施工、监理等方面的知识，既能代表“甲方”监督“乙方”，又能作为“乙方”接受一些工程项目，其经历和经验都应较丰富。

⑤因总公司规模大，各方面业务联系较多，所以要求其有较强的协调能力。

专家从应聘的10个人中，选择了一位在设计院和监理所工作过，工民建专业本科毕业，并善于以平和的态度与人相处的职业女性担任该子公司副总。一年的跟踪调查表明，该副总招聘成功，匹配度优，上下级均对其十分满意。

2. 个体差异原理

个体差异原理是在遗传、环境和个体能动性3个因素共同作用下形成和发展的。

素质差异不仅表现在生理、性别和外貌上，而且更多地体现在心理上。心理差异可归结为两个方面：一是个性倾向差异，包括兴趣、爱好、需要、动机、信念、理想、世界观等方面的差异；二是个性心理特征差异，包括能力、气质与性格等方面的差异。人的素质差异是人力资源素质测评存在的客观基础。对人的素质及其功能行为的测量与评鉴，首先是建立在对个体差异认识的基础之上的。

个体差异的基本含义如下：

个体差异的内容十分广泛，具体表现在人的性别、年龄、价值观念、知识技能、个性等方面。人事心理学所要研究的主要是人们在心理素质方面的个体差异。人们在心理素质方面的个体差异主要是指人与人之间在心理特征上的差别。这种差别一般表现在感觉、知觉、态度、情绪、兴趣、意志、品德、智力、能力、体质和人格特征等方面，通常人们将它们概括为性格差异、能力差异、气质差异。

（1）性格差异是指一个人对现实的态度和习惯化的行为方式不同，也就是个性中经常的、习惯性的而又鲜明表现出来的不同心理特征，它是个性的核心。分析人的个体差异，评价人的社会价值，确定一个人对工作的适应程度，关键是要考虑人的性格表现。观察与分析一个人的性格特征，主要是通过对个体的态度体系与意识水平的评价来判断的。

态度是指个体对人、对事所持有的较固定、较持久的心理和行为倾向。它由三个部分构成：一是认知成分。包括个人对人、工作和事物的了解，这属于人的思想认识部分。例如，某人对他所做的工作的重要意义比较了解等；二是情感成分。包括个人对人、工作和事物的好恶，带有感情的倾向。例如，某人对他所做的工作非常热爱等；三是意向成分。包括个人对人、工作和事物的实际反应或行为倾向。人的态度往往通过对某一特定对象的行为反应来表现，一般来说，人的态度表现形式包括以下几个方面：一是表现一个人对待事业与工作的态度。如有人表现为工作认真、勤勤恳恳、敢于创新等性格特征；有人则表现为工作马虎、懒惰、因循守旧等性格特征。二是一个人对社会、对集体、对他人的态度等。如有人表现出爱集体、爱祖国、诚实、富有同情心、有礼貌等性格特征，有人则表现出自私自利、冷酷无情等性格特征。三是一个人对待物品的态度。如有人表现出有条不紊、爱护财物等性格特征，有人则表现为邋遢、杂乱无章等性格特征。

个体意志水平是指人们在社会生活实践中，对自身行为的约束与感情控制的水平。通常表现为一个人的坚韧性与持久性等性格特征。

至于性格的分类问题，在心理学界至今尚没有一致意见。一般有 3 种划分：一种主张按理智、意志和情绪分类；另一种主张按内向、外向分类；还有一种主张按顺从性、独立性分类。

（2）能力是指人们顺利地完成某种活动的心理特征。人的能力差异既表现为人们通过学习训练而已经具备的能力在性向与水平上的差异，也表现为人与人之间潜在能力的差异，即表现在掌握各种活动所必要的知识、技能以及熟练化程度内在能力差异上。人的能力差异主要包括以下 3 个方面：

【阅读材料】

掌握 IQ、EQ、AQ 的含义和作用

1. 什么是“3Q”

IQ（Intelligence Quotient），智慧商数，是指一个人所具有的智慧多少和对科学知识的理解掌握程度。EQ（Emotional Quotient），情绪商数，是指一个人对环境和个人

情绪的掌控和对团队关系的运作能力。AQ（Adversity Quotient），逆境商数，是一个人面对困境时减除自己的压力、渡过难关的能力。

2.“3Q”与员工招聘

有的人IQ很好，但是EQ很低，表示他不能很好地领导团队；有的人IQ、EQ都很好，但AQ不好，说明他不能很好地面对逆境。台湾台基电公司总经理张中谋在上海已经开了分公司，招聘员工时他第一个注意员工的IQ，就是以前的学习成果如何，解决问题的能力如何；第二个是EQ，就是员工如何控制情绪，如何激发团队热情，如何与别人沟通；第三个是AQ，就是员工是否不屈不挠、具有耐力，而且很乐观。综合考核“3Q”来决定员工的录用、提拔。

3. IQ、EQ与AQ的关系

IQ、EQ与AQ的关系可以用登山来形容。登山的人有3种：第一种人在山底下，一看到山很高，就停下来。这种看情况不好就不愿意去拼斗的人在人群中占70%；另外一部分人可以攀登到山腰上，因为爬到一半就再也没有力气了，就在那里搭个帐篷，这样的人占25%；而到达山顶上的人只占5%。所以整个人群中75%的人是好逸恶劳、安于现实的；25%的人具备斗志，但是不能够完全达到目标，只能做到一半；只有那5%的人可以爬到山顶。

①一般能力差异。一般能力又称智能，它是人们在顺利有效地完成各种活动时所共同需要的心理基础，如感觉、知觉、注意、记忆、想象、思维等。人们在知觉、表象、记忆、思维等方面都会表现出一定的个体差异。例如，有些人的知觉属于综合型，这种人知觉的特点是富有概括性和整体性的，但在分析方面较弱。而另一些人的知觉则属于分析型，他们的知觉特点是有较高的分析力，对细节感知清晰，但整体性不够。还有一些人的知觉则兼有上面两种类型的特点，属于分析综合型。

②特殊能力差异。特殊能力是指人们在某种事业活动中表现出来的只适于某种工作活动范围要求的能力，如人的体育才能、管理才能、艺术表演才能、军事才能等。在这些方面，个人特点表现最为明显。

③能力的时间差异。人的能力的发展变化，往往是时间上的一种连续或渐进的运动。生理科学研究证明，人的生理机能是随着人的年龄的增长而减退，这就使人的记忆功能和动作反应速度、敏捷力减退。英国学者麦尔斯的研究对此提供了证据。麦尔斯以同一团体成员及其家庭为研究对象，采用各种方法测验他们的视觉灵敏度，记忆、比较和判断准确性，动作反应和速度等人体机能能力，结果表明，这些能力在不同的年龄阶段中，呈现出不同的特点。

（3）气质是指人们通常所讲的“脾气”“性情”，它是人的典型而又稳定的心理特征，决定着人的心理活动方面的自然属性，决定着心理活动进行的速度、强度、指向性等特点。气质较多地受个性生物组织的制约，而且不以活动的内容、目的和动机为转移。所以它很早就表现在儿童的行为中。

每个人都具有多种气质特点，这些特点并非偶然地结合在一起，而是有规则地互相联系着，从而组成不同的气质类别。目前，比较流行的气质分类理论，仍是古希腊著名医生希波克拉底提出来的“体液优势论”，即以在人体内占优势的体液为依据把气质分4种基本类型，即多血质（又称活泼型）、黏液质（又称安静型）、胆汁质（又称激动型）、抑郁质（又称弱型）。这些类型的基本特征如下：多血质表现为活泼好动、敏感、反应迅速、注意力容易转移、兴趣容易变换等；黏液质表现为安静、稳重、反应缓慢、沉默寡言、情绪不易外露、注意力稳定又难于转移、善于忍耐等；胆汁质表现为直率、热情、精力旺盛、情绪易于冲动、心境变换剧烈等；抑郁质表现为孤僻、胆小、行动迟缓、不易动情、体验深刻细心、缺乏果断和自信、容易疲倦等。每一种气质类型都有自身的特点。例如，多血质的人机灵、善于发现新动态、善于与人交际，但注意力不稳定、兴趣容易转移；抑郁质的人虽然胆小、孤僻、不太合群，但感情细腻、观察能力强。因此，一个人的气质特征是一个中性变量，其本身并不决定人的社会价值。同一种气质类型的人既可能成为杰出人物，也可能是平庸之辈。

3. 互补增值原理

由于人力资源系统每个个体具有多样性、差异性，因此在人力资源整体中具有能力、性格等多方面的互补性，通过互补可以发挥个体优势，并形成整体功能优化。

（1）知识互补。不同知识结构的人思维方式不同，他们互为补充，就容易引起思想火花的碰撞，从而获得最佳方案。

（2）气质互补。在气质方面应刚柔相济，比如一个组织中既要有踏踏实实的“管家型人才”，也要有敢闯、敢冲的“将军型人才”和出谋划策的“协调型人才”。

（3）能力互补。即一个组织中应集中各种能力的人才，既要有善于经营管理的，也要有善于公关协调的，还要有善于搞市场营销的和做行政人事的，等等。

（4）性别互补。在一个组织中既要有女性发挥细心、耐心的优势，又要有男性展示粗犷、坚强的一面，让大家各展其优，各自发挥所长。

（5）年龄互补。在一个组织中，既要有经验丰富、决策稳定的老年人，又要有精力充沛、反应敏捷的中年人，还要有勇于开拓、善于创新的青年人。不同年龄段的人相互补充，组织效率会更高。

4. 同素异构原理

在人力资源开发过程中，组织构成是一个非常重要的内容。在一个组织中，即使组成的人力资源的因素是一样的，但采用不同的组织结构，其组织效力的发挥也会大不相同，这就是所谓的同素异构原理。因为传统的金字塔结构具有传递信息慢、缺乏灵活性、难以适应外界快速变化的需要等不足，所以需要进行变革。当前变革的趋势是：压缩层次，拓宽跨度。组织结构由金字塔向扁平化、网络化发展，以增强组织的适应性和灵活性，有效发挥组织人力资源的积极性、创造性和主动性。

5. 要素有用原理

人力资源个体之间尽管有差异，有时甚至有非常大的差异，但我们必须承认，人人有其才，即每个人都有他的“闪光点”，都有他突出的地方。比如有的人研究开发能力很强，有的人组织协调能力很强，还有的人表达能力和自我展示的能力强，当然也有的人对社会经济发展变化适应的能力很强等。这种差异要求人力资源开发工作者要有深刻的认识，对人不可求全责备，而应该在人力资源配置过程中注意合理地搭配组合人才，充分发挥每个人的长处和优势，而不是只采用淘汰的办法，使人人都有不安全感。

【情境案例】

A老板想开除三个人，这三个人的缺点是：甲太好动；乙太好静；丙不仅强壮好动，还爱打架。B老板是A老板的好朋友，B老板对A老板说，既然你不想要，那么就给我吧。B老板要来这三个人，指派这三个人分别担任以下职务：甲做销售；乙做财务；丙做保卫。

过了一年，A老板问B老板，你要走的那三个人工作得怎么样，B老板说，干得都很出色。A老板觉得奇怪，B老板说，要用其所长，把合适的人放到合适的岗位上，他们自然就会干得出色。

6. 动态适应原理

现代社会是动态的社会，物质在动，信息在动，人力资源也在不断地流动。对个人来说，有主动择业的权利；对于组织来说，则可以对人的工作进行适时地纵向或横向调整；对于国家来说，可以通过制定政策，引导人才合理流动。人才流动是绝对的，人才在流动中寻找适合自己的位置，组织则在流动中寻找适合组织要求和发展的人才。人才流动分个体流动和结构性流动（即由产业结构调整造成的人才流动）。所以，人力资源开发要正确地认识流动，保持一种动态性开发的态势，促进人才在流动得到优化配置。

学习任务二　分析基于战略的企业人力资源规划

情境案例引入

人力资源规划是“纲”

生于台湾的苏俊逸先生，曾在沙特阿拉伯生活过四年，回国后，他先后在英国帝国化学公司、王安电脑公司、法国罗纳普朗克东公司、诺基亚通信公司、德国拜耳医药保健有限公司等跨国公司从事人力资源管理工作近16年。在东方诚信培训公司举办的“21世纪职业经理人训练营活动”中，针对人力资源规划问题，苏俊逸发表了他的见解。

人力资源规划在企业管理中的重要地位如下：

随着人力资源部门被越来越多的管理者所重视，其在企业中的地位也逐渐由传统的被动救火角色，提升为企业的战略伙伴。如果企业的人力资源规划能与企业的策略规划相结合，便可达到以下效果：

（1）可提高生产力及产品质量；

（2）人力资源部门可协助直线部门达成企业目标，通过人力资源规划的过程，增进彼此的了解，得知直线部门的需求，并适时地提供支持，以达成企业目标；

（3）最重要的部分是任何企业的营运计划均需要找对人在适当的地方执行计划。

何谓策略规划，简单地说就是企业设定目标，并决定采取的行动方案，以达成目标的操作过程。可分为三个核心因素：任务及策略（即说明企业为何存在的理由及对现有资源合理的利用）、结构（即逻辑性地对工作分组的方式）、人力资源流程（即以任务、策略与结构为组织备妥框架，然后将人放在结构上的各个位置，招聘的流程，就是要把条件合适的人才摆到恰当的位置，使员工有更好的表现）。

策略规划需要通过五个步骤：一是要界定公司的性质及任务，这是整个过程中最困难的一步，比如：这个组织存在的基本目的是什么？为何我们会存在于这个行业？我们的基本价值何在？等等。二是扫描环境情况，必须系统地从技术性、经济性、政治性及社会性等会影响到组织任务的各个方面进行分析。三是评估组织本身的优势及劣势，只有知己知彼，才能百战不殆，因此要在审视外在环境的同时，看到自身存在的问题。四是确定发展目标及终极目的，在评估了组织的能力之后，应该确定较实际的发展目标及终极目的，如：销售指标是什么？利润、投资回报率各是多少？我们是如何用量化的方法来衡量客户服务或人员的发展绩效的？五是制定发展策略。只有在上述四个步骤完成后，才有可能提出未来如何发展的策略。

此外，还要注意确保企业的人力资源规划和企业的策略规划整合成功的要素，包括了解直线部门的需求，考虑会影响人力资源的外在事件，如国际、国家、地方的经济发展，人口的变动，劳动者对价值或态度的改变，政府新立的法规等。

案例分析：招聘，即指组织根据人力资源规划，按照一定的程序和方法，募集、挑选、录用具备资格条件的合适人选的过程。人力资源规划是做好招聘工作的前提。

任务提示：在企业招聘过程中，招聘和录用工作是建立在两项工作的基础上来完成的：一项为企业人力资源规划和招聘规划工作；另一项为岗位分析工作。有了这两项工作作为基础，企业才能进入科学的招聘和录用工作的操作阶段。

知识基础二　把握招聘的基础——人力资源规划

（一）人力资源规划的基本含义

狭义是指企业从战略规划和发展目标出发，根据企业内部和外部环境的变化，预测企业未来发展对人力资源的需求，以及为满足这种需要所提供人力资源的活动过程。广义是指企业所有各类人力资源规划的总称。

人力资源规划按期限（时间）可分为：长期规划（五年以上）、短期规划（一年及以内），介于两者之间的为中期计划（一年以上五年以下）。

按内容可分为：战略发展规划、组织人事规划、制度建设规划、员工开发规划。人力资源规划是将企业经营战略和目标转化成人力需求，以企业整体的超前和量化的角度分析和制定人力资源管理的一些具体目标。

（二）人力资源规划的要求

（1）人力资源规划的制定必须依据组织的发展战略、目标。

（2）人力资源规划要适应组织内部和外部环境的变化。

（3）制定必要的人力资源政策和措施是人力资源规划的主要工作。

（4）人力资源规划的目的是使组织人力资源供需平衡，保证组织长期持续发展和员工个人利益的实现。

（三）人力资源规划的作用

1. 有利于组织制定战略目标和发展规划

人力资源规划是组织发展战略的重要组成部分，同时也是实现组织战略目标的重要保证。

2. 确保组织生存发展过程中对人力资源的需求

人力资源部门必须分析组织人力资源的需求和供给之间的差距，制定各种规划来满足对人力资源的需求。

3. 有利于人力资源管理活动的有序化

人力资源规划是企业人力资源管理的基础，它由总体规划和各种业务计划构成，为管理活动（如确定人员的需求量、供给量、调整职务和任务、培训等）提供可靠的信息和依据，进而保证管理活动的有序化。

4. 有利于调动员工的积极性和创造性

人力资源管理要求在实现组织目标的同时，也要满足员工的个人需要（包括物质需要和精神需要），这样才能激发员工持久的积极性，只有在人力资源规划的条件下，员工对自己可满足的东西和满足的水平才是可知的。

5. 有利于控制人力资源成本

人力资源规划有助于检查和测算出人力资源规划方案的实施成本及其带来的效益。人力资源规划能预测组织人员的变化，调整组织的人员结构，把人工成本控制在合理的水平上，这是组织持续发展不可缺少的环节。

（四）人力资源规划的内容

1. 人力资源规划包括五个方面

（1）战略规划是根据企业总体发展战略的目标，对企业人力资源开发和利用的方针、政策和策略的规定，是各种人力资源具体计划的核心，是事关全局的关键性计划。

（2）组织规划是对企业整体框架的设计，主要包括组织信息的采集、处理和应用，组织结构图的绘制，组织调查、诊断和评价，组织设计与调整以及组织机构的设置等。

（3）制度规划是人力资源总规划目标实现的重要保证，包括人力资源管理制度体系建设的程序、制度化管理等内容。

（4）人员规划是对企业人员总量、构成、流动的整体规划，包括人力资源现状分析、企业定员、人员需求、供给预测、人员供需平衡等。

（5）费用规划是对企业人工成本、人力资源管理费用的整体规划，包括人力资源费用的预算、核算、结算以及人力资源费用控制。

2. 人力资源规划的划分

人力资源规划又可分为战略性的长期规划、策略性的中期规划和具体作业性的短期规划，这些规划与组织的其他规划相互协调、联系，既受制于其他规划，又为其他规划服务。

人力资源规划是预测未来的组织任务和环境对组织的要求，以及为了完成这些任务和满足这些要求而提供人力资源的过程。通过收集和利用现有的信息对人力资源管理中的资源使用情况进行评估预测。

3. 人力资源的战略计划

人力资源的战略计划主要是根据公司内部的经营方向和经营目标，以及外部的社会和法律环境对人力资源的影响，制定出一套跨年度计划。需注意以下几个方面的因素：

（1）国家及地方人力资源政策环境的变化。国家及地方人力资源政策环境的变化，包括国家对于人力资源的法律、法规的制定；对于人才的各种措施；国家各种经济法规的实施；国内外经营环境的变化；国家以及地方对于人力资源和人才的各种政策规定等。这些外部环境的变化必定影响公司内部的整体经营环境，从而使公司内部的人力资源政策也随之变动。

（2）公司内部的经营环境的变化。公司的人力资源政策的制定必须遵从公司的管理状况、组织状况、经营状况变化和经营目标的变化。因此，公司的人力资源管理必须根据以下原则，根据公司内部的经营环境的变化而变化。

①安定原则，是在公司不断提高工作效率的前提下，公司的人力资源管理应该以公司的稳定发展为其管理的前提和基础。

②成长原则，是指公司在资本积累增加、销售额增加、公司规模和市场扩大的情况下，必须增加人员。公司人力资源的基本内容和目标是公司的壮大和发展。

③持续原则。人力资源管理应该以公司的生命力和可持续增长、保持公司的持续发展潜力为目的；必须致力于劳资协调、人才培养与后继者培植工作。

（3）人力资源的预测。人力资源的预测是指根据公司的战略规划以及公司内、外环境的分析，制订人力资源战略计划。为配合公司发展的需要以及避免制订人力资源战术计划的盲目性，应该对公司的所需人员作适当预测，在估算人员时应该考虑以下因素：

①公司因业务发展和紧缩而所需增、减的人员。

②因现有人员的离职和调转等而所需补充的人员。

③因管理体系的变更、技术的革新及公司经营规模的扩大而所需增加的人员。

（4）企业文化的整合。公司文化的核心就是培育公司的价值观，培育一种创新、向上、符合实际的公司文化。在公司的人力资源规划中必须充分注意与公司文化的融合与渗透，保障公司经营的特色，以及公司经营战略的实现和组织行为的约束力，只有这样，才能使公司的人力资源具有延续性，且具有本公司的特色。

【阅读材料】

中粮集团的战略执行落地在班组

作为国内最大的综合食品粮油加工贸易企业，中粮集团（以下简称“集团”）已在农产品原料、粮油食品、果蔬、饮料、酒业、糖业、饲料、能源发展、地产开发、酒店经营和金融服务等领域形成了清晰的业务布局。

随着战略格局的成型，随之而来的紧迫问题在于战略如何落地。

董事长宁高宁在集团班组建设推进会上强调：“战略的最终完美执行靠班组。”他表示：“战略单元需向基层推动，这样的战略线路才是更有力的，中粮集团 3 800

多个班组中的每一个班组都应该成为一个战略的代表，发挥战略执行过程中从上至下、从下而上的互动作用。”

由此，中粮集团将班组建设作为推进集团“全产业链”战略落地的关键举措和保障，拉开了五年班组建设战略规划的序幕。

1. 整合外力、突破挑战

在企业高层的大力支持下，中粮集团形成了班组建设氛围，高效推进符合“全产业链”战略要求、符合中粮文化特色以及行业特点的班组模式。

2. 战略规划、统一部署

中粮集团将班组建设视为集团“全产业链”战略落地的一项长效的系统工程，力求从集团层面进行班组建设的战略规划，明确班组建设的目标、核心内容、实现路径和推进方法。

根据国资委的相关要求及集团班组建设的特点和现状，中粮集团借鉴并吸收了内外部的优秀实践经验，形成了班组建设的“一二三四五”五年战略规划。

一个目标：以建设具有国际水准的“全产业链”粮油食品企业的战略目标为指引。

两个体系：建立集团班组建设推进工作体系和集团班组建设管理体系。

三个建设：紧紧抓住班组基础建设、班组成员基本素质建设、班组长基层管理者能力建设三个重点。

四种方法：着力在培训、竞赛、考核、激励四种方法上下功夫，分阶段、分步骤、分类别推进集团班组建设。

实现五化：实现集团班组达到班组建设全员化、班组管理标准化、班组建设品牌多样化、班组建设工作体系化、班组建设水平国际化。

4. 人力资源的战术计划

人力资源的战术计划是根据公司未来面临的外部人力资源供求的预测以及公司的发展对人力资源的需求量而预测制定的具体方案，包括招聘、辞退、晋升、培训、工资和福利政策、梯队建设和组织变革。在公司的人力资源管理中有了人力资源的战略计划后，就要制订人力资源的战术计划。

人力资源的战术计划包括4部分：

（1）招聘计划。针对公司所需要增加的人才，制订出该项人才的招聘计划，一般一个年度为一个段落，其内容包括：

①计算本年度所需人才，并计划、考察出可能会内部晋升、调配的人才，确定各年度必须向外招聘的人才数量，确定招聘方式，寻找招聘来源。

②如何安排所聘人才的工作职位，并防止人才流失。

（2）人员培训计划。人员培训计划是人力计划的重要内容，人员培养计划应按照公司的业务需要、公司的战略目标以及公司的培训能力，分别确定下列培训计划：

①专业人员培训计划。

②部门培训计划。

③一般人员培训计划。

④选送进修计划。

（3）考核计划。一般而言，公司内部因为分工的不同，对于人员的考核方法也不同，在提高、公平、发展的原则下，应该把员工对于公司所作出的贡献作为考核的依据。这就是绩效考核的指导方法。绩效考核计划要从员工工作成绩的数量和质量两个方面，对员工在工作中的优缺点进行测定。如科研人员和公司财务人员的考核体系就不一样，因此在制订其考核计划时，应该根据工作性质的不同，制订相应的人力资源绩效考核计划。至少包括以下三个方面：工作环境的变动性大小，工作内容的程序性大小，员工工作的独立性大小。绩效考核计划做出来以后，要制定相应考核办法，常用的方法包括：排序法、平行法、关键事件法、硬性分布法、尺度评价表法、行为定位等级评价法、目标管理法。

（4）发展计划。结合公司发展目标，设计核心骨干员工职业生涯规划和职业发展通道。明确核心骨干员工在企业内的发展方向和目标，以达到提高职业忠诚度和工作积极性的作用。

（五）人力资源规划的程序

人力资源规划的程序即人力资源规划的过程，一般可分为以下几个步骤：收集有关信息资料、人力资源需求预测、人力资源供给预测、确定人力资源净需求、编制人力资源规划、实施人力资源规划、人力资源规划评估、人力资源规划反馈与修正。

1. 收集有关信息资料

人力资源规划的信息包括组织内部信息和组织外部环境信息。

组织内部信息主要包括企业的战略计划、战术计划、行动方案、本企业各部门的计划、人力资源现状等。

组织外部环境信息主要包括宏观经济形势和行业经济形势、技术的发展情况、行业的竞争性、劳动力市场、人口和社会发展趋势、政府的有关政策等。

2. 人力资源需求预测

人力资源需求预测包括短期预测和长期预测，总量预测和各个岗位需求预测。

人力资源需求预测的典型步骤如下：

（1）现实人力资源需求预测。

（2）未来人力资源需求预测。

（3）未来人力资源流失情况预测。

（4）得出人力资源需求预测结果。

【阅读材料】

马尔科夫模型的使用方法

马尔科夫模型可以用来预测具有等时间间隔点上（如一年）各类人员的分布状况。

它是根据历史数据，预测等时间间隔点上的各类人员分布状况。此方法的基本思想是根据过去人员变动的规律，推测未来人员变动的趋势。步骤如下：

(1) 根据历史数据推算各类人员的转移率，得出转移率的转移矩阵；

(2) 统计作为初始时刻点上的各类人员分布状况；

(3) 建立马尔科夫模型，预测未来各类人员的供给状况。

使用马尔科夫模型进行人力资源供给预测的关键是确定出人员转移率矩阵表，而在实际预测时，由于受各种因素的影响，人员转移率是很难准确确定出来的，往往都是一种大致的估计，因此会影响到预测结果的准确性。

在人力资源管理概论中，马尔科夫模型是用来预测等时间间隔点上（一般为一年）各类人员分布状况的一种动态预测技术，是从统计学中借鉴过来的一种定量预测方法。它的基本思路是：找出过去人力资源流动的比率，以此来预测未来人力资源供给的情况。

3. 人力资源供给预测

人力资源供给预测包括组织内部供给预测和外部供给预测。人力资源供给预测的典型步骤如下：

(1) 内部人力资源供给预测。

(2) 外部人力资源供给预测。

(3) 将组织内部人力资源供给预测数据和组织外部人力资源供给预测数据汇总，得出组织人力资源供给总体数据。

4. 确定人力资源净需求

在对员工未来的需求与供给预测数据的基础上，将本组织人力资源需求的预测数与在同期内组织本身可供给的人力资源预测数进行对比分析，从比较分析中可测算出各类人员的净需求数。这里所说的“净需求”，既包括人员数量，又包括人员的质量、结构；也就是既要确定“需要多少人”，又要确定“需要什么人”，数量和质量要对应起来。这样就可以有针对性地进行招聘或培训，就为组织制定有关人力资源的政策和措施提供了依据。

5. 确定人力资源规划的项目

根据组织战略目标及本组织员工的净需求量，编制人力资源规划，包括总体规划和各项业务计划。同时要注意总体规划、各项业务计划及各项业务计划之间的衔接和平衡，提出调整供给和需求的具体政策和措施。一个典型的人力资源规划应包括：规划的时间段、计划达到的目标、情境分析、具体内容、制订者、制订时间。

(1) 规划时间段。确定规划时间的长短，要具体列出从何时开始，到何时结束。若是长期的人力资源规划，可以达5年以上；若是短期的人力资源规划，如年度人力资源规划，则为1年。

(2) 规划达到的目标。确定达到的目标要与组织的目标紧密联系起来，最好有具体的数据，同时要简明扼要。

(3) 情境分析。目前情境分析：主要是在收集信息的基础上，分析组织目前人力资源的供需状况，进一步指出制订该计划的依据。

未来情境分析：在收集信息的基础上，在计划的时间段内，预测组织未来的人力资源供需状况，进一步指出制订该计划的依据。

（4）具体内容。这是人力资源规划的核心部分，主要包括以下几个方面：

①项目内容。

②执行时间。

③负责人。

④检查人。

⑤检查日期。

⑥预算。

（5）规划制定者。规划制定者可以是一个人，也可以是一个部门。

（6）规划制定时间。主要指该规划正式确定的日期。

6. 实施人力资源规划

人力资源规划的实施，是人力资源规划的实际操作过程，要注意协调好各部门、各环节之间的关系，在实施过程中需要注意以下几点：

（1）必须有专人负责既定方案的实施，要赋予负责人保证人力资源规划方案实现的权利和资源。

（2）要确保不折不扣地按规划执行。

（3）在实施前要做好准备。

（4）实施时要全力以赴。

（5）要有关于实施进展状况的定期报告，以确保规划能够与环境、组织的目标保持一致。

7. 评估人力资源规划

在实施人力资源规划的同时，要进行定期与不定期的评估。从如下 3 个方面进行：

（1）是否忠实地执行了本规划。

（2）人力资源规划本身是否合理。

（3）将实施的结果与人力资源规划进行比较，通过发现规划与现实之间的差距来指导以后的人力资源规划活动。

8. 人力资源规划的反馈与修正

对人力资源规划实施后的反馈与修正是人力资源规划过程中不可缺少的步骤。在评估结果出来后，应进行及时的反馈，进而对原规划的内容进行适时的修正，使其更符合实际，更好地促进组织目标的实现。

（六）人力资源规划的制定原则

1. 充分考虑内部、外部环境的变化

人力资源规划只有充分地考虑了内部、外部环境的变化，才能适应需要，真正地做到为企业发展目标服务。内部环境变化主要指销售的变化、开发的变化或者说企业发展战略的变化，还有公司员工的流动变化等；外部环境变化指社会消费市场的变化、政府有关人力资源政策的变化、人才市场的变化等。为了更好地适应这些变化，在人力资源计划中应该对可能出现的风险变化做出预测，最好能制定出面对风险时的应对策略。

2. 确保企业的人力资源保障

企业的人力资源保障问题是人力资源计划中应解决的核心问题。它包括人员的流入预测、流出预测、人员的内部流动预测、社会人力资源供给状况分析、人员流动的损益分析等。只有有效地保证了企业的人力资源供给，才可能去进行更深层次的人力资源管理与开发。

3. 使企业和员工都得到长期的利益

人力资源计划不仅是面向企业的计划，也是面向员工的计划。企业的发展和员工的发展是互相依托、互相促进的关系。如果只考虑企业的发展需要，而忽视了员工的发展，则会阻碍企业发展目标的达成。优秀的人力资源计划，一定是能够使企业和员工达到长期利益的计划，一定是能够使企业和员工共同发展的计划。

4. 人力资源规划发展趋势

为了保证企业人力资源计划的实用性和有效性，人力资源规划应更加注重对关键环节的陈述；对于人力资源计划中的长期计划而言，也倾向于将计划中的关键环节明确化、细致化，并将它们提炼成具体的可执行的计划，最好能明确计划的责任和要求，并且有相应的评估策略；由于人力资源市场和企业发展的变化周期缩短，企业更倾向于编写年度人力资源计划和短期计划；企业的人力资源计划将会更加注重关键环节的数据分析和量化评估，并且将明确地限定人力资源计划的范围。

5. 人力资源规划的目标

人力资源规划是为了确保组织实现下列目标：得到和保持一定数量且具备特定技能、知识结构和能力的人员，充分利用现有人力资源；能够预测企业组织中潜在的人员过剩或人力不足；建设一支训练有素、运作灵活的劳动力队伍，增强企业适应未知环境的能力；减少企业在关键技术环节对外部招聘的依赖性。为达到以上目标，人力资源规划需要关注的焦点如下：

（1）需要多少人。

（2）员工应具备怎样的技术、知识和能力。

（3）现有的人力资源能否满足已知的需要。

（4）是否有必要对员工进行进一步的培训和开发。

（5）是否需要进行招聘。

（6）何时需要新员工。

（7）培训或招聘从何时开始。

（8）如果为了减少开支或由于经营状况不佳而必须裁员，应采取怎样的应对措施。

（9）除了积极性、责任心外，是否还有其他的人员因素可以开发利用。

（七）人力资源规划的目的

1. 规划人力发展

人力发展包括人力预测、人力增补及人员培训，这三者紧密联系，不可分割。人力资源规划一方面是对目前人力现状予以分析，以了解人事动态；另一方面是对未来人力需求做一些预测，以便对企业人力的增减进行通盘考虑，再据此制订人员增补和培训计划。所以，人力资源规划是人力发展的基础。

2. 促使人力资源的合理运用

只有少数企业的人力配置完全是理想的状况。在相当多的企业中，其中一些人的工作负荷过重，而另一些人则工作过于轻松；也许有一些人的能力有限，不能满足工作需求，而另一些人则感到能力有余，在现在的岗位上未能充分利用。人力资源规划可改善人力分配的不平衡状况，谋求人力分配合理化，使人力资源能配合组织的发展需要。

3. 配合组织发展的需要

任何组织的特性，都是不断地追求生存和发展，而生存和发展的主要因素是人力资源的获得与运用。也就是如何适时、适量及适质地使组织获得所需的各类人力资源。由于现代科学技术日新月异，社会环境变化多端，如何针对这些多变的因素，配合组织发展目标，对人力资源进行恰当规划甚为重要。

4. 降低用人成本

影响企业用人数目的因素很多，如业务、技术革新，机器设备，组织工作制度，工作人员的能力等。人力资源规划可对现有的人力结构作一些分析，并找出影响人力资源有效运用的瓶颈，使人力资源的效能充分发挥，降低人力资源在成本中所占的比率。

5. 系统内容

人员档案资料包括用于估计目前的人力资源（技术、能力和潜力）和分析目前这些人力资源的利用情况。人力资源预测包括所需的工作者数量、预计的可供数量、所需的技术组合、内部与外部劳动力供给量。行动计划包括通过招聘、录用、培训、工作安排、工作调动、提升、发展等行动来选拔合格的人员，弥补预计的空缺。控制与评价包括通过检查人力资源目标的实现程度，提供关于人力资源计划系统的反馈信息。

6. 对员工成长提供帮助

人力资源规划是人力资源管理的一个主要方面，是企业人力资源战略形成的出发点。人力资源规划是将组织的未来需求与有责任感、有经验的员工在适当的时机和适当的岗位有机结合的过程。人力资源规划越来越被企业重视，并成为企业战略不可缺少的部分。在竞争日益激烈的社会中，人力资源的吸纳、消化与开发成为人力资源规划的重点，使得企业能减少人员的流动，并降低成本。所以，在人力资源规划中如何使员工成长是企业不得不考虑的因素之一，这一点在具体的规划中均有体现。

（1）总体规划与人力资源规划统一。人力资源的总体规划是建立在企业总体战略的基础上，总体规划需要明确人力资源管理的职能战略目标、规划的周期、规划的范围，在明确为企业进行总体规划的同时建立与之相适应的人力资源文化，从而吸纳、消化、开发人员。

（2）需求、供给分析。需求分析是基于企业战略与竞争战略对企业未来的人才需求进行数量与质量的分析。供给分析是在人力资源规划中对未来外部市场与企业内部市场满足企业未来人才需求的可能性进行分析。

（3）招聘计划。招聘计划包括了解申请这些职位的人员类型及预测申请这些职位的人员实际上获得该职位的可能性。企业在实行招聘方法时首选是内部招聘，因为理想的内部招聘可以充分发挥员工技能，调动员工的积极性，给员工充分的成长机会。

（4）绩效考核、薪酬调整计划。每个岗位的绩效指标决定着企业总战略、竞争战略与职能战略的实现情况。对于企业来说，根据定期的考核进行相应的薪酬调整是对员工工作的一种肯定和鼓励，能够激发员工的积极性。

（5）员工的职业生涯规划。职业生涯规划与管理就是通过事先的预期，明确职业的目标和每个阶段的任务，达到实现工作理想的目的。职业生涯的规划一方面包括企业了解员工的能力、个性、兴趣、发展愿望，另一方面要帮助员工了解企业。企业要将个人发展愿望和企业的发展方向相结合，企业要给予员工组织上的支持，并向员工提供职业生涯规划的工具和信息的支持。这样不仅减少了企业人员的流动率，而且将员工职业生涯的眼罩摘掉，使他们明确自己的前途和发展方向。

7. 人力资源规划的任务

人力资源规划的任务如表1－1所示。

表1－1 人力资源规划的任务

规划项目	主要内容
总体规划	人力资源管理的总体目标和配套政策
配备计划	中、长期内不同职务、部门和工作类型的人员分布状况
离职计划	因各种原因离职的人员情况及其所在岗位的情况
补充计划	需补充人员的岗位、数量和对人员的要求
使用计划	人员晋升政策、晋升时间、轮换工作的岗位情况、人员情况和轮换时间
职业计划	骨干人员的使用和培养方案
劳动关系计划	减少和预防劳动争议，改进劳动关系的目标和措施
培训开发计划	确定培训对象、目的、内容、时间、地点和讲师等
绩效与薪酬福利计划	个人及部门的绩效标准、衡量方法、薪酬结构、工资总额、工资关系、福利以及绩效与薪酬的对应关系等

（八）编制人力资源规划

具体的人力资源规划编制有以下几个步骤：

1. 制订职务编写计划

职务编写计划是根据公司发展规划，综合岗位研究报告的内容来制订的。职务编写计划陈述公司的组织结构、职务设置、职位描述和职务资格要求等内容。制订职务编写计划的目的是描述公司未来的组织职能规模和模式。

2. 制订人员配置计划

人员盘点计划是根据公司发展规划，并结合公司人力资源盘点报告制订的。人员配置计划陈述了公司担任每个职务的人员数量、人员的职务变动、职务人员空缺数量等。制订配置计划的目的是描述公司未来的人员数量和素质构成。

3. 预测人员需求

预测人员需求是根据职务编制计划和人员配置计划，使用预测方法来进行人员需求预测。人员需求中应陈述需求的职务名称、人员数量、希望到岗时间等。最好形成一个标明有员工数量、招聘成本、技能要求、工作类别及为完成组织目标所需的管理人员数量和层次的分列表。

4. 确定员工供给计划

人员供给计划是人员需求的对策性计划。主要陈述人员供给的方式、人员内外部的流动政策、人员获取途径和获取实施计划等。通过分析劳动力过去的人数、组织结构和构成、人员流动、年龄变化和录用等资料，就可以预测出未来某个特定时刻的供给情况。预测结果会勾画出组织现有人力资源状况以及未来在流动、退休、淘汰、升职以及其他相关方面的发展变化情况。

5. 制订培训计划

培训计划对提升公司现有员工的素质，适应公司发展的需要来说非常重要。培训计划中包括培训政策、培训需求、培训内容、培训形式、培训考核等内容。

6. 制订人力资源管理政策调整计划

在人力资源管理政策调整计划中要明确计划内的人力资源政策的调整原因、调整步骤和调整范围等。其中包括招聘政策、绩效政策、薪酬与福利政策、激励政策、职业生涯政策、员工管理政策等。

7. 编写人力资源部费用预算

人力资源部费用预算主要包括招聘费用、培训费用、福利费用等预算。

8. 分析关键任务的风险及制定对策

每个公司在人力资源管理中都可能遇到风险，如招聘失败、制定的新政策引起员工不满，等等，这些事件很可能会影响公司的正常运转，甚至会对公司造成致命的打击。风险分析就是通过风险识别、风险估计、风险驾驭、风险控制等一系列活动来防范风险的发生。

（九）实施人力资源规划的重要性

任何企业的发展都离不开优秀的人力资源和人力资源的有效配置。人力资源规划实质上就是在预测未来的组织任务和环境对组织的要求，以及为完成这些任务和满足这些要求时提供的人员管理过程。这是一项系统的战略工程，它以企业发展战略为指导，以全面核查现有人力资源、分析企业内部和外部条件为基础，以预测组织对人员的未来供需为切入点。人力资源规划内容包括：晋升规划、补充规划、培训开发规划、人员调配规划、薪酬规划等，这些基本涵盖了人力资源的各项管理工作。人力资源规划规定了招聘和挑选人才的目的、要求及原则；人员的培训和发展、人员的余缺都得依据人力资源规划实施和调整，处于整个人力资源管理活动的统筹阶段，它为下一步整个人力资源管理活动制定了目标、原则和方法。

学习任务三　进行岗位研究并编写岗位说明书

情境案例引入

SP① 公司一次失败的招聘

位于武汉新世界广场的某外资 SP 公司（以下简称“SP 公司”或“公司”）因发展需要在 2012 年 10 月底从外部先后招聘了两位行政助理（女性），结果都失败了。具体情况如下：

第一位是 A，入职的第二天就没来上班，没有来电话，联系不到本人。经她弟弟解释，她不打算来公司上班，三天后她又来公司，中间反复两次，最终决定不上班了。她的工作职责是负责前台接待。入职当天晚上公司举行了聚餐，她和同事谈得也挺愉快。她自述的辞职原因是：工作内容和自己预期的不一样，琐碎繁杂，觉得自己无法胜任前台工作。HR 对她

① SP 是 Service Provider 的缩写，是指电信增值服务提供商。

的印象是：内向，有想法，不甘于做琐碎、接待人的工作，对批评（即使是善意的）非常敏感。

第二位是 B，工作十天后辞职。B 的工作职责是负责前台接待、出纳、办公用品采购、公司证照的办理与变更手续等。她自述的辞职原因是：奶奶病故了，需要辞职在家照顾爷爷。但是她当天身穿大红毛衣，化彩妆，而且透露出家里很有钱。HR 的印象是：形象极好、思路清晰、沟通能力强，行政工作经验丰富。总经理的印象是：商务礼仪不好，经常是小孩姿态，撒娇的样子，需要进行商务礼仪的培训。

1. 公司的招聘流程

（1）公司在网上发布招聘信息。

（2）总经理亲自筛选简历。筛选标准：本科应届毕业生或者年轻的待业人员，最好有照片，要形象漂亮，毕业的学校最好是名校。

（3）面试：如果总经理有时间，就由总经理直接面试；如果总经理没时间，由 HR 进行初步面试，由总经理最终面试。

（4）新员工的工作岗位、职责、薪资、入职时间都由总经理定。

（5）面试合格后录用，没有入职前培训，直接进入工作。

SP 公司背景：国外 SP 公司在中国的独资子公司，是高科技公司，主营业务是为电信运营商提供技术支持，提供手机移动增值服务、手机广告。该公司薪水待遇高于其他传统行业。公司位于武汉繁华商业区的著名写字楼内，对白领女性具有很强的吸引力。总经理为外国人，在中国留过学，自认为对中国很了解。

2. 被招聘的员工背景

A——23 岁，武汉人，专科就读于武汉商学院，专升本就读于湖北大学。做过少儿剑桥英语的教师一年。

B——21 岁，武汉人。大专学历，就读于武汉广播电视大学电子商务专业。在上学期间兼职过两个单位：一个为拍卖公司，另一个为电信设备公司。职务分别为商务助理和行政助理。曾参加过选美比赛，说明 B 的形象气质均佳。

招聘行政助理连续两次失败，作为公司的总经理和 HR，他们都觉得这不是个偶然现象，他们都认为在招聘行政助理方面一定存在重大问题。但问题出在什么地方……

3. 失败原因分析

从上面的案例我们能够得到直接影响这次行政助理招聘的主要因素是公司的总经理、甄选的方法和招聘流程。

（1）总经理的分析：首先，总经理认为在招聘过程中他干涉过多，没有充分授权给人力资源部门，包办了 HR 筛选简历的任务。其次，他不懂中国国情，自然就会将不适合的人选进来了，而适合的人才可能在筛选简历时就被淘汰了。对于这种低级别的员工招聘，应该把权力完全授给熟悉国情的 HR。所以，总经理认为他对这件事应该负主要责任。

（2）甄选方法分析：在招聘行政助理时，公司没有根据行政助理这个岗位的任职资格制定结构化的甄选标准，而只是凭面试官的直觉进行甄选，这样造成了招聘过程的不科学。因为面试官在面试过程中会受到归类效应、晕轮效应、自我效应和个人偏见（地域、血缘、宗教信仰等）的影响。案例中的总经理就对相貌、毕业院校和是否为应届带有明显的偏见。没有考虑应聘的人是否和企业的文化、价值观念相吻合，是不是真正具备了工作需要的知识、能力、性格和态度。

(3) 招聘行政助理的流程分析：正常的招聘流程应该是公布招聘信息、初步面试、评价申请表和简历、选择测试、面试、证明材料和背景材料核实、选择决策、体检、录用、入职前培训、入职。该公司在招聘过程中少了选择测试和入职前培训这两个重要步骤。

公司通过选择测试基本上能测试出应聘者的性格特征和价值取向。如A的性格内向，而且心气高、不踏实，不愿做琐碎繁杂的工作，与做前台需要的性格和心态相差甚远。这样盲目地让她做前台工作，就造成了她的离职。通过测试，同样能测出B的价值观与企业文化不符，这样就能在测试阶段淘汰她们，从而节省招聘的成本。

入职前的培训对加入公司的员工很重要。因为通过入职前的培训能够给新员工灌输公司的企业文化和价值观念，可以帮助新员工树立正确的工作态度，对工作有更深刻的认识。如果给A和B进行了系统的入职前培训，完全有可能改变她们本来的价值取向和对工作的态度，她们就有可能不会离职。

案例分析：

从上面的失败原因分析可以看出：这个公司没有招到合适的员工，是因为它没有一个科学的人力资源管理体系。建立一个科学的人力资源管理体系，需要注意以下几个方面：

1. 做好人力资源规划

人力资源规划有助于企业适应变化的环境。环境的变化需要对人力资源的数量和质量作出相应的调整。根据企业的战略规划作相应的人力资源规划，人力资源规划需要对人力资源作需求预测和供给预测，通过比较后确定是否需要外部招聘还是裁员。

2. 做好工作分析

工作分析即职务分析，是全面了解、获取与工作有关的详细信息的过程。具体来说，是对组织某个特定职务的工作内容和职务规范（任职资格）的描述和研究过程，即制定职务说明书和职务规范的系统过程。工作分析包括两个方面：

(1) 工作本身。

即工作岗位分析，要分析每一个岗位的目的、该岗位所承担的工作职责与工作任务，以及它与其他岗位之间的关系。

(2) 人员特征。

即任职资格分析，主要分析能胜任该项工作并完成目标的任职者必须具备的条件与资格，比如工作经验、学历、能力、特征等。

3. 做好招聘与选择

在选才、育才、用才、留才的四大人力资源管理职能中，选才不但最为重要，而且是育才、用才、留才的基础。如果选择的人不能适应工作与组织，人力资源将变成“人力负债”。

4. 做好员工培训和绩效考核

人力资源的特征具有可开发性，组织可通过对员工进行培训来开发员工的潜能，提高效率和效益，提高使用人力的柔性，提高组织的竞争力。

绩效管理是使员工的表现与组织的目标能趋于一致的一种努力。绩效考核是对员工在工作中的表现好不好的一个评定与沟通的过程。绩效考核的目的是掌握员工在完成组织目标中的贡献与不足，以作为评定员工升迁、调配、奖励、培训和开发的依据。

5. 做好薪酬管理和员工离职管理

组织通过薪酬水平、薪酬结构和薪酬形式这三个方面的薪酬管理，来实现人才的稳定，改善个人与组织的绩效，控制人工成本。离职管理必须作离职原因分析和离职成本计算，需要设置离职管理岗位，并配备专业人员，主动管理员工的离职行为。

知识基础三 基于岗位分析的人才招聘与甄选

（一）岗位研究的定义

岗位研究包括工作分析和工作评价两部分内容。工作分析，是借助于一定的分析手段，确定工作的性质、结构、要求等基本因素的活动。工作评价，是依据工作分析的结果，按照一定标准，对工作的性质、强度、责任、复杂性以及所需资格条件等因素的程度差异，进行综合评价的活动。

类似寻求解决工作的职责是什么、权限是什么、对任职者的要求是什么等活动，一般被看作工作分析。而类似寻求解决工作职责大小程度如何、工作的重要程度如何等问题的活动，一般被看作工作评价。这两部分是密切相连的，工作分析活动中有工作评价，而工作评价活动之中也少不了工作分析。

岗位研究作为这两部分的整体，它是采用科学方法收集工作信息、分析工作信息，再按工作的性质、繁简程度、难易程度和所需资格条件，分别予以分类与评定的过程。在这一过程中，工作信息收集是基础，工作分析是中介，工作评价是目的。

所谓工作分析（Job Analysis），就是对于某项工作的自然属性的分析，包括该项工作在组织中的地位、与组织中其他工作的关系、工作构成、工作责任、岗位权利、工作环境、工作难度以及对于候选人的要求。

通过工作分析，可以清晰认识工作本身，进而概括出适合工作人选的特征和要求。同时，工作分析有利于管理者了解每项工作的权重，确定各项资源的投入数量；并可以帮助管理者清晰地了解组织全貌，有机会发现一些潜在问题或者隐患。

工作分析决定了人力资源管理过程中的一系列活动的主基调：比如在招聘和选拔时，分辨哪些候选人是我们所需要的；确定工作岗位的合理薪酬应当是多少；决定新员工的培训内容等。典型的例子是工作分析对于招聘的影响。好的招聘广告应该精练地阐明所需候选人的教育背景、工作经验、特殊技能、性格等要求，向公众传递清晰的信息，即观者可以明白哪些人员适合这项工作。但在实际生活中，我们时常可以看到一些公司，尤其是一些小公司，发布出雾水般的招聘广告，这些广告对工作的描述模糊不清，人们常常会感到迷惑，看不懂这到底是一份怎样的工作、这个公司到底想要什么样的人。

整个岗位研究活动的操作，实际可以从不同个体的职业生涯与职业活动的调查入手，依此分析工作的职务、职位、职责、工作任务与工作要素，最后从不同层次上确定工作的性质、繁简程度、难易程度与承担的资格条件，即确定工作的职系、职组、职门、职等与职级。以上出现的若干专门术语是岗位研究操作过程中经常出现的，也是在进行岗位研究之前应当明确理解的。

【阅读材料】

岗位研究的基本术语

要素，是指工作活动中不便再继续分解的最小单位。例如速记人员在速记时，能正确书写各种速记符号；锯木工锯木头前，从工具箱中拿出一把锯子。

任务，是为了达到目的所担负完成的工作活动，即工作活动中达到某一工作目的的要素集合。例如，管理一项计算机项目、打字，从卡车上卸货等，都是不同的任务。

职责，是指某人担负的一项或多项相互关联的任务集合。例如，人事管理人员的职责之一是进行工资调查。这一职责由下列任务组成：设计调查问卷，把问卷发给调查对象，将结果表格化并加以解释，把调查结果反馈给调查对象等。

职位，是指某一时间内某一主体所担负的一项或数项相互联系的职责集合。例如，办公室主任，同时担负单位人事调配、文书管理、日常行政事务处理等职责。在同一时间内，职位数量与员工数量相等。

职务，是指与主要职责在重要性与数量上相当的一组职位的集合或统称。例如，秘书就是一个职务。职务实际上与工作是同义的。

职业，是指在不同时间、不同组织中，工作要求相似或职责平行（相近、相当）的职位集合。例如，会计、工程师等。

职系，是由两个或两个以上的工作组成，是职责繁简和难易、轻重和大小及所需资格条件不同，但工作性质充分相似的职位集合。例如人事行政、社会行政、财税行政、保险行政等均属于不同职系，销售工作和财会工作也是不同职系。职系与工作族同义。

职组，是指若干工作性质相近的职系的集合。例如，人事行政与社会行政可并入普通行政组，而财税行政与保险行政可并入专业行政组。职组并非岗位研究中的必要因素。

职门，是指若干工作性质大致相近的所有职系的集合。

职级，是同一职系中职责繁简、难易、轻重及任职条件充分相似的所有职位的集合。

职等，是指不同职系之间，职责的繁简、难易、轻重及任职条件要求充分相似的所有职位的集合。

职业生涯，是指一个人在某工作生活中所经历的一系列职位、工作或职业。

（二）岗位研究的作用

岗位研究是人事管理中一项重要的常规性技术，可以说是整个人事管理工作的基础。岗位研究为管理活动提供各种有关工作方面的信息，这些信息概括起来就是提供每一工作的“7W”：

谁（Who）　做什么（What）　何时（When）　在哪（Where）

如何（How）　为什么（Why）　为谁（For Whom）

岗位研究获得的信息有多种多样的用处。全面且深入地分析这些信息，可以使组织充分了解由具体人从事的工作及对工作人员的行为要求，为人事决策奠定坚实的基础。组织由各种各样的角色构成，我们可以通过岗位研究从整体上协调这些角色的关系。我们还可以通过岗位研究详细说明各种角色，从而奠定组织结构和组织设计的基础。通过岗位研究，我们也可以详细说明各级人员的职责，从而避免工作重叠、劳动重复，提高个人和部门的工作效率及和谐性。在人事管理及开发的各个阶段，岗位研究是一种有效的手段；实际上，它是人力资源管理部门的必备工具。

（三）岗位研究的实施

岗位研究一般由以下4个要素组成：

（1）明确的分析方法：对各种工作信息的提取方法、对信息的详细分析及处理方法、对各岗位研究要素的确切界定、对岗位研究过程中各种表格的设计方法。

（2）岗位研究所要分析评价的职务。

（3）可以清晰描述整个岗位研究过程的操作程序。

（4）有效的沟通体系。

岗位研究实际上是通过以上4个要素对各个职务（工作）的描述、分析及评价的过程。

（四）实施步骤

1. 确定岗位研究的目的

这一步骤是岗位研究管理工作中十分重要的一项内容。具体来说，岗位研究一般有以下几种目的：工作描述、工作设计和再设计、工作比较及薪酬设定、人员甄选录用。组织进行岗位研究以获取有关职务的任职资格信息包括：所需知识技能、社会交往能力等。这些信息是组织进行人员甄选录用所依据的基本标准。

（1）制订培训计划。通过岗位研究确定工作要求，以建立适当的指导与培训内容。这样培训所涉及的工作内容和责任才能准确地反映实际的工作要求，使员工在培训中学到的知识技能与未来的工作实际应用相一致，从而大大降低人力资源培训与发展的费用。

（2）工作绩效评价。岗位研究所得到的职务说明书可以明确表达组织对其人员的绩效要求。通过职务说明书，工作者能明确了解自己工作的职责、内容、目的、合格的标准等信息，同时这些信息也是组织进行绩效考核的重要标准。

（3）人力资源开发。工作者往往会注重自我工作能力的培养与发展，岗位研究得到的有关信息正是组织中个人发展的目标及检验标准。岗位研究是职业咨询与人事计划的基础。

（4）进行组织内部分析。岗位研究所得结果可以说明组织中各个职务的权责关系、信息流动方向等，这些信息是我们分析、解决组织内部问题的第一手资料。

在确定岗位研究目的的这一阶段，应当注意保证岗位研究的目的与岗位研究过程中所要调查、收集的信息内容是密切相关的。

2. 确定岗位研究的程序

一般的岗位研究程序包括以下几方面的内容：

（1）岗位研究活动开展前的决策。这方面内容涵盖了前面提到的岗位研究的管理方面和设计方面的大部分工作。它包括：建立岗位研究小组、选择被分析的工作、限定信息收集的方法及类别、选择信息来源。

（2）确定岗位研究的调查问卷和问题。对于这方面工作，岗位研究人员要根据前一步的有关决策制定出岗位研究的各种调查表格，如调查问卷、结构化面谈提纲、任务清单等。

（3）与工作者进行面谈。在这方面应当注意：面谈的目的是使岗位研究人员和工作者对于相应的工作具有相同的认识，这样才能确保职务说明书内容的客观与准确。如果有许多人从事同一种工作，那么参加面谈的工作者应当是这些人中的典型代表。

（4）分析信息并编写职务说明书。对职务信息的分析见前面有关内容。

（5）职务说明书的反馈。岗位研究人员编写的职务说明书必须得到工作者及其上级主管的认可。在一般情况下，职务说明书终稿的确定还应当征求其他部门主管的意见。

（6）进行职务评价。

（7）对岗位研究的成果进行反馈。

3. 调查组织特性

岗位研究所涉及的各个职务是组织的重要组成部分，所以在进行岗位研究时必须充分考虑组织的特性。只有这样，岗位研究所涉及的各个职务才能有机地联系起来，从而确保岗位研究结果的客观性和实用性。

对组织特性调查所需了解的信息涉及3方面内容：组织目前的状况、组织的目标、组织的方向。要调查组织的特性，就必须得到组织人事部门及其他有关部门的帮助。通过这些部门提供的有关信息，岗位研究人员可以了解到组织相应的特性，并编写出组织特性说明。组织特性调查的具体内容包括：组织历史，这是对组织所经历的重要发展阶段的概括说明。主要活动，这部分是对组织所从事活动的描述及概括。

（1）组织结构。这部分要列出的是组织的组织结构图及组织各个部门的职责和任务。

岗位研究人员通过组织结构图可以了解如下信息：

①每一个管理工作的名称。

②每一个单位或个人应对谁负责。

③每一个单位由谁负责。

④已经建立了何种部门或单位。

⑤组织的“命令链”。

⑥各工作的名称和在组织中的位置。

（2）主要产品和市场。这部分内容包括：组织的主要产品或服务、生产线的介绍、采用技术的介绍、目前及未来的市场份额、主要顾客、预期的增长率、主要竞争者及其他外部环境因素。

（3）生产过程。系统地描述组织生产经营活动的流水过程。其中组织的战略，即对组织目前的战略计划进行总结；而组织的预算，即列出组织及其各个部门目前的水平和未来的预算水平。这方面内容有助于岗位研究人员了解组织的优势和劣势、机遇和威胁。

（4）组织中各部门的目标。通过这部分内容，岗位研究人员可以了解各部门存在的合理性以及部门对整个组织经营活动的影响。

（5）各部门的组织结构。这部分内容包括部门内的组织结构图；各部门的职能及每一职能相应的工作人数；各部门所进行的活动及应达到的绩效；各部门的预算数字等其他特殊信息。这些调查内容可通过问卷调查的方式实现。调查结果可以编写成组织特性说明，这个特性说明对岗位研究的实施有着很重要的参考价值。

【阅读材料】

工作分析的内容

（1）此项工作做什么。此项工作做什么即从事的工作活动和工作责任。工作活动包括任职者所要完成的工作活动、任职者的工作活动产出（产品或服务）、任职者的工作活动标准。工作责任包括管理责任和非管理责任。

（2）为何要完成此项工作。为何要完成此项工作即该项工作在整个组织中的作用，主要包括工作目的和工作关系。工作目的是指该项工作为何存在、有何意义。工作关系是指工作指导和被指导的关系以及晋升通道、协作关系和工作中所接触到的部门内外、组织内外的其他资源。工作关系可以分为横向工作关系和纵向工作关系。

（3）工作何时做。工作何时做即该项工作进行的时间安排。时间安排主要包括工作时间安排是否有固定的时间表、工作时间制度是什么、工作活动的频繁程度区分，如每日进行的活动、每周进行的活动、每月进行的活动等。

（4）工作在哪里做。工作在哪里做即工作进行的环境。其主要包括：工作的自然环境，如室内或室外、温度、湿度、照明条件、整洁程度、有无异味和噪声、通风程度、有无粉尘和日晒、位置高低等；工作危险性（对身体造成的伤害），如砍伤、摔伤、烧伤、扭伤、对视力或听力的损害、心理压力、职业病等；工作的社会和心理环境，如工作地点的生活便利程度、与他人交往的程度等。

（5）如何完成工作。如何完成工作即任职者如何进行工作活动以获得预期的工作结果。主要包括工作活动程序与流程、工作活动涉及的工具与机器设备、工作活动涉及的文件记录、工作中的关键控制点。

（6）完成工作需要哪些条件。完成工作需要哪些条件即完成工作所需要的物质条件和人力资源条件。

物质条件是指任职者在正常情况下完成工作任务需要使用的工具、仪器和设备，表明工作对操作技能的基本要求。例如，员工是否需要使用车床、轧边机、钻孔机、电动打火装置等工具，是否需要具备操作特殊工具、仪器的技能。

人力资源条件即任职者的能力，其包括经验、教育、培训、知识、生理、协调性或灵活性、心理素质、智能和社会技能等方面。

4. 收集、分析工作信息，进行职务描述，编写职务说明书

在一个具体的岗位研究实施中，所要收集的工作信息应该由岗位研究小组针对组织的具体情况来确定。而对这些信息的综合、分析是整个岗位研究活动中最艰巨的一项工作。关于对工作信息的分析，见前面岗位研究的收集、分析方面的有关内容。

上述信息分析的结果是要用职务说明书（岗位说明书或岗位工作说明书）来表达的。职务说明书是用文件形式来表达岗位研究的结果，其基本内容包括工作描述和任职说明。工作描述一般用来表达工作内容、任务、职责、环境等，而任职说明则用来表达任职者所需的资格要求，如技能、学历、训练、经验、体能等。

（1）职务说明书的内容：

职务说明书的内容详见“阅读材料”。

【阅读材料】

职务说明书的基本内容主要由以下几个方面构成：

1. 基本资料

（1）职务名称。

（2）直接上级职位。

（3）所属部门。

（4）工资等级。

（5）所辖人员。

（6）定员人数。

（7）工作性质。

同时还应列出岗位研究人员的姓名、人数和岗位研究结果的批准人栏目。

2. 工作描述

（1）工作概要。用简练的语言说明工作的性质、中心任务和责任。

（2）工作活动内容。工作活动内容包括：

①逐项说明工作活动内容。

②说明各活动内容占工作时间的百分比。

③各活动内容的权限。

④各活动内容的执行依据。

⑤其他。

（3）工作职责。逐项列出任职者的工作职责。

（4）工作结果。说明任职者执行工作应产生的结果，以定量化为好。

（5）工作关系。工作关系描述包括：

①说明此工作受谁监督。

②说明此工作监督谁。

③说明此工作可晋升的职位、可转换的职位以及可升迁至此的职位。

④与哪些职位发生关系。

（6）工作人员运用设备说明。它包括：

①说明工作人员主要运用的设备名称。

②说明工作人员运用信息资料的形式。

3. 任职资格说明

（1）所需最低学历。

（2）需要培训的时间和科目。

（3）从事本职工作和其他相关工作的年限和经验。

（4）一般能力。如计划、协调、实施、组织、控制、领导、冲突管理、公共关系、信息管理能力及需求强度等。

（5）兴趣爱好。即顺利履行工作职责所需的某种兴趣、爱好及需求强度。

（6）个性特征。如情绪稳定性、责任心、外向、内向、支配性、主动性等特点。

（7）职位所需的性别、年龄特征。

（8）体能需求。

①工作姿势。如站、坐、跑、蹲、走动、躺等姿势以及各姿势的比重。

②对视觉、听觉、嗅觉有何特殊要求。

③精神紧张程度。

④体力消耗大小。

4. 工作环境

（1）工作场所。在室内、室外，还是其他特殊场所。

（2）工作环境的危险。说明危险存在的可能性，对人员伤害的具体部位、发生的频率以及产生危险性的原因等。

（3）职业病。即从事本工作可能会患的职业病及轻重程度。

（4）说明工作时间特征。如正常工作时间、加班时间等。

（5）说明工作的均衡性。即工作是否存在忙闲不均的现象及经常性程度。

（6）工作环境的舒适程度。即工作环境是否存在高温、高湿、寒冷、粉尘、异味、噪声等，工作环境是否使人愉快。

（2）职务说明书编制的注意事项：

职务说明书的内容可依据岗位研究的目的加以调整，内容可简可繁。职务说明书可以用表格形式表示，也可以采用叙述型。在职务说明书中如有需个人填写的部分，应运用规范用语，字迹要清晰，要使用浅显易懂的文字，用语要明确，不要模棱两可。职务说明书应运用统一的格式书写。职务说明书的编写最好由组织高层主管、典型任职者、人力资源部门代表、岗位研究人员共同组成工作小组或委员会协同工作，共同完成。

（五）进行工作评价

工作评价是依据工作分析的结果（职务说明书），按照一定标准，对工作的性质、强度、责任、复杂性及所需资格条件等因素的程度差异，进行综合评估的活动。

在一个组织内建立一般的工资标准，使之与邻近组织保持同等待遇，并使其具有预期的相对性，从而符合所在地区的平均水准。在一个组织内建立工作间的正确差距及相对价值。使新增的机构能与原有的工作保持适当的相对性。

工作评价的方法有很多，比较常用的方法为经验排序法。

1. 经验排序法

所谓经验排序法，是指评价人员依据个体的经验判断，把所有待评的工作依序排列，由此确定每种工作的价值。

实施这种方法时，应当注意采取的措施是：评价人员要依据职务说明书进行判断，充分把握每种评价工作的性质与要求；精心挑选评价人员，并组成一个评价委员会，进行群体评价。细分起来，经验排序法又可分为排队法和配对比较法。

（1）排列法。这种方法是将每种职务填入一份职务说明书或职务内容大纲的卡片，然后将这些职务说明书或大纲卡片进行排序，其中，价值最高的职务排在最前边，价值最低的职务排在最后边，然后再从剩下的职务中选出价值最高和最低者，如此排列，直到所有职务排序完毕。另外一种做法是在排出最高价值职务和最低价值职务后，再在中间价值的职务中选出一些有代表性者，剩下的职务则依价值大小插入其间，最后将全部职务依顺序排列，并依此划定各职务的等级。划定时，有时可能是一个职务属于一个等级，有时可能是相邻的两个或几个职务构成一个等级。

（2）配对比较法。这种方法是将所有要进行评价的职务列在一起，两两配对比较，其中价值较高者可得 1 分，最后将各职务所得分数相加，其中分数最高者即等级最高者，按分数高低顺序进行排列，即可划分职务等级。

对于配对比较法，可以通过适当的调整技术来最终得出职务的价值顺序。具体做法是将每位评价人员的评定结果汇总，将各职务所得序号分别相加，然后再分别用各职务所得序号之和除以对本职务做出评定的人数，得到每一职务的平均序数，最后按各自所得平均序数大小，由小到大评定出各职务的相对价值次序。

2. 职位分类法

职位分类法是以职位为对象、以事为中心的人事分类方法，它是在工作分析的基础上对每个职位工作的性质、任务、要求及完成该项职位工作人员所需的资格条件进行全面、系统、深入的研究。运用职位分类法进行工作评价可以保证人力资源管理中人与事更好地结合，从而为选用、考核、奖惩、培训、调配等各个环节奠定良好的基础。

职位分类法的基础是职位设置，所以，在用职位分类法进行工作评价之前，分析人员应当按以下几个原则考查组织现有职位的合理性：

工作评价的原则有以下几个：

（1）系统原则。系统原则是职务设置的最基本原则。所谓系统，是由若干既有区别又有联系的要素组成的有机综合体。职位与职位设置都是一个系统，而每个职位设置是否合理，就需把它放在该职位依附的组织机构系统中进行考察，凡对组织的存在和发展有利的，就是合理职位；否则，便应取消该职位。

（2）整体优化原则。根据结构—功能优化原理，职位设置时仅考虑单个职位的功效是不够的，还需重视群体职位结构的综合功效，以组织的整体发展战略为主线，进行总目标、子目标的层层分解落实。这样设置的职位才是比较合理的。

（3）最低职位数量原则。组织的职位数量应在实现优化配置的前提下，以有效完成任务为准绳，尽量压到最低水平。

（4）能级原则。能级是物理学中的概念。这里借用来研究组织系统中职位的功能等级。一般来说，正常的职位功能等级是由所任职务的性质、任务大小、繁简难易、责任轻重所决定的。功能大的职位，能级就高；反之，就低。组织中的各个职位应能体现其所应具有的能级特性，否则，职位将缺乏合理性。

应用职位分类法进行工作分析，就应根据职位的相同性和差异性进行综合分析，划分职位类别。

应用职位分类法进行工作评价是一项具有系统性且技术性较强的有序工作，其程序主要有以下几个步骤：

（1）收集职位描述的结果。职位描述的成果是职位说明书。职位说明书上的有关内容是进行职位分类的基本依据。

（2）职位横向分类。职位横向分类的原则和依据有以下几项：

①单一性原则。即一个职位不能同属于两个职系，只能划归于一个职系。

②程度原则。当一个职位的工作性质分别和两个以上的职系有关时，以归属程度高的那一系为准来确定其应属职系。

③时间原则。当一个职位的工作性质分别和两个以上职系有关，且归属程度又相当时，以占时间较多的职系为准来确定该职位的类别。

④选择原则。当一个职位的工作性质分别和两个以上职系有关、归属程度相当且时间也相等时，则以主管领导机关的认定为准，来确定其应属职系。

【阅读材料】

职位横向分类的步骤：

（1）对于混乱的职位可以按业务工作相近的职位划分为科学类、行政类、行业类的职门系列。

（2）将职门内的职位根据业务工作性质基本相同的标准职位划分为职组系列。

（3）将职组内的职务再根据业务工作性质相同的标准划分为职系系列。

（4）对于具体的职系的名称、包含职务的范围可以查阅有关职务分类辞典。

（3）职位纵向分类。职位纵向分类的依据有3个：一是根据职位的繁简和难易程度；二是根据责任的轻重；三是根据所需人员任职资格的条件。具体内容可参照以下要点：

①工作复杂性。体现在工作种类、性质，工作广度、深度及在三维交叉网络系统中的运行状态。

②所受监督。指本职位受上级监督的范围、性质和程度。

③所循法规。指应遵守的法律、章程、办法、细则、手册、书面指示及其他有关行为规范。

④所需创造性。指工作时所需创造力的种类与水平。

⑤与人接触的性质与目的。指与人接触的范围、种类和程度等。

⑥工作效果的性质与影响范围。指本职位的权限种类及分量。

⑦所施予的监督。指对下属人员给予的监督种类和范围。

⑧所需资格条件。从事该职位的工作人员所需的教育、经验、技术、品德及体能条件。

以上八点也可作为职位评价的因素。

【阅读材料】

职位纵向分类的步骤：

把职系中的职位按繁简和难易、责任轻重和所需人员的任职资格条件进行职位评价后，依据不同的水平进行纵向排序。

1. 划分职级

划分职级是将若干程度水平相同的职位划分为一个职级，但不同职系由于工作性质差异、繁简和难易、责任轻重、所需任职人员资格条件的不同，所分的职级也会出现差异。

2. 划分职等

划分职等是为便于对不同职系的工作人员进行横向比较、统一管理，把不同职系中相同水平的职级归入同一职等。所以职等是不同职系中职级相似的职级群。

3. 制定职级规范

职级规范又名职位说明书，它是用简明扼要的语言对每一职位的职务责任、权力及所需人员任职资格条件进行规范性叙述的书面材料。

职级规范的内容包括：

（1）职级名称。职级名称要能反映出职级中职位的性质与特点。

（2）职级编号。

（3）职级特性。这是职级规范的重点。职级特性的表述，首先是列出本职级所包括职位的类型，其次是根据本职级的职位工作的实际情况，按照职位评价因素，逐项说明本职级的职责。

（4）职位工作举例。所举实例应为本职级大部分职位工作的主要内容和最能代表本职级职位特性的工作。

（5）任职资格条件。明确揭示职级中的职位必须具备的教育程度、专门知识技能、经验种类和取得经验所需的时间。

（6）职位归级。

把所有工作人员的职位对照《职级规范》归入适当的职级，并对之进行分门别类的职位管理。

工作评价的方法还有因素比较法和因素计点法，这两种方法主要用于薪酬设定，所以在这里不做说明。

以上叙述的是岗位研究实施的工作内容及具体实施程序。岗位研究过程中，对各种工作信息的收集是一项十分重要的工作，它直接影响着岗位研究结果的合理和客观与否。

（六）工作信息的收集方法

1. 观察法

观察法是岗位研究人员通过对特定对象的观察，把有关工作各部分的内容、原因、方法、程序、目的等信息记录下来，然后把取得的职务信息归纳、整理为适用的文字资料。

【阅读材料】

在进行观察记录时应注意以下问题：

避免机械记录，记录应主动反映工作的各有关内容，对观察到的工作信息进行比较和提炼。观察应注意有代表性的工作行为样本，有时候，有的行为在观察过程中并没有表现出来。观察分析人员在观察中必须注意不要引人注意，以免观察内容受到歪曲。这并不是说分析人员每次观察时都要藏起来，不让人们看见，而是要求他们注意不要干扰正常工作。观察力求结构化，应尽量做到以下几个方面：确定观察内容。例如工作的主要内容、人员的上级及同事、主要使用的设备、工作时间、工作中的非正式组织、工作的体能要求、工作环境等。确定观测的时刻。对于同一观察对象应选择不同的时间进行观察。确定观察的位置。选择的观察位置以保证可以观测到工作执行者的全部行为且不影响被观察人员的正常工作为准。准备供观察使用的问题结构单（工作记录表），以便记录。为此，应事先对被观察工作有大体的了解，以免记录时因不能立刻正确归类而造成混乱。

采用此种方法可以了解广泛的信息，如工作活动内容、工作中的正式行为和非正式行为，工作人员的士气、价值观念等隐含的信息。通过观察法取得的信息比较客观和准确。但是要求观察者有足够的实际操作经验。

观察法一般存在以下几个问题：第一，不适用于工作循环周期很长和主要使用脑力的工作。第二，不能得到有关任职者资格要求的信息。第三，对于紧急而又偶然的工作行为不易观察到。

2. 面谈法

面谈法是通过岗位研究人员与工作执行者面对面的谈话来收集信息资料的方法。面谈可能是用来确定各种工作所需要的任务、责任和行为的最普遍的技术。作为直接的观察者，工作执行者在谈话过程中可以讲出许多观察不到的或长时间才能观察到的活动。

在进行实际的面谈之前，岗位研究人员应做出充分计划并接受面谈技术方面的训练。

【阅读材料】

在面谈时应注意面谈的结构化：

在面谈前应确定收集信息的内容并制定详细的提问单，把握住所提问题与目的间的关系，并注意挑选参加座谈的工作执行者。关于面谈所提问题有以下几个指导标准：问题应和岗位研究目的有关。问题应表达清楚，不可模棱两可。所提问题不能“引诱”对方作出回答。问题不要太含蓄。问题不要超出面谈对方的知识或信息范围。问题不要涉及可能使对方不满的个人的或隐私的题材。面谈过程中应保持友好、亲善的态度。岗位研究人员应同较多的工作执行者及对工作较为熟悉的直接主管人进行面谈，从而检查出个别工作执行者所提供的信息是否真实。

面谈法的优点首先在于可控性。通过提问单，可以系统地了解所关心的内容，当任职者的回答相互矛盾或不清楚时，可以对其进行跟踪提问，把问题搞清楚。如果任职者对所提问题采取不合作态度时，可以进行劝导或换人。此外，面谈法可以提供观察法无法获得的信息，如工作经验、任职资格等，同时面谈法特别适用于对文字理解有困难的人。

但是此种方法有以下几方面的不足：

岗位研究人员对某一工作固有的观念会影响正确的判断。问题回答者出于自身利益的考虑而不合作，或有意、无意地夸大自己所从事工作的重要性、复杂性，导致工作信息失真。打断工作执行人员的正常工作，有可能造成生产损失。在管理者和任职者相互不信任时，具有一定的危险性。岗位研究者可能会问一些含混不清的问题，影响工作信息的收集。

面谈法不能单独作为信息收集的方法，只适于与其他方法一起使用。

3. 写实法

写实法与观察法相同，属于客观的描述方法，但不像观察法那样，一定要亲临现场观察。写实法主要通过结构化的问卷来收集信息，常用的方法有：职务调查表法、工作日志法和核对法。

【阅读材料】

1. 职务调查表的编制

职务调查表是根据岗位研究目的、内容等所编写的结构性调查表，由工作执行者填写后回收整理，提取出工作信息。职务调查表使用范围很广，是一种普遍使用的工作信息提取方法。

2. 工作日志的编制

工作日志就是按时间顺序记录工作过程，然后经过归纳提炼，取得所需工作信息的一种职务信息的提取方法。这种方法的优点在于信息的可靠性很高，适于确定有关工作职责、工作内容、工作关系、劳动强度等方面的信息；所需费用也低；但是可使用范围小，只适用于工作循环周期短，工作状态稳定、无大起伏的职位；且信息整理量大，归纳工作烦琐。另一方面，工作执行者在填写时，如果不认真，就会遗漏很多工作内容，在一定程度上会影响正常工作。若由第三者进行填写，人力投入量非常大，很不适用于处理大量的职务。

3. 核对法

核对法是根据事先拟定的工作清单对实际工作活动的情况进行核对，从而获得有关工作情报的一种方法。这种方法结构性很强，使用起来方便，并且一类工作只需一份清单，减轻了信息收集的工作量。工作清单通过适当的调整，可供长期使用。但是工作清单拟定比较困难，而且很难包容工作的全部内容，也发现不了一些隐含的工作变量。为了保证职务信息收集的质量，在拟定工作清单时应注意信息的完整性。为此，工作清单的构成应包括以下四类要素：工作性质、工作内容、工作职责、工作环境。

4. 典型事例法

典型事例法是对实际工作中具有代表性的工作者的工作行为进行描述。比如把文秘人员的打字、收发文件等一系列行为收集起来进行归纳分类，得到有关工作内容、职责方面的信息。这种方法可直接描述任职者在工作中的具体活动，因此可以揭示工作的动态性。由于所分析的工作可以观察和衡量，所以用这种方法获得的资料适用于大部分工作。但是，收集归纳事例并且把它们分类需消耗大量时间。另外，根据定义，事例所描述的是具有代表性的工作者行为，这样可能会遗漏一些不显著的工作行为，难以非常完整地把握整个工作实体。

5. 关键事件法

在岗位研究信息的收集过程中，往往会遇到这样的问题：工作者有时并不十分清楚本工作的职责、所需能力等。此时，岗位研究人员可以采用关键事件法。具体的方法是，分析人员可以向工作者询问一些问题，比如“请问在过去的一年中，您在工作中所遇到的比较重要的事件是什么？您认为解决这些事件的最为正确的行为是什么？最不恰当的行为是什么？您认为要解决这些事件应该具备哪些素质？”等。对于解决关键事件所需的能力、素质，还可以让工作者进行重要性的评定。比如，让工作者把这些素质按重要性排队，按五点量表打分，或给定一个总分（比如20分）让工作者将其分摊到各个能力、素质中去。

【实训项目】

编写招聘专员的岗位工作说明书，如表1－2所示。

表1－2　招聘专员的岗位工作说明书

岗位名称	招聘专员	部门	人事行政部
直接上级	人事主管	直接下级	无
薪酬等级	B8	岗位定员	1人
可晋升岗位	人事主管、人事经理	岗位分析日期	
岗位工作概述			
在人事主管的领导下，执行本部门的各项招聘计划，并在计划实施过程中跟踪、控制；协助总经理办公室主任推行绩效考核制度、薪酬管理制度，协助总经理办公室主任制定公司人力资源管理战略			
职责与工作任务			
一、根据公司人力资源规划，拟定人力资源招聘需求计划： 根据公司的经营发展计划，汇总各部门人力资源需求表，拟定招聘计划，并将招聘计划及时提供给人事主管； 二、负责管理人员的招聘协助工作： 1. 负责公司招聘渠道维护、开发、筛选，负责招聘信息发布、更新，负责与招聘相关机构的联系； 2. 根据各部门提出的用工需求，定期或不定期地发布招聘信息，参加地方性的人才市场招聘； 3. 负责简历初选、面试通知及面试时间安排；			

续表

职责与工作任务
4. 负责面试应聘人员，根据应聘者的工作经历和个人能力，把他们合理安排到各部门参加复试； 三、负责员工关系方面的相关工作： 1. 负责员工入离职、转正、岗位升降或调整手续的办理工作； 2. 协助社保专员做好因人员异动而引起的各类保险的增、减工作（要求在入职1年后办理新增、离职，当月办理删减）； 四、负责员工花名册信息的建立（输入）、更新和维护工作： 1. 每月定期（10日，节假日提前）将上月离职名单汇总于财务部； 2. 每月定期（30日，节假日提前）将上月至本月入职和离职名单汇总于社保专员处； 3. 每月定期（3日，节假日提前）将最新员工花名册建档，并上报总经理和财务部； 五、劳动合同的管理： 负责员工合同的签订、变更、解除、终止和续签工作，确保及时、有效。 六、员工档案管理： 1. 管理人员：档案中必须包含以下资料：应聘人员登记表、面试录用审批表、身份证（复）、学历证明、原单位离职证明、劳动合同、相关资格证书复印件、入职须知，要求分开档案袋存放； 2. 临时工：档案中须含以下资料：应聘人员登记表、身份证（复）、临时工劳动合同、入职须知； 3. 离职员工：档案统一存放，并登记离职日期，以便备查，存放时间为2年； 七、参与公司绩效考核监督小组工作，做好绩效考核相关资料的发放、收集、汇总、分析、反馈。 八、严守保密制度，做好员工工资、奖金及未公布的人事决定的保密工作，不得随便对外泄露信息。 九、协助人事主管做好人力文件的起草、打印和签批工作。 十、协助配合： 1. 认真完成人事主管分配的与岗位相关及其他需要完成的工作； 2. 配合本部门培训专员做好新入职管理人员和临时工的培训； 3. 协助人事专员处理各类劳资纠纷，确保公司各项工作安全有序地进行下去； 4. 协助部门主管和其他部门，落实职工的福利工作，并通过开展各项活动，丰富职工的业余生活。 十一、其他临时工作：外地员工暂住证。
岗位权限
1. 根据公司经营发展需要，组织内外部招聘的权力； 2. 绩效考核实施过程中的监督权； 3. 员工纠纷的协调和处理权； 4. 对公司人力资源管理工作和上司工作的意见和建议权。
工作协作关系
内部：公司各部门； 外部：各招聘网站、人才市场、户籍科、派出所、乡镇相关机关、人事劳动和社会保障局。
工作中使用的工作制度或流程
1.《招聘管理制度》； 2.《入、离职管理程序》； 3.《劳动合同管理制度》； 4.《绩效考核管理制度》。

续表

工作中使用的表格或文本
1. 《员工需求审批表》； 2. 《招聘人员面试登记/录用审批表》； 3. 《转正申请表》； 4. 《离职申请表》； 5. 《岗位异动申请审批表》； 6. 《员工花名册》。
工作中需要提交的工作报告
1. 《员工花名册》； 2. 《在职人员薪酬统计表》。
工作条件与使用设备
1. 工作场所：办公室，基本无职业病危害； 2. 使用设备：电脑、传真机、扫描仪等； 3. 工作时间：5天8小时制（每月有两个周六值班）。
任职资格
教育背景：大专及以上，人力资源管理、中文类、行政管理类相关专业； 培训经历：人力资源管理技术、劳动法规、财务会计知识和管理能力开发等方面的培训； 工作经验：有1年以上人力资源管理相关工作的经验； 基本技能：熟练使用World/Excel/PPT； 能力要求：有良好的沟通、协调能力，熟练使用自动化办公软件，具备基本的网络知识，责任心强，有团队精神，服从管理； 技能技巧：1. 熟知各种面试技巧及方法，熟知内、外部培训流程； 2. 熟知《劳动合同法》中关于招聘与录用方面的法律法规。
考核关键指标
1. 人力资源需求调查（部门对试用期员工的满意度）； 2. 招聘成本控制； 3. 招聘职位到职所需的平均天数； 4. 招聘渠道畅通（小于招聘职位所需的天数）； 5. 招聘人员的数量和质量； 6. 事务性工作完成率。

学习任务四　员工招聘的程序

情境案例引入

硅谷公司招工程师的基本流程（节选）

作为应聘者，我试过Facebook（脸书）、Google（谷歌）、Yahoo（雅虎）、Oracle（甲骨文公司）的招聘，均拿到过面试通知；作为面试人员，我面试过不下300余人。在硅谷，最容易成功的招聘方式是内部熟人推荐。Facebook 60%～70%的员工是通过这种方式雇用到的。熟人推荐不管是对于求职者还是对于公司，相对成本都要低。求职人可以通过熟人了解公司内部的真实情况；对于公司，熟人的推荐让求职人的质量得到一个背书。我收到过200

多个推荐的请求，但我决定做的推荐不到100个，其中有12个朋友推荐成功了，公司给每个成功的推荐员工5 000美元奖金。做内部推荐的员工应该对自己的推荐有所筛选，不能一味地为了得到推荐奖金就来一个推一个；否则，你的名声很快会烂掉。绝大多数公司的流程都是从内部推荐、学校面试、网站申请等开始对一些简历产生兴趣，然后让Recruiter联系，做一个摸底性质的电话面试，然后是2～3个电话面试，最后就是到场面试4～6个人，大多数公司是一轮。

招聘（Recruiter）的电话面试内容包括：聊聊应聘者的一些经验和背景，他们感兴趣的兴趣点，为什么换工作，对这份工作有什么特别的要求等；聊聊公司的一些基本情况，尤其是公司文化等，现在的空缺职位，还有对面试人的基本要求。电话面试一般是30～45分钟。通常是花40分钟让对方做两道题，然后花5分钟让对方问问题。电话面试的问题一般是编程集中，但没有太多设计内容的。通过像http：//sync.in/这样的网站，双方打的字都可以在里面看到。第一个电话面试后需要在一个内部工具上写上反馈，可以建议后面的一个电话面试更加关注哪些方面。

现场面试，一般见4个人，每人45分钟，其中有2.5人会集中在Coding①上面进行考查，每个参与面试的人都要对应聘者给出评价。

案例分析：本案例是硅谷公司工程师招聘的一个片段。在组织进行人员招聘的过程中，需要通过一系列的活动来明确需求，吸引应聘者，甄选应聘者，录用合适人才，并为总结本次招聘和更有效地开展下一轮的招聘进行评估。

任务提示：整个招聘过程是一个完整的、系统的、程序化的、循环的操作过程，大致可分为准备、招聘、甄选、录用、评估5个阶段。

必备知识

知识基础四　员工招聘的基本程序

（一）员工招聘的基本程序

招聘程序是指从出现职位空缺到候选人②正式进入企业工作的整个过程。这个过程通常包括以下一系列环节。

1. 确定职位空缺，制订招聘计划

根据企业的人力资源规划，在掌握有关各类人员的需求信息、明确哪些职位空缺的情况后，人力资源管理部门要考虑招聘是否是最好的方法。因为除了招聘，企业还可以通过以下方式解决问题，如现有人员加班、工作的重新设计以及将某些工作外包等。

如果企业根据实际情况认为招聘是一个最佳方式的话，就要编制招聘计划了。招聘计划包括：招聘人数、招聘标准、招聘对象、招聘时间和招聘预算等。在招聘过程中，企

---

①　译码，是一个面向开发者的云端开发平台，主要提供代码托管。

②　候选人、受测者、应试者、被面试者、被测试者考生、被评人、应聘者等都是同一类人，只是在不同的语境下表述不同而已。同样，考官、主考官、评价者、评委、测评师等也是同一类人，只是在不同的语境下表述不同而已。

业必须吸引到比空缺职位更多的求职者；但究竟吸引到的应聘者应该比录用的人数多多少才合适，需要计算投入—产出的比例。投入是指全部应聘者的数量，而产出则是招聘结束后最终到企业报到的人数。估算投入—产出比例的一个有用的工具是招聘产出金字塔，如图1-1所示。

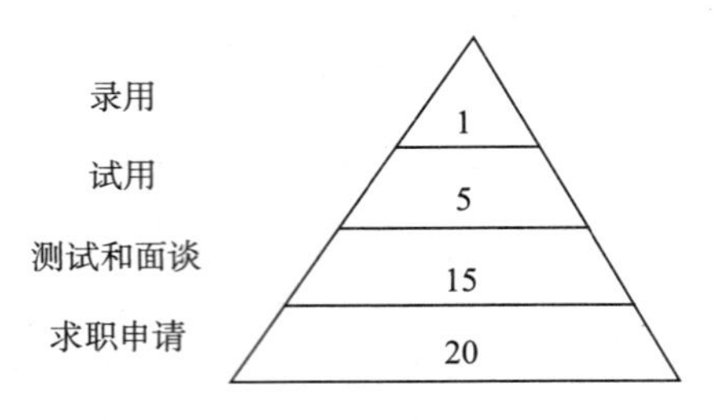

图1-1　招聘产出金字塔

当然，在不同国家、不同的时期，甚至在同一国家的不同地区，每一步的产出率都是不一样的。这些比例的变化与劳动力市场供给有很大的关系。劳动力供给越充足，比例会越小；反之，比例会越大。需要的劳动力素质越高，产出比例越小。

2. 制定招聘策略

招聘策略是为了实现招聘计划而采取的具体策略，具体包括招聘地点的选择、招聘渠道和方法的选择、招聘时间的确定、招聘预算、招聘的宣传策略等。

（1）招聘地点的选择。为了节省费用，企业应将其招聘的地理位置限制在最能产生效果的劳动力市场上。一般来说，高级管理人员倾向于在全国范围内招聘；中级管理人员和专业技术人员通常在跨地区的劳动力市场上招聘；操作人员和办事人员常常在企业所在地的劳动力市场上招聘。企业之所以在这样的地理范围内进行招聘，是因为在不同范围内的市场提供的劳动力素质是不同的。

（2）招聘时间的选择。在什么时间开始招聘工作能保证新聘人员准时上岗，这就需要用到下面的计算公式：

招聘日期＝用人日期－准备周期＝用人日期－培训周期－招聘周期

其中培训周期是指新招员工进行上岗培训的时间；招聘周期指从开始报名、确定候选人名单，面试直到最后录用的全部时间。

（3）招聘渠道和方法的选择。任何一种确定的招聘方案，对应聘者的来源渠道以及企业应采取的招聘方法都应做出选择，这是招聘策略中的主要部分。

（4）招聘中的组织宣传。在招聘过程中，企业一方面需要吸引更多的有效应聘者，另一方面还必须利用招聘的过程进行积极的企业形象或者声誉的宣传活动。为了在招聘中达到这些目标，企业不仅需要提供包括职位薪水、工作类型、工作安全感、晋升机会等与职位相关的信息，还要让求职者了解企业的文化、管理方式、工作条件、同事、工作时间等企业信息。只有准确、有效地传达了这些信息，求职者才会在评价自身的基础上思考自己是否适合这样的工作，这就相当于在企业筛选之前由求职者自己完成了一个自我筛选的过程。真实可靠的企业信息还可以使应聘者降低过高的期望，建立起心理应对机制，并会由于感觉到企业的真诚而产生信赖感。那么，如何将企业和职位的情况真实地表现出来，并有效地传递给求职者呢？在这里介绍一种招聘的新技术——真实工作预览。

所谓真实工作预览，是指招聘单位通过小册子、电影、录像带、面谈、上司和其他员工的介绍等多种方式提供给应聘者真实的工作预览，包括积极和消极两个方面。真实工作预览的优点是：第一，通过展示真实的未来工作情境可以使工作申请人首先进行一次自我筛选，判断自己与这家公司的要求是否匹配。另外，还可以进一步决定自己可以申请哪些职位，不申请哪些职位，这就为日后减少离职奠定了良好的基础。第二，真实工作预览可以使工作申请人搞清楚，什么是可以在这个组织中期望的，什么是不可以期望的。这样，一旦他们加入组织中以后，就不会产生强烈的失望感，而是会提高他们对工作的满意程度、投入程度和长期服务的可能性。第三，这些真实的未来工作情境可以使工作申请人及早做好思想准备，一旦在日后的工作中出现困难，他们也不会回避难题，而是积极设法解决难题。第四，公司向工作申请人全面展示未来的工作情境会使工作申请人感到组织是真诚的，是可以信赖的。企业在准备真实工作预览的内容时，应该做到真实、详细、全面、可信。

（5）确定招聘团成员。“千里马易寻，伯乐难得。”要想发现优秀的、合乎企业要求的人才，首先必须有一个善于发现人才的招聘团。招聘团成员水平、素质的高低和经验的多寡，直接决定着企业招聘到的人才质量的高低，有时候招聘成员的选择不当会直接导致招聘工作失败。

招聘成员素质水平的高低，其有无魅力和感染力，还决定着企业能否吸引优秀人才。因为大部分应聘者与企业的第一次直接接触是在应聘时，他们往往通过招聘人员素质的高低来判断企业有无发展前途，真正优秀的人才非常看重企业人员的素质，如果招聘成员本身有极大的魅力和感召力，优秀的人才会由于“到他这里来有发展前途”的念头而投奔企业旗下，相反，如果在招聘会上，招聘者是一副外表邋遢、语言粗俗、举止轻浮的架势，势必会吓走真正的人才。在校园人才招聘会上，就有很多毕业生是由于某些招聘成员素质较低，从而敬而远之、挥袖离去的。

招聘班子成员应符合以下标准：

①工作积极的人。消极保守的人是不可能招聘到人才的。

②对招聘对象的问题百问不厌，对工作充满热情的人。

③有幽默感的人。每个应聘者都希望谈话的气氛能够愉快、幽默、风趣和轻松。

④有丰富的专业知识、心理学知识和社会经验，练就了一双火眼金睛的人。

⑤品德高尚，举止儒雅、文明，办事高效，有魅力的人。

3. 招聘

在这一阶段所要完成的工作是吸引求职者，建立起“求职者蓄水池”，并通过初步筛选选取出符合公司招聘计划要求的求职者。

（1）发布信息。企业一旦确定了自己对人才的需要，就应该及时用合适的方式把这一信息散布出去；否则，没有人知道企业有空缺岗位，也就不会有人把求职书发给企业。在发布信息时，招聘单位可以采用多种多样的方式，一切根据对将要招聘的人才的要求和成本收益对比来做出判断。

（2）建立“求职者蓄水池”。人力资源部门的一项日常工作就是建立、维护企业的人事数据库，其中最重要的就是求职者数据库，人们把它称为“求职者蓄水池”，用来存放每一个求职者的详细信息。在公司短期内暂时出现职位缺口时，求职者数据库可以利用储存的求职者信息招聘人才，迅速补充到生产经营中去。每一个企业在开始运营时都应建立这样一种求职者数据库，用于网罗人才。在企业将其职位需求信息发布出去后，求职者的求职书和履历表会像雪片一样飞来，人力资源部门应及时整理这些文件，把求职者的数据输入数据库中去。

（3）初步筛选。初步筛选就是要以招聘计划中的职位分析和职业要求为标准，按顺序浏览“求职者蓄水池”中每一位求职者的文件，选择符合公司职位要求的求职者。这个过程其实就是寻求求职者的文件资料与职务说明书相匹配的过程。在初步筛选中，只要求遵循“合格”原则，而并不要求遵循“优秀”原则；即在初步筛选中，只要是符合公司要求的求职者，都把他们“捡”出来，而不是去寻找最符合公司要求的、最优秀的求职者。初步筛选可以节省此后在招聘和选拔过程中需要花费的大量的时间和金钱，同时要注意发现虚假信息和遗漏信息。

4. 员工的甄选和评价

甄选候选人是招聘过程的一个重要组成部分，其目的是将不合乎职位要求的求职者排除掉，最终选拔出最符合企业要求的人员。职位说明书是甄选的基础，也就是说，以职位说明书中所要求的知识、技术和能力来判断候选人的资格。

5. 员工录用与试用

对甄选出的合格的求职者，应做出录用决策。可以通过电话或信函通知被录用者，通知时要讲清企业向被录用者提供的职位、工作职责和月薪等，并讲清楚报到时间、报到地点以及报到应注意的事项等。

签订劳动合同以后，被录用人员要有3～6个月的试用期。如果试用合格，试用期满后被录用人员便按劳动合同规定享有正式合同工的权利和义务。

6. 招聘评估

这是招聘工作的最后一项内容。一般来说，评估工作主要从招聘成本效益、人员的数量、质量等方面来进行。

（1）成本效益评估，主要对招聘成本、成本效用、招聘收益—成本比等进行评价。

①招聘成本。招聘成本分为招聘总成本与招聘单位成本。招聘总成本，即人力资源的获取成本，它由两个部分组成：一部分是直接成本，它包括招聘费用、选拔费用、录用员工的家庭安置费用和工作安置费用、其他费用（如招聘人员差旅费、应聘人员招待费等）；另一部分是间接费用，它包括内部提升费用、工作流动费用。招聘单位成本是招聘总成本与录用人数的比。很显然，招聘总成本与单位成本越低越好。

②成本效用。它是对招聘成本所产生的效果进行的分析。它主要包括招聘总成本效用分析、招聘成本效用分析、人员选拔成本效用分析、人员录用成本效用分析等。

③招聘收益—成本比。它既是一项经济评价指标，同时也是对招聘工作有效性进行考核的一项指标。招聘收益—成本越高，则说明招聘工作越有效。

（2）录用人员数量评估，主要从录用比、招聘完成比和应聘比3个方面进行。

（3）录用人员质量评估，实际上是对录用人员在人员选拔过程中对其能力、潜力、素质等进行的各种测试与考核的延续，其方法与之相似。

【阅读材料】

影响招聘渠道有效性的指标

简历有效率＝筛选合格简历数/全部收到简历数

简历有效率偏低，说明发布的招聘信息有不合适的地方，才会有大量不适合的人投递简历。这个时候就需要HR和用人部门进行沟通，重新明确需要招聘岗位的要求，把这些要求精准地体现在招聘信息里，减少不当简历的投递，提高简历筛选的效率。

某招聘渠道收到简历有效率＝某招聘渠道筛选合格简历数/招聘渠道收到简历数

一个有效的渠道能够帮助企业快速地吸引来合适的人才，招聘渠道非常丰富，有效率高的渠道，值得HR加大投入，而有效率降低的渠道，则要好好分析原因，不适用的，就要及时淘汰。

影响面试录用有效性的指标

面试参加率＝实际参加面试应聘者数/全部被通知参加面试应聘者数

面试参加率低，HR就应该对拒绝参加面试的人员进行回访，既然投了简历，就是对企业感兴趣，要了解不来的原因，如果有公司可以改善的地方，就进行改善，帮助公司提升对人才的吸引力。

面试通过率＝通知入职应聘者数/本期参加面试应聘者数

这个指标低，可以理解为用人部门与HR部门在人选标准上有较大的差异，需要两个部门之间进一步就招聘标准达成一致。

影响新员工入职有效性的指标

入职率＝实际入职应聘者数/通知入职应聘者数

这个指标与面试参加率有同样的作用，值得HR好好了解应聘者最终不来的原因。特别是像这种已经经过面试到最后要入职的人，应该对企业是比较满意的，到这个时候拒绝入职的原因，绝对值得HR好好深思一下。

新员工试用期考核合格率＝新员工试用期考核合格人数/新员工总数

这个指标不仅可以反映出在面试过程中考查的效果，还可以帮助组织改进面试过程中的考查内容，帮助企业提高招聘效果。

某公司的招聘流程，如图1－2所示。

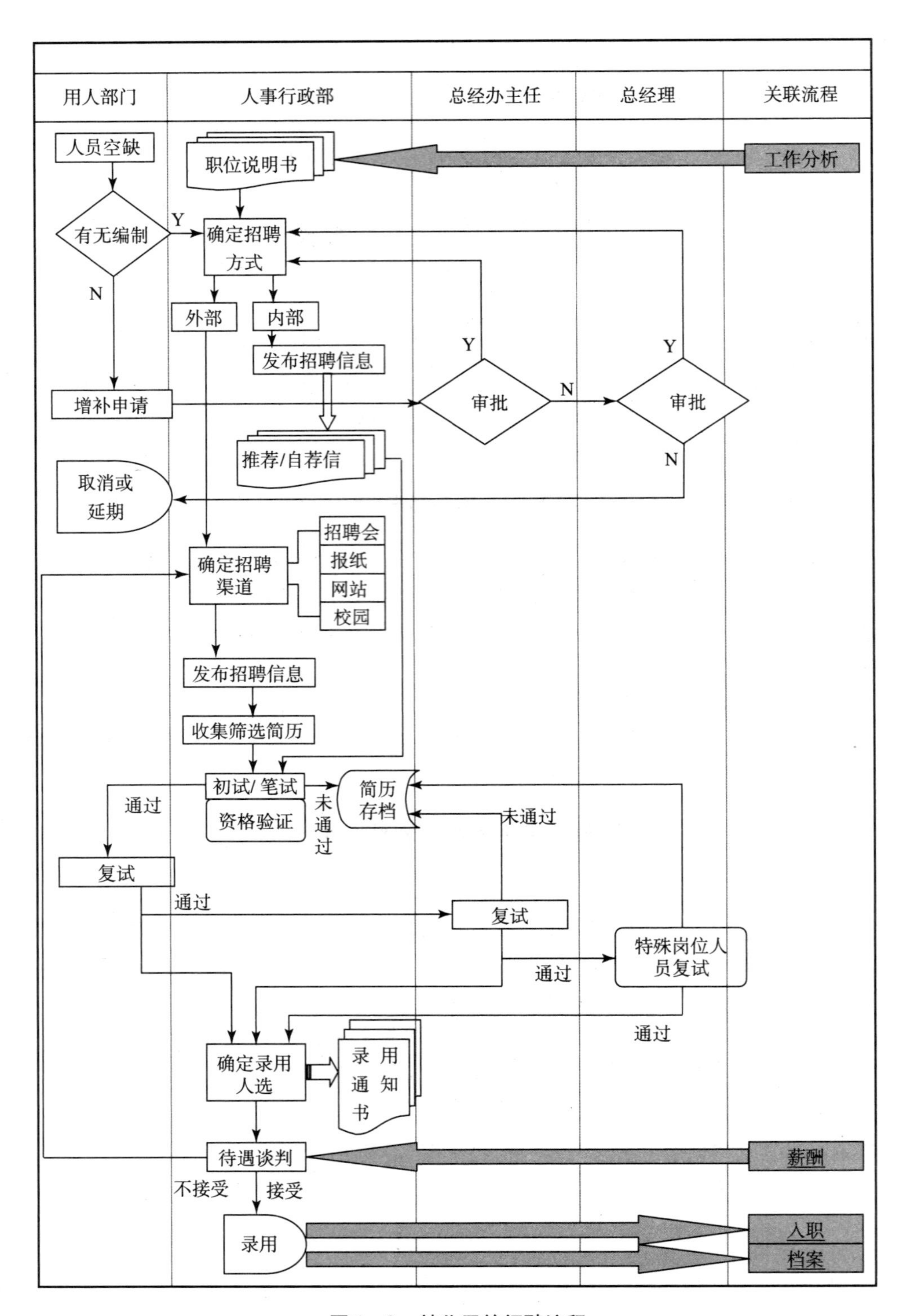

图1-2　某公司的招聘流程

【阅读材料】

优秀企业的未来招聘职能的发展体现在定位、渠道、方法及流程4个方面。

1. 定位

(1)“素质”比“能力”更重要——对人才的定位。在人才招聘战略中对员工的“归属意识、团队意识、集体观念、忠诚度、敬业精神”等潜在素质要有考虑和要求；目前流行的“素质模型、能力模型”等都是引导企业对员工潜在素质引起重视，未来企业也将越来越重视应聘者和员工的潜质。开发、挖掘员工的潜质，这将是一个新的课题，必将为企业所接受。

(2)“招聘团队”而非“招聘主管”——对招聘主体的定位。招聘需要很多实践的沉淀，正所谓“阅人无数，方可不走眼”。要建立自己的招聘团队，明确各级应聘者对应的招聘主体，明确各级招聘主体尤其是用人部门经理在招聘中的职责。在建立招聘团队之后，应该提高招聘主体的专业技能、面试技巧，并且使需求部门全程参与，才能为用人部门选择合适的人。

(3)“留人”比“选人”重要——对人才同化的定位。人才的选聘绝不能止于录用员工报到入职，而要加强对新员工试用期的考核、员工入司的同化、员工试用期工作指导和引导，既要明确招聘者的职责，同时也要明确用人部门在新员工试用期的工作职责，以此减少新员工在试用期流失。新员工入司初期对公司的印象和感觉，往往是其日后能否在公司做出最大贡献的关键。

(4)“企业雇主形象”比“录用”重要——对招聘策略、品牌的定位。我们要着眼于对企业形象的实实在在的宣传，而不应该以招到人、迅速招到人为目标。而建立雇主形象，需要一连串的工作，需要我们持之以恒，需要招聘团队的共同努力。

2. 渠道

(1) 从单一的直接招聘向多元化招聘转型。目前人才招聘渠道多为人才市场、学校招聘、内部推荐、网络招聘等，而随着信息化、网络化的需要，招聘将向内外部猎头、委托招聘以及人才租赁与派遣，甚至外包招聘等更新、更高的多元化发展、转型。

(2) 信息发布以及应聘信息的筛选应逐渐趋向格式化，提高有效性。招聘相关信息的发布更加多元化，这给收集信息、筛选信息、甄别有效应聘者带来很大的难度，对招聘人员也有了更高的要求。为了更有效地收集、筛选信息，逐渐格式化、固化发布的招聘信息以及针对不同岗位、不同层级需要设定相应的信息收集表格，将是必需的。

(3) 建立内部人才供给的良性循环机制。基于招聘的成本意识和危机意识，结合企业的竞争优势，尝试建立起企业内部的人才供给的良性循环——管理人才供应链，形成企业的竞争优势。

主要任务是建立内部人才供给的良性循环机制、拓展员工招聘渠道、建立企业内部的人才库网络电子共享系统。

3. 方法

引入人才测评，提高招聘选拔的科学性。

测评技术的使用要基于内部人才使用标准的确立，测评技术可应用于内部干部选拔和任用，测评技术可以“人尽其才、才适其岗”。要想获得高质量的人才，必须具备高质量的招聘方法以及能够熟练运用这种方法的人，再结合非结构化面试、专业测试和技能认证等。

4. 流程

面试流程要严肃：对申请职位的应聘者进行多轮面试，每一轮面试各有侧重地为关键素质收集行为依据。设置不同的面试考官和面试表格，规范固化面试流程。规范人力资源规划流程、岗位增编审批流程、内部调配流程。

知识掌握

1. 招聘一般遵循哪些基本原则？
2. 影响招聘的因素有哪些？
3. 为什么说人力资源规划是招聘的基础？
4. 为什么说岗位研究是招聘的基础？
5. 简述招聘的程序。

知识应用

宝洁公司的校园招聘

曾经有一位宝洁的员工这样说：由于宝洁的招聘让他第一次感觉到自己被当作人来看，所以他带着理想主义来到了宝洁。

1. 前期的广告宣传

派送招聘手册，招聘手册基本覆盖所有的应届毕业生，以达到吸引应届毕业生参加其校园招聘会的目的。

2. 邀请大学生参加其校园招聘介绍会

宝洁的校园招聘介绍会的内容一般如下：校领导讲话、播放招聘专题片、宝洁公司招聘负责人详细介绍公司情况、招聘负责人答学生问、发放宝洁招聘介绍会介绍材料。

宝洁公司会请公司有关部门的副总监以上高级经理以及那些具有校友身份的公司员工来参加校园招聘会。通过双方面对面的直接沟通和介绍，向同学们展示企业的业务发展情况及其独特的企业文化、良好的薪酬福利待遇，并为应聘者勾画出新员工的职业发展前景。通过播放公司招聘专题片、公司高级经理的有关介绍及具有感召力的校友亲身感受介绍，使应聘学生在短时间内对宝洁公司有较为深入的了解和更多的信心。

3. 网上申请

从2002年开始，宝洁将原来的填写邮寄申请表改为网上申请。毕业生通过访问宝洁中国的网站，点击“网上申请”，来填写自传式申请表并回答相关问题。这实际上是宝洁的一次筛选考试。

宝洁的自传式申请表是由宝洁总部设计的，全球通用。宝洁在中国使用自传式申请表之前，先在中国宝洁的员工中及中国高校中分别调查取样，又结合其全球同类问卷调查的结果，从而确定了通过申请表选拔关的最低考核标准。同时也确保其申请表能针对不同文化背景的学生保持筛选工作的相对有效性。申请表还附加一些开放式问题，供面试的经理参考。

因为每年参加宝洁应聘的同学很多，一般一个学校就有1 000多人申请，宝洁不可能直接去和上千名应聘者面谈，而借助于自传式申请表，可以帮助其完成高质、高效的招聘工作。自传式申请表用电脑扫描来进行自动筛选，一天可以检查上千份申请表。宝洁公司在中国曾做过这样一个测试，在公司的校园招聘过程中，公司让几十名并未通过履历申请表这一关的学生进入下一轮面试，面试经理也被告知“他们都已通过了申请表筛选这关”。结果，这几十名同学无人通过之后的面试，没有一个被公司录用。

问题：宝洁的校园招聘有什么特点？依据了招聘的哪些原理？

技能操练

项目名称：建立模拟公司。

实训要求：全班同学随机抽签分组，每组6～8人，要求按照不同性格类型、性别搭配，成立本课程的实训小组。实训小组在本情境学习中，利用业余时间调研当地一个企业，访谈该企业的人员，有所领悟之后，成立自己的模拟企业，行业类型均不限（也可以是参考网上查到的感兴趣的企业），画出组织结构图，写出公司发展战略、目标、背景、行业类型、业务特点、竞争对手的情况、主要的岗位设置，并拟好公司的关键岗位，借鉴相关材料，写出人力资源规划方案，写出关键岗位的工作说明书。

实训成果：

1. 公司的整体情况介绍，详细做出PPT并展示。
2. 团队目标、企业文化明确，并展示。
3. 人力资源规划方案清晰，岗位说明书正确。

考核指标：

1. 公司架构正确，背景分析全面。
2. 小组气势佳，分工合作好，成员参与度高。
3. PPT制作清晰，汇报者表达流畅。

学习情境二

招聘的准备阶段

知识目标：通过对本情境的学习，掌握招聘准备阶段的招聘渠道选择、时间选择、地点选择、招聘计划书撰写的概念和原理。

能力要求：运用所学知识能进行招聘策略的选择和招聘计划书的撰写。

职业导向

"凡事预则立，不预则废。"有效的招聘可以提高员工的满意度并降低员工的流失率。如果员工有较高的工作满意度和组织责任感，那么员工旷工、士气低落和流动的现象会减少；会减少员工的培训负担；会增强团队的工作士气。员工在工作中不可避免地要和上司、同事、下级以及客户产生工作上的联系。在处理工作关系时，员工自身由于工作技能、受教育程度、专业知识上有差异；在处理语言、数字和其他信息能力上存在差异；特别是在气质、性格上也有差异，因此，为了利益发生劳动纠纷是不可避免的。如能尽量按照企业文化的要求去招聘员工，使新员工不仅在工作上符合岗位的任职资格，而且在个性特征和认知水平上，特别是自身利益追求上也符合组织的需求，将大大提高组织的绩效水平。利用规范的招聘程序和科学的选拔手段，可以吸引和保留住组织真正需要的优秀人才。优秀的员工是不需要工作环境适应期的，他们的共同特点就是能够很快地转变角色，进入状态，能够在很短的时间内创造工作成绩而不需要做大量的培训。可以说，创造员工的高绩效、推动组织整体绩效水平的提高，是一个组织追求有效招聘管理的最高境界。

职业情境

张宇在大学主修行政管理专业，辅修人力资源管理专业。大学毕业后，他通过了国家人力资源管理师助理级的资格证考试，但是还是觉得自己的实践经验很缺乏，举例来说，最近他所在的公司人力资源部主管安排他做2013年校园招聘的准备工作，他就觉得无从下手，没有头绪。他应该考虑哪些要点呢？

学习任务一　招聘的渠道策略

情境案例引入

欧莱雅的招聘渠道

制定人力资源战略规划

欧莱雅通过各种渠道与方式来招聘人才，把招聘分为外部招聘与内部招聘。外部招聘包括社会招聘和校园招聘。

1. 刊登招聘广告

欧莱雅通过在报纸、网络刊登招聘广告，发布用人信息，招聘所需人才。欧莱雅运用网络进行招聘，使人力资源在全球共享。网络的普及使15个国家10%的招聘工作在网上得以实现。

2. 猎头公司

有时，为了招聘某些高级经理人为欧莱雅服务，欧莱雅也与全球一流的猎头公司等人力资源中介服务机构合作，通过猎头公司提供的专业人力资源服务，寻找优秀的人才加盟。欧莱雅中国人事总监戴青介绍说，她时常叮嘱开展合作的猎头公司，一旦发现欧莱雅需要的、具备“诗人与农民”禀赋的人才，无论花费多少费用，都要尽力把他们吸引到欧莱雅。但靠猎头公司招聘人才，在欧莱雅的招聘渠道中所占的比例不大，因为仅仅是中、高级人才通过猎头公司寻找。

3. 校园招聘

欧莱雅会根据需要，每年在相关大学召开校园招聘会，招聘管理培训生，为培养未来的高级经理人做精心准备。每年，来自世界几十个国家顶尖学府的千余名管理培训生会申请加入欧莱雅公司。欧莱雅中国公司也广泛地与中国各著名大学展开交流与合作，每年在北京大学、清华大学、复旦大学、上海交通大学、中山大学等高校招聘管理培训生，为培养欧莱雅未来的高级经理人奠定坚实的基础。欧莱雅的校园招聘选择的大学是世界各地优秀的大学，他们的目的是招聘著名学府中的佼佼者进入欧莱雅。在全球，欧莱雅通过“校园企划大赛”等方式来寻找人才。

4. 实习生制度

欧莱雅还通过实习生制度每年从大学吸收大量优秀学生来公司实习，促进双方的沟通与了解，为将来的合作奠定基础。

5. 内部招聘

欧莱雅的员工招聘信息同样在公司内部发布，欢迎公司员工参加应聘。内部员工与外部应聘者共同竞争某一岗位，完全是在公平的前提下，他们参加同样的面试，最终由用人部门决定取舍。

6. 建立人才后备力量

区别于每年毕业季节各种公司在校园的招聘会，欧莱雅对人才的物色更显示出开放的态度。1993年，欧莱雅集团开创的“欧莱雅校园企划大赛”现已风行全球。从2000年开始，欧莱雅开始在中国区举办“欧莱雅校园企划大赛”，这一鼓励大学生投身实际企业商业运行的全球经典赛事，赋予了当代中国大学生活力和创意，使中国学生无论是在培养创新意识还是建立对市场的了解及将理论与实际相结合上，都拥有与世界各国同龄人同台竞技的机会，受到了大学生们的热烈欢迎。获得头奖的代表队会被邀请到巴黎的欧莱雅总部参观，使其对欧莱雅这一跨国企业的管理风范和市场经营策略有更深入的了解。欧莱雅相信，这一系列活动一定会给学生们留下先入为主的印象。2001年年底，欧莱雅推出了全球在线商业策略大赛，让参加游戏的大学生们在互联网上模拟商战，并许以重奖。中国的中欧国际工商学院(CEIBS)的参赛者第一次参加就取得了中国第一、亚洲第三、全球第十一名的好成绩。这是欧莱雅培育自己的后备力量的策略之一，这样一个“培养人才、发现人才、吸引进公司”的策略，已经成为欧莱雅人才良性循环的法宝。欧莱雅建有自己的全球因特网人才数据库，全球各地的人才，都可以随时利用欧莱雅的系统在线申请欧莱雅在全球的职位，或申请实习。欧莱雅已经初步建立起了庞大的人才后备库，并从中挖掘了许多优秀人才。

案例分析：欧莱雅的招聘工作对我们有很重要的借鉴意义。

任务提示：企业人员的补充有内部补充和外部补充两个来源，即通过内部和外部两个渠道招聘员工。

必备知识

知识基础一　招聘的渠道分析

（一）内涵

招聘与甄选是人才招聘过程中两个重要的环节，前后紧密相连。人才招聘是为了满足当前空缺岗位或未来新设岗位的用人要求，寻求、吸引、获取一定数量符合资格要求的应聘者到企业来应聘的过程。人才甄选是通过排除的方式来确定哪些应聘者最有可能取得预期工作成果或达成绩效要求的过程。

（二）招聘的渠道

1. 内部招聘的特点

内部招聘是指通过内部晋升、工作调换、工作轮换、人员重聘等方法，从企业内部人力资源储备中选拔出合适的人员补充到空缺或新增的岗位上的活动。

内部招聘具有以下优点：

（1）准确性高。从招聘的有效性和可信性来看，由于对内部员工有较充分的了解，如对该员工过去的业绩评价资料较容易获得；管理者对内部员工的性格、工作动机以及发展潜能等方面也有比较客观、准确的认识，使得对内部员工的了解更加全面、可靠，从而提高了招聘的成功率。

（2）适应较快。从运作模式看，内部员工更了解本组织的运营模式，与从外部招聘的新员工相比，他们能更快地适应新的工作。

（3）激励性强。从激励方面来分析，内部招聘能够给员工提供发展的机会，强化员工为组织工作的动力，也增强了员工对组织的责任感。尤其是各级管理层人员的招聘，这种晋升式的招聘往往会带动一批人作一系列晋升，从而能鼓舞员工士气。同时，也有利于在组织内部树立榜样。通过这种相互之间的良性互动影响，可以在组织中形成积极进取、追求成功的氛围。

（4）费用较低。内部招聘可以节约大量的费用，如广告费用、招聘人员与应聘人员的差旅费等，同时还可以省去一些不必要的培训项目，减少组织因岗位空缺而造成的间接损失。此外，从组织文化角度来分析，员工在组织中工作了较长一段时间后，已基本融入了本组织，对本组织的文化和价值观有了一定的认识，因而对组织的忠诚度较高，离职率低，避免了招聘不当造成的间接损失。许多企业都特别注重从内部选拔人才，尤其是高层管理者。

尽管内部招聘有如上所述的许多优势，但其本身也存在着明显的不足，主要表现在以下一些方面：

（1）由于处理方法不公平、不妥当或员工个人原因，可能会在组织中造成一些矛盾，有组织中产生不利的影响。内部招聘需要竞争，而竞争的结果必然有成功与失败，并且失败者占多数。竞争失败的员工可能会心灰意冷、士气低下，不利于组织的内部团结。内部招聘还可能导致部门之间出现“挖人才”的现象，不利于部门之间的团结协作。此外，在内部招聘过程中，可能会出现按资历而非能力进行选择，这将会诱发员工养成“不求有功，但求无过”的心理，也给有能力的员工的职业生涯发展设置了障碍，导致优秀人才外流或被埋没，削弱企业竞争力。

（2）容易抑制创新。同一组织内的员工有相同的文化背景，可能会产生“团体思维”现象，从而抑制了个体创新，尤其是当组织内部重要岗位主要由基层员工逐级升任，就可能会因缺乏新人与新观念的输入，而逐渐产生一种趋于僵化的思维意识，这将不利于组织的长期发展。许多观察人士认为，通用汽车公司20世纪90年代所面临的严重问题就是与其长期实行的内部招聘策略有关。幸运的是，通用汽车公司已经意识到这点，开始注意吸收“新鲜血液”了。

此外，组织的高层管理者多数是从基层逐步晋升的，大多数年龄会偏高，这不利于冒险和创新精神的发扬。而冒险和创新是新经济环境下组织发展至关重要的两个因素。要弥补和消除内部选拔的不足，需要人力资源部门做大量细致的工作。

2. 外部招聘的特点

相对于内部招聘而言，外部招聘成本比较大，也存在着较大的风险。外部招聘与内部招聘相比有以下优势：

（1）带来新思想和新方法。从外部招聘来的员工对现有的组织文化会有一种崭新的、大胆的视角，而较少有感情的依恋。内部员工已经彻底地被组织文化同化了，受惯性思维影响，既看不出组织的有待改进之处，也没有进行变革、自我提高的意识和动力，整个组织缺乏竞争的意识和氛围，可能呈现出一潭死水的局面。通过从外部招聘优秀的技术人才和管理专家，就可以在无形中给组织原有的员工施加压力、激发斗志，从而产生“鲶鱼效应”。特别是在高层管理人员的引进上，这一优点尤为突出，因为他们有能力重新塑造组织文化。例如，惠普公司的董事会，出人意料地聘用朗讯公司的一个部门经理来任首席执行官（CEO），以重塑惠普公司的文化。

（2）有利于招聘一流人才。外部招聘的人员来源广，选择余地很大，能招聘到许多优秀人才，尤其是一些稀缺的复合型人才。这样可以节省内部培训费用。

（3）树立形象的作用。外部招聘也是一种很有效的交流方式，组织可以借此在其员工、客户和其他外界人士中树立良好的形象。

同样，外部招聘也有以下不足：

（1）筛选难度大，时间长。组织希望能够比较准确地了解应聘者的能力、性格、态度、兴趣等素质，从而预测他们在未来的工作岗位上能否达到组织所期望的要求。而研究表明，仅仅依靠招聘时的了解来进行科学的录用决策是比较困难的。为此，一些组织还采用诸如推荐信、个人资料、自我评定、同事评定、工作模拟、评价中心等方法。这些方法各有各的优势，但也都存在着不同程度的缺陷。这就使得录用决策耗费的时间较长。

（2）进入角色慢。从外部招聘来的员工有时需要花费较长的时间来进行培训和定位，才能了解组织的工作流程和运作方式，增加了培训成本。

（3）招聘成本大。外部招聘需要在媒体发布信息或者通过中介机构招聘，一般需要支付一笔费用，而且由于外界应聘人员相对较多，后续的挑选过程也非常烦琐与复杂，不仅耗费巨大的人力、财力，还占用了很多的时间，所以外部招聘的成本较大。

（4）决策风险大。外部招聘只能通过几次短时间的接触判断候选人是否符合本组织空缺岗位的要求，而不像内部招聘那样可以经过长期的接触和考察，所以，很可能因为一些外部的因素（例如应聘者为了得到这份工作而夸大自己的实际能力等）而作出不准确的判断，进而加大了决策的风险。

（5）影响内部员工的积极性。如果组织中有能胜任的人未被选用或提拔，即内部员工得不到相应的晋升和发展机会，内部员工的积极性可能会受到影响，容易导致“招来女婿、气走儿子”的现象发生。因此，外部招聘一定要慎重。

（三）选择招聘渠道的主要步骤

（1）分析组织的招聘要求。

（2）分析潜在应聘人员的特点。

（3）确定适合的招聘来源。按照招聘计划中岗位需求数量和资格要求，根据对成本收益的计算来选择一种效果最好的招聘来源，是内部还是外部？是学校还是社会？等等。

（4）选择适合的招聘方法。按照招聘计划中岗位需求数量和资格要求，根据对成本收益的计算来选择一种效果最好的招聘方法，是发布广告、上门招聘还是借助中介等。

（四）参加招聘会的主要程序

由于招聘会的参展单位和应聘者众多，所以必须事先做好充分的准备，否则，很难取得理想的效果。因此，参加招聘会的主要步骤如下：

1. 准备展位

为了吸引求职者，参加招聘会的关键是在会场设立一个有吸引力的展位。如果有条件，可以尽量争取一个好的位置，还要有一个比较大的空间。在制作展台方面，最好请专业公司来设计，并且要留出富余的时间，以便对设计不满意的地方进行修改。在展台上可以利用放像机或计算机投影等方式放映公司的宣传片。在展位的一角，可以设计一个相对安静的区域，单位的人员可以和一些有必要进行详细交谈的人员在这个区域交谈。

2. 准备资料和设备

在招聘会上，通常可以发放一些宣传品和招聘申请表，这些资料需要事先印制好，而且准备充足的数量，以免很快发完。有时在招聘会的现场需要用到电脑、投影仪、电视机、放像机、录像机、照相机等设备，这些都应该事先准备好。并且，要注意现场是否有合适的电源设备。其他要用到的资料、设备也要在会前一一准备好。

3. 招聘人员的准备

人力资源部的人员最好参加招聘会，当然也要有用人部门的人员参加，所有现场人员都应该做好充分的准备。这些准备首先包括要对求职者可能问到的问题了如指掌，对答如流，并且所有人在回答问题时口径要一致。另外，招聘人员在招聘会上要着正装，服装要整洁大方。

4. 与协作方沟通联系

在招聘会开始之前，一定要与协作方进行沟通。协作方包括招聘会的组织者、负责后勤事务的单位，还可能有学校的负责部门等。在沟通中，一方面要了解协作方对招聘会的要求；另一方面要提出需要协作方提供帮助的事项，以便提早做准备。

5. 招聘会的宣传工作

如果是专场招聘会，会前要做好宣传工作，可以考虑利用报纸、广告等媒体，或者在自己的网站上发布招聘会信息。如果是在校园里举行招聘会，一定要在校园里张贴海报。这样才能保证有足够的人员参加招聘会。

6. 招聘会后的工作

招聘会结束后，一定要用最快的速度将收集到的简历整理一下，通过电话或电子邮件的方式与应聘者取得联系。因为很多应聘者都在招聘会上给多家公司递了简历，反应速度比较快的公司，会给应聘者留下公司管理效率较高的印象。

（五）内部招聘的主要方法

1. 推荐法

推荐法可用于内部招聘，也可用于外部招聘。它是由本企业员工根据企业的需要推荐其熟悉的合适人员，供用人部门和人力资源部门进行选择和考核。由于推荐人对用人单位及被推荐者的情况都比较了解，使被推荐者更容易获得企业与岗位的信息，便于其作决策，也使企业更容易了解被推荐者，因而这种方法较为有效，成功的概率较大。在企业内部，最常见的推荐法是主管推荐，其优点在于主管一般比较了解潜在候选人的能力，由主管提名的人选具有一定的可靠性。而且主管们也会觉得他们具有全部的决定权，满意度比较高。它的缺点在于这种推荐会比较主观，容易受个人因素的影响，主管们可能提拔的是自己的亲信而不是一个胜任的人选。有时候，主管们并不希望自己的得力下属被调到其他部门，担心这样会影响本部门的工作实力。

2. 布告法

布告法的目的在于使企业中的全体员工了解哪些职务空缺，使员工感觉到企业在招聘人员这方面的透明度与公平性，从而有利于提高员工士气。布告法是在确定了空缺岗位的性质、职责及其所要求的条件等情况后，将这些信息以布告的形式，公布在企业中一切可利用的墙报、布告栏、内部报纸上，尽可能使全体员工都能获得信息，并规定所有对此岗位感兴趣并具有此岗位任职能力的员工均可申请此岗位。目前在很多成熟的企业当中，张榜的形式由原来的张贴海报式改为在企业的内部网络上发布，各种申请手续也在网上完成，从而使整个过程更加快捷、方便。一般来说，布告法经常用于非管理层人员的招聘，特别适合于普通职员的招聘。布告法的优点在于让企业内更多的人员了解到此类信息，为企业员工职业生涯的发展提供了更多的机会，可以使员工脱离原来不满意的工作环境，也促使主管们更加有效地管理员工，以防本部门员工的流失。它的缺点在于这种方法花费的时间较长，可能导致岗位较长时期的空缺，影响企业的正常运营。而员工也可能由于盲目地变换工作而丧失原有的优势。

3. 档案法

人力资源部门都有员工档案，从档案中可以了解到员工在教育、培训、经验、技能、绩效等方面的信息，帮助用人部门与人力资源部门寻找合适的人员补充岗位空缺。员工档案对员工晋升、培训、发展有着重要的作用，因此，员工档案应力求准确、完备，并且要对员工在岗位、技能、教育、绩效等方面信息的变化及时做好记录，为人员选择与配备做好准备。

值得注意的是，我们所说的“档案”，应该是建立在新的人力资源管理思想指导下的人员信息系统，该档案中应该对每一位员工的特长、工作方式、职业生涯规划都有所记录，将过去重“死材料”的防范型档案转变成重“活材料”的开发型档案，从而为内部有效管理和用人做好准备。在现代档案管理基础上，利用这些信息，帮助人力资源部门获得有关岗位应聘者的情况，发现那些具备了相应资格但由于种种原因没有申请岗位的合格应聘者，通过企业内的人员信息查找，在企业与员工达成一致意见的前提下，选择合适的员工来担任空缺或新增的岗位。

（六）外部招聘的主要方法

1. 发布广告

发布广告是单位从外部招聘人员最常用的方法之一。通常的做法是在一些大众媒体上刊登出单位岗位空缺的消息，吸引对这些空缺岗位感兴趣的潜在人选来应聘。由于采用广告的形式进行招聘，工作空缺的信息发布迅速，能够在一两天内就传达给外界，同时有广泛的宣传效果，所以可以展示单位实力。

发布广告有两个关键的问题：其一是广告媒体如何选择；其二是广告内容如何设计。一般来说，单位可选择的广告媒体很多，传统媒体如广播电视、报纸、杂志等，现代媒体如网站等，其总体特点是信息传播范围广、速度快，应聘人员数量大、层次丰富，单位的选择余地大。在决定广告内容时，单位必须注意要维护和提升单位的对外形象。

广告的内容不仅应明确告诉潜在的应聘者，单位能够提供什么岗位、对应聘者的要求是什么，而且广告应有吸引力，能够激起大众对单位的兴趣。另外，广告还应告诉应聘者申请的方式。

【阅读材料】

如何书写招聘广告

招聘广告是一个企业的脸面，好的招聘广告不仅能给人良好的视觉印象，更能直接地吸引到优秀的应聘者，那么，招聘广告一般由哪些内容组成呢？

1. 招聘单位的名称

招聘单位的名称一般单独摆在第一行。排版时用粗体字，以标题的形式出现。

2. 招聘单位的标志

招聘单位的标志一般放在招聘广告标题的前边，但有时也可放在标题的后边。这是因为企业在招聘人才的同时，还要在读者心目中树立起该企业的形象。

3. 招聘单位的简介

对企业进行广告宣传，以便让求职者对企业有一个基本的了解。

4. 招聘的职位

注明具体的空缺职位，是任何招聘广告必不可少的内容。如果一则广告只有一两项空缺职位，那么招聘的职位就往往用来做招聘广告的标题。

5. 工作的职责

具体说明空缺岗位应承担的主要任务，以便让求职者明白自己是否有能力胜任这些工作。

6. 应聘的资格

应聘的资格，即应聘的要求，也就是对应聘者在性别、年龄、学历、经验、特殊才能、个性、居住地等方面提出的具体要求。

7. 提供的待遇

在国内报刊上刊登的招聘广告，对待遇问题一般都提得比较笼统。

8. 应聘方法

一般分为三种：邮寄、电话或电子邮件。目前，国内的招聘广告绝大多数采用邮寄信件的方法应聘。因此，要求应聘者邮寄个人简历、自传、毕业证书和学位证书及身份证复印件、照片等资料，并告知邮寄地址及收件人。

2. 借助中介机构

随着人才流动的日益普遍，各类人才交流中心、职业介绍所、劳动力就业服务中心等就业中介机构应运而生。这些机构承担着双重角色：既为单位择人，也为求职者择业。借助这些机构，单位与求职者均可获得大量的信息，同时也可传播各自的信息。这些机构通过定期或不定期地举行交流会，使得供需双方能面对面地进行商谈，从而缩短了招聘与应聘的时间。

（1）人才交流中心。在全国各个城市，一般都有人才交流服务机构。这些机构常年为单位服务。他们建有人才资料库，用人单位可以很方便地在资料库中查询条件基本相符的人员资料。通过人才交流中心选择人员，有针对性强、费用低廉等优点，但通过这种方式对于如计算机、通信等专业的热门人才或高级人才的招聘效果不太理想。

（2）招聘洽谈会。人才交流中心或其他人才机构每年都要举办多场招聘洽谈会。在洽谈会中，单位和应聘者可以直接进行接洽，节省了单位和应聘者的时间。随着人才交流市场的日益完善，洽谈会呈现出向专业化方向发展的趋势。比如有中高级人才洽谈会、应届生双向选择会、信息技术人才交流会等。通过参加招聘洽谈会，单位招聘人员不仅可以了解当地人力资源的素质和走向，还可以了解同行业其他单位的人力资源政策和人才需求情况。虽然这种方法的应聘者集中，单位选择的余地较大，但有时还是难以招聘到合适的高级人才。

【阅读材料】

采用招聘洽谈会时应关注的问题

作为单位招聘的负责人，你一定会收到不少招聘会的组织者向你发出的邀请，是否参加一场招聘会，必须看这场招聘会对单位是否有价值。

1. 了解招聘会的档次

首先要收集信息，例如，规模有多大、都有哪些单位参加、场地在哪里等。如果参加招聘会的单位与你们单位的档次有很大差异，那么最好不要参加这场招聘会，因为你可能挑选不到合适的候选人。

2. 了解招聘会面对的对象，以判断是否有你所要招聘的人

如果一场招聘会主要是面对大学毕业生的，而你们公司并不需要大学毕业生，这场招聘会可能对你们的用处不大。

3. 注意招聘会的组织者

要关注招聘会组织者的组织能力如何、社会影响力有多大，因为这将决定招聘会的规模和参加人员的数量。

4. 注意招聘会的信息宣传

人力资源部拿到用人部门的招聘需求，首先要做的就是招聘需求分析，做好招聘需求分析是进行招聘工作的第一步。招聘需求分析包括三个方面：岗位分析、任职资格分析和招聘有效性的分析。

（1）岗位分析主要是通过对岗位的职责、岗位的工作环境、岗位文化环境进行分析，以岗位为基础确定需要哪些人。正因此，岗位分析分为岗位职责分析、岗位环境分析和岗位文化分析。岗位职责分析：主要指的是岗位做什么、工作产出是什么、工作流程是怎样的。岗位环境分析：主要指的是岗位压力、工作节奏、工作地位。岗位文化分析：主要指的是岗位的价值观、工作风格、工作面貌等。

（2）任职资格分析主要是通过对人的知识、技能、经验、能力、价值观、动机进行分析，确定需要什么样的人。

（3）招聘有效性的分析包括4点：

①培养成本分析。易于培养的人，不考察或者不做重点考察；不易于培养的人，可以重点考察。

②人群区分度分析。区分度小的，不考察或者不做重点考察；区分度大的，可以重点考察。

③环境约束分析。主要考虑环境对职责约束的影响。

④可衡量度分析。用现有方式进行衡量的程度。

做好以上三个方面分析的主要依据是公司的岗位说明书、组织结构、团队结构、用人机制。

（3）猎头公司。猎头公司是英文 Head Hunter 直译的名称，在我国是近年来为适应一些企业对高层次人才的需求与高级人才的求职需求而发展起来的。在国外，猎头服务早已成为

高级人才流动的主要渠道之一，我国的猎头服务近些年来发展迅速，有越来越多的单位逐渐接受了这一招聘方式。

用传统的渠道往往很难获取高级人才和尖端人才，但这类人才对单位的作用非常大。因此，猎头服务的一大特点是推荐的人才素质高。猎头公司一般都会建立自己的人才库。优质高效的人才是猎头公司最重要的资源之一，对人才库的管理和更新也是他们日常的工作之一，而搜寻手段和渠道则是猎头公司专业性服务最直接的体现。

当然，要通过猎头公司招聘到高素质的人才需要支付昂贵的服务费。目前，猎头公司的收费通常能达到所推荐人才年薪的25%～35%。但是，如果把单位自己招聘人才的时间成本、人才素质差异等隐性成本计算进去，猎头服务或许不失为一种经济、高效的招聘方式。

此外，因为猎头公司往往对单位及其人力资源需求有较详细的了解，对求职者的信息掌握较为全面，而且在供需匹配上较为慎重，所以其成功率比较高。

3. 校园招聘

校园招聘亦称上门招聘，即由企业单位的招聘人员通过到学校招聘、参加毕业生交流会等形式直接招聘人员。对学校毕业生最常用的招聘方法是每年举办的人才供需洽谈会，供需双方直接见面，双向选择。除此之外，有的单位则自己在学校召开招聘会，在学校中散发招聘广告等。有的则通过定向培养、委托培养等方式直接从学校获得所需要的人才。

对于应届生和暑期临时工的招聘也可以在校园直接进行。主要方式有招聘广告张贴、招聘讲座和毕业分配办公室推荐三种。校园招聘通常用来选拔工程、财务、会计、计算机、法律以及管理等领域的专业化初级水平人员。一般来说，工作经验少于3年的专业人员约有50%是在校园中招聘到的。

【阅读材料】

采用校园上门招聘方式时应注意的问题：

（1）要注意了解大学生在就业方面的一些政策和规定。国家对大学生的就业制定了一些相应的政策，对各个学校的毕业分配也有相应的规定，用人单位一定要首先了解这些规定，以免选中的人才由于各种手续上的限制无法到单位工作。

（2）一部分大学生在就业中有脚踩两只船或几只船的现象。例如有的大学生同时与几家单位签署意向协议；有的大学生一边复习考研或准备出国，一边找工作，一旦考研或出国成功，他们将放弃工作，对于这些现象，一定要引起重视。因此，在与学生签署协议时，应该明确双方的责任，尤其是违约的责任。另外，单位也应该有一定的思想准备，并且留有备选名单，以便替换。

（3）学生往往对走上社会的工作有不切实际的估计，对自己的能力也缺乏准确的评价。因此，单位在与学生交流的过程中应该注意对学生的职业指导，注意纠正他们的错误认识。

（4）对学生感兴趣的问题做好准备。在学校中招聘毕业生，学生常常会有一些关心的问题，对这些问题一定要提前做好准备，并保证所有工作人员在回答问题时口径一致。有的单位在向学生发放宣传品时就将常见的问题印在上面，或者在招聘的网页上回答学生提出的问题。

4. 网络招聘

20世纪70年代互联网的出现，给人类社会的经济发展以及人们的生产、生活、文化等方面带来了革命性的变化。从企业管理的角度看，不仅出现了信息化人力资源管理（E—HR）的新理念和新模式，也使企业人员的招聘方式发生了深刻的变化。

目前，越来越多的企业借助互联网承担起公司人力资源管理与开发的多项职能。据美国一家咨询公司公布的一项追踪研究报告显示，在《财富》全球500强企业中，使用网上招聘的企业已占99%。

招聘网站有广义和狭义之分，狭义的招聘网站指以网络为媒体的招聘广告发布平台及相关的人力资源服务系统。广义的招聘网站指其拥有招聘网站且网络招聘营业收入比重较高的公司。网络招聘是指运用互联网及相关技术，帮助雇主和求职者完成招聘和求职。招聘服务是指帮助雇主和求职者完成招聘和求职的过程中招聘服务运营商提供的服务。主要包括网络招聘、报纸杂志招聘、猎头服务、人力资源外包和招聘会五种形式。网络招聘服务是指帮助雇主和求职者在完成招聘和求职的过程中，招聘网站提供的互联网平台及相关技术手段。包括针对雇主的服务和针对求职者的服务，如招聘信息发布、简历下载、定制招聘专区、求职简历生成、职位搜索、薪酬查询等。目前，随着人工智能和移动互联技术的日益发展，网络招聘已经是非常便捷和有效的招聘渠道。我国的人员招聘网络发展得很迅猛，综合招聘网的代表是前程无忧和智联招聘，社交招聘网的代表是大街网、领英、天际网、若邻网、优士网，垂直招聘网的代表是猎聘网、无忧精英网、智联卓聘网、拉勾网，分类网络招聘的代表是58同城网和赶集网，新型招聘网的代表是Boss直聘、100offer、内推网、兼职猫。每一家网络招聘公司都有自己的APP，提供移动端便捷的端到端的服务。

【阅读材料】

中国网络招聘行业典型模式分析

中国网络招聘行业典型模式分为综合网络招聘模式、社交招聘模式、垂直招聘模式、分类信息网站模式和新型招聘模式五大典型模式。

1. 综合网络招聘模式

代表性企业有前程无忧、智联招聘等，综合招聘模式发展较早，这类企业目前是网络招聘的领军企业，市场份额超过60%。

2. 社交招聘模式

这是基于社交圈子和职业人际关系的招聘方式，代表企业有大街网、领英等网站。

3. 垂直招聘模式

这是指专注于某个行业、特定人群或是某个特定区域的招聘服务，代表企业有拉勾网、猎聘网、南方人才网等网站。

4. 分类信息网站模式

代表性企业有58同城网、赶集网等网站，这类网站主要发布蓝领人群的招聘信息，招聘业务只是这类网站的一部分业务。

5. 新型招聘模式

这是指近些年兴起的新的招聘模式，如以 Boss 直聘为代表的直聊模式、以 100offer 为代表的拍卖模式、以内推网为代表的内推模式、以兼职猫为代表的兼职招聘模式等。

用尽可能少的成本找到尽可能称职的应聘者，已经成为企业人员招聘主要追求的目标。采用互联网招聘的方式，可以从某种程度上满足企业的要求，因为网络招聘具有以下优点：

（1）成本较低，方便快捷，选择的余地大，涉及的范围广。

（2）不受地点和时间的限制，距离感在网上似乎已经不存在，无论身处何地，都不会妨碍工作的开展。互联网不但有助于企业在世界各地广招贤才，还可以在网上帮助单位完成应聘人员的背景调查审核、能力素质评估以及笔试面试。互联网已经不仅仅是一个在网上发布招聘广告的媒体，而是具有多种功能的招聘服务系统。

（3）使应聘者的求职申请书、简历等重要资料的存贮、分类、处理和检索更加便捷化和规范化。

【阅读材料】

名企的社交网络招聘

随着以微博、微信等社交网络为代表的社会化媒体平台的发展，企业在网络招聘时有了一个新的渠道。企业可以根据人们在社交网络的踪迹精准搜罗人才，也可以通过精心的策划，把招聘变成提升公司品牌的一个过程。

1. Adobe（奥多比）的精准匹配

社会化媒体在让人人都变成“自媒体”的同时，随着时间的推移，也沉淀了大量的用户踪迹。企业可以根据这些真实信息来精准匹配企业的招聘需求。Adobe 在全球的员工总数超过 1 万名，正常情况下每年都有 700 750 个空缺职位，其中 20% 的软件工程师是由外部的代理公司帮助招聘来的，但 Adobe 需要为每个职位支付 2 万美元的佣金。高昂的成本之外，Adobe 还要承担人才流失的风险，因为通过代理机构招来的员工留下来的比例并不是很高。如果因此出现新的人才缺口，Adobe 只能再开出更诱人的条件让代理公司再去“猎”到合适的人。

有一年，Adobe 开展了一场“寻找天才员工”的竞赛，他们把负责招聘的 HR 人员分成两组：一组采用传统的方式招聘 50 名可靠的技术工程师；另一组则在社交媒体网站上招聘。结果，用社交媒体网站的一组只用了几个小时就找够了人选，而用传统方式的一组过了好几个星期之后还在寻找的过程中。

开展社交媒体招聘后，Adobe不仅节省了大量的时间和成本，更让公司轻松找到了那些愿意为Adobe工作的人。因为在社交网络上，公司不仅能看到这些人的从业经历和所在的地理位置，还能知道哪些人对Adobe的战略和文化是认同的。

如今，代理机构只负责Adobe在美国不足2%的招聘业务。社交网络不仅改变了人们的沟通方式，也让求职者和招聘企业的“供求”信息达到更精准的匹配。这除了有赖于人们在社交网络上留下的真实信息之外，更得益于企业主动对这张数字化的人际关系网络数据的挖掘和分析，最终让招聘人员快速有效地摸清求职者的工作技能、教育背景、从业经历、兴趣爱好、性格特征等信息。通过社交网络，企业可以在特殊的圈子里找到自己需要的特定人才，然后有的放矢地安排笔试、面试。以往，企业通常需要在几轮面试过后，才能大概掌握求职者的性格特征。现在，通过社交网络，企业在与求职者见面前就把对方的“底牌”基本摸得差不多了。

在美国，一家医院收到了一名女士的工作申请，但院方后来发现此人在照片共享网站上上传了自己的不雅照，于是直接拒绝了申请。

德勤①的人才在线之旅

上述模式还只是停留在“找人”的层面上。而在一些企业看来，社交网络招聘可以是一石二鸟的一个过程，甚至可以首先是一种营销，企业可以在社交网络上以一种有趣的和可亲的姿态聚拢人气，顺便找到合适的人才。德勤会计师事务所中国子公司新浪官方微博在2017年9月推出了一个活动——“德勤在线之旅”，参与者可以亲身体验一次线上旅行，旅行从“机场”开始，旅客可以在这里选择自己想要去的地方是北京、上海，还是香港，“飞”抵目的地后，旅客可以参观德勤在当地的虚拟办公室，并与里面的员工进行交谈。每参观一个地方，旅客就能收到一个绿点，集齐六个绿点后，旅行完成。德勤在数小时之内就收到了足够多的工作申请。最后统计发现，有超过1.7万人参与到这个在线游戏中，其中有许多人在游戏中与德勤频繁互动。

谷歌的Life at Google（谷歌生活）谷歌也把这种社交网络招聘方式运用得非常娴熟。它在自己的社交平台Google+上增加了一个Life at Google账户，除了分享人们在谷歌工作的情况、氛围和文化外，还不失时机地在上面发布招聘信息，并有多个工作人员在后台与来访者充分沟通。对任何对在Google工作感兴趣的人来说，Life at Google是很有关注价值的。现在，Life at Google已经成为谷歌招聘的核心平台。Life at Google使用了几个账户与人们广泛沟通，这和许多别的大型科技公司形成了鲜明的对比。比如苹果和亚马逊，它们就对自己的工作环境秘而不宣。而Google则恰恰相反，一直都对自己的公司文化持比较开放的态度，这些账户上的诸多内容就是很好的例子。

① 德勤即德勤会计师事务所的简称。

5. 熟人推荐

通过单位的员工、客户、合作伙伴等熟人推荐人选，也是单位招聘人员的重要来源。据有关资料显示，美国微软公司有40%左右的员工是通过员工推荐方式招聘的。在我国珠江三角洲、长江三角洲的广大地区，也有大量中资或外资企业，在招聘一般员工时，采用"老乡介绍老乡"的推荐方式。

熟人推荐的招聘方式，其长处是对候选人的了解比较准确；候选人一旦被录用，顾及介绍人的关系，工作也会更加努力；招聘成本也很低。而问题在于可能在组织中形成裙带关系，不利于企业各种方针、政策和管理制度的落实。

熟人推荐的方式适用的范围比较广，既适用于一般人员，也适用于单位专业人才的招聘。采用该方式，不仅可以节约招聘成本，而且也在一定程度上保证了应聘人员的专业素质和可信任度。有些公司为了鼓励员工积极推荐人才，还专门设立推荐人才奖，以此奖励那些为单位推荐优秀人才的员工。

【阅读材料】

招聘渠道的优缺点分析如表2－1所示。

表2－1　招聘渠道的优缺点分析

途径	优点	缺点	适合招聘人员	备注
中介机构推荐（猎头公司）	效率高，招聘有的放矢，节省人力；在人员的从业素质、职业道德上也有一定的保证	成本过高；有着企业本身缺乏人员储备的弊端	企业中的高层管理人员、部分要求较高的基层管理人员	有广泛的人才搜索网络，能根据企业所需人才的职业和职位的不同，为企业推荐不同的人才。在推荐同时，会帮助企业对推荐人才进行资质审查、技术技能的评测
媒体公开招聘（如报纸、电视、电台广告）	可以获得大量的人才信息，企业可选的余地较大；也会吸引到素质较高的人才；为企业本身打了一次广告	招聘费用相对较大；因简历多，所以短时间内会带来很大的工作量	中基层管理人员及部分要求较高的基层人员	常见的有家政服务类和保险从业者的长期招聘
招聘会现场招聘	比较直观，可见到应聘者本人，可了解应聘者本人的一些相关信息，现场进行选拔；参加招聘会的人员较多，可选择余地大	时间短，不能当场对应聘者进行详细的审查和评测，需要进行下一个面试或者笔试环节；现场招聘者个人因素，易造成对应聘人员把握不准，造成真正优秀人员的流失	基层管理人员，文职类，技术类员工	招聘会是一个最现实、最热烈的招聘方式

续表

途径	优点	缺点	适合招聘人员	备注
互联网人才库搜索	获得的信息量较大，可选择的面也很广；能对号入座，寻找到自己需要的人才	招聘者的工作量大，想要从成千上万的求职者信息中搜索出合适的人选，需要大量的时间；有的简历会把自己包装得太完美，造成招聘单位资源的浪费	中基层管理人员、文职类人员	互联网平台很多，使用平台的关键词搜索，能使工作简便快捷
社会公共部门的推荐	招聘成本较低，选择的余地较大，招聘的人珍惜任何工作机会，稳定性较高	人选存在从业能力的问题，要么年龄较大，要么就是因为专业技能较差而失业；或是毕业生，企业需要付出大量的成本去进行培养和教育	销售代表、促销员、基层员工	社会公共部门指的是由政府主办的社会就业中心，各个大学或者专科学校的就业辅导中心
内部选拔	成本较低，选拔出的人员对企业的产品和企业文化都已经驾轻就熟，不像“空降兵”存在融入问题；忠诚度较高；而且能激励企业内部人员	存在过程比较漫长的弊端，一个内部员工的提升或者更换部门，需经过无数次的审查和讨论，经过谨慎的考核才能最终实现，这个过程需要一定时间；获得提升的人员在提升以后，会给原来的岗位留下一个空缺，还得再次进行招聘；在同一部门获得提升，会使获得提升的人员及原来同样级别的人员在产生期望的同时，也出现在心理上的短暂失衡，不排除个别人员会有过激行为	中基层管理人员	在企业内部各部门员工中进行挑选，或将同一个部门的员工提升到较高的职位，或者将不同部门员工换到另外一个部门工作
推荐	成本较低，节奏较快，经推荐招聘到的人员工作上手较快，由于和推荐人本身存在一定关系，融入团队的速度也会较快	可选择的范围较小，由于内部人员推荐，所以招聘者在审查方面或多或少会有些松懈，造成所招聘人员素质参差不齐；另一个较大的弊端是，容易和推荐者形成“小团队”；外部人员推荐所招聘来的人员也会因为千丝万缕的联系，给以后的管理工作造成困难	中基层管理人员	是经过企业内部的人员或者和企业存在联系的外部人员推荐的合适的人员

续表

途径	优点	缺点	适合招聘人员	备注
QQ 群	传播信息速度快	推荐速度比较慢	文职、技术	利用流行技术
12580	传播信息速度快	有求职信息才能用	文职、技术、基层员工	
公交车 LED	传播速度比较快	费用比较高		
手机短信	传播速度比较快	目前资源库有限	技术岗位、基层员工	
各种网络平台	传播速度比较快	反馈速度不快	文职	
人才市场户外广告	传播速度比较快	费用比较高	文职、技术、基层员工	
各社区广告橱窗	传播速度比较快	费用比较高	技术岗位、基层员工	
户外招聘	对基层岗位招聘效果较好	受环境和城管管理因素影响	服务岗位、后勤岗位	

【注意事项】

实施人才甄选各个具体环节应该避免的问题：

（1）招聘人员对人才空缺岗位缺乏深入全面的了解和分析。

（2）无法将必要的技能水平和经验与最恰当的技能水平和经验要求区别开来。

（3）未能对面试小组进行正确的培训。

（4）未能对面试小组进行协调和整合。

（5）未能有效地进行背景审查或利用背景审查的结果。

（6）在甄选过程中受非理性情感因素的影响。

学习任务二　建立胜任素质模型

情境案例引入

心理测验题（节选）

一、以下各题，请选择一个最适合你的答案。

1. 当我同时面临一件该做的事情和一件不该做但却吸引我的事情时，我经常经过激烈的斗争，使前者占上风。

A. 是　　B. 有时是　　C. 是与非之间　　D. 很少这样　　E. 从不这样

2. 有时躺在床上，下决心第二天要干一件重要的事情，但到第二天这种念头就消失了。

A. 常有　B. 较常有　C. 时有时无　D. 较少有　E. 从来没有

3. 我能长时间做一件重要但枯燥无味的事。

A. 是　B. 有时是　C. 是与非之间　D. 很少这样　E. 不是这样

4. 生活中遇到复杂情况时，我经常优柔寡断，犹豫不决。

A. 常有　B. 较常有　C. 时有时无　D. 较少有　E. 没有

5. 做一件事情之前，我首先想到的是它的重要性，其次才是它的趣味性。

A. 是　B. 有时是　C. 是与非之间　D. 很少这样　E. 从不这样

6. 遇到困难情况时，我常常希望别人帮我拿主意。

A. 是　B. 有时是　C. 是与非之间　D. 很少这样　E. 不是这样

7. 我决定做一件事情，常常说干就干，决不拖延或让它落空。

A. 是　B. 有时是　C. 是与非之间　D. 很少这样　E. 不是这样

8. 在和别人争吵时，虽然明知不对，却忍不住说些过头话，甚至骂人。

A. 时常有　B. 有时有　C. 有时无　D. 很少有　E. 从来没有

9. 我希望做一个坚强的人，因为我深信“有志者事竟成”。

A. 是　B. 有时是　C. 是与非之间　D. 很少这样　E. 不是这样

10. 我相信机遇，好多事实证明，机遇的作用有时大大超过人的努力。

A. 是　B. 有时是　C. 是与非之间　D. 很少这样　E. 不是这样

11. 我喜欢长跑、长途旅行、爬山等体育运动，但并不是因为我的身体条件适合这些项目，而是因为它们能锻炼我的毅力。

A. 很同意　B. 比较同意　C. 可否之间　D. 不大同意　E. 不同意

12. 我给自己制订的计划常常因为主观原因不能如期完成。

A. 经常如此　B. 较常如此　C. 时有时无　D. 较少如此　E. 从不

13. 如果没有特殊原因，我能每天按时起床，不睡懒觉。

A. 是　B. 有时是　C. 是与非之间　D. 很少这样　E. 不是这样

14. 计划应有一定的灵活性，如果完成计划有困难，随时可以改变或撤销它。

A. 很同意　B. 较同意　C. 无所谓　D. 不大同意　E. 反对

15. 在工作和娱乐活动发生冲突时，即使这种娱乐活动很有吸引力，我也会放弃它。

A. 经常如此　B. 较常如此　C. 时有时无　D. 较少如此　E. 从不如此

16. 在学习或工作中遇到困难时，最好的办法是立即向老师、同事或朋友求援。

A. 同意　B. 较同意　C. 无所谓　D. 不大同意　E. 反对

17. 在练长跑遇到生理反应，感觉跑不动时，我经常咬紧牙关，坚持到底。

A. 经常如此　B. 较常如此　C. 时有时无　D. 较少如此　E. 从不如此

案例分析：素质包括心理素质、品德素质、能力素质、文化素质、身体素质5个方面，也有人将它划分德、识、才、学、体5个要素。

任务提示：人员素质测评，是指测评主体从特定的人力资源管理的目的出发，运用各种测量技术，收集受测人在主要活动领域中的表征信息，对人的素质进行全面系统的评价，以求对人有客观、全面、深入的了解，从而为人力资源开发和管理提供科学的决策依据。

必备知识

知识基础二　胜任力模型的含义

（一）素质

1. 素质与绩效

素质是在人体内的一种基质，是个体完成特定工作或活动所必须具备的基本条件与基本特点，它体现在每个人的行为和绩效之中。

素质是绩效与发展的内在基础，而绩效与发展是素质的外在表现。

2. 素质的特征

①基础作用性。

②稳定性。

③可塑性。

④表出性。

⑤差异性。

⑥综合性。

⑦可分解性。

3. 素质的构成

素质的构成如表 2－2 所示。

表 2－2　素质的构成

<table>
<tr><td rowspan="3">心理素质</td><td>人格</td><td>气质、需要与动机、兴趣与情感、态度、习惯、意志等</td><td rowspan="6">它们相互作用，共同形成内在的精神动力，控制和调节着人员能力发挥的大小和方向、发挥程度和发挥功效</td></tr>
<tr><td>观念</td><td>世界观、人生观、价值观</td></tr>
<tr><td>自我意识</td><td>自信心、自主性、自知度</td></tr>
<tr><td rowspan="3">品德素质</td><td>政治品质</td><td></td></tr>
<tr><td>思想品质</td><td></td></tr>
<tr><td>道德品质</td><td></td></tr>
<tr><td rowspan="2">能力素质</td><td>智力</td><td>心理年龄、比率智商、离差智商</td><td rowspan="9">它们相互作用，共同形成外在物质上的牵引力，控制着人员可能发挥的能力</td></tr>
<tr><td>技能</td><td>是在多种素质基础上，经过实践锻炼形成的工作能力</td></tr>
<tr><td rowspan="4">文化素质</td><td>才能</td><td></td></tr>
<tr><td>知识素质</td><td>知识量、知识结构的合理性、知识的更新程度</td></tr>
<tr><td>经验素质</td><td>人的特殊的职业感觉力</td></tr>
<tr><td>自学能力</td><td>掌握学习方法，能独立地提出、分析和解决问题</td></tr>
<tr><td rowspan="3">身体素质</td><td>体质</td><td rowspan="3">一部分是先天遗传，一部分是通过后天锻炼获得</td></tr>
<tr><td>体力</td></tr>
<tr><td>精力</td></tr>
</table>

（二）人员素质测评

1. 人员素质测评的定义

人员素质测评由两部分组成：一是测评主体采用科学的方法，收集被测评者在主要活动领域中的表征信息；二是采用科学的方法，针对人力资源管理的某一目标作出量值与价值判断，或者直接从表征信息中引发与推断出某些素质特性。

2. 人员素质测评的特点

①人员素质测评主要是心理测量，而不是物理测量。

②人员素质测评是抽样测量，而不是具体测量。

③人员素质测评是相对测量，而不是绝对测量。

④人员素质测评是间接测量，而不是直接测量。

（三）胜任素质模型的基本内容

1. 胜任素质简述

胜任素质（Competency）又称能力素质，是指在组织管理中驱动员工作出卓越绩效的一系列综合素质，是员工通过不同方式表现出来的职业素养、自我认知、特质等素质的集合。

哈佛大学教授麦克·里兰是将胜任素质应用于实践的第一人。20 世纪 50 年代初，麦克·里兰应美国国务院邀请为之设计一种能够有效预测驻外服务信息官员能否做出优秀绩效的甄选方法。麦克·里兰采用行为事件访谈法收集第一手材料，比较、分析工作表现优秀和一般的驻外服务信息官员具体行为特征的各项差异，最终提炼出驻外服务信息官员胜任工作且能做出优秀绩效所应具备的能力素质。

胜任素质模型自其诞生之日起就被应用到人力资源管理的各个方面，实践证明，运用胜任素质模型可以提高企业的人力资源质量，提升企业竞争力，从而推进企业发展战略目标的实现。

2. 胜任素质识别

能否显著区分员工的工作绩效差异是判断某项胜任素质的唯一标准，即实际工作业绩卓越和业绩一般的员工在该项胜任素质上的行为表现是有明显差别的。识别员工的能力素质或岗位胜任特征可从以下 3 个方面进行。

（1）知识。知识层面既包括员工从事某一职业领域工作所必须具备的专业信息，例如财务管理、人力资源管理、市场营销等学科的专业知识，也包括员工在某一组织中工作所必须掌握的相关信息，例如公司知识、产品知识和客户信息等。

（2）技能（能力）。技能是指掌握和运用某项专业知识完成具体工作的技术或能力，例如计算机操作技能、财务分析能力等。能力是指员工天生具备或在外部环境影响下不易改变的特质，例如人际协调能力、问题分析能力、市场拓展能力、判断推理能力等。

（3）职业素养。职业素养是指员工从事具体工作所应具备的思想道德、意识及行为习惯，例如主动性、责任心、成就欲、忠诚度、诚信意识、团队意识等。

3. 胜任素质优化

员工所具备的素质不同，从事的工作不同，所处的组织环境不同，都会影响其工作绩效的发挥。如何优化企业员工的能力素质，使其表现出最佳工作绩效，可从以下 3 个方面考虑。

（1）员工的胜任素质。员工的胜任素质是指员工个体所具备的所有综合能力素质。员工所具备的能力素质有很多，其中总有某项或某些素质使其适合或善于从事某项工作。员工个体的胜任素质集合决定了其适合从事什么工作以及能够达到怎样的绩效标准。

（2）岗位的胜任特征。企业中具体的岗位对其任职者有不同的胜任特征要求，不同的岗位需要具有不同能力素质的员工来担任。岗位的胜任特征集合决定了其适合什么样的员工来担任。

（3）组织的环境特征。组织的企业文化及经营环境对其选择不同能力素质的员工有很大影响。组织的环境特征决定了其对具有不同素质倾向的员工做出取舍。

员工的胜任素质、岗位的胜任特征、组织的环境特征三个集合的交集决定了员工的最佳工作绩效。人力资源管理者要尽可能提高三者的契合度，使三者的交集最大，才能保证员工做出卓越绩效。

4. 胜任素质模型

根据企业中从事某岗位的员工所应具备的胜任素质，从知识、技能（能力）、职业素养3个层面构建其胜任素质模型。岗位胜任素质模型的具体内容如图2－1所示。

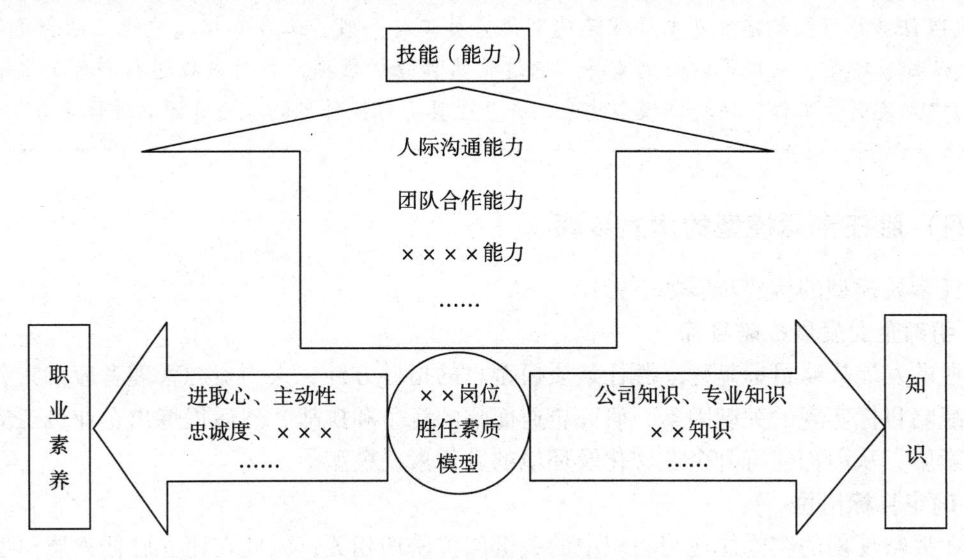

图2－1　岗位胜任素质模型

【阅读材料】

胜任特征的基本内容

胜任特征的基本内容包括以下几个层面：

知识——某一职业领域需要的信息（如人力资源管理的专业知识）；

技能——掌握和运用专门技术的能力（如英语读写能力、计算机操作能力）；

社会角色——个体对于社会规范的认知与理解（如想成为工作团队中的领导）；

自我认知——对自己身份的知觉和评价（如认为自己是某一领域的权威）；

特质——某人所具有的特征或其典型的行为方式（如喜欢冒险）；

动机——决定外显行为的内在稳定的想法或念头（如想获得权力、喜欢追求名誉）。

员工个体所具有的胜任特征有很多，但企业所需要的不一定是员工所有的胜任特征，企业会根据岗位的要求以及组织的环境，明确能够保证员工胜任该岗位工作、确保其发挥最大潜能的胜任特征，以此为标准对员工进行挑选。这就要运用胜任特征模型分析法提炼出能够对员工的工作有较强预测性的胜任特征，即员工最佳胜任特征能力。

个人的胜任力：指个人能做什么和为什么这么做；

岗位工作要求：指个人在工作中被期望做什么；

组织环境：指个人在组织管理中可以做什么。

交集部分是员工最有效的工作行为或潜能发挥的最佳领域。

当个人的胜任能力大于或等于这三者的交集时，员工才有可能胜任该岗位的工作。企业人力资源管理所要发掘的胜任能力模型就是个人胜任能力与另外两个圆的交集部分，即能够保证员工有效完成工作的胜任特征模型。

胜任特征模型构建的基本原理是辨别优秀员工与一般员工在知识、技能、社会角色、自我认知、特质、动机等方面的差异，通过收集和分析数据，并对数据进行科学的整合，从而建立某岗位工作胜任特征模型构架，并产生具有可操作性的人力资源管理体系。

（四）胜任素质模型的建立步骤

胜任素质模型的构建步骤如下：

1. 明确企业发展战略目标

企业的发展战略目标是建立胜任素质模型总的指导方针，人力资源管理者应首先分析影响企业战略目标实现的关键因素，研究企业面临的竞争和挑战，然后提炼出企业员工应具有的胜任素质，从而构建符合企业文化及环境的胜任素质模型。

2. 确定目标岗位

企业战略规划的实施往往与组织中的关键岗位密切相关，因此在建立胜任素质模型时应首先选择那些对企业战略目标的实现起关键作用的核心岗位作为目标岗位，然后分析目标岗位要求员工所应具备的胜任力特征，从而构建符合岗位特征的胜任素质模型。

3. 界定目标岗位绩优标准

企业完善的绩效考核体系是界定绩优标准的基础。通过对目标岗位的各项构成要素进行全面评估，区分员工在目标岗位绩效优秀、绩效一般和绩效较差的行为表现，从而界定绩优标准，再将界定好的绩优标准分解、细化到各项具体任务中，从而识别任职者产生优秀绩效的行为特征。

4. 选取样本组

根据目标岗位的胜任特征，在从事该岗位工作的员工中随机抽取绩效优秀员工（3～6名）和绩效一般员工（2～4名）作为样本组。

5. 收集、整理数据信息

收集、整理数据信息是构建胜任素质模型的核心工作，一般通过行为事件访谈法、专家数据库、问卷调查法等来获取样本组有关胜任特征的数据资料，并将获得的信息与资料进行整理和归类。

6. 定义岗位胜任素质

根据归纳整理的目标岗位数据资料，对实际工作中员工的关键行为、特征、思想和感受进行重点分析，发掘绩优员工与绩效一般员工在处理类似事件时的反应及行为表现之间的差异，识别导致关键行为及其结果的具有显著区分性的能力素质，并对识别出的胜任素质作出规范定义。

7. 划分胜任素质等级

定义了目标岗位胜任素质的所有项目后，应对各个素质项目进行等级划分，并对不同的素质等级作出行为描述，初步建立胜任素质模型。

8. 构建胜任素质模型

结合企业发展战略、经营环境及目标岗位的实际情况，将初步建立的胜任素质模型与企业、岗位、员工进行匹配与平衡，构建并不断完善胜任素质模型。

构建胜任素质模型的步骤如图 2－2 所示。

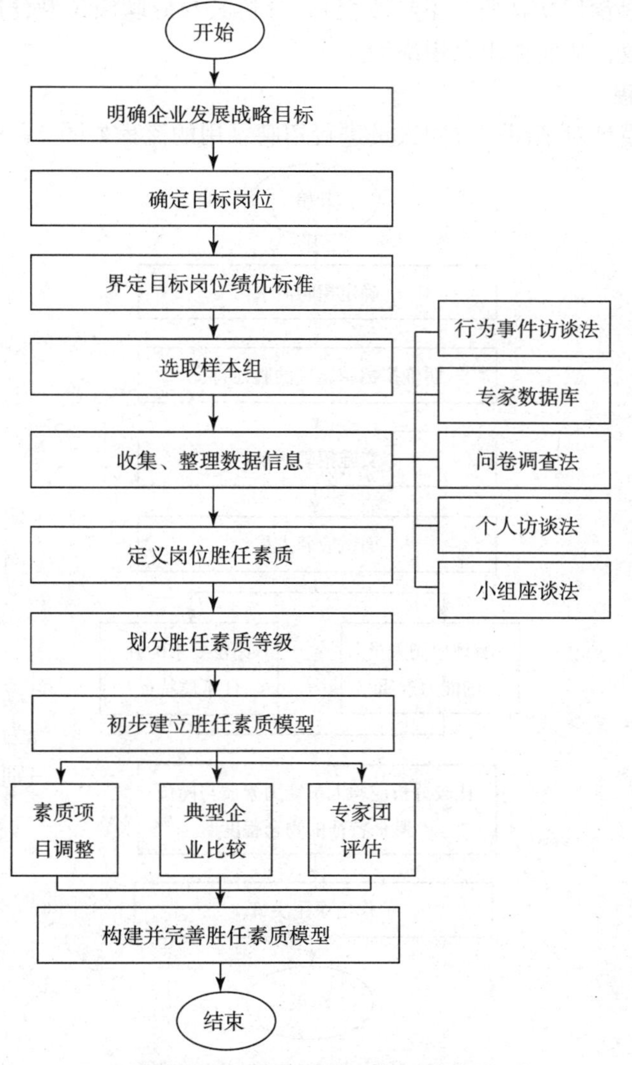

图 2－2　构建胜任素质模型的步骤

（五）胜任素质模型在人力资源管理中的应用

1. 工作分析

工作分析是企业实施招聘的基础，如果仅对岗位的组成要素，如岗位性质、特征、职责权限、劳动条件和环境进行分析，很难识别岗位的胜任特征要求。

基于胜任素质模型进行的工作分析，侧重研究岗位要求的与优秀绩效表现相关联的特征及行为，结合胜任特征及其行为表现来定义岗位的任职资格要求，使其具有更强的绩效预测性，从而为招聘与录用提供参考。

2. 录用决策

企业招聘难点在于识别应聘人员的潜在素质，即如何根据应聘人员以往的工作表现预测其未来的工作绩效。以应聘人员的知识、技能及经验背景等外在特征为依据作出录用决策，缺乏对应聘人员未来绩效的科学判断与预测，将会给企业带来很大风险。

基于员工胜任素质模型的招聘与甄选，旨在从应聘人员过去经历中的行为表现发掘其潜在素质（能力素质是深层次特质，不易改变），分析其与应聘岗位胜任能力的契合度，并预测其未来的工作绩效，从而作出录用决策。

3. 招聘录用流程

基于胜任素质模型对某岗位应聘人员进行招聘录用的流程如图2－3所示。

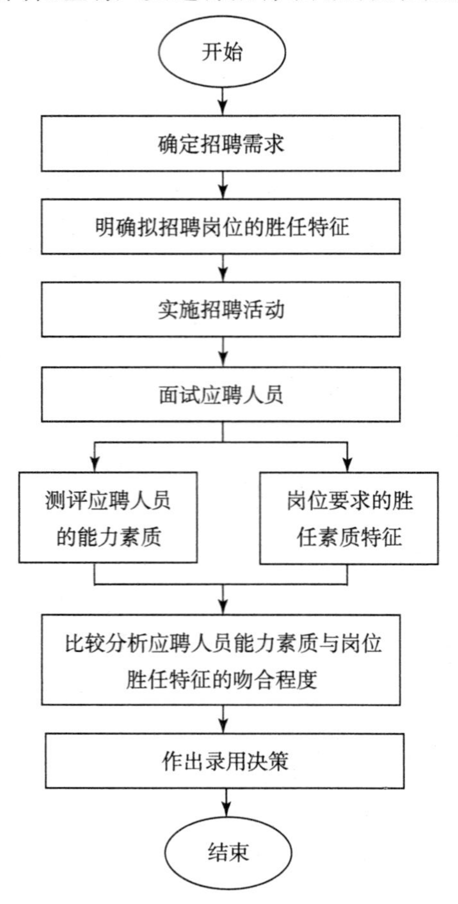

图2－3　基于胜任素质模型的招聘录用流程

学习任务三　撰写招聘计划书

情境案例引入

英特尔：构建有效的招聘体系

英特尔的用人标准是什么？他们知道那些真正能从工作中得到乐趣而不是仅仅为了拿钱的人能干得更好。所以招收的人不仅精力充沛，而且聪明。英特尔公司对经理有更高的要求。首先要有专长，比如计算机、公关等，这是最基本的素质要求。然后是与人相处的能力，英特尔对经理的评价也是看他领导的组织的业绩，而不是看他本人。英特尔公司民主开放，员工都坐在同一个格子间里，包括现任董事长格鲁夫。公司没有固定的停车位。

确定了自己所需人才的基本条件后，英特尔公司的招聘围绕这一要求展开。首先，从有经验的人还是从新人中招收这类人？这实际上还涉及是自己培养还是挖别人墙脚的问题。众所周知，有经验的人才有很大的优点：这些人已经具备了相当的能力与技巧，能够独当一面，公司使用他们不仅投资少，还可以立竿见影，而且由于经验丰富，犯低级错误的可能性小（他们已经付出了必要的学习成本），这也是许多公司所看重的。他们的缺点也很明显：首先，其忠实性很值得怀疑；其次，其可塑性受到局限，他们的思维往往已经定型，而且深受以往单位作风的影响。

新人的优点和缺点也一目了然。这些人的优点在于：学历高，与公司融合快，适应性强，潜力大，而且一旦融入公司，他们的思维定式便以公司为导向，容易培养认同感；缺点在于：投资大，而且还要承受他们的学习成本。通常，在企业建设之初，企业为解燃眉之急，倾向于招收有经验的人才；而企业站稳脚跟后，如果企业实力雄厚，一般更喜欢吸收新人加以培养。英特尔中国公司一般直接从大学毕业生中招收人才，公司认为科技人才容易在年轻的时候（20~40岁）出成绩，而且他们刚从学校毕业，对最新事物很敏感。

接着就是如何进行招聘工作，保证所招收的人是所需要的人才。英特尔公司的招聘比较常规化，或者说有点循规蹈矩。它的招聘工作基本上是按下面3个步骤进行的。

第1步是初步面试。通常，初步面试由公司的人力资源部主管主持进行，通过双向沟通，使公司方面获得有关应聘者学业成绩、相关培训、相关工作经历、兴趣偏好、对有关职业的期望等直观信息，同时，也使应聘人员对公司的目前情况及公司对应聘者的未来期望有个大致了解。面试结束后，人力资源部要对每位应聘人员进行评估，以确定进入下一轮应试的人员名单。具体操作是：

①就应聘者的外表、明显的兴趣、经验、合理的期望、职务能力、教育、是否马上能胜任、过去雇用的稳定性等项目从高（10分）到低（1分）打分。

②就职位考虑优、缺点，如对以往职务的态度、对生涯或职业的期望等作具体评议。所有应聘者提供的书面材料也供评价参考。

第2步是进行标准化的心理测试。由公司外聘的心理学者主持进行。通过测试，进一步了解应聘人员的基本能力素质和个性特征，包括人的基本智力、认识的思维方式、内在驱动力等，也包括管理意识和管理技能、技巧。目前，这类标准化的心理测试主要有《16种人格因素问卷》《明尼苏达多项人格测验》《适应能力测验》《欧蒂斯心智能力自我管理测验》《温得立人事测验》等。心理测试的结果只是为最后确定人选提供参考依据。

第3步是进行模拟测验。这是最终面试，也是决定应聘人员是否是最终人选的关键。其具体做法是，应聘者以小组为单位，由小组成员轮流担任不同的角色来解决工作中常碰到的问题，以测试其处理实际问题的能力。整个过程由专家和公司内部的高级主管组成专家小组来进行监督，一般历时两天左右，最后对每一位应试者作出综合评价，提出录用意见。模拟测试最大的优点是，应聘者的智商和情商都能集中表现出来，它能客观反映应聘者的综合能力，使公司避免在选择人才时“感情用事”，为今后的发展打好基础。

英特尔最注重的是应聘者在面试尤其是最终面试中的表现，这个面试是由业务部门组织的。面试考官不仅限于公司管理者，也经常有应聘者将来的同事，被10个人面试后才进入英特尔的人并不稀奇。英特尔中国区公关经理周红旗先生就是在跟两个经理吃过饭后，又经过好几个人的“鉴定”才被录用的。

案例分析：英特尔的招聘有很深的借鉴意义。

任务提示：为了避免人员招聘中的盲目性和随意性，合理有效的招聘还需要在准备阶段进行详细的计划，写出具体的招聘计划书。

知识基础三 招聘计划的撰写

（一）招聘计划的含义

1. 含义

招聘计划是人力资源部门根据用人部门的增员申请，结合企业的人力资源规划和职务说明书，明确一定时期内需招聘的职位、人员数量、资质要求等因素，并制定具体的招聘活动的执行方案。从而实现企业内部人力资源的合理配置，为企业扩大生产规模和调整生产结构提供人力资源的可靠保证，同时弥补人力资源的不足。

2. 招聘的需求分析

用人部门提出的招聘需求并不一定需要通过外部招聘来实现，可以由业务外包、任务分解、临时用工、职责扩大或者其他方法来解决，只有经人力资源部根据战略及发展需要核实后的招聘需求，才真正需要用招聘新员工来实现。这样的招聘需求才能进入招聘的程序。某公司招聘需求分析如表2-3所示。

表2-3 某公司招聘需求分析

一、基本信息			
岗位名称	总经理	所属部门	成都公司
直属上级	集团总裁	直属下级	各部门负责人
平级岗位	集团公司总监		
二、设岗目的（解决的主要问题）			
全面负责区域公司的项目开发和日常管理工作，确保集团所下达各项任务指标及工作标准的圆满完成			

续表

三、岗位责任	
一级职能	二级职能
负责区域公司的日常管理和项目运作	根据集团确定的区域公司发展战略及目标，全面负责包括项目市场调研、前期开发、规划设计、工程施工、拓展公关和营销策划各个环节的工作，达成公司的工程、市场、财务等各项目标，贯彻落实集团下达的经营目标
负责区域公司制度体系化的建设和实施	贯彻执行集团的经营理念、战略方针、核心价值观、管理思想；建立健全区域公司的管理体系，确保各项流程制度的有效执行
负责区域公司的各项费用控制和计划管理	负责区域公司各项费用，包括成本费用、工程费用、管理费用、营销企划费用等各项费用的预算和控制，负责组织并制订区域公司的年度工作计划并实施
负责区域公司团队建设工作	按照集团人力资源开发战略的要求，实施区域公司的人才培养和人才储备战略，并定期对各部门员工进行业绩考核和工作评估，营造良好的团队氛围
组织和协调公司内外资源	整合资源，协调与地方政府和相关部门的关系，保证公司各项工作的顺利推进
四、岗位要求	
指标维度	具体要求
专业能力	熟悉项目从前期开发、规划设计、成本控制及工程管理到运营管理的全过程，有项目动态的管理能力和节点控制能力、风险把控能力和成本控制能力
领导力	有创新的思路、出色的决策判断能力
工作管理能力	熟悉房地产开发价值链的全过程，具有很强的房地产项目综合管理能力
成就动机	对工作充满热情，有良好的抗压能力和高成就动机
执行力	具有清晰的管理思路，能良好贯彻集团的制度流程与工作标准，按目标计划和要求有效推动工作
团队协作能力	有大局观，善于优势互补，有良好的沟通协作能力
学历	本科及以上学历
专业	建筑、工程管理等相关专业
年龄	35～45岁
性别	男
行业经验	有10年以上地产行业工作经验
专业经验	全面独立主持过至少2个50万平方米以上的多业态项目的开发
团队管理经验	有5年以上中层及以上团队管理经验
职业资格	有中级或高级工程师职称

续表

岗位特别要求	诚信、正直，在业界拥有良好的口碑和美誉度
	了解区域地产市场情况，熟悉区域项目投资资源、区域市场人际资源
工作地点	成都
五、其他	
合同期限	试用期：6个月　　合同期：3年零1天
目标公司（建议）	国内大型房地产公司的区域公司
规避公司（建议）	始终在同一家房地产企业工作的人
面试流程	人力资源总监、集团董事长
晋升空间	区域公司总经理
薪酬福利	固定年薪50万+项目奖，享受上市股权激励

（二）制订招聘计划

经主管总经理批准的人员需求表，列入人力资源部招聘工作计划之后，人力资源部开始着手制定招聘方案，明确对应聘人员的资格、要求标准。

1. 制订计划的意义

人员招聘录用计划作为组织人力资源规划的重要组成部分，为组织人力资源管理提供了一个基本的框架，为人员招聘录用工作提供了客观的依据、科学的规范和实用的方法，能够避免人员招聘录用过程中的盲目性和随意性。

2. 计划的主要内容

（1）录用人数以及达到规定录用率所需要的人员。确定出计划录用的员工总数。为确保企业人力资源构成的合理性，各年度的录用人数应大体保持均衡。录用人数的确定，还要兼顾到录用后员工的配置、晋升等问题。此外，还要根据以往的招聘经验，确定为了达到规定录用率至少应吸引多少人员前来应聘。

（2）从候选人应聘到到岗之间的时间间隔。有效的招聘计划还应该注意另外一种信息，即精确地估计从候选人应聘到到岗之间的时间间隔。随着劳动力市场条件的变化，这些数据也要相应地发生变化。

（3）录用基准。即确定录用人才的标准。除个人基本情况（年龄、性别等）外，录用人才的标准可以归结为以下5个方面：与工作相关的知识背景（Knowledge Qualifications）、工作技能（Specific Skills）、工作经验（Relevant Experience）、个性品质（Personal Attributes）、身体素质（Physical Attributes）。这里要明确哪些素质是职位要求所必需的、哪些是希望应聘者具有的。

（4）录用来源。即确定从哪里录用人才。确定录用来源会使企业把时间花费在某一劳动力市场上。费用最高的来源通常是猎头公司，其代理费大约为个人年薪的1/3，比较适合企业招聘高级管理人才；而一般人员的招聘可到职业介绍所，费用较低。组织应根据成本及时间间隔数据定期收集、评价招聘来源信息，对各种信息来源进行分类，选择那些最快、最廉价地提供适当人选的信息来源。

（5）招聘录用成本计算。一般来讲，雇用一个人所需要的费用可以用招聘总费用除以雇用人数得出：每雇用一人所需费用 = 招聘总费用/雇用人数。

除此之外，下列的成本计算也是必不可少的：

①人事费用。工资、福利及加班费。

②业务费用。电报、电话费、专业费及服务费、信息服务费、广告费、物资及邮资费用等。

③企业一般管理费。租用临时设备、办公用具设备费用等。

3. 应注意的问题

在制订和实施人员招聘录用计划时，必须注意以下问题：

（1）不同的企业，处于不同发展阶段的同一企业，在编制人员招聘录用计划时，应区别对待，突出重点。

（2）人员招聘录用计划不仅要规划未来，还应反映目前现有员工的情况，如员工的调入、调出、升迁等。

（3）从录用方式看，包括定期录用、临时录用、个别录用等。对录用计划来讲，应明确区分，分类规划安排。

（4）企业处于多变的经济环境中，人员招聘录用计划应不断地根据实际情况的变化进行调整，绝不能一劳永逸。

（5）编制和实施人员招聘录用计划时，还必须注意到社会成员价值观念的取向、政府的就业政策和有关劳动法规。如在录用员工时，尽量不出现性别歧视。

【阅读材料】

HR如何撰写招聘简章及注意事项

撰写招聘简章是一项重要的工作，招聘简章除了要简要地介绍招聘单位的情况，还要对招聘的工种或专业进行详细介绍，说明招工的名额、对象、条件、地区范围、报名时间和地点、报名时应携带的各种证件、报名费用、考试时间和地点，以及合同期、试用期和录用后的各种待遇等。招聘简章传递给潜在应聘者的信息将影响应聘者的数量或未来留用率。因此，制定招聘简章时应注意以下几点：

（1）关于工作职位的条件和待遇，不论是好的方面还是不好的方面，都应对应聘者作真实的介绍，这样可以使应聘者的期望值不高于实际情况，从而提高被录用者对工作的满意程度。

（2）必须合理确定招聘条件。招聘条件是考核录用职工的依据，也是确定招聘对象与来源的重要依据。能否合理地确定招聘条件，关系到能否满足生产需要，也关系到人力资源能否得到合理利用。如果招聘条件定得过高，脱离了劳动力资源的实际，势必难以招收到职工，导致生产工作需要的人力资源得不到及时补充；如果招聘条件定得过低，则不利于提高职工整体素质，不利于生产建设事业的开发。所以企业应当根据生产工作的需要以及人力资源状况，合理确定招聘条件。

（3）招聘简章必须简明清楚，对招聘对象的基本条件一目了然，同时还要留有余地，使应聘的人数比需求的人数多一些。

【实训项目】

请设计一个招聘计划，要求结合企业战略及人力资源规划与岗位工作情况。

2014年娃哈哈“营销子弟兵”非常英才招聘计划

招聘详细信息

10亿消费者、20亿元广告投放、150种产品、300亿品牌价值、1 000亿年营业目标——你的营销梦想，何处可比！储备区域经理、客户经理，十年一遇的加盟机会，等你挑战！

小伙伴们，速速登录如下网站申请吧：

娃哈哈招聘网：joinus. wahaha. com. cn，针对储备区域经理。

娃哈哈智联页面：http：//special. zhaopin. com/hz/2013/wahh071626/，针对储备客户经理。

娃哈哈招聘微博：weibo. com/joinuswahaha。

欢迎各地应聘者带简历到娃哈哈宣讲会、招聘会现场参与。

1. 关于娃哈哈

作为在中国乃至全球极具影响力的顶尖食品饮料企业，娃哈哈在26年创业历程中，销售额一直以年均高达60%以上的增幅稳健增长，现已发展成为中国规模最大、效益最好的食品饮料生产企业，拥有总资产320亿，在职员工近30 000人。娃哈哈在全国29个省市建有70个生产基地、170多家分公司，拥有400余条世界一流的自动化生产线、国家级企业技术中心以及CNAS认证的实验室。

公司主要研发、生产、经营含乳饮料、瓶装水、碳酸饮料、茶饮料、果汁饮料、罐头食品、医药保健品、休闲食品、婴儿奶粉、童装10大类150多个品种的产品，其中瓶装水、含乳饮料、八宝粥罐头多年来产销量一直位居全国第一。通过庞大的营销网络，北至漠河，南至三亚，西至青藏，东至沿海，从城市到乡村，无论你身处何处，娃哈哈都在你身边。

26年来，娃哈哈已累计实现营业收入超过4 200亿元，上缴国家税收超过300亿元。2012年，娃哈哈集团在宗庆后总经理的带领下，实现营业收入637亿元，实现利税140亿元，集团销售产量、收入、利税等各项指标已连续15年位居中国饮料行业首位。公司位列2013年中国民企500强第19位，税后净利润为80. 59亿元，在民企中排名第5位，是盈利能力最强的浙江企业。公司至今无一分银行贷款，且银行存款超过160亿元，是屈指可数的现金充沛企业。同时，娃哈哈积极回馈社会，履行社会责任。创立26年来，资助各类公益事业超过3. 6亿元，先后获得了1 000多项国家、省、市级荣誉称号，是“最受尊敬中国企业”。娃哈哈坚持以人为本，着力打造“凝聚小家、发展大家、报效国家”的“家文化”，不断为员工完善福利保障、提高员工收入、积极推行全员持股、解决员工后顾之忧，并为员工提供广阔的成长空间。2014年是娃哈哈集团实现多元跨越发展、冲击千亿目标的关键一年。现面向全国招聘千名营销精英，竭诚欢迎您加入娃哈哈大家庭！

2. 招聘进程

招聘进程如表 2－4 所示。

表 2－4　招聘进程（节选）

线路	城市	具体时间	招聘场地	具体地点	招聘活动
线路1	杭州	2013—10—13（周日） 9：00—14：00	浙江理工大学	浙江理工大学招聘大会 B 馆 44～46 展位	校园招聘 雇主直播
	上海	2013—10—15（周二） 9：00—12：00	复旦大学	邯郸校区（近国定路）光华楼学生广场	校园招聘
	南京	2013—10—16（周三） 13：00—16：30	南京大学	鼓楼校区（近北京西路）体育馆	校园招聘
		2013—10—16（周三） 19：00—21：00	南京大学	南园 21 舍 203 报告厅	专场宣讲
	北京	2013—10—18（周五） 13：30—16：30	清华大学	工会俱乐部	校园招聘
		2013—10—18（周五） 19：00—21：00	清华大学	机械与工程学院精仪系系馆（9003 大楼）四层大会议室（4304）	专场宣讲
		2013—10—19（周六） 9：00—12：00	北京大学	（东门口、中关村北大街）英杰交流中心阳光大厅娃哈哈展位	校园招聘
		2013—10—20（周日） 8：30—14：00	北京友谊宾馆	北京市中关村南大街 1 号	高层次洽谈会

3. 岗位信息

储备区域经理、拓展队长 300 名，请登录 joinus. wahaha. com. cn。

岗位要求：

（1）本科以上学历，成绩优良，营销、管理、经贸、文艺等相关专业，有优秀的销售工作（实习）经验者优先；

（2）诚信乐观，积极向上，肯吃苦，乐于合作，勤于学习，充满激情与活力；

（3）有优秀的领导力与创新力，有志于在快消行业长远发展，能适应长期跨区域基层驻派出差工作。

工作内容：

（1）经历数月基层销售业务锻炼，走访终端、经销商等，扎实学习娃哈哈营销技巧；

（2）负责娃哈哈产品市场开发、新品推广和区域销售渠道管理工作，不断完善健全网络布局；

（3）辅助新产品调研设计、品牌策划推广、新品上市促销管理；

（4）分解与执行年度、季度、月度销售目标，有效组织实施区域内各项业务工作；

（5）经考察竞岗，2～3 年内快速成长为负责几千万销售额的销售区域经理或者负责省级市场品牌规划推广的拓展队长。

知识掌握

1. 什么是招聘渠道？
2. 如何选择招聘渠道？
3. 什么是招聘计划？
4. 如何进行招聘需求分析？
5. 如何撰写招聘计划书？

知识应用

天洪公司是一家发展中的公司，它在15年前创立，现在拥有10多家连锁店。在过去的几年中，公司从外部招聘来的中高层管理人员大约有50%的人员不符合岗位的要求，工作绩效明显低于公司内部提拔起来的人员。在过去的两年中，从公司外聘的中高层管理人员中，有9人不是自动离职，就是被解雇。

从外部招聘来的商业二部经理因年度考评不合格而被免职之后，终于促使董事长召开了一个由行政副总裁、人力资源部经理出席的专题会议，分析这些外聘的管理人员频繁被更换的原因，并试图得出一个全面的解决方案。

首先，人力资源部经理就招聘和录用的过程作了一个回顾，公司是通过职业介绍所或者在报纸上刊登招聘广告来获得职位候选人的。人员挑选的工具包括1份申请表、3份测试（1份智力测试和2份性格测试）、有限的个人资历检查以及必要的面试。

行政副总裁认为，他们在录用某些职员时，犯了判断上的错误，他们的履历表看上去挺不错，说起话来也头头是道，但是工作了几个星期之后，他们的不足就明显地暴露出来了。

董事长则认为，根本的问题在于没有根据工作岗位的要求来选择合适的人才。“从表面上看，几乎所有我们录用的人都能够完成领导交办的工作，但他们很少在工作上有所作为、有所创新。”

人力资源部经理提出了自己的观点，他认为公司在招聘时过分强调了人员的性格特征，而并不重视应聘者过去在零售业方面的记录，例如在7名被录用的部门经理中，有4人是来自与其在本公司职位无关的行业。

行政副总裁指出，大部分被录用的职员都有某些共同的特征，例如他们大都30多岁，而且经常跳槽，曾多次变换自己的工作；他们都雄心勃勃，并不十分安于现状；在加入公司后，他们中的大部分人与同事关系不是很融洽，与直属下级的关系尤为不佳。

在会议结束的时候，董事长要求人力资源部经理“彻底解决公司目前在人员招聘上存在的问题，采取有效措施，从根本上提高公司人才招聘的质量！”

分析：请你针对上述内容对该公司的招聘进行分析，找出不足的地方。

技能操练

项目名称：撰写招聘计划书。

实训要求：每个公司从本公司战略出发，依据写好的人力资源规划，分析2~4个关键岗位，撰写岗位的招聘计划书，要求计划书的内容全面，包含目的、人员需求、进度安排、时间、地点、方法、渠道、费用及简单的甄选方案。做成PPT汇报展示。

实训成果：

1. 公司的战略分析报告。
2. 对人力资源规划的进一步具体分析。
3. 完整的招聘计划书。

考核指标：

1. 招聘计划书内容全面、可行性强。
2. 小组气势佳，分工合作好，成员参与度高。
3. PPT 制作清晰，汇报者表达流畅。

学习情境三

招聘与初步甄选

知识目标：通过对本情境的学习，掌握招聘的流程，简历筛选，笔试、心理测验的含义等。

能力要求：运用理论能对应聘者的简历和申请表进行初步筛选，组织与实施笔试。熟悉心理测验的组织与实施。

职业导向

研究表明，同一岗位上最好的员工比最差的员工的劳动生产率要高3倍。企业人员选拔决定组织是否能得到高额的回报，是否能降低员工的辞退率与辞职率，为组织降低离职损失。而劳动态度、劳动积极性取决于对工作的满意度。劳动生产率取决于员工的劳动技能、掌握的知识、具有的经验。从企业选拔应聘人员的全过程来看，人员选拔可分为三步：第一阶段的初步挑选，即粗选；第二阶段的深度筛选，即细选；第三阶段的最终甄别，即精选。粗选包含简历筛选、招聘申请表筛选、笔试、心理测试。

职业情境

张华是一家中型企业的招聘主管，在工作中历练了深厚的功底。他认为：人才的招聘与吸引、雇主品牌的建立正日益成为企业所面临的最严峻问题。近几年，虽然招聘渠道越来越多，但几乎所有的企业都在抱怨人才难招。选简历难、邀约面试难、入职考核难、入职留住人才难……似乎从招聘的一开始就面临各种问题。拿简历筛选来看，现在不再是坐等简历、挑最好的年代，而是要求招聘人员主动出击、主动搜索的时代。如何在现有渠道中快速收集和筛选出企业所需人才的简历，令很多招聘人员头疼不已。不管是主动出击还是被动接收，简历筛选都直接影响着企业人才招聘的每一个步骤。如何从大量的简历中筛选出企业所需要的人才，是招聘经理必备的技能之一，这也是把好企业人员入口关的第一个环节，虽然未曾谋面，但从简历中也是能够“识人”的，特别是从简历的表面信息中可以窥一斑而见其全豹。而接下来的有效甄选的环节包括了必要的笔试和心理测验等。

学习任务一　人才招聘流程的设计

情境案例引入

脑盟企业快乐高尔夫人才招聘简章

脑盟企业快乐高尔夫（Naomen Happy Golf）2002 年进入中国市场，是中国高尔夫营销及娱乐领域的先行者。由于对现代女性的高度关注，使脑盟企业快乐高尔夫发展成为汇聚高端女性，同时整合各行业高端资源的新型营销平台。

脑盟企业快乐高尔夫秉持“引领精英女性，启发精英男性”的发展理念，创建并管理“快乐高尔夫格蕾丝女子国际队”“快乐高尔夫模特之队”“快乐高尔夫女子 Young 之队”“快乐高尔夫男子泰之队”“上海女记者快乐高尔夫球队”等系列精英高尔夫球队。其中，“快乐高尔夫格蕾丝女子国际队”已经发展成为上海第一支女子高尔夫球队，“快乐高尔夫模特之队”为中国第一支模特高尔夫球队，被《中国妇女报》《解放日报》《东方早报》、南方报业、中国新闻社、中国澳门莲花卫视、中央人民广播电台、美国全国公共广播电台、日本政府机构媒体等国内外权威媒体多次报道。

“以高尔夫为平台，面向特定对象，整合再造”的高尔夫营销思路，使脑盟企业快乐高尔夫与其他高端行业成功联手，促进赞助商、合作伙伴多方共同繁荣。

现因市场发展需要，向社会诚聘如下人才：

招聘列表：快乐高尔夫球队教练 3 名（全职）。

工作地点：上海浦西。

岗位名称：快乐高尔夫球队教练 3 名（全职）。

直接上级：快乐高尔夫球队管理委员会主任。

主要工作内容：

(1) 教快乐高尔夫球队队员、俱乐部会员打球。

(2) 组织快乐高尔夫球队队员、俱乐部会员日常练球、参赛、入队。

(3) 协助开展快乐高尔夫市场营销活动。

任职条件：

拥有扎实的高尔夫球技基础，能够科学指导初学者学球，能依据学员情况自行制订教学计划，并在计划时间内完成所有授课，使学员满意；有很强的营销意识和销售拓展能力，善于挖掘引导客户。

有 2 年以上相关工作经验，学历、专业不限，性别不限。

性格描述：

细致耐心、热情、有亲和力、行动能力强、善思考、善学习、认真负责。

善于沟通与团队协作，有独当一面的工作魄力及能力。

沟通关系：

内部：各工作单元。

外部：球队队员、俱乐部会员、赞助商、战略合作伙伴、供应商、媒体等。

纪律要求：

遵守公司的各项规章制度。

严格保守公司及客户的商业机密。

一旦录用，待遇优厚。

面试地点：上海市。

面试时间：2018年6月5日—7月5日。

联系电话：（8621）64215522　64215527。

联系人：Jason。

简历请投至www.happygolf.com.cn网站“关于我们人才招聘”栏目的信箱。

案例分析：招聘企业在媒体上公开发布的招聘简章是招聘成功的重要影响因素。

任务提示：人才甄选流程设计，是指在招聘程序完成之后到做出录用决策之前招聘工作流程的设计。招聘简章的设计是流程设计中的一个重要组成部分。

必备知识

知识基础一　科学的招聘流程

（一）人才招聘流程设计的重点

1. 招聘的数量

通过招聘吸引来的应聘者人数不是越多越好。在以往的招聘实践中，招聘专员往往是根据既定的招聘和甄选方案，针对最终要录用的候选人人数来确定需要吸引的应聘者人数。如，某公司计划招聘5名专业技术人才，那么根据一定的比例，应吸引至少300人。即从招聘到甄选的每个阶段，候选人分别应控制在300人、100人、50人和25人。

2. 应聘者的质量

通过招聘来吸引应聘者，既不能在招聘数量上不加限制，也不能没有选择地对应聘者全盘接受。招聘环节除了具有宣传、解释和吸引的功能外，还具有一定的过滤功能，这也直接牵涉到招聘规模和招聘成本。

（二）人才招聘流程的基本环节

（1）进行全面深入的综合分析，审核并确定空缺岗位。在本环节，首先要根据企业人力资源发展规划和用人部门的用人计划。对需要补充人才的岗位进行全面的审核，并对以下问题作出准确的判断：

①该空缺岗位的工作职责和任务可否转移到其他同级岗位；

②该岗位所要承担的任务和职责可否由该岗位的上级或下级岗位分担；

③可否采用其他用工形式替代本岗位工作；

④可否通过工作轮班等劳动组织形式弥补该岗位人才的空缺等。

（2）审查并更新人才空缺岗位工作说明书。在大多数情况下，仅具备现成的工作岗位说明书还不够，还需要对它们进行详细的审查和及时地修改、更新，以确定工作环境中出现的新情况对任职者提出的新要求。

（3）确定合格候选人的各种可能来源。对招聘的渠道和招聘的方法进行策略选择。

（4）选择最有效的方式吸引候选人来应聘。人力资源专业人员能熟练地运用各种沟通技能和方式与可能的应聘者进行交流，如设定奖学金、公开演讲、校园访问、设定公开接待时间、提供实习机会等。

（三）人才甄选流程的设计

（1）确定甄选流程中的甄选程序与方法。要开始人才甄选的流程，首先是确定甄选的程序和标准，即人才甄选的流程如何展开，候选人的素质具体应该达到哪些要求。其次是确定甄选的方式、方法。如简历、求职申请表、推荐信审查、忠诚度测试、心理测试、面试、评价中心、笔迹检验、身体检查等。

（2）根据人才甄选标准对应聘者进行筛选。

（3）进行详细的综合评价，以确定最佳人选。

（四）招聘应届毕业生的一般流程

整个招聘过程可分为3个阶段：准备阶段、招聘实施阶段、应届生接收与跟踪阶段。

1. 准备阶段

这一阶段要做的工作有确定招聘职位和人数、成立招聘小组、联系招聘学校、准备相关资料。

（1）确定招聘职位和人数。这是招聘应届生的前提，就是要招哪些职位的储备人才，要招多少名。只有明确了这些，才能确定去哪些学校招聘，招聘哪些专业的学生。

（2）成立招聘小组。招聘小组最好由人力资源部经理负责，或者由主管人力资源的副总负责。不要以为招聘应届生相对比较容易而忽视这项工作。如果安排一个刚到岗的招聘专员负责面试，学生们会以为企业不重视招聘工作，甚至他们会认为企业不重视人才，而对该企业打负分。招聘小组的主要职责是准备招聘前期资料、制定招聘计划和政策、实施招聘、组织面试等。

（3）联系招聘学校。招聘小组根据公司批准的招聘计划、历年各校的接收毕业生情况、本年度各校生源状况和各校往年毕业生在企业的表现等，选定相应的高校。在招聘工作具体实施前，招聘小组将招聘计划发送给各高校的毕业生分配办公室，并与学校保持联系。

（4）准备相关资料。包括制订招聘计划（包括招聘整体实施、招聘纪律、招聘经费等）、明确小组内部分工、准备面试相关的表格、准备企业宣传资料等。

2. 招聘实施阶段

这一阶段要做的工作有发布招聘信息、收集和筛选应聘资料、测试与面试、录用。

（1）发布招聘信息。通常招聘信息的发布方式有以下3种：

①在公司网站（包括各子公司网站）和校园网站上刊登招聘信息，介绍公司本年度对应届毕业生的需求、用人标准、招聘程序、人力资源政策以及应聘方式等。

②在校园内部张贴海报，宣传企业。

③在校园内举办招聘推介会，加强毕业生对公司的感性认识，树立良好的公司形象，从而吸引潜在的应聘者（在校生）。招聘推介会所用资料，事先由公司统一制订，并且在推介会演讲的人员必须事先经过培训。

（2）收集和筛选应聘资料。对应聘人员的资料进行初审和筛选是招聘工作的一个重要环节，这个环节可以迅速从求职者信息库中排除明显的不合格者，提高招聘效率。同时，也可将所有求职资料记录归档，为人力资源部的事后分析工作提供素材。应届毕业生自己提供的资料也许有虚假成分，招聘人员需要通过多种渠道证实其真实性，比如到所在院系核查分数、奖励情况等。

（3）测试与面试。测试既要准确有效，又要简便易行，建议根据具体情况使用以下几种测试方式：

①专业知识测试，招聘小组需在出发之前准备好各专业的测试试卷。

②分析能力测试，事先准备一些案例，要求几分钟以内答完。

③无领导小组讨论，这是一种对应聘者集体面试的方法，如果应聘者较多，最适宜采用这种方法。每一次选5~7人为一组，每组20~30分钟的时间。通过让应聘者平等地集体讨论给定的问题，考查每个应试者的综合素质，主要包括：口头表达能力、处理人际关系的技巧、灵活性、适应性、情绪控制、自信心、合作精神、性格特点等。

面试也有以下的要求：绝大多数职位还需要借助面试来选择人员。面试前要准备好每个职位的面试考查要素、面试题目、评分标准、具体操作步骤等，并且统一培训面试人，从而提高评估的公平性，使面试结果更为客观、可靠。由于应届毕业生没有工作经验，因此对他们的面试重点在于考查基本素质，即对潜质进行考查。比如第一位跟面试官打招呼的学生灵活性很强，而有的学生灵活性较差，他们没有意识到从接触招聘人员的第一时间起已进入了面试阶段。

（4）录用。面试合格的人员可以确定为录用对象，根据应届生招聘的相关规定签订协议。但是，不是签订协议后就万事大吉了，还需要做好后期跟踪，因为优秀应届生很有可能被其他的企业相中，因此需要通过后期跟踪，打消他们另谋其他企业的念头。

3. 应届生接收与跟踪阶段

（1）应届生接收。人力资源部需要在网页上或者通过其他方式，告知毕业生公司的位置、乘车路线；如有可能，需派人去车站出口设接待点。到企业后，要热情接待，安排好他们的食宿，毕竟他们对社会还有陌生感。同时，尽快安排入职培训，让他们了解企业，了解企业的运作，使他们更快地融入企业。

（2）跟踪阶段。人力资源部要定期了解应届生的心态，听听他们的声音，及时给予帮助与引导。不能用对待社会招聘人员的方式对待应届生，他们需要更多的时间熟悉企业与本职工作，需要更多的理解与引导。企业始终要思考的一个问题是，如何让应届生在短期内适应从学校到企业的转变。因为适应所花的时间越短，企业支付的培养成本越低，应届生为企业创造价值的时间也会越快。

【注意事项】

实施人才甄选各个具体环节应该注意避免以下问题；

（1）招聘人员对人才空缺岗位缺乏深入、全面的了解和分析。

(2) 无法将必要的技能水平、经验要求与最恰当的技能水平、经验要求区别开来。

(3) 未能对面试小组进行正确的培训。

(4) 未能对面试小组进行协调和整合。

(5) 未能有效地进行背景审查或利用背景审查的结果。

(6) 在甄选过程中受非理性情感因素的影响。

学习任务二　初步筛选简历、履历表

情境案例引入

猎头筛选简历的方法

不少高级人才在跳槽换工作时，不像普通求职者一样在网上大规模投递简历，而是通过猎头。但是，在给猎头发送了自己的简历后，有的成功，有的失败。

名校背景不一定能给职场机会加分，如，华同学有8年以上工作经验，年龄已超过35岁，名牌大学硕士生，可是他最近却为工作而烦恼。他面试了许多单位，总不成功。给许多家单位递去简历，都石沉大海，自己联系猎头，也不了了之。为了工作的事情，他真是焦头烂额。此前，他做过技术，还自己创业过，跳了无数家公司。如今，他又转行做销售。尽管听说市场上十分缺销售，可他依然找不到工作。他真不懂，自己为什么屡屡与职位失之交臂？

专家点评：跳槽要保持职位的连续性，对求职者而言，跳槽前后职位应该有连续性或阶梯性上升。猎头筛选简历的第一要点是应征者曾经任职的企业和职位。如果应征者曾任职的职位和空缺职位处于同一行业，而且在该行业中的领先企业有任职经历，那么获得面试的机会是十之八九。

另外，如果应聘者有在跨国企业、知名企业的工作经历会得到优先考虑。不仅外国企业，包括民营企业也希望聘用有在跨国企业工作经验的人才，这是因为企业相信，他们不仅能很快适应新的工作环境，而且会把跨国企业的先进管理方法和技术带进公司。

另外，能够进入猎头视线的通常都是在管理水平和专业技能上较有资质的优秀人才，如果你的简历没有显示出你有足够的管理者资历（比如5~7年），那么你的简历就很容易被忽略。其次，猎头可以通过简历了解你的职责大小、行业深入程度，从而判断你与空缺职位的匹配程度。

猎头关注的第二个要点是候选人的过往业绩。

案例分析：初步筛选方法是对应聘者是否符合岗位基本要求的一种资格审查，目的是筛选出那些背景和潜质都与职务规范所需条件相当的候选人，并从合格的应聘者中选出参加后续选拔的人员。最初的资格审查和筛选是人力资源部门通过审阅应聘者的个人简历或应聘申请表进行的。

任务提示：应聘简历是应聘者自带的个人介绍材料。对于如何筛选应聘简历，并没有统一的标准，简历的筛选涉及很多方面的问题。

必备知识

知识基础二　如何用履历分析技术进行初步筛选

（一）筛选简历的方法

履历分析又称资历评价技术，是通过对评价者的个人背景、工作与生活经历进行分析，来判断其对未来岗位适应性的一种人才评估方法，是相对独立于心理测试技术、评价中心技术的一种独立的人才评估技术。使用履历分析技术，可以用于初审个人简历，迅速排除明显不合格的人员。使用履历分析的优点是较为客观，而且成本低，但也存在几方面的问题，比如：履历填写的真实性等难以保证。

1. 分析简历结构

简历的结构在很大程度上反映了应聘者的组织和沟通能力。结构合理的简历都比较简练，一般不超过两页。通常应聘者为了强调自己近期的工作，在书写教育背景和工作经历时，会采取从现在到过去的时间排列方式。相关经历常被突出表述。书写简历并没有一定格式，只要通俗易懂即可。

2. 审查简历的客观内容

简历的内容大体上可以分为两部分：主观内容和客观内容。在筛选简历时注意力应放在客观内容上。客观内容主要分为个人信息、受教育经历、工作经历和个人成绩4个方面。个人信息包括姓名、性别、民族、年龄、学历等；受教育经历包括上学经历和培训经历等；工作经历包括工作单位、起止时间、工作内容、参与项目名称等；个人成绩包括学校、工作单位的各种奖励等。主观内容主要包括应聘者对自己的描述，例如“本人开朗乐观、勤学好问”等对自己的评价性、描述性的内容。

【注意事项】

筛选个人信息应注意的问题：

（1）在筛选对硬性指标（性别、年龄、工作经验、学历）要求较严格的职位时，如其中一项不符合职位要求，则快速排除。

（2）在筛选对硬性指标要求不严格的职位时，结合招聘职位要求，也可以参照“人在不同的年龄阶段有着不同的特定需求”进行筛选。

25岁以前，寻求一份好工作；26～30岁，个人定位与发展；31～35岁，高收入工作（工资、福利、隐性收入）；36～40岁，寻求独立发展的机会、创业；41岁以上，一份稳定的工作。

根据这个一般性的规律，可以把应聘者中年龄与职业发展阶段相差太大的简历直接排除。

3. 判断是否符合岗位技术和经验要求

在客观内容中，首先要注意个人信息和受教育经历，判断应聘者的专业资格和经历是否与空缺岗位相关并符合要求。如果不符合要求，就没有必要再浏览其他内容，可以直接筛选掉。如在受教育经历中，要特别注意应聘者是否用了一些含糊的字眼，比如没有注明大学教育的起止时间和类别，这样做很有可能是在混淆专科和本科的区别，等等。

【阅读材料】

求职者工作经历是查看的重点，也是评价求职者基本能力的视点，应从以下内容做出分析与筛选：

1. 工作时间

主要查看求职者总工作时间的长短、跳槽或转岗频率、每项工作的具体时间长短、工作时间衔接等。

（1）如在总的工作时间内求职者跳槽或转岗频繁，则其每项工作的具体时间就不太会长，尤其是那些几乎每项工作都没有超过两年的，且到目前为止更换工作超过三次的，要更加注意，这时就应根据职位要求分析其任职的稳定性。如可判定不适合职位要求的，直接筛选掉。

（2）查看求职者工作时间的衔接性。如求职者在工作时间衔接上有较长空当时，应做好记录，并在安排面试时提醒面试考官多关注求职者空当时间的情况。

2. 工作职位

有的应聘者不写职位，只写部门，不敢具体化，或者是职位不具体，只写出“管理”“业务”或列出虚职，闪烁其词，不敢具体化，这样的简历亦可不选。

当然，工作职位应该作为判断求职者的参考依据，如果没有较严格的要求，应该主要是看工作内容。

3. 工作内容

（1）主要查看求职者所学专业与工作的对口程度，如专业不对口，则须查看其在职时间的长短；也可以把专业不对口作为面试考查的一个内容。

（2）结合上述工作时间原则，查看求职者工作在专业上的深度和广度。如求职者短期内工作内容涉及较深，则要考虑简历虚假成分的存在。在安排面试时要作为重点来考查，特别是对细节方面的了解。

（3）把求职者曾经工作的公司的大致背景（特别是对中高层管理和特殊岗位）作为参考。

结合以上内容，分析求职者所述工作经历是否属实、有无虚假信息，分析求职者年龄与工作经历的比例，如一个30来岁的求职者，曾做过律师、医生，现在是营销师，现来应聘销售代表卖建材，可能吗？遇到这种情况要特别注意，如可断定不符合实际情况的，直接筛选掉。

4. 个人成绩

主要查看求职者所述个人成绩是否适度，是否与职位要求相符（作为参考，不作为简历筛选的主要标准）。个人成绩方面在对于应届毕业生的简历筛选过程中应更为重视，因为毕业生的工作经历方面基本空白，对其能力素质的判断只能通过个人的在校成绩和实习、兼职经历来进行考查。

还可以通过其他客观方面了解一名求职者。比如将应聘职位都写错；错发了本来要给其他公司的信；或者有多个转发者，没有针对性；这些都属于严重小错误，“病急乱投医”，对职业规划甚少，应付了事，不可原谅，可随手删掉简历。

4. 审查简历的逻辑性

在工作经历和个人成绩方面，要注意简历的描述是否有条理，是否符合逻辑。比如一份简历在描述自己的工作经历时，列举了一些著名的单位和一些高级岗位，而他所应聘的却是一个普通岗位，这就需要引起注意。比如另一份简历中称，自己在许多领域取得了什么成绩，获得了很多的证书，但是从他的工作经历中分析，很难有这样的条件和机会，这样的简历也要引起注意。如果能够断定在简历中有虚假成分存在，就可以直接将这类应聘者淘汰。

【阅读材料】

主观内容对于了解应聘者来说只能作为一个参考，因为很多主观的内容没办法判断其真伪，只是一个程度问题，而基于应聘者的心态，他们又只会把一些自身的亮点放大突出，缺点只字不提。因此主观内容不能作为判断应聘者的直接依据，但是可以作为侧面了解应聘者性格的间接材料。

通过分析求职者的自我评价或描述是否适度，是否属实，找出这些描述与工作经历描述中相矛盾或不符、不相称的地方，从而判定求职者所述主观内容是否属实。如判定为不属实，就可直接筛选掉。

5. 对简历的整体印象

通过阅读简历，要对应聘者有一个整体的印象。另外，标出简历中感觉不可信的地方以及感兴趣的地方，面试时可询问应聘者。

还需注意，查看求职者薪资期望值（如有注明，需查看与招聘职位薪资大体匹配度，作为参考）。

结合以上内容也可选用电话进行筛选。

【阅读材料】

电话筛选简历的方法与要点：

1. 电话筛选的几种情况

（1）初次筛选时模棱两可的简历。

（2）招聘职位有语言表达能力要求的简历。

（3）几种筛选方法相结合的情况。

2. 电话筛选的程序及需要注意的问题

（1）与求职者确认并自我介绍，询问现在打电话是否合适或是否方便。

(2) 简单介绍公司或求职者应聘的职位。

(3) 了解求职者目前所在地及目前工作状况（在职或失业）。

(4) 询问求职者应聘的原因及离职原因。

(5) 了解求职者目前工作的主要内容以及主要技能（可以通过请求职者自我介绍的方式或其他方式了解）。

(6) 了解求职者对应聘职位的认识（可选）。

(7) 了解求职者对薪酬福利的期望值（可选）。

(8) 请求职者提出其所关心的问题（可选）。

(9) 了解求职者的语言表达能力及沟通能力，如普通话是否标准等（根据职位要求而定）。

(10) 通过电话沟通情况，最终判定简历是否符合职位要求。

（二）筛选申请表的方法

申请表的筛选方法与简历的筛选虽然有很多相同之处，但也有其特殊之处。

1. 判断应聘者的态度

在筛选申请表时，首先要筛选出那些填写不完整和字迹难以辨认的材料。为那些态度不认真的应聘者安排面试，纯粹是在浪费时间，可以将其直接淘汰掉。

2. 关注与职业相关的问题

在审查申请表时，要估计背景材料的可信程度，要注意应聘者以往经历中所任职务、技能、知识与应聘岗位之间的联系。如应聘者是否标明了过去单位的名称、过去的工作经历与现在申请的工作是否相符、工作经历和教育背景是否符合申请条件、是否经常变换工作且这种变换缺少合理的解释等。在筛选时要注意分析其离职的原因、求职的动机，对那些频繁离职的人员要加以关注。

3. 注明可疑之处

不论是简历还是应聘申请表，很多材料都或多或少地存在内容上的虚假。在筛选材料时，应该用铅笔标明这些疑点，在面试时作为重点提问的内容加以询问。如在审查应聘申请表时，通过分析求职岗位与原工作岗位的情况，要对高职低就、高薪低就的应聘者加以注意。必要时应该检验应聘者的各类证明身份及能力的证件。

值得注意的是，由于个人资料和招聘申请表所反映的信息不够全面，决策人员往往凭个人的经验与主观臆断来决定参加复试的人选，带有一定的盲目性，经常产生漏选的现象，因此，初选工作在费用和时间允许的情况下应坚持面广的原则，应尽量让更多的人参加复试。

【实训项目】

请你设计一份企业应聘人员基本情况登记表，如表 3－1 所示。要求简洁实用。

表3－1 企业应聘人员基本情况登记表

单位名称： 填表日期： 年 月 日

<table>
<tr><td>姓名</td><td></td><td>性别</td><td></td><td>民族</td><td></td><td>出生年月</td><td></td></tr>
<tr><td>学历</td><td></td><td colspan="3">毕业学校、时间及专业</td><td colspan="3"></td></tr>
<tr><td>政治面貌</td><td></td><td>应聘职位</td><td></td><td>健康状况</td><td></td><td>期望月薪</td><td></td></tr>
<tr><td>籍贯</td><td></td><td>身份证号</td><td colspan="3"></td><td>婚否</td><td></td></tr>
<tr><td>现住址</td><td colspan="3"></td><td>联系方式</td><td colspan="3"></td></tr>
<tr><td>现工作单位</td><td colspan="3"></td><td>现职务/职位</td><td colspan="3"></td></tr>
<tr><td>是否需提供食宿</td><td colspan="7"></td></tr>
<tr><td>教育经历</td><td colspan="7"></td></tr>
<tr><td>工作经历</td><td colspan="7"></td></tr>
<tr><td>个人特长</td><td colspan="7"></td></tr>
<tr><td>面试意见</td><td colspan="7">主试人：
年 月 日</td></tr>
<tr><td>备注</td><td colspan="7"></td></tr>
</table>

填表人： 审核人：

注：填表说明：此表由应聘人员自行填写，并承诺所填信息均真实。

学习任务三 招聘甄选中的纸笔测验

情境案例引入

中国农业银行作为四大银行之一、国企中的龙头老大，其人力资源部每年都会组织校园招聘，也会不定期面向社会招聘。中国农业银行每年的校园招聘都特别受学生的青睐，投递简历的比例远远超过实际录用的比例。如此庞大的人员应聘，如果采用单纯的简历筛选和面试，不但耗时、耗力，成本高昂，而且未必能选到合适的人才，于是农行采用了纸笔测验的方法，通过纸笔测验，不仅能筛选掉大量应聘者，而且能测验出应聘者的知识与技能，从而挑选到合适的人才。下面是2013年中国农行校园招聘申请人数情况汇总，如表3-2所示。

表3-2　2013年中国农行校园招聘申请人数情况汇总（节选）　　人

职位名称	申请数量	首选数量	笔试选拔人数
总行本部	33 546	24 390	8 562
广东分行	16 556	11 877	3 521
北京分行	13 843	4 601	1 086
江苏分行	13 739	9 805	3 200
上海分行	12 589	8 762	2 854
山东分行	10 571	7 916	2 568
浙江分行	9 516	6 542	2 555
四川分行	7 047	4 719	1 123
深圳分行	6 299	2 178	865

通过笔试的筛选后，再由人力资源招聘人员进行第一轮面试，相关部门经理进行第二轮面试，最后由总行和各分行经理面试，成功处理全国近20万的应聘者，从中选拔出人才。

为什么中国农业银行要在面试之前添加笔试呢？用笔试淘汰大部分应聘者的做法科学合理吗？在什么样的情况下才适合使用笔试呢？

案例分析：由于人员资格审查与初选不能反映应聘者的全部信息，单位不能对应聘者进行深层次的了解，个人也无法得到关于单位的更为全面的信息，因此需要通过其他的选择方法使单位与个人各自得到所需要的信息，以便单位作出录用决策，个人作出是否加入单位的决策。笔试就是选择方法之一。

任务提示：笔试是一种最古老而又最基本的选择方法，它是让应聘者在试卷上笔答事先拟好的试题，然后根据应聘者解答的正确程度评定成绩的一种选择方法。这种方法主要通过测试应聘者的基础知识和素质能力的差异，判断该应聘者与招聘岗位的适应程度。

必备知识

知识基础三　笔试测评的组织

（一）笔试的适用范围

对基础知识和素质能力的测试，一般包括两个层次：第一个层次，即一般知识和能力；第二个层次，即专业知识和能力。一般知识和能力包括一个人的社会文化知识、智商、语言理解能力、数字才能、推理能力、理解速度和记忆能力等。专业知识和能力，即与应聘岗位相关的知识和能力，如财务会计知识、管理知识、人际关系能力、观察能力等。现在有些单位也通过笔试来测试应聘者的性格和兴趣，但性格与兴趣通常要运用心理测试的专门技术来测试，仅靠笔试中的一部分题目很难得出准确的结论。

（二）笔试的特点

笔试的优点是，一次考试能提出十几道乃至上百道试题，由于考试题目较多，可以增加对知识、技能和能力的考查信度与效度；可以对大规模的应聘者同时进行筛选，花较少的时间达到较高效率；对应聘者来说，心理压力较小，容易发挥正常水平；同时，成绩评定也比较客观。正是由于上述优点，笔试至今仍是单位经常使用的选择人员的重要方法。

笔试的缺点是，不能全面考查应聘者的工作态度、品德修养、管理能力、口头表达能力和操作能力等。因此，还需要采用其他选择方法进行补充。一般来说，在人员招聘中，笔试往往作为应聘者的初次竞争，成绩合格者才能继续参加面试或下轮的竞争。

【阅读材料】

宝洁公司的笔试

宝洁公司的笔试主要包括3部分：

（1）解难能力测试。这是宝洁对人才素质考查的最基本的一关。在中国，使用的是宝洁全球通用试题的中文版本。试题分为5个部分，共50小题，限时65分钟，全为选择题，每题5个选项。第一部分：读图题（约12题）；第二和第五部分：阅读理解（约15题）；第三部分：计算题（约12题）；第四部分：读表题（约12题）。整套题主要考查申请者以下素质：自信心（对每个做过的题目有绝对的信心，几乎没有时间检查改正）、效率（题多时间少）、思维灵活度（题目种类繁多，需立即转换思维）、承压能力（解题强度较大，65分钟内不可有丝毫松懈）、迅速进入状态的能力（考前无读题时间）、成功率（凡事可能只有一次机会）。考试结果采用电脑计分，如果没通过，就被淘汰了。

（2）英文测试。这个测试主要用于考查母语不是英语的人的英文能力。考试时间为2个小时。45分钟的100道听力题，75分钟的阅读题以及用1个小时回答3道英语问答题。

（3）专业技能测试。专业技能测试并不是任何部门的申请者都需经过的测试，它主要是考查申请公司一些有专业限制的部门的人。这些部门如研究开发部、信息技术部和财务部等。宝洁公司的研发部门招聘的程序之一是要求应聘者就某些专题写出学术报告，并请公司资深科研人员加以评审，从而考查其专业功底。对于申请公司其他部门的人，则无须进行该项测试，如市场部、人力资源部等。

（三）笔试方法的应用

提高笔试的有效性应注意以下几个问题：

（1）命题是否恰当。命题是笔试的首要问题，命题恰当与否决定着笔试考查的效度如何。无论是以招聘管理人员和科技人员为目的的论文式笔试，还是以招录工人和职员为目的的测试式笔试，其命题必须既能考查应试者的文化程度，又能体现出应聘岗位的工作特点和特殊要求。考试命题过难、过易，都会影响其效度。

（2）确定评阅计分规则。各个考题的分值，应与其考核内容的重要性及考题难度成比例。若分值分配不合理，那么总分数就不能有效地表示被试者的真正水平。

（3）阅卷及成绩复核。在阅卷和成绩复核时，关键是要做到客观、公平，不徇私情。为此，应防止阅卷人看到答卷人的姓名。阅卷人应共同讨论打分的宽严尺度，并建立严格的成绩复核制度以及考试违规处理的制度等。

【阅读材料】

人才招聘中的笔迹分析

人才招聘中笔迹分析的基本内容主要包括以下7个方面：

（1）书面整洁情况。书面干净整洁，说明书写者举止高雅，穿着较讲究，喜欢干净整齐，较注重自己的仪表和形象，并多有较强的自尊心和荣誉感。如书面有多处涂抹现象，说明书写者可能有穿着随便、不修边幅、不拘小节等性格特征。

（2）字体大小情况。字体大，不受格线的限制，说明书写者性格趋于外向，待人热情、兴趣广泛、思维开阔，做事有大刀阔斧之风，但多有不拘小节，缺乏耐心，不能精益求精等不足。字体小，性格偏于内向，有良好的专注力和自控力，做事耐心、谨慎，看问题比较透彻，但心胸不够开阔，遇事想不开。字体大小不一，说明书写者随机应变能力较强，处事灵活，但缺乏自制力。

（3）字体结构情况。结构严谨，书写者有较强的逻辑思维能力，性格笃实，思虑周全，办事认真谨慎，责任心强，但容易循规蹈矩。结构松散，书写者发散思维能力较强，思维有广度，为人热情大方，心直口快，心胸宽阔，不斤斤计较，并能宽容他人的过失，不拘小节。

（4）笔压轻重情况。笔压重，说明书写者精力比较充沛，为人有主见，个性刚强，做事果断，有毅力，有开拓能力，但主观性强，固执。笔压轻，说明书写者缺乏自信，意志薄弱，有依赖性，遇到困难容易退缩。笔压轻重不一，说明书写者想象思维能力较强，但情绪不稳定，做事犹豫不决。

（5）书写速度情况。如全篇文字连笔较多，速度较快，说明书写者思维敏捷，动作迅速，效率较高，但有时性急，容易感情冲动。如笔速较慢，说明书写者头脑反应不是很快，行动较慢，但性情和蔼，富有耐心，办事讲究准确性。

（6）字行平直情况。字行平直，说明书写者做事有主见，只要自己认定的事，一般不会被他人左右。字行上倾，说明书写者积极向上，有进取精神。这种人常常雄心勃勃，有远大的抱负，并常能以较大的热情付诸实践。如字行过分上倾，说明书写者除有上述特征之外，还往往非常固执。字行下倾，说明书写者看问题非常实际，有消极心理，遇到问题看阴暗面、消极面太多，容易悲观和失望。字行忽高忽低，情绪不稳定，常常随着生活中的高兴事或烦恼事或兴奋或悲伤，心理调控能力较弱。

（7）通篇布局情况。这要看左右留的空白大小及行与行之间排列是否整齐。左边空白大，说明书写者有把握事物全局的能力，能统筹安排，并为人和善、谦虚，能注意倾听他人意见，体察他人长处。右边空白大，说明书写者凭直觉办事，不喜欢推理，性格比较固执，做事易走极端，遇到困难容易消极。左右不留空白，书写者有着很强的占有欲和控制欲，比较自私。行与行之间排列整齐，说明书写者有良好的教养，正直，不搞邪门歪道，头脑清晰，做事有条不紊，讲究计划性、系统性和程序性，有较强的自尊心、责任感和荣誉感。行与行之间排列不整齐，说明书写者头脑比较简单，条理性较差，做事马马虎虎，缺乏责任感。

（四）笔试的操作流程

1. 明确笔试的目的

在笔试的试题编制前，首先要明确的就是测验的目的，然后才是分析测验目的的科学性、可操作性和难度适宜性。只有明确了测验的目的，才能根据不同的目的确定笔试的类型、试题的来源、测试的时间和成本、难易程度以及试题的数量和试题的编排顺序等。

笔试在不同机构、领域、行业以及不同的部门中的运用都不一样，它可以用来考查员工的知识水平，也可以也用来培训员工和对员工进行绩效考核，还可以作为人员招聘的工具。人员招聘是笔试的主要运用途径，主要运用在校园招聘和社会招聘中。

（1）校园招聘。校园招聘有集中、应聘人员基数大的特点，适合进行大规模规范化的笔试，这就直接决定了进行笔试的目的：高效、低成本地甄选出组织需要的人才。而且其面对的都是应届毕业生，所以重点是测试理论知识、逻辑思维、创新思维、语言表达能力等基本素质以及与企业的匹配度。对于应届毕业生，一般不进行工作经验的测验。

（2）社会招聘。社会招聘的区域广泛，应聘人员分散而且数量小，一般是面向有经验的人员，主要考查应聘人员工作经验的丰富程度和施行工作的能力，对理论知识的要求其实不高。笔试的应用领域及特点如表3－3所示。

表3－3　笔试的应用领域及特点

笔试的运用	绩效考核	晋升	人员招聘
特点	培训的绩效考核 学习型组织的绩效考核	内部提拔 甄选条件相同的人员	校园招聘 社会招聘
根据目的的侧重点	侧重知识的掌握速度、程度的测验	侧重能力层面的测验	侧重专业知识、技能或者工作经验

2. 成立笔试实施小组

笔试实施小组负责整个笔试工作的实施，包括试题的编制、阅卷、费用的预算等。笔试实施小组可由人力资源招聘人员、用人部门负责人和专业人员组成。

考评人员的质量和数量对整个考评工作起着举足轻重的作用，合理的人员搭配和人数，能使考评的指标体系和参照标准体系发挥预计的效用，最终达到考评的目的。

【阅读材料】

总体来说，考评小组应具有以下素质：

①坚持原则，公正不偏。

②有主见，善于独立思考。

③有考评方面的工作经验。

④具有一定的文化水平。

⑤有事业心，不怕得罪人。

⑥作风正派，办事公道。

⑦了解被测对象的情况。

在考评小组中，人员的知识和素质参差不齐，而且各种能力素质考评的方法都具有相当的技巧和微妙性，这就要求必须对小组成员加以培训，使之了解并掌握各种方法和相关知识，尽量避免个人感情因素对考评工作产生干扰。

3. 构建笔试的测验指标

指标体系设计方法有工作分析法、素质结构分析法、榜样分析法、培训目标概括分析法、价值分析法、历史概括法、文献查阅法等。各种方法构建的指标基本类似，主要有基本知识、专业知识、文字表达能力、逻辑思维能力以及工作经验。可以根据实际情况进行组合、添加和筛选。表 3 –4 所示为各种测验指标的使用题型，表 3 –5 所示为某公司笔试测验指标的比例。

【阅读材料】

（1）基本知识。基本知识即常识，是我们生活中熟知的一些知识，它范围广，涉及区域广，信息量大，主要测试被试者知识的广度，例如：文科生也要有一些理科知识才好，但测试对知识的深度要求不高。作为笔试的测试指标，基础知识只是用来树立标杆或者划定一定的区域。

（2）专业知识。专业知识是指某一学科或者工作领域所涉及的专业程度较强的理论知识，例如：国际贸易的专业知识就包括国际贸易实务等具体操作专业知识。它作为笔试的一个测验指标，主要考查被试者对某一领域涉及的专业知识的掌握程度和运用专业知识的水平。

（3）文字表达能力。文字表达能力也就是运用文字水平的能力。运用语言文字阐明自己的观点、意见或抒发思想、感情的能力，是将自己的实践经验和决策思想，运用文字表达方式，系统化、科学化、条理化的一种能力。它是人们学习和工作生活中必不可少的一种交流能力。

（4）逻辑思维能力。逻辑思维能力是指正确、合理思考的能力。即对事物进行观察、比较、分析、综合、抽象、概括、判断、推理的能力，采用科学的逻辑方法，准确且有条理地表达自己思维过程的能力。它主要包括推理能力、空间思维能力以及发现规律的能力，是工作和学习的基础，能在工作和学习中发挥很大的作用。

（5）工作经验。工作经验，顾名思义就是与工作相关的经验。工作经验测验主要应用于社会招聘，替代理论知识的测验。

表3－4 各种测验指标的使用题型

基本知识	选择、填空、问答等，范围比较广
专业知识	有具体答案的固定题型
文字表达能力	主观题、开放题
逻辑思维能力	数学方面的知识
工作经验	管理游戏、情境模拟等

表3－5 某公司笔试测验指标的比例

基本知识	14分	14%
专业知识	25分	25%
文字表达能力	21分	21%
逻辑思维能力	40分	40%
工作经验	0分	0%

注：校园招聘用（总共100题100分）。

4. 笔试试题的编制

编制笔试题目是整个笔试过程中最关键、最核心的步骤。笔试题目的质量如何、具有多大的效度和信度，对笔试作用的发挥起着至关重要的作用。

（1）编制原则。企业在编制笔试试题时，应从难易程度、质量、实用性等方面来考虑，应把握以下5项原则（见“阅读材料”），以使人员的筛选更加客观、有针对性。

【阅读材料】

1. 区分度大

区分度明显，就是要求所编制的试题，能准确地测试出应试者在德、智、体等素质上的差异，合理拉开档次，体现出好、中、差不同层次等级，以利于择优录取。

（1）要求整体难度适中。

（2）要求尽量提高题目难度的精密度，题目的难度越精密，区分度越高。

试题中题目难度的分布以正态分布为最佳。

2. 信度高

信度是指一次笔试得出结果的可靠程度，即应试者在笔试中所获得的成绩能否真实地反映应试者的水平，这套试题能否作为测试的依据。一套高质量的试卷必须有较高的信度，由任何合格的评分者来评分都会得出相似的结果，同一应试者多次测试同一试卷得出的评分结果应是相近的，要提高信度，具体要做到以下几点：增加试题的数量、题目的难度要适当、尽量避免出现随机误差。

3. 效度大

试题的效度，即试题的正确性，就是企业能否通过试题，测试出岗位的执行者应具有的知识、能力和技能的差异，它是笔试结果实现因事择人目标的程度，效度越高，则表示因事择人目标程度越高，提高效度应贯穿于笔试录用的各个环节中。

4. 实用性强

通过笔试的方式来筛选应聘者，必须从企业的实际出发，根据企业的实际条件和招聘工作的需要来安排笔试的人力、物力、时间及费用等，以最少的人力和费用支出，达到较为满意的效果。同时，除了保证试题本身的质量外，还需注意其后续工作（如阅卷工作等）能顺利而有序地进行，要达到实用性强的目的，具体应做到以下几点：规模适当、操作简便、费用低廉。

5. 客观严谨

要做到笔试试题客观严谨，就要保证试题题目及答案的准确性、试题结构形式设计的合理性。

（2）编制笔试题的基本要求。编制笔试题，不仅要求编题人员掌握考查的内容，深谙编制的原则，而且要求编题人员掌握一定的编题技巧。总的来说，笔试题的编制要符合下列基本要求：

①试卷考查的范围要尽可能广，考点要多且分布合理，考查的内容要能很好地覆盖岗位所需的知识和能力，考试的广度、难度、深度要符合考试的目的和要求。

②各道题目要保持相对独立。试题之间不可相互重复或者牵连，不可在试题中出现暗含本题或者其他题目的正确答案的线索，只有这样，才能较准确地测出被试者真正的知识水平。

③试题中的语言应当规范，含义要明确，切忌模棱两可，让考生难以理解或产生误解。文字既要简明扼要，又不能缺少必要的答题条件，同时试题还要考虑到实施和阅卷是否方便。

④试题应当新颖、不落俗套，要综合考查应试者的记忆、表述、应用、想象力及构思水平。问题的正确答案要有定论，但不要生搬硬套。试题形式灵活多变，不出生题和怪题。

⑤对于主观试题，应按试题答案文字量多少（应试者解答费时的长短），由少到多排列。试卷上各题间的空白要能容纳下正确答案，并适当留有余地。空白的大小不要给应试者猜测答案造成暗示，同一类型并占分量相等的试题后的空白，应尽量安排在同一页试卷纸上，以免应试者在答题过程中翻动试卷扰乱思绪，也便于阅卷和统计分数。

⑥试卷中考查的项目和试题类型的比例要合理分布。为提高笔试内容的效度，通常按知识、认识能力的内容和考试目标制作“二维”试题分布蓝图表，再对各部分知识和认知能

力的试题量、比例、题型和时限进行综合设计。试卷设计蓝图格式如表3-6所示。

表3-6 试卷设计蓝图格式

项目	1类题	2类题	3类题	4类题	5类题	6类题	合计	比例/%
知识	3	1	3	3	3	1	14	28
理解	2	2	3	4	2	2	15	30
应用	0	1	1	1	2	1	6	12
分析	0	1	1	1	2	2	7	14
综合	0	0	1	1	1	1	4	8
评价	0	1	0	2	0	1	4	8
合计/%	10	12	18	6	5	16	100	
内容比例/%	5	6	9	12	10	8	50	100
时限/分钟	25	25	20	15	20	15	120	

（3）常见题型的编制。笔试的题型有很多，常见的题型有填空题、选择题、判断题、改错题、简答题、论述题、计算题、案例分析题等。这些试题，按照其正确答案是否唯一、批卷给分是否客观，可以将它们分为两大类：一类是主观性试题，另一类是客观性试题。下面我们分别简单地介绍每种常见题型。

①选择题。选择题是运用最广泛、最灵活的一种客观性试题。选择题由一个题干和若干个子选项组成，题干可以是一个问句，也可以是一个不完整的陈述句，选项是对题干问题的若干个回答或补充，其中正确的选项为正答，其余为诱答。选择题的类型包括单项选择题（即正确答案只有一个）、多项选择题（即在选项中至少有两个正确答案）、不定项选择题（即在选项中有一个或多个正确答案）等。

例如，

单项选择题：

- 工作分析的方法不包括下列哪一种（D）

A. 工作日志法　B. 问卷调查法　C. 观察法　D. 职业倾向测试

不完全叙述句的题干：

- 《中华人民共和国劳动法》中对试用期的规定：劳动合同期限在一年以上，两年以下的，试用期不得超过（C）

A. 15天　B. 30天　C. 60天　D. 6个月

多项选择题：

根据人员来源渠道不同，招聘分为（A C）

A. 内部招聘　B. 员工推荐　C. 外部招聘　D. 猎头公司

选择题的优点是适应范围广，一是从一般知识到复杂的能力测评均可使用；二是评分的客观性强，受猜测的影响小；三是选择题的题量可以很大，考查的范围很广，采样代表性很高；四是有利于标准化测验。其不足之处是诱答难以编制，诱答不仅量大，而且显得似是而非，编好它并非轻而易举，而且难以避免猜答现象。

②填空题。填空题就是一个命题或句子里空出一个或几个关键词或字，要求被测者填写的一种题型。

例如，

交通肇事后逃逸现场，因而致人死亡的行为属于（交通肇事罪）

填空题可以考查被试者对知识的理解程度，适用于对术语知识、特定事实、原理中的关键词、方法和工作程序中的特定步骤、简单的数学知识等其他自然科学问题的测评。填空题是一种变相的选择题，具有较为广泛的适用性。填空题答案明确、评分客观、编制容易，容易发现被试者在学习过程中存在的具体问题。但是其考查应试者的能力目标范围较窄，且容易鼓励被试者进行机械记忆，不能检测更为复杂的知识和能力。

③简答题。简答题是要求被测者对直接提问的问题用简短的语言或文字来回答的一种题型。主要包括直接回答题、列举题、简要说明题和简要叙述题等。简答题可以考查应试者对知识的识记、理解，也可考查应试者较初步的分析问题、解决问题的能力。

例如，

- 什么是销售，广义的销售和狭义的销售区别是什么？
- 在促销力度不强的情况下，你如何销售品牌知名度不高而价位又与知名度品牌同类竞争品相差无几的中高档新产品？

简答题自身题目形式比较简单，因此编写的方法也相对简单。简答题适用的范围广，完全由应试者自己提供答案，克服了客观题易发生猜答的现象。但又因应试者所提供的答案的不确定性，使评分无法计算机化，会受人为主观因素的影响，因此降低了测评的信度。此外，简答题也难以达到对较复杂问题的深入分析、评价等功能测评的目的。

④计算题。计算题是以计算作为答题方式的试题，可以检测出被试者的基础知识、运算能力和逻辑思维能力、分析能力等。计算题是经济、会计、财务等相关专业不可或缺的测试试题型。

例如，

某企业于 2006 年年初向银行借款 150 000 元，规定在 2010 年年底一次还清借款的本息（复利计息）。该企业拟从 2006 年至 2010 年，每年年末存入银行一笔等额存款，以便在 2010 年年末还清借款本息。借款年利率为 15%，存款年利率为 12%，计算每年的存款额。

计算题可以在很大程度上避免被试者猜测作答，评分的客观性高。但是其编制较为困难，而且考查的范围较为狭窄，还容易导致被试者大量做题，运用“题海战术”，产生不必要的紧张和压力。

⑤论述题。论述题是一种典型的主观性试题，它要求被试者用自己的语言写成比较长的答案。在答题过程中，应试者在分析处理问题的方法、组织运用材料的方式、语言表述的风格等方面有较大的自主权。论述题相对于简答题的主要区别之处在于：测评知识的层次目标不同。简答题主要测评知识的识记、理解及简单分析。而论述题测评的是概念、原理的综合运用，相对应的是分析、综合、评价目标及创造力的测评。

根据对题目作答要求的不同，论述题可分为限制型论述题与扩张型论述题。限制型论述题对答案涉及的范围、答题的方式及长度作了具体的要求，而扩张型论述题则没有过多的限制，给了应试者更大自由发挥的空间。

例如，

- 试论述改革、发展、稳定三者之间的关系。

这是一道限制型论述题。

- 试论述“科学技术是第一生产力”的思想内涵。

这是一道扩展型论述题。

论述题可以较全面、深入地考查被试者的知识水平和能力，降低被试者猜测的成功率。论述题的题目不要求很多，也不需要准备很多选项，因此无须花费很多时间，较容易准备。但是论述题也存在一些明显的缺陷。首先，题目不多，知识的覆盖面不广且不均衡。其次，论述题的评分主观不一致。最后，评分还容易受到卷面整洁与否、书法优劣等一些无关因素的影响。另外，论述题的答卷和阅卷都很耗时、耗力。

⑥案例分析题。案例分析题是由一段背景材料与若干问题构成。要求应试者通过阅读分析背景材料，依据一定的理论知识原理，围绕题目所提出的问题，给予评价，作出决策或者提出解决问题的方法。案例分析题与论述题相似，但前者在编制过程中应注意将背景材料与知识点和时代热点问题联系起来，与时俱进。

例如，

王婷新到一家制鞋公司的人事部工作，开始工作挺顺利，可是慢慢地，她发现人事部的经理和副经理之间的关系微妙，存在一些矛盾。一次公司销售部的小李上班路上遇到一位受伤的老太太，便将其送往医院，结果上班迟到了，使得公司错过了一笔生意。按照公司的制度应将小李开除，可当王婷将这一建议提交上级时，经理和副经理却产生了分歧。副经理同意将小李开除，可经理却不同意。王婷十分为难。请问：您认为王婷该如何处理这一事件?

通过该案例分析，可以考查应试者是否具有公关意识，处世能力和应急能力如何，是否能够妥善处理这一事件。

案例分析考查的目标层次高，综合性强，具有很高的区分度，非常适合人员选拔测评。但其不足之处也非常明显：一是评分受主观因素影响大，信度不高。二是题量小，占用分值高，影响了知识测评的广度。三是对背景材料的要求较高，编制难度大。

5. 笔试试卷的组织

编写完测评题目之后，需要根据测评的目的选择试题，然后将试题按照一定的规则编排成一份或几份等值的试卷。接下来还要对试卷进行审查和检验，确定无误后，还应编写标准答案和评分标准。这样，笔试试卷编制过程才算完成。

（1）题目的选择。测评题目的选择主要依据题目自身的性质及其实际测评的与计划测评的目标一致性程度。要根据测评对各部分内容所要求的比例选择适当数量的试题，也要考虑试题的难易、重要程度以及试题的类型。

（2）题目的编排。题目选完之后，就应决定对试题如何进行最佳安排。一般来说，试题编排不外乎三种思路：一是将题型相同的题目编排在一起；二是依据题目的难度不同，按由易到难的顺序编排；三是按题目所测的内容编排，即把测评同一内容的各个题目编排在一起。在试题的实际编排过程中，通常是将上述方法组合使用。

可通过编制A、B卷的方式防止相邻座位的应试者互通信息、相互抄袭，组成A、B两卷的题目不变，只是使两份试卷的试题顺序交错排列或对选择题的正答变换位置。目前，越来越多的笔试都采用了 A、B 卷形式，并取得了较好的效果。

（3）编制试卷复本。有时同一测评需要在不同情况下多次使用，或者在不同时间对同一类型测试者进行测评，或者为了防止泄密以及被测者可能出现作弊行为，在组织试卷正本的同时，需要编制试卷复本。

所谓复本，就是两套或者两套以上等值的测评试卷。复本的关键就是等值。等值必须符合下述几个条件：第一，复本测评的目标与正本一致。第二，复本题目形式与正本相同但不重复。第三，复本题目与正本的数量相等，难度和区分度也基本相同。第四，复本测试的分数分布（平均数和标准差）与正本大致相同。

只要掌握一定的方法，编制试卷复本不是一件很困难的事情。编题时若已考虑试测与复本需要，每题都有双倍以上的平行试题，可将这些平行试题先给以编号，再按一定方法排列组合，便可在编制试卷正本的同时编制出备用的试卷复本。

（4）试卷的检验。以上三个环节只是完成了试卷的初步编制工作，在用于实际测评前，还必须对试卷进行检验。

小的检验主要是对整个试卷的文字、指导语、正确答案在不同选项中出现的频数、格式进行审查。大的检验是对试卷的题目是不是较好地反映了测评指标、复本是不是等值、试卷的难度是否恰当等进行审查。要解决这些问题，可以对试卷逐项进行审查，也可以作必要的预测试。

所谓预测试，就是指用编制好的试卷对与将来正式测评相似的对象进行测试，以检验试卷的质量。预测试的实施过程与环境条件应与将来的正式测评相似。

预测试结束后，根据记录和测试结果，可以对试卷的各项指标进行评价、审查、修改，使之成为一套较好的测评试卷。

（5）编写答案与评分标准。答案的编制主要是对于客观题的标准答案和对于主观题的参考答案两大类。对于参考答案的编制主要是给出试题涉及的相关的关键知识点，然后为每一个知识点分配计分权重。而对于标准答案的编制，则需要确保答案的标准性、唯一性、无可争议性及对应性。

评分标准的编制主要是指确定测试的总分值、每道试题的分值和计分标准的一个过程。要做好这一方面的工作，必须先确定测验的总分值，然后根据指标体系的权重赋分值对每一种题型进行赋分，最后再制定得分标准。

事先编写标准答案和评分标准，不仅可以避免测评结束后临时制定答案标准影响评分的客观性，而且也是对试卷再次进行审查和完善的重要环节。

（五）笔试的实施与管理

测验试题编制完成后，就要进入测验的实施环节了。笔试的实施是保证测评准确、公平的重要环节，因为准确性和公平性的前提条件是控制误差，这就要求在测验实施的过程中能排除无关因素的干扰。在这一部分将介绍笔试实施的各个环节，避免和减少各种偶然因素的方法和工作过失，以此来保证测验过程的客观性、可靠性高。

1. 确定考试时限

笔试中速度是需要考虑的重要因素之一，大多数测验既要考查反应速度，也要考查解决有较大难度试题的能力。一般来说，考试时限为能使大约 90% 的被试者完成试题的时间。

如果题目从难到易排列，则力求大多数被试者能在规定时限内完成会答的试题。确定时限的方法一般是采用尝试法，即通过预测来确定。

2. 考场的编排和布置

考场的编排和布置应以方便被试者答卷、方便监考人员检查、方便考试秩序和考试纪律维持为原则。一般来讲，考场应设置在交通便利且安静、设备齐全、光线充足的地方，要做到单人、单桌、单行、应试者前后左右之间距离一米以上，并且每个考场门口应贴上考场、考生信息，便于考生对号入座。应根据考场大小安排监考人员，一般以2~3人为宜，他们负责维持考场秩序，严肃考场纪律，组织考生按时入场、入座，收发试题和草稿纸等。

3. 编制《组考手册》

在实施测试前编制《组考手册》，明确测验的组织分工、考务安排、监考执行程序方面的要求。组织分工方面，一般是每个考点有主考1人，副主考1~2人，监考人员2~3人。考务安排是确定考试时间、总考场数、考生总人数等。监考执行程序就是明确各类考试工作人员的报到时间、监考执行程序要求等。除上述要求外，还应明确规定考点主考、考点人员分配、考场具体细节安排等。

4. 考务人员培训

《组考手册》编制完成后，主考应根据《组考手册》对考务人员进行培训，让考务人员学习《组考手册》上的考试要求，学习测验有关纪律规定，掌握试卷整理、密封的要求和方法以及对测验期间可能出现的突发事件的处理方法，从而让每个考务人员明确自己的职责。

5. 考场考前检查

测验前，必须按照考场的设置要求对各个考场进行检查。检查的主要内容有：考场地点的选择是否符合要求、各考点的设置是否齐全等。一旦检查出考场不符合要求，应立即进行更换，以确保考试的顺利进行。

6. 巡视队伍的组织

为了监督和检查在考试实施的过程中考试工作人员对考试规章制度的执行情况，应在考试期间委派巡视员到各个考场巡视，对考生较多或者考纪较差的考场，要加派巡视员指导和监督。

7. 宣读测试指导语

指导语是在测试实施时说明测试进行方式以及如何回答问题的指导性语言，它通常分为对主试的和被试的。这里我们重点说的是后者，即对被试的指导语。同一测验内容的实施过程中应该使用统一的指导语，指导语可以放在试卷开头由被试者自行阅读，也可以由考官口头说明，也可以播放指导语录音，以保证被试者明确考试的要求。

8. 正式实施笔试

施测的步骤可以参照一下流程，施测流程可以根据具体情况作出相应变化。施测前20分钟，监考人员领取试卷、答题卡、草稿纸等，然后进入考场；施测前15分钟，被试者进入考场，监考人员向被试者宣读有关考试、考场的规定，以及测验的指导语；施测前10分钟，监考人员拆开试卷袋，逐份核对。测验前5分钟开始分发试卷，要求被试者拿到试卷后，检查试卷有无缺漏、破损或者打印不清晰等问题，如没有这些情况，则要求被试者在规定的地方填写姓名、考号等信息。测验开始，考场铃声响起，监考人员宣布考试开始，被测者开始答题；测验开始后，监考人员逐个核对被试者信息，如有不符，立即查明，予以处理；测验时间到，考场铃声响起，被测者停止答题，监考人员收卷、清点、按要求整理好试卷、交由主考官验收，验收合格后装订、密封，再交考点办公室。

9. 试卷的回收和保存

考试施测结束后，由各考场主考负责对密封试卷进行检查、清点工作，核对无误后，送往指定试卷存放地点。纸笔测验的试卷可以作为档案保存，因为其有重要的参考价值。一方面，对企业来讲，测验结果反映了一定阶段人员的知识、能力水平，可以作为员工培训、考评等后续工作的依据，同时还可以为以后测验提供参考或作为试题来源进行选择；另一方面，对被试者来说，已经测试过的试卷可以作为测验复习的"指挥棒"，指导他们的复习和练习，因为通常是测验着重考什么，被试者就复习什么；测验怎么考，被试者就怎么学习。因此测试机构除了提高笔试测验的编制水平，还应该做好每次试题的存档工作，把试卷当做一种历史资料保存下来。

（六）评卷

试卷的评阅是整个测验的尾声，也是十分重要的环节。只有客观公正地评阅试卷，才能保证测验的有效性和可靠性。随着现代科技的发展，笔试阅卷的方式也发生了较大的改变，机器评阅客观题已被广泛应用。

笔试试卷的评阅主要分为客观题评阅和主观题评阅。

1. 客观题评阅

客观题的答案具有唯一性，阅卷只与答案有关而与评卷者无关。客观题的计分简单、明确。除填空题以外，其他评阅均可采用机器来进行。

【阅读材料】

客观题使用机器阅卷有以下特点：

（1）节省大量人力、物力、财力。虽然首次使用的硬件投入较多，但设备可以多次使用，长期来看，在经济上比人工阅卷要经济。

（2）阅卷结果正确。使用机器阅卷能避免人工阅卷可能出现的误差，只要被试者填涂答题卡的方法正确，机器阅卷的准确率几乎可达100%。

（3）阅卷公正合理。机器阅卷参与人员少，答案唯一且客观，人为干预的可能性小，能在一定程度上减少偏袒、舞弊的现象发生。

（4）提供可靠的反馈信息。评价考试质量所需的原始数据在阅卷时即输入计算机，只要采用科学的计算方法，就可以得到一系列的统计表，从而准确评价考试质量，为日后笔试的实施提供可靠的反馈信息。

2. 主观题评阅

主观题主要是简答题和论述题等，主观题的评阅不够客观，评阅过程中经常容易受到评阅者的知识水平、情感、态度等难以控制的因素的影响。

【阅读材料】

主观题评阅有以下特点：

（1）阅卷难以保证客观、公正。主观题的评阅难以保证客观公正的首要原因是，因为主观题没有标准答案供阅卷人进行标准化评阅，阅卷人只能参照参考答案来评分，这里阅卷人的灵活性很大，因此评卷结果易受阅卷人主观因素影响。

（2）耗费大量人力、物力、财力。主观题无法像客观题那样运用机器来评分，它要求专业的阅卷人员来阅卷。并且一个阅卷人评阅的试卷数量不宜过多，否则评卷的疲劳以及厌倦也会影响评卷的质量。同时，为了尽量作到客观公正，主观题还会要求一份试卷经过两个不同的阅卷人评阅后才可定分，这样需要耗费大量的人力、物力和财力。

（3）提供丰富的反馈信息。主观题可以通过被试者的作答了解被试者的思维过程、对知识掌握的水平以及运用知识解决问题的能力等。因此，从主观题的评阅过程中可以发现被试者缺乏的知识领域、需要加强学习的部分等。

3. 阅卷过程中存在的误差

阅卷过程中的误差分析如表3－7所示。

表3－7　阅卷过程中的误差分析

阅卷人员主观因素造成的误差	阅卷者的责任心、工作态度等对阅卷的质量有很大影响，同时也是造成误差的重要因素；阅卷者的业务素质高低，个人欣赏水平、风格的不同，容易造成阅卷标准不同，对阅卷的客观性造成影响
阅卷流程顺序因素造成的误差	人们处理事务的时候，外界环境在头脑中的反映和信息传入大脑，有一个顺序效应问题，这在主观题的阅卷中更为明显。匿名阅卷往往有先紧后松的现象，即开始阅卷较严，后来尺度宽松，存在宽容定式
理想模式和参照效应的误差	理想评分模式即评卷人设想存在一个理想化的评分对象，这会造成提高或降低阅卷标准。参照效应指一份水平较高的试卷出现后，阅卷者以其为参照，脱离参考答案，降低评卷的客观性
阅卷环境因素造成的误差	阅卷是一项要求较高的工作，而阅卷又往往处于临时工作环境中，集中、重复、单调的活动常常使阅卷者出现疲劳现象。这时阅卷人容易出现注意力分散、反应迟钝、情绪波动，从而造成人为的阅卷误差
晕轮效应产生的误差	晕轮效应指对被试者的一般印象影响到具体某个问题的评价。例如：卷面字迹整洁与否会使阅卷者产生第一印象，影响标准的掌握。卷面整洁容易使阅卷者产生好感，给出高分，从而忽视了内容等其他方面
其他因素造成的误差	由于阅卷者注意力分散、被外界干扰或产生疲劳引起误差，书写潦草造成误差，小题分值合计时的操作误差和计算机误差的现象也经常出现

4. 控制误差的建议

（1）提高阅卷人员的素质。在试卷和答题状况一定的情况下，阅卷误差的控制情况主要取决于阅卷人员的水平、经验、心理素质和工作态度。因此，建立高水平的相对稳定的阅卷人员队伍是控制误差的基础。

（2）确定参考答案和评分标准，阅卷人员应认真学习答案和标准。对于主观题可能出现的答案情况和评分细则，阅卷人员必须熟练掌握。如有需要，还需制定参考答案的补充规定，评分细则应该作到具体化，使之便于操作，最大限度地消除由于个人风格、评判角度和欣赏水平的不一致而造成的误差。

（3）阅卷工作实行岗位责任制。阅卷一律使用红色墨水笔或红色圆珠笔，每题的得分应该写在规定的得分栏中，阅卷人员要在所阅试卷的规定位置签上自己的姓名。试卷保管部门应对试卷编号、倒装、混装、答案未写在答题纸上和姓名考号书写在试卷密封线外等现象进行登记、汇总上报。

（4）建立规范的考核阅卷质量的指标体系。在阅卷过程中经常进行抽查，可以随时纠正阅卷中出现的偏差，平衡阅卷小组中每个人的宽严尺度。阅后复查主要是检查漏评、错评、合分差错等重大偏差。如果再加以阅卷质量指标控制体系，就加大了监督力度，达到了降低阅卷误差的目的。

（七）发布成绩

评卷结束后，人力资源部应及时通知合格应试者进入下一轮的考核。对淘汰的应试者，在条件允许的情况下，也应委婉地告知。

【阅读材料】

（1）笔试是通过书面形式对员工或求职者的知识广度、深度和知识结构进行考查和评估的一种方式。笔试在不同机构、领域、行业以及不同的部门中的运用都不一样，它可以用来考查员工的知识水平，也可以也用来培训、晋升以及绩效考核，还可以作为人员招聘的工具。

（2）在笔试前应设计一个工作小组，具体负责笔试过程中的事务性工作，选择适当的考评人员，组成强有力的考评小组。

（3）构建测验指标的工作主要是为试题的编制做准备，主要是收集与实施笔试有关的岗位信息、胜任素质以及有关试题。

（4）编制笔试题目是整个笔试过程中最关键、最核心的步骤。笔试题目的质量如何，具有多大的效度和信度，这些对笔试作用的发挥具有至关重要的作用。试题编制要遵循五原则：区分度明显、信度大、效度高、实用性强、客观严谨。常见题型有选择题、填空题、简答题、计算题、论述题、案例分析题。试卷编制好后要进行试测，以保证试卷的有效性。

（5）笔试的实施也是整个测试中很重要的部分，测验前要有充分的准备，公平、公正地组织实施测验。还应该做好每次试题的存档工作，把试卷当作一种历史资料保存下来。

（6）评卷计分阶段也是笔试中重要的一部分，根据事先安排，评卷人员应该客观、公正地展开评卷工作。在评卷过程中尽量控制评卷结果误差，确保评阅的公正、公平。

学习任务四　招聘甄选中的职业心理测试

情境案例引入

案例分析：

管理人员12人格维度定义如表3-8所示：

表3-8　管理人员12人格维度定义

因素名称	定义	高分特征	低分特征
正性情绪倾向	倾向于体验正性情绪，对自己感觉良好	较社会化，亲切、友善，对工作满意，宜在社会交往多的部门	与他人交往少，较少体验到正性倾向
负性情绪倾向	用负性的眼光看待自我和周围的人格特质	体验到负性情绪，感到工作、时间和环境的压力，对自己要求严，宜在批判性思考和评估的岗位	较少感到环境的压力，能承担有风险和易受挫的工作
广纳性	有独创性和革新性行为，愿意冒险	适合变化大、需要创新性的或较为冒险的工作	较为保守和谨慎，依赖经验，不愿创新
责任心	认真、审慎和坚忍的倾向	有组织性和纪律性	缺乏方向性和自律性，耐心不足
乐群性	与他人相处融洽的倾向	善于照顾他人，对他人亲善，是好的团队合作者，适宜于需要与他人发展良好关系的岗位	不招人喜欢，对人不信任，没有同情心
内控性	反映自己对周围控制力的看法	相信能控制和影响自己的生活和经历，易激励	对环境影响很少，相信外部力量控制命运
自控性	试图控制自己在他人面前的行为方式的倾向	希望自己的行为为社会所接受，并且善于调整自己的行为以适应社会，善于处理他人对自己的印象	不关心他人对自己的看法，由自己的态度、信念、情感和原则所引导
自信心	为自己和自己的能力感到自豪的倾向	能应付大多数情境的人，倾向于挑战性的工作和职业	往往对自我价值提出质疑
A型人格	竞争性人格	有强烈的成就动机和竞争意识，并有强烈的紧迫感，较难相处，适于单独工作	温和、宽容、慢节奏，适合随意性大的工作
成就动机	喜欢接受挑战性任务，希望达到个人的高目标	喜欢将个人的目标定得较高，对所发生的事情负责，有很强的目标方向性	追求个人高目标的愿望不强，能容忍失败
权力动机	希望控制或影响他人的行为和情绪的倾向	有想对他人进行情绪、行为上的控制和影响的强烈愿望	对他人的依赖性较强，希望别人指导工作
面子倾向	看重面子，也维持他人的面子	力求受到他人的重视、赞赏和推崇，希望能在别人心中占重要地位及留下美好印象	不在意他人对自己的评价

案例分析：人格是个体所具有的与他人相区别的稳定和独特的思维方式和行为风格，它贯穿于人的整个心理活动过程，是人的独特性的整体写照。人格测验从12个与管理绩效有关的人格特点对人进行描绘。测验题目以三择一的选择题形式出现，主要是要求应试者对自我行为和思维方式进行描述、评价，并在三个选项中选择符合自己情况的选项。

任务提示：心理测试逐渐发展起来并在企业中得到应用，例如在招聘甄选中使用。

必备知识

知识基础四　心理测试的设计与实施

（一）心理测验的基础知识

1. 心理测验的起源

心理测验的产生是源于教育实践中对弱智儿童鉴别的需要。在西方一些国家，工业革命成功后，对劳动力的需求急剧增加，工厂大量采用童工，许多地方官与工厂主定约，每雇20个童工，必须带一个低能者。后来，法国创办了专门教育智力落后儿童的学校。如何鉴别智力落后儿童呢？人们发现，单靠长期观察和社会公认是不够的。另外，19世纪，社会上对智力落后和精神失常者实行人道主义，在欧洲和美洲开设了一些护理精神病人的特别医院，因而急需确定标准和客观化的分类方法。大量的需求促进了心理学的发展。19世纪80年代—20世纪初，心理测验逐渐兴起，最有名的是测量智商的比西量表。

2. 心理测验的定义

心理测验是人才测评的主要工具，心理测验是向受测者呈现一系列典型情境，要求受测者对这些情境做出反应；然后，对心理测验的结果加以分析，找出人与人之间在心理和行为上的差异。

心理测验实质上是行为样本的客观化和标准化的测量。通俗地说，心理测验就是依据一定的心理学理论和测量技术，遵循一定的操作程序，对人的行为进行量化，从而对其能力、个性等心理特征作出推断。

3. 心理测验的组成

规范的心理测验应包括：

（1）测试题目。测试题目必须是从相关的大量题目中经过比较和筛选所确定的；必须能够根据心理测验要求，测查所需要测查的个人特征；必须保证心理测验题目在相当长的一段时间内具有稳定性。

（2）施测方法。测试的方法必须经过严格的标准化，包括测试材料（问卷、答题纸等）、物理环境（照明、间距等）、主试的指导等都应基本一致，以尽量排除一些可能对心理测验结果产生影响的无关因素。

（3）计分方法。心理测验的计分方法应该从心理测验的原理出发，根据心理测验的常模，确定统一、规范的计分方法，以保证心理测验结果的可比性和一致性。

（4）技术指标。心理测验必须有客观、真实的技术指标，包括信度、效度、区分度等，技术指标在很大程度上决定了心理测验的质量和效果。在国外，没有提供技术指标的心理测验是不能使用的。

（5）结果解释。心理测验必须提供对有关数据结果的解释方法；必须根据心理测验的常模，保证心理测验解释方法的规范性和一致性。

（二）心理测验的基本要求

1. 心理测验是经过科学研究精心设计的产物

一个有效的心理测验必须符合以下5个方面的要求：

（1）标准化。标准化指的是进行一项心理测验的条件和程序上的连贯性和一致性。标准化体现在心理测验的编制、实施、记分以及心理测验分数解释等环节。在心理测验过程中，可能导致随机误差的因素很多，从受测者方面讲，有身体健康状况、动机、注意力、焦虑程度、心理测验经验等；从主试者方面讲，有其年龄、性别、态度、语调、主试经验等；从施测过程方面讲，有心理测验场地的噪声、温度、光线、房间大小、设备运行状况、记分、评分等；从心理测验内容方面讲，有指导语的清晰程度、内容取样、内部一致性等。要想提高心理测验的信度，就需要努力克服这些因素造成的影响，尽量实现心理测验的标准化。

实现标准化有三点好处：一是可以减少无关因素对心理测验目的的影响，使测量准确、客观；二是有统一标准，便于对不同人的心理测验成绩进行比较和交流；三是可用于许多人并可以反复使用，较为经济。区别与一般的考试。

（2）客观化。客观化主要指在给心理测验结果打分时，必须坚持统一的打分标准，使打分过程客观化，不受任何评分者的主观判断和偏见所左右。

（3）常模。常模是指某一标准化样组在某一心理测验上的平均分数，作用是给心理测验分数提供比较的标准。一个心理测验的常模不是永远不变的。

测评标准有两种基本形式：一种是依据参评内容与测评目的而形成的测评指标体系，即效标参照标准。另一种是对测评客体的外延的比较而形成的标准，即常模参照标准。

前一种标准与测评客体本身无关，而后一种标准与测评客体直接相关。例如，飞行员选拔标准来自于对飞机驾驶工作本身的直接描述，这种选拔标准就是效标参照标准；干部选拔标准则是属于常模参照性标准，这里的选拔标准不是客观的与绝对的，而是主观的与相对的，是由于参加干部选拔的所有候选人中的“一般”水平的人被淘汰。

（4）可信性（信度）。可信性是指心理测验的稳定性，即对一项心理测验所产生反应的一致性。就比如用一把尺去量物，无论你量、他量、我量，今天量、明天量，都是一致的。只有这样，这把尺才算有用。否则，就是靠不住的。

理想的可信性系数应大于0.80。

（5）有效性（效度）。好的心理测验必须客观、可靠，但客观、可靠的心理测验不一定就是好的心理测验，一个心理测验所要求的最重要的条件之一就是他的有效性，即效度。效度是指一个心理测验实现心理测验目的的程度，是心理测验对于所要了解的心理特征进行评定的有效程度。效度是心理测验的有效性和实用性的指标。一个好的心理测验，应该能够带来实际效用。

2. 心理测验的特点

①能深入了解人本身的特质，能够发现许多其他方法难以考查的信息。

②比其他方法更具有客观性。

③更多地定量化，使所测内容更精确，且具有较好的可比性；能在较短的时间内提供关于一个人的大量情况，提高效率。

④可信度高，同时操作比较简便。

⑤可以大规模地团体施测，效率高，费用也较低。

3. 心理测验的编制流程

心理测验的编制工作是一个反复总结经验、反复修改、反复提高的过程。

编制测验的方法，依据测验的性质不同而不同。不同类型、不同用途的测验，编制的具体过程也是不同的。通常，心理测验的编制程序具体如下：

①确定测验目的、对象、用途。

②确定性质：常模参照、效标参照。

③确定心理测验内容。

④制订心理测验计划。

⑤题目筛选：拟稿、预测、题目分析、定稿。

⑥标准化：内容、时限、指导语、施测、评分、常模。

⑦测量学分析：信度、效度。

⑧编写心理测验指导书。

⑨准备待用的心理测验。

（三）几种主要的心理测验

1. 智力测验

智力是指人认识世界并运用知识解决实际问题的起基础作用或保障作用的能力总和，包括观察能力、记忆能力、注意能力、思维能力等各个方面。

韦克斯勒认为："智力是个人有目的地行动、理智地思考以及有效地应付环境的整体的或综合的能力。"

美国心理学家吉尔福特于1967年创立了智力的三维结构模型。

（1）智商的计量。

①心理年龄。用心理年龄来衡量智商是由比奈第一次提出。80%～90%的同龄人通过的题目数可以作为达到这一年龄的儿童的智力水平的标准，这一水平即智力年龄或心理年龄。

②比率智商。用比率智商来衡量智商是由特曼（Lewis Terman）提出的，它为不同年龄的人的智力之间的比较提供了方便，某个体的比例智商为：

$$比率智商=心理年龄/实际年龄\times 100$$

③离差智商：用离差智商来衡量智商是由韦克斯勒提出的。他认为，如果从人类总体来看，人的智力的测验分数是按正态分布的，且平均数为100，标准差为15。离差智商要将个体的智力放在其同龄人中的相对位置来度量，这就解决了比率智商中个体的智商受年龄增长的影响这个问题。某一人的离差智商为：

$$IQ=100+15\times(X-M)/S$$

其中，X为个体的测验分数，M为团体的平均分数，S为团体分数的标准差。

韦克斯勒智商分布如表3－9所示。

表 3 - 9　韦克斯勒智商分布

智力类型	智商	占人口/%
超优	130 以上	2. 2
优秀	120 ~ 129	6. 7
中上	110 ~ 119	16. 1
中等	90 ~ 109	50
中下	80 ~ 89	16. 1
低等边缘	70 ~ 79	6. 7
智力缺陷	69 以下	2. 2

（2）智商测量量表的发展。

①比奈—西蒙量表（B—S 量表）于 1905 年首次提出，并于 1908 年和 1911 年进行了两次修订，题目由原来的 30 个增加到 59 个，按年龄分组（3 ~ 15 岁），每个年龄组的问题各不相同，由此引出实际年龄与心理年龄的概念。

②斯坦福—比奈量表。1916 年，美国斯坦福大学学者特曼对 B—S 量表进行修订，制定了斯坦福—比奈量表，第一次提出了智商的概念，强调用人的智力年龄与实际年龄的比值来度量人的智力水平。

③特曼—墨利量表（L—M 量表）在斯坦福—比奈量表的基础上经过 1937 年、1960 年、1967 年的修订，发表了第四次修订本。

④韦氏量表（简写为 WAIS）。韦氏量表由语文量表和操作量表两部分组成。实际测验后便可以得到三种智商，即语文智商、作业智商和平均智商。韦氏成人智力量表的内容如表 3 - 10 所示。

表 3 - 10　韦氏成人智力量表的内容

分测验的名称		欲测的内容
言语量表	常识	知识的广度、一般学习能力及对日常事务的认识能力
	背数	注意力和短时记忆能力
	词汇	言语理解能力
	算术	数学推理能力、计算和解决问题的能力
	理解	判断能力和理解能力
	类同	逻辑思维和抽象概括能力
操作量表	填图	视觉记忆、辨认能力、视觉理解能力
	图片排列	知觉组织能力和对社会情境的理解能力
	积木图	分析综合能力、知觉组织及视觉协调能力
	图形拼凑	概括思维能力与知觉组织能力
	数字符号	知觉辨别速度与组织能力

智力测试是衡量智力高低的参考，它对于企业评价员工的能力水平并给安排恰当的工作有重要的作用。例如，某项工作要求智商 120，那么，智商低于或高于它的人都需要用人部门慎重考虑。前者会由于能力低而无法胜任，后者则可能由于智商超出该项工作性质要求而

不安于现状，甚至会轻视这项工作，从而造成不良后果。因此，人事部门在选用和安排人员时，应当尽可能做到每个人的智力水平与其工作性质相适应。

2. 个性测试

不同工作对个性的要求是不同的，有些工作单调重复，需要有耐心；有些工作要与人打交道，需要外向的人；有的工作在整个生产中十分关键，要求严格，压力大，要求人能忍受压力；有的工作有很大的风险，要求人有冒险性。评价人的个性，使用个性测试是一种较好的方法。例如霍兰德的职业理论，其核心假设把人大概分为6类，即现实型、探索型、艺术型、社会型、企业型、常规型。职业环境也可以分成相应的同样名称的6大类，当我们在就业和择业的时候，我们的人格与职业环境的匹配是形成职业满意度、成就感的基础。

3. 能力倾向测试

能力倾向测试主要用于测试被试者的潜在成就或预测将来的作为水平，也就是预测个体在将来的学习或工作中可能达到的成功程度。能力倾向测试一般可以分为两种：

①一般能力倾向测试。测试一个人的多方面的特殊潜能。其测试结果通常是职业咨询、分类和安置决策中最有效的信息。

②特殊能力倾向测试，即能够判断一个人具有什么样的能力以及测定在所从事的活动中适应和成功的可能性，如音乐能力倾向测试、机械能力倾向测试。

（四）行政职业能力倾向测试

（1）行政职业能力倾向。职业能力倾向即指经过适当学习或训练后或被置于一定条件下时，能完成某种职业活动的可能性或潜力，职业能力倾向测验可以有效地测量人的某种潜能，从而预测人在一定职业领域中成功的可能性，或者筛除在该职业领域没有成功可能性的个体。

（2）行政职业能力倾向测验的内容结构如表3－11所示。

表3－11　行政职业能力倾向测验的内容结构

部分	内容	考查内容	题型	题数	时间/分钟
一	知觉速度与准确性	考查对数字、字母和汉字等视觉符号快速而准确地觉察、比较、转换和加工的能力，涉及感觉、知觉、短时记忆和识别、判断等心理过程，是速度测试	数字属于的区、数字属于的数列、字符相同个数、在词表中词组的个数、字符替换核对、字符区间核对、字符置换计算与区间核对	60	10（单独计）
二	数量关系	主要考查应试者解决算术问题的能力，对数量关系的理解和计算能力	数字推理、数学运算	15	10
三	言语理解	对文字材料的理解、分析与运用能力	词组替换、选词填空、语句表达、阅读理解	20	25
四	判断推理	涉及对图形、词语概念、事件关系和文字材料的认知理解、比较、组合、演绎、综合判断能力。反映对事物本质及事物间联系的认知能力的高低	事件排序、常识判断、图形推理、演绎推理、定义判断	40	30
五	资料分析	对图形、表格和文字形式的统计资料进行准确理解与综合分析的能力	图形资料、文字资料、表格资格	15	15

【阅读材料】

心理测验面临的主要问题如下：

①缺乏坚实的理论基础。任何测量，都是基于某种假设之上的。心理测量也是一样，但是很多概念还没有准确的定义。如关于智力和人格目前还没有统一的定义和理论。

②心理测验的作用是有限的，只有把各种方法结合起来，才能对人的心理现象作出全面的考查。人的心理活动是迄今所知世界上最复杂的存在方式，仅仅靠客观测量的方法是很难把握的。今天最科学的心理测验是基于统计规律之上的。我们之所以说一项选拔心理测验是好心理测验，是由于统计结果表明，在此项心理测验中取得好成绩的人，多数能胜任以后的工作和学习。但是我们不能保证所有通过测评的人都一定胜任工作，没有通过的人一定不胜任。要做好心理测验，重要的是对各种方法的功效作出评价，尽可能采用最理想的程序。

③对心理测验使用者有一定的要求。

④运用心理测验应该注意的问题。首先，要注意工具的选择。心理测验工具选择是否得当决定了心理测验的成败。每个量表都有特定的实用对象，如果超过了某一特定的群体范围，就不适用了。其次，要严格按照《心理测验手册》来实施心理测验。

知识掌握

1. 科学的人才招聘的流程是什么？
2. 如何进行简历筛选？
3. 如何组织招聘中的笔试？
4. 招聘中用到的心理测验有哪些？

知识应用

使用人才测评选拔人才

雄安新区惠特公司（以下简称“惠特公司”或“公司”）是一家上市的大型企业集团。2018年前，该公司的投资方向多元化，发展趋势把握得很好，公司最大的一个合同项目额达到6.7亿。为了能够解决人力资源困境，该公司面向全国招聘专业人员、管理人员。通过媒体的宣传，原计划招聘100人，有3 900多人前来应聘。刚开始的时候，公司用的是传统的方法：电话沟通+面试，通过第一轮的筛选，最后剩下343位。在决定这343位应聘者中哪些能胜任项目经理、技术经理，哪些能胜任部门经理的过程中，公司遇到了很大的难题。由于公司的合同项目金额都比较大，对人员的要求比较高，但HR在面对应聘者时，看起来却觉得这300多人都差不多，谁能用，谁不能用，心里实在没有底。于是就希望能够借助人才测评技术来为公司把好这个关。

人才测评专家为职业经理入的选拔增加了专业的评估过程。在这一过程中，专家将对应聘者进行综合分析评价，然后向该企业的HR提交报告。测试对象所应聘的职位包括一些重要的项目经理和副总等。

在对经理候选人的测评中，使用到的技术包括以下几项：

1. 心理测试

这种测试主要是以人机结合的方式进行的标准化测验，测验内容包括基本潜能、个性品质、核心能力等。

2. 评价中心（情景模拟）

这主要是通过角色扮演等方式来对候选人加以评估。

3. 投射练习

这是指向受试者呈现模糊刺激，要求受试者根据呈现的刺激编故事、辨认物体或画一幅画。心理学认为，人的原动力都来自人的潜意识。高层次的职业经理人要有强烈的成就愿望和动机、积极和乐观的态度，这些素质通过面试等一般的方法是很难发现的，只好求助于投射练习。

4. 背景调查技术

主要调查候选人的社会背景、职业资历等。

在一次长假中，公司把剩下的这300多名应聘者都集中到了北京。专家对这些应聘者进行各种各样的测试，并对结果进行了分析。针对“这个人能不能用”“能用到什么岗位”“用到什么程度”的问题，根据招聘岗位的情况，人力测评公司将应聘者分成了5个等级。其中5级是所有应聘者中最优秀的，所占比例为2%；4级为“比较优秀”，所占比例为8%；3级为“合格”，所占比例为45%；2级为“慎重使用”；1级则被淘汰。

总体来看，学历高的应聘者，在高等级的人才中占到的比例还是相对较高的。在这个测评过程中，出现了一些非常有趣的个案。

个案一：A君是所有应聘者中唯一的“海归”，他在美国获得了MBA学位，在国际知名公司也有工作经验。他所应聘的岗位是战略研究部主管。由于A君具有“海归”背景，原工作公司在业界有很高的知名度，原岗位又在市场调查部，因此公司相当看好他。但测评结果却显示，他回答问题有很高的掩饰性，而实际上，他的逻辑能力比较弱，资料分析能力只有中等程度。因此，人才测评公司判断此人是无法胜任战略研究部主管一职的。后来，又针对A君专门进行了一次市场调查方面的面试，结果同样印证了之前的结论。原来，虽然A君之前工作的那家公司比较著名，但该公司的市场调查部很弱，所谓的市场调查也很简单，只是发些调查问卷而已。但是当时，惠特公司这个职位年薪却达到了250万元，如果选错了人，会是什么样的结果呢?

个案二：F先生的能力很强，他是大型设计院的业务骨干。之前曾与单位同事同来面试。在关于薪金的讨论中，面试主考官提出，项目经理有250万元左右的年薪，但是要根据项目多少上下进行浮动。其同事直截了当地说，可以接受浮动，但幅度不能过大，于是主考官认为他过于看重钱，将他淘汰。但是F先生则表示，薪酬根据项目多少浮动是正常的，自己完全可以接受，这个回答让主考官非常满意。F先生也成了最终获胜的热门人选。然而，测试结果显示，F先生在掩饰性上的得分同样很高，而掩饰性高大致有两种情况：一是应聘者可能动机太强烈，所以总是挑一些社会期许的答案来回答；二是应聘者不太诚实，比较夸张。之后，专家又对F先生做了一次职业背景调查。其同事表示，F先生业务确实很强。曾被评为全公司先进工作者，但当他作为先进代表在大会上发言时，曾借机发表许多牢骚，令场面非常难堪。这一细节说明，F先生有很强的掩饰性，所以在表彰会上突然发难，完全出乎他人意料；另外，用这种极端的方式表达不满，说明F先生具有一定的破坏性，当他的愿望得不到满足时，往往不是通过沟通等比较温和的方式解决，而是采用极端的形式来发泄。最终，专家建议把他放在技术岗位，而不要放在管理岗位。

个案三：C是惠特公司原有的内部人员，董事长助理。他是由现任董事长亲自相中的人选，深得董事长的信任。而给他做的测评结果却只有2级左右，属于应该谨慎使用的人，人才测评公司将这个情况向惠特公司做了反馈，但最终由于C和董事长的特殊关系，C并没有被调整。结果，一年后，C就因出卖公司秘密而被开除。在惨痛的教训面前，惠特公司内部达成一致：今后任何一个高层人员的选拔和招聘，都必须经过人才测评的检验。这已成了惠特公司内部一个规范化的流程。

思考题

1. 通过本案例，你有什么触动？
2. 谈谈使用人才测评技术选拔人才时需注意的问题。

技能操练

项目名称：招聘的实施与简历筛选

实训要求：每个公司对拟招聘的岗位进行信息的发布，形式多样，可以是人才市场、大专院校的招聘会，也可以是与猎头公司谈判，委托招聘，或者是制定内部竞聘规则。学生自己按照招聘计划书的进度，设计招聘申请表，候选人（学生担任）制作应聘简历。学生组织简历筛选，对第一次筛选剩下的候选人组织笔试，出笔试题，进行心理测验，出相应的心理测试题。教师点评。

实训成果：

1. 招聘简章与广告撰写，详细做出PPT，并展示。
2. 参加招聘会的资料准备、人员安排、费用预算。
3. 应聘申请表设计。
4. 电话筛选话语设计。
5. 笔试与心理测试题目。

考核指标：

1. 招聘策略选择得当，内容全面。
2. 筛选过程设计严谨，可行性强。
3. 小组气势佳，分工合作好，成员参与度高。
4. PPT制作清晰，汇报者表达流畅。

学习情境四

面试的组织与实施

知识目标：通过对本情境的学习，掌握面试的内涵与目标、面试的基本程序和环境布置、面试的方法、面试问题的设计与提问的技巧。

能力要求：能够运用人力资源素质测评的基本知识，组织结构化、半结构化面试的基础工作，设计面试的形式，拟定面试的问题等。

职业导向

通过应聘者的简历可以大致了解其为人、经历、教育背景等信息，但仅仅依靠简历是不能决定录用与否的。在现实生活中，99%的企业需对应聘者进行面试。从理论上讲，面试只要精心设计、时间充足、手段到位，可以测评出应试者的任何素质。如果说心理测验中的许多问卷是测评应试者的智力、心理、品德等的有效工具，那么把这些心理测验中的问题以口头回答的形式表现出来，也能达到与笔试同样的效果。由于信息量利用频率高的特点，其测评质量可能还会更好。如果在面试中引入无领导小组讨论、角色扮演、管理游戏等情境模拟的测评甄选手段，还可直接考查应试者的组织能力、领导能力等；如果引入工作演示的方法，还可直接考查出一些应试者的实际工作能力，甚至可以考查应试者的身体状况。总之，通过面试，可获取大量信息。

职业情境

王辉，人力资源管理专业本科毕业十年了，作为公司的招聘经理，经常参加招聘面试，他这些年的工作体会是：面试官不仅承担着为公司招聘最合适的人才的职责，而且代表了企业的形象。合格的面试官应具备以下条件：具有良好的个人品格和修养，具备相关的专业知识、丰富的社会工作经验、良好的自我认识能力，善于把握人际关系；了解职位空缺的要求，能熟练运用各种面试技巧，能掌控面试场面，有清晰的思维，能有效地面对各类应试者，能公正客观地评价应试者。不仅如此，面试官还需要从以下一些方面进行修炼：了解公司的企业文化与战略，熟悉招聘渠道与流程，深刻理解工作特征和人才测评的方法，掌握人际沟通的技巧。

学习任务一　面试的准备阶段

情境案例引入

面试“小事故”

某日，有三位求职者来面试客服主管职位。由于该岗位需要极强的耐心和应变能力，所以我们特意设计了一个“小事故”作为面试题目：把他们分别安排在空房间，要求其填写公司的求职登记表格，并让一位年轻的HR扮成前台文员，在求职者填写完表格时为其倒水，要求在倒水过程中将水“不小心”洒在求职表格上，文员会非常诚恳地道歉，但结果会造成求职者需要再次填写表格。通过这一测试，可以看出求职者对突发事件的反应。

慧眼识员工

求职者A：（当即发怒）“哎呀，表格都湿了！看看你，这么不小心。填表事小，可因为你的工作失误浪费了我的时间，同时也浪费了你公司的时间！”（面试者自顾自地擦拭着溅到衣服上的水，毫不理会对方的道歉，并不帮助对方处理桌子上、表格上的水渍）“如果是我的员工，我是不会容忍这样的事情发生的！”（俨然一副老板批评自己下属的样子）“再给我拿一张表格，然后出去吧！不用给我倒水了，也不用再进来了！你这样的工作状态是要被投诉的！”（自始至终说话慷慨激昂，完全忘记了自己是到别人的公司来应聘的）

求职者B：（虽然没有直接与“文员”对话，但是不停地自言自语，“啧啧”声不断）“啧，新换的衣服。啧，表格，唉，也湿了，刚写完还得重写。”（脸色马上阴沉下来，虽然对方不断道歉，但还是不断遭到面试者的“白眼”，当对方将新表格递给面试者时，面试者单手狠狠地拽过表格，而且还是一脸阴沉。他自顾自清理后，拿着新表格坐到了另一边，把剩下的“残局”完全交由“文员”继续处理，自始至终没有与“文员”对话）

求职者C：（及时站起来，首先帮助“文员”擦拭表格，在清理自己衣服上水点的同时，还帮助对方清理）“没事，没事，你衣服上也有水，擦一下吧。”（对于对方的道歉，大度宽容）“没关系，别着急，你再帮我拿一份表格，我重新填一下就可以了。”（应聘者不但帮助“文员”善后，还宽慰对方）

结论：在经历过这个小插曲后，我们开始常规的面试环节，通过三轮沟通及筛选，决定录用最后一名求职者。

案例分析：客服人员每天会面对各类客户，遇到各种问题，不仅需要保持良好的心态，很好地控制自己的情绪，而且要有优秀的沟通协调能力和一颗包容的心，这是做好客服工作的必备条件。既不能像A那样过于急躁，也不能像B那样将所有心事都写在脸上。本面试设计取得较好的效果。

任务提示：面试最能考查应聘人员的综合素质及能力是否与岗位任职资格要求相匹配。面试的方法有很多，有结构化面试、非结构化面试、行为与情境面试、无领导小组讨论面试、公文筐测验等。面试的形式也有多种，有电话面试、笔试、群体面试等。那么该如何选择和采取有效的面试方法？要按照怎样的流程去做呢？

必备知识

知识基础一　了解面试的组织程序

（一）面试的内涵

面试是代表用人单位的面试考官与应聘者直接交谈，面试考官根据应聘者对所提问题的回答情况，考查其对相关知识的掌握程度以及判断、分析问题的能力；根据应聘者在面试过程中的行为表现，观察其衣着外貌、风度气质以及现场的应变能力，判断应聘者是否符合应聘岗位的标准和要求。99%的用人单位在招聘中都采用这种方法。

在面试过程中，考官可以通过连续发问，及时弄清楚应聘者在回答中表述不清的问题，从而提高考查的深度与清晰度，并减少应聘者说谎、欺骗、作弊等行为的发生。

总之，通过面试直接接触应聘者，可以使用人单位全面了解应聘者的社会背景、语言表达能力、反应能力、个人修养、逻辑思维能力等；同时，面试也能使应聘者了解自己在该单位未来的发展前景，并将个人期望与现实情况进行对比，找到最好的结合点。

【阅读材料】

面试可以测评的内容：

1. 仪表风度

这是指面试者的体型、外貌、气色、衣着、举止、精神状态等。研究表明，仪表端庄、衣着整洁、举止文明的人，一般做事有规律、注意自我约束、责任心强。

2. 专业知识

了解面试者掌握专业知识的深度和广度，是否符合所要录用职位的要求，以此作为对专业知识笔试的补充。面试对专业知识的考查更具灵活性和深度，所提问题也更接近空缺岗位对专业知识的需求。

3. 工作实践经验

面试考官一般根据询问应试者个人简历和求职登记表所了解的情况，考查应试者有关背景及过去工作的情况，以补充、证实其所具有的实践经验，还可以考查应试者的责任感、主动性、思维灵敏度、口头表达能力及应变能力等。

4. 口头表达能力

看应聘者是否能将自己的思想、观点、意见和建议顺畅地用语言表达出来。考查的具体内容包括：表达的逻辑性、准确性、感染力、音质、音量、音调等。

5. 综合分析能力

面试中，考查应试者是否能抓住主考官所提出的问题的本质，并且说理透彻、分析全面、条理清晰。

6. 反应能力和应变能力

主要看应试者对主考官所提的问题理解是否准确，回答是否迅速，对于突发问题的反应是否机智敏捷、回答恰当，对于意外事项的处理是否得当等。

7. 人际交往能力

在面试中，通过询问应试者经常参与哪些社会活动、希望同哪些类型的人打交道、在各种社交场合所扮演的角色，可以了解应试者在人际交往中与人相处的技巧。

8. 自我控制能力和情绪稳定性

一方面，在遇到工作压力或是个人利益受到冲击的情况时，能够克制、容忍、理智地对待，不会因情绪波动而影响工作；另一方面，工作要有耐心和韧性。

9. 工作态度

一般认为，在过去学习或工作中态度不认真，对做什么、做好做坏无所谓的人，在新的工作岗位也不会勤勤恳恳、认真负责。

10. 上进心、进取心

上进心、进取心强的人，一般都有事业上的奋斗目标，并会为之积极努力。

11. 求职动机

了解应聘者为何希望来本单位工作，对哪类工作最感兴趣，在工作中追求什么，判断应聘职位和工作条件能否满足其工作要求和期望。

（二）面试的适用范围

面试被引入了答辩式、演讲式、讨论式、案例分析、模拟操作等多样化的辅助形式，即通过人们精心设计，在特定场景下与应聘者面对面地交谈，达到客观了解应聘者业务知识水平、外貌风度、工作经验、求职动机、表达能力、反应能力、个人修养、逻辑性思维等情况的目的，由表及里地评价应聘者的相关素质并对是否录用作出判断与决策。

在这里，“精心设计”的特点使面试与一般性的面谈、交谈、谈话有区别，在“特定场景”下的面试融合了情境模拟方法的内容，使面试与日常的观察有区别。“由表及里”的特点，集合了“问”“听”“察”“觉”“析”“判”等综合性特色，使面试比其他方法更能全面地了解应聘者。总之，广义的面试已经由一般素质测评发展到以模拟岗位要求为依据，涵盖了部分情境模拟的内容。

【阅读材料】

特殊的面试

1. 日产公司——请你吃饭

日产公司认为，那些吃饭迅速快捷的人，一方面，说明其肠胃功能好，身强力壮；另一方面，他们往往干事风风火火，富有魄力，而这正是公司所需要的。因此对每位来应聘的员工，日产公司都要进行一项专门的“用餐速度”考试——招待应聘者一顿难以下咽的饭菜，一般主考官会“好心”叮嘱你慢慢吃，吃好后再到办公室接受面试，那些慢腾腾吃完饭者得到的都是离开通知单。

2. 壳牌石油——开鸡尾酒会

壳牌公司组织应聘者参加一个鸡尾酒会，公司高级员工都来参加，酒会上由这些应聘者与公司员工自由交谈，酒会后，由公司高级员工根据自己的观察和判断，推荐合适的应聘者参加下一轮面试。一般那些现场表现抢眼、气度不凡、有组织能力者会得到下一轮面试机会。

3. 假日酒店——你会打篮球吗

假日酒店认为，那些喜爱打篮球的人，性格外向，身体健康，而且充满活力，富有激情。假日酒店作为以服务至上的公司，员工要有亲和力、饱满的干劲，朝气蓬勃。一个缺乏兴趣、死气沉沉的员工既是对公司的不负责，也是对客人的不尊重。

4. 美电报电话公司——整理文件筐

先给应聘者一个文件筐，要求应聘者将所有杂乱无章的文件存放于文件筐中，规定在10分钟内完成，一般情况下不可能完成，公司只是借此观察员工是否具有应变处理能力、是否懂得轻重缓急以及在办理具体事务时是否条理分明，那些临危不乱、作风干练者自然能获高分。

5. 统一公司——先去扫厕所

统一公司要求员工有吃苦精神以及脚踏实地的作风，凡来公司的应聘者，公司会先给你一个拖把，叫你去扫厕所，不接受此项工作或只是把表面洗干净者，均不予录用。公司认为一切利润都是从艰苦劳动中得来的，不敬业，就是隐藏在公司内部的“敌人”。

（三）面试的目标

由于面试是考官与应聘者双方相互交流的过程，因此，面试会受双方目标的影响。

1. 面试考官的目标

对面试考官而言，其作为单位的代表，行使单位赋予他的考评、挑选的权利，为了使面试活动成功完成，一般应明确以下目标：

①创造一个融洽的会谈气氛，使应聘者能够正常发挥自己的实际水平。

②让应聘者更加清楚地了解应聘单位的现实状况、应聘岗位的信息和相应的人力资源政策等。

③了解应聘者的专业知识、岗位技能和非智力素质。

④决定应聘者是否通过本次面试等。

2. 应聘者的目标

对应聘者而言，虽然在选择环节处于弱势地位，但他也有挑选的权利，他希望通过面试过程进一步了解用人单位、了解应聘岗位，最终作出自己的决定。一般来说，应聘者应明确以下目标：

①创造一个融洽的会谈气氛，尽量展现出自己的实际水平。

②利用有限的时间向面试考官说明自己具备的条件。

③希望被理解、被尊重，并得到公平对待。

④充分地了解自己关心的问题。

⑤决定是否愿意来该单位工作等。

从面试考官和应聘者双方的面试目标可以看出：

首先，面试考官和应聘者的面试目的并不完全相同，这是由双方所处的位置决定的。

其次，面试考官和应聘者之间是双向选择的关系，双方最终都会作出自己的判断和决策。

最后，在面试活动中，由于面试考官始终处于主导地位，因此，考官在安排、组织和实施面试的过程中，除了要达到预定的面试目标，还要帮助应聘者顺利完成预定的面试程序。

3. 围绕面试目标应进行的必要说明

面试开始，作为主考官应当向应聘者作一下简要说明，这有利于应聘者了解面试的目的和程序。

例如，对面试进行文字记录或录音，可以做如下解释说明："面试过程中我们要做一些记录，为的是不遗忘你告诉我们的任何信息。所以，当我们低下头时，不要以为这是不感兴趣，我们只想确保记住你的谈话内容。"

再如，为了保证面试的顺利进行，必须考虑速度问题，可以这样向应聘者说明："由于面试要考查的内容较多，为确保你有机会回答所有的问题，有时我们可能会打断你的谈话，然后提出下一个问题，希望你能够正确理解我们的做法和目的。"有时面对非常健谈的应聘者，即使是要多次打断他的谈话，也要确保面试的正常进行，掌握好面试的速度。因为完成整个面试过程是人员招聘中最重要的环节之一。

（四）面试的分类

通过面试，能够使用人单位客观全面地了解应聘者的业务知识水平、外貌风度、工作经验、求职动机等信息；同时，也能够使应聘者更全面地了解招聘单位的相关信息。

由于面试非常复杂，人们首先需要按照一定的标准将面试进行分类，这样做的目的是掌握其相应的特点。

1. 初步面试和诊断面试

从面试所要达到的效果来看，面试可分为初步面试和诊断面试。

初步面试用来增进用人单位与应聘者之间的相互了解，在这个过程中，应聘者对其书面材料进行补充（如对技能、经历等进行说明），组织者对其求职动机进行了解，并向应聘者介绍组织情况，解释岗位招聘的原因及要求。初步面试类似于面谈，它比较简单、随意。

诊断面试则是对经初步面试筛选合格的应聘者进行实际能力与潜力的测试，它的目的在于招聘单位与应聘者双方补充深层次的信息，如应聘者的表达能力、交际能力、应变能力、思维能力、个人工作兴趣与期望等，组织的发展前景、个人的发展机遇、培训机遇等。这种面试由用人部门负责，人力资源部门参与，它更像正规的考试。如果是高级管理人员的招聘，那么组织的高层领导也将参加。这种面试对组织的录用决策及应聘者是否加入组织的决策至关重要。

2. 结构化面试、非结构化面试、半结构化面试

根据面试的结构化程度，可分为结构化面试、非结构化面试、半结构化面试。

结构化面试是在面试之前，已经有一个固定的框架或问题清单，面试考官根据框架控制整个面试的过程，按照设计好的问题和有关细节逐一发问，严格按照这个框架对每个应聘者分别作相同的提问。这种面试的优点是对所有应聘者均按同一标准进行，可以提供结构与形式相同的信息，便于分析、比较，减少主观性，同时有利于提高面试的效率，且对面试考官的要求较低。缺点是谈话方式过于程式化，难以随机应变，使收集信息的范围受到限制。

非结构化面试无固定的模式，事先无须做太多的准备，面试考官只要掌握组织、岗位的基本情况即可。非结构化面试可以说是漫谈式的，即面试考官与应聘者随意交谈，无固定题目、无限定范围，海阔天空，无拘无束，让应聘者自由地发表议论、抒发感情。这种面试的主要目的在于给应聘者充分发挥自己能力与潜力的机会，通过观察应聘者的知识面、价值观、谈吐和风度，了解其表达能力、思维能力、判断能力和组织能力等。由于这种面试有很大的随意性，需要面试考官有丰富的知识和经验，掌握灵活的谈话技巧，否则，很容易使面谈失败。同时，因为面试考官所提问题的真实意图比较隐蔽，所以要求应聘者有很好的理解能力与应变能力。其优点是灵活自由，问题可因人而异，可得到较深入的信息；其缺点是这种方法缺乏统一的标准，易带来偏差。

半结构化面试是指对面试构成要素中有的内容作统一的要求，有的内容则不作统一的规定，也就是在预先设计好的试题（结构化面试）的基础上，面试中主考官向应试者又提出一些随机性的试题。半结构化面试是介于非结构化面试和结构化面试之间的一种形式。

3. 个人面试和集体面试

按照面试的人员组成划分，可以分为个人面试和集体面试。个人面试又称单独面试，指面试官与应试者单独面谈，是面试中最常见的一种形式。单独面试又有两种情况：一是只有一个面试官负责整个面试的过程。这种面试大多在较小规模的单位录用较低职位的人员时采用；二是由多位面试官参加整个面试过程，但每次均只与一位应试者交谈。无论哪种方式，个人面试所要谋求的是尽可能地挖掘出应试者的真实内涵，通过交谈，相互进行了解。集体面试主要用于考查应试者的人际沟通能力、洞察与把握环境的能力、组织领导能力等。在集体面试中，通常要求应试者做小组讨论，相互协作解决某一问题或者让应试者轮流担任领导主持会议、发表演说等，从而考查应试者的组织能力和领导能力。

4. 压力型面试和非压力型面试

按照面试的目的可以划分为压力型面试和非压力型面试。压力型面试将应试者置于一种紧张的气氛中，以考查他对压力的承受能力、应变能力、灵活性、情绪的稳定性等。考官一开始就可能从应聘者的背景中寻找弱点，使提问具有攻击性，提出一些诸如挑衅、非议、质疑、刁难甚至是不礼貌的问题；考官的问题密度大，不给被面试者思考的时间。除了岗位需要人员要有比较强的情绪稳定性和应变能力，如销售人员、公关人员、高级管理人员外，大多数岗位都不适合采用压力面试方法。

【阅读材料】

压力型面试中压力的形式

1. 环境压力

通过对面试现场的场景布置来达到测试压力的目的，如色彩、灯光、被面试者和面试官座位反差设置及面试官阵容、面试官气势、特殊道具等，让应聘者一进来就感到巨大的心理压力。

2. 言行压力

比如：面试官表情严肃冷峻，或对被面试者不理不睬，或睥睨被面试者，或瞪着眼问被面试者问题，或直接给被面试者来个下马威。总之，通过简单的行为语言让被面试者产生压力，或正和风细雨地与被面试者沟通，突然转换一种行为、语言风格来测试被面试者应对压力的能力。

3. 方式压力

面试官一开始就直截了当地提问，口气故意搞得跟审犯人似的，让被面试者不舒服。

4. 内容压力

一是问刺激性话题、隐私性话题，让被面试者不舒服，从而使被面试者产生压力感；二是问两难问题，使得被面试者无论如何回答都会入套，不回答也不行，这也会让被面试者产生巨大的心理压力。

5. 节奏压力

步步紧逼，容不得被面试者过多思考，问题一个接着一个，甚至一个问题还没有回答完，另一个问题接着就跟上来。

6. 形式压力

比如：正和被面试者面对面沟通，突然转入笔试；或者让被面试者看一段视频情景剧或 PPT，让被面试者回答问题。这种转换思维空间的方式也会给被面试者很大心理压力。

7. 僵局压力

当被面试者回答完问题后，面试官突然不问了，故意盯着被面试者，四目相对，让面试陷入僵局，以此来观察被面试者的反应。

非压力面试则是考官力图在和谐轻松的面试氛围中对被测试者进行面试，大多数岗位需要在无压力状态下进行面试，这样有助于考查被测试者的真实能力和素质。

【情境案例】

大专毕业生杨光曾经遭遇过一次国内的“魔鬼面试”。一家全国连锁的电器大卖场通知他去参加面试，他到了现场，却不见通常的场景，人力资源部经理将十来个应聘者领到卖场大门口的马路上，竟然让他们站在街上对来往行人说“您好”并鞠躬。大家面面相觑，不知道是怎么回事。杨光有些纳闷，惴惴不安地开始问好。当他拦截着过往的行人，对他们面带微笑地说“您好”时，觉得十分难为情，当他鞠躬时，甚至有种被羞辱的感觉，他只是强忍住了动怒的冲动。几天过后，当他打电话去询问时，用人单位告诉他，他对人不够热情，不适合做这份工作。杨光憋了一肚子气，觉得自己彻底被“涮了”。

案例分析：压力测试的针对性一般都非常强。本次面试是通过一种场景的模拟来测试应聘者的心理状况。企业其实是想灌输给员工一种心理暗示。通过被动挤压应聘者的心理承受能力，让应聘者主动承认顾客就是上帝。应聘者一开始会觉得难受，只能忍着，但长时间不停地说“您好”，习惯成自然，员工慢慢就会自然而然地从心里注重每一个从身边擦身而过的人。

5. 一次性面试和分阶段面试

根据面试的进程，面试可分为一次性面试与分阶段面试。一次性面试是指用人单位将应聘者集中在一起一次性完成的面试；分阶段面试是指用人单位分几次对应聘者进行的面试。

6. 情境性面试和经验性面试

根据面试题目的内容，面试可分为情境性面试和经验性面试。在情境性面试中，面试题目主要是一些情境性的问题，即给定一个情境，看应聘者在特定的情境中是如何反应的，例如，对一个营销经理岗位的应聘者，可以问他：“如果顾客向你投诉，说你们的产品不好用，你的下属服务态度差，你将会怎么做?”在经验性面试中，主要提问一些与应聘者过去的工作经验有关的问题。

（五）面试环境的布置

面试的环境应该舒适、适宜，利于营造宽松气氛。握手、微笑、简单的寒暄、轻松幽默的开场白、舒适的座位、适宜的照射光线和温度以及没有令人心烦意乱的噪声，这些都有利于营造舒适、宽松的气氛。

面试的环境必须是安静的。许多面试考官喜欢选择自己的办公室作为面试的场所，但难免遇到意外的电话、工作方面的干扰等。因此，一些小型的会议室也是不错的面试场所。

在面试的环境方面，值得注意的是面试中面试考官与被面试者的位置如何安排。

面试的座位安排有几种不同的方式。面对面坐比较正式，而肩并肩坐会创造一种更随意、更合作的气氛。如果面试是面对面的，中间最好放一张桌子，因为应聘者的膝部暴露在面试考官的视线之内会使他们感到尴尬和脆弱。除非故意安排，否则不要让应聘者坐在比面试考官的椅子矮的椅子上，这样会让他们感觉自惭形秽而且不自在。

①正式面试：大方桌或长桌比小圆桌更正式。

②非正式面试：围着一张大圆桌面试，创造一种随和的氛围。

③在办公室面试：在工作地点面试也属于非正式面试，对内部应聘者一般采取这种方式。

④小组面试：让应聘者隔着长方形桌子与面试小组相对，这样比较严肃，这种面试安排比较正式。

在面试中，如果面试考官与应聘者面对面地相视而坐，眼睛直视对方，会给对方造成一种心理压力，使应聘者有一种被质问感觉，更加紧张而不能自如地发挥应有的水平，当然，如果面试考官想特意考查应聘者的心理承受能力，可采用此种方法。

颜色也会影响人的情绪、意识及行为。某些颜色使人有舒适的感觉，有的颜色却有相反的效果；有些颜色使人心情放松，有些颜色则令人感觉烦闷；有些颜色会降低心智的活动，使人思维缓慢。

目前，招聘环境中的颜色布置还没有引起招聘者的注意，桌椅、地板、四壁等都趋向单色化，有的甚至就是一张破桌子旁边散落几张椅子，让人有一种随便感和不适感。因此，在面试过程中，一定要使桌子、椅子、墙壁、天花板，甚至地毯及装饰品的颜色相互协调。

由于人员资格审查与初选不能反映应聘者的全部信息，用人单位不能对应聘者进行深层次的了解，个人也无法得到关于用人单位的更为全面的信息，因此，需要通过其他的选择方法使用人单位与应聘者各自得到所需要的信息，以便使用人单位作出人员的录用决策，也能使应聘者对工作岗位作出取舍。

（六）面试的基本程序

面试是一种操作难度较高的测评形式，面试的结果受很多因素的影响，如面试环境、面试考官、应聘者等。为了提高面试结果的科学性和可靠性，应对面试的每个部分进行研究，设计结构完整的面试，对整个面试过程提供详细说明。这样组织的面试，无论在何时何地，由谁来主持，其结果都是十分可靠而有效的。

1. 面试前的准备阶段

本阶段包括确定面试方式、制定面试指南、准备面试问题、确定评估方式等。面试考官要事先确定需要面试的事项和范围，写出提纲，并且在面试前要详细了解应聘者的资料，了解应聘者的个性、社会背景及对工作的态度、是否具有发展潜力等。

（1）确定面试方式。面试方式的选择是根据不同的招聘需求确定的，从结构化程度、组织形式、目的、经济、效率等因素出发，确定具体的面试方式。

①普通职位招聘。此类职位对应聘者要求不高，这类招聘可以采用两轮面试，初试可由人力资源部负责，复试则由用人部门的直线经理负责，整个过程相对简单，时间较短，这种方式可以降低成本，提高效率。

②管理职位或者关键职位。这类职位的特点是在组织中的级别或重要程度较高，对组织起关键作用，对组织发展影响大。这种职位的招聘需要进行多轮面试，整个过程相对复杂，有时还会结合其他甄选方式。

（2）制定面试指南。面试指南是促使面试顺利进行的指导方针，一般以书面形式呈现，主要包括如下内容：

①面试团队的组建。规定面试团队的人数、成员来源、谁具体负责等内容。如面试由面试评价小组负责，小组由主考官、副考官、考官组成，对面试考官进行培训等。

②面试准备。在面试之前，应规定面试准备的内容以及要达到的目的。一般可以按照结构完整的面试步骤准备，准备面试题目及答案、面试的评分标准以及面试的地点等内容。如面试之前，面试评价小组成员应对面试题目、评价标准等进行讨论，取得一致意见。

③面试提问分工和顺序。规定面试的提问内容和顺序。如面试开始后，主考官负责对面试过程进行组织，并针对综合能力的考查进行提问，专业知识和技能方面的问题由熟悉业务的副考官、考官发问。

④面试提问技巧。规定面试提问的方式，面试提问可考虑两种方式：第一，针对应聘者答辩的内容随机提问，不事先准备；第二，分别由熟悉业务的考官出题，讨论后列入《面试问题提纲》。

⑤面试评分办法。制定面试评分标准，给所有考官以参考答案，避免失去面试打分的公正性。如在面试过程中，先由评价小组成员分别打分，待评价结束后进行汇总，求出加权平均分，以加权平均分作为面试成绩，并排列应聘者面试成绩的名次。

【阅读材料】

面试考官应具备的素质：
①正直的品格和良好的修养。
②有丰富的工作经验。
③有丰富的专业知识。
④熟练运用不同的面试技巧。
⑤具备较强的把握人际关系的能力。
⑥良好的自我认知能力。
⑦能自如地面对各种面试者，控制面试的进程。
⑧评分公正、客观。
⑨明确组织情况及空缺职位的要求。
⑩掌握人事测评技术。

(3) 准备面试问题。准备面试问题，可以帮助招聘考官获得求职者是否具备合格的岗位才能方面的信息。

①确定岗位所需才能的构成和比重。首先，分析该空缺岗位所需要的才能有哪些；其次，分析专业技能与综合能力各占多少比重；再次，分析综合能力包括哪些内容，各自占多少比重等；最后，用图表的方式将所需才能项目以及相应的权重列出。

②提出面试问题。根据所需才能分析和评价要素权重，准备问题形式和数量，可以将所提的问题列表给出。

(4) 确定评估方式。完整的评估方式是对面试中所收集到的信息按工作岗位需要的标准进行评估的体系。

①确定面试问题的评估方式和标准。在面试问题准备的基础上，还必须确定相应的评价标准，尽可能给出统一的答案或者参考答案，以客观评价应聘者。例如问题："如果你发现一个同事总背着你在上司面前说你的坏话，你该怎么办？"参考答案："不与这个同事计较，利用各种机会多与上级沟通，使上级对自己有一个正确的认识和评价。"回答与参考答案相同或相似，评定为优秀；回答为"听之任之或与同事发生冲突"，评定为差；其他回答评定为良好或一般。

②确定面试评分表。面试评分表是考官对应聘者表现的评价记录，以便尽可能客观公正地评估应聘者的每一项才能，作出综合评价。需要强调的是要对考官进行培训。培训内容包括提问的技巧、追问的技巧、评价标准的掌握等。

2. 面试导入阶段

面试时应从应聘者可以预料到的问题开始发问，如工作经历、文化程度等，然后再过渡到其他问题，以消除应聘者的紧张情绪。只有这样，才能营造和谐的面试气氛，有利于观察应聘者的表现，从而全面客观地了解应聘者。

3. 正式面试阶段

采用灵活的提问和多样化的形式交流信息，进一步观察和了解应聘者。此外，还应该察言观色，密切注意应聘者的行为与反应，对所提的问题、问题间的变换、问话时机以及对方的答复都要多加注意。所提问题可根据简历或应聘申请表中发现的疑点，先易后难，逐一提出，尽量营造和谐、自然的环境。

4. 结束面试阶段

面试结束之前，在面试考官确定问完了所有预计的问题之后，应该给应聘者一个机会，询问应聘者是否有问题要问，是否有要加以补充或修正之处。不管录用还是不录用，均应在友好的气氛中结束面试。如果对某一对象是否录用有分歧，不必急于下结论，还可安排第二次面试。同时，要整理好面试记录表。

5. 面试评价阶段

面试结束后，应根据每位考官的评价结果对应聘者的面试表现进行综合分析与评价，形成对应聘者的总体看法，以便决定是否录用。面试结果的处理工作包括三个方面内容：综合面试结果、面试结果的反馈以及面试结果的存档。

【阅读材料】

面试评价阶段的主要工作：

1. 综合面试结果

（1）综合评价。面试中，每位考官对每位应聘者在面试评价表中都有一个独立的评价结果，现在需要做的是将多位考官的评价结果进行综合，形成对应聘者的统一认识。这个工作可以在综合评价表上完成。综合评价表是将多位主考官的评价结果汇总得出的。

（2）面试结论。面试结束后，主考官和面试小组还要给出一个面试结论。具体步骤如下：首先，根据面试评价汇总表的平均分，对应聘者进行综合评价；其次，对全部应聘者进行比较；最后，将岗位条件和应聘者的实际情况作比较，应特别重视那些和应聘岗位最为密切的评价项目。总之，面试考官衡量应聘者的素质时，应以公司岗位需求为前提，着眼于应聘者的长期发展潜力，判定其是否符合公司的需要。

2. 面试结果的反馈

面试结果的反馈是指将面试的评价和建议通知给用人部门，经协商后，作出录用决策并通知应聘者的过程。有时还要进行一次录用面谈，通过录用面谈，解释录用的各相关事项，解答应聘者的各种疑问。

（1）了解双方更具体的要求。在录用面谈中应商谈更具体的条件和要求，如待遇和福利事项、录用的体检条件和证明材料、录用期限和报到日期的规定以及一些特殊问题，如是否需要经常出差，是否在公休节假日值班、加班等，这些要在面谈时向对方说明。

（2）关于合同的签订。企业录用员工以后，一定要严格按照相关的法律法规与劳动者正式签订劳动合同。

（3）对未被录用者的信息反馈。在面试结果反馈阶段，应同时发送聘用（或试聘）或辞谢通知书。辞谢通知书的内容必须顾及应聘者的自尊，要表明应聘者未获得企业录用，并不是能力不足，而是企业目前不需要而已。我国大多数企业的人力资源部门只将聘用（或者试聘）通知书发到聘用者手中，而往往忽视了对未被聘用者的辞谢，没有给予未被聘用者应有的尊重，在一定程度上损害了企业的形象。

3. 面试结果的存档

以上工作全部结束后，应将有关面试的资料备案。对公司而言，这些资料是企业人力资源档案管理系统的基础资料。这些资料体现了公司对新员工的首次全面性的评价，是公司对新进员工系统考评的开始。

面试结束后，应回顾整个面试过程，总结经验，为下一次的面试设计做准备。

（七）面试中的常见问题

1. 面试目的不明确

在进行面试前，面试考官应考虑：通过本次面试，要达到什么目的，面试的重点是什么，要不要先向应试者介绍工作岗位的真实情况，是否允许应试者提问，其他面试考官会问一些什么问题，等等。

2. 面试标准不具体

许多主持面试的人把重点放在问一些能使他们洞悉应试者是否能够成功的问题上。可是在很多情况下，对于究竟什么原因能使他们获得成功并不明确。对任何一个岗位来说，这指的是胜任工作的才能，这些才能指的是工作成功所必需的相关知识、技能、能力和动力等。

3. 面试缺乏系统性

面试的系统性要求设计出结构完整的面试流程，各个流程之间应密切联系。为了保证面试的系统性，面试考官应事先根据招聘岗位的要求制定出完善的面试提纲。确定面试的流程应该有怎样的顺序，每一个步骤要完成什么工作、获取什么信息，这些在制定面试提纲时都应该考虑到。

4. 面试问题设计不合理

（1）直接让应聘者描述自己的能力、特点、个性的这类题目的答案难以为面试考官提供有价值的信息，因为面试考官无从验证应聘者的回答是否是真实的。如果问了这类题目，应该继续问一些行为性问题，让应聘者举出一些具体的实例来证明自己的答案。如果应聘者讲不出来或含糊其辞、前后矛盾，那么他所讲的自己的优点就可能有夸张的成分。举例如下：面试考官："你认为你自己最主要的优点是什么?" 应聘者："我善于分析问题。" 面试考官："能不能列举一两个事件，证明你具有卓越的分析能力。" 应聘者："……"

（2）多项选择式的问题。多项选择式的问题会让应聘者以为，正确的答案必然存在于几个选项之中，他会猜测面试考官的意图，然后作答。因此，提出这样的问题意义不大，应该将其改为开放性或行为性的问题。

（八）面试的实施技巧

1. 充分准备

面试前应做好充分的准备，包括明确面试的目的、设计结构完整的面试，同时针对面试的每一步设计合理的提问，制定科学的评价标准以及对面试工作人员进行培训，并尽可能在面试前做好准备。

2. 灵活提问

在面试过程中，应察言观色，认真观察应聘者的行为与反应。

3. 多听少说

在面试过程中，面试考官应多听少说。一般而言，面试考官的提问时间不宜过长，可以多向应聘者提问，了解应聘者的工作经历和取得的业绩，澄清某些疑问，向应聘者提供关于企业和岗位的信息，回答应聘者提出的问题。同时，应给应聘者留出足够的时间，让他们详细地回答提问，充分发表自己的意见，直到无话可说为止。在应聘者回答问题时，面试考官应该全神贯注地认真倾听，不要发表任何结论性意见。

4. 善于提取要点

在面试过程中，面试考官应做一定的记录，但没有必要一字一句地记下来，而是要从应聘者的话中提取出与工作相关的信息。

5. 进行阶段性总结

面试本质上是口头交流的过程，存在一定的随意性，应聘者常常不能一次性地提供一个问题的全部答案或者经常从一个问题跳到另一个问题。因此面试考官要想得到对一个问题的完整信息，就必须善于对应聘者的回答进行总结和确认。通常，面试考官可以用重复或总结的方式确认应聘者的回答。例如："刚才你讲到你的主要工作职责有3项：一是管理公司的一些上传下达的文件；二是帮助总经理撰写一些文件；请问剩下的一项是什么？"

6. 排除各种干扰

面试人员通常会选择安静的地点进行面试，尽量避免面试过程受到干扰，但在实施的过程中，仍可能会遇到一些干扰，例如，办公室外面有人讲话、电话铃突然响了等。无论发生什么样的情况，面试考官都应该控制自己，集中注意力，认真倾听应聘者的谈话。

7. 不要带有个人偏见

面试考官在面试的过程中或多或少会带有个人偏见，如不喜欢应聘者的长相或穿着，或者觉得应聘者的声音比较怪等。这些偏见会影响面试的效果，应尽量避免。

8. 在倾听时注意思考

面试考官应该在倾听的同时注意思考。比如，可以分析一下应聘者所说的话，可以对比应聘者前后语言的一致性和逻辑性，可以思考下一个要问的问题，也可以观察应聘者的肢体语言，做一些笔记等。这样有利于面试更有效地进行。

9. 注意肢体语言沟通

肢体语言是语言的有效补充，在面试中不仅传递了语言信息，同时也传递了肢体语言信息。在不同的环境中，不同的肢体语言有着不同的含义。在人的面部表情上，厌恶主要表现在人的鼻子、下颌和嘴上；恐惧主要表现在眼睛上；悲伤主要表现在眉毛、嘴和眼睛上；生气主要表现在前额和眉毛上；而吃惊则可以表现在脸部的任何部位。不过，肢体语言的情境性强，不同应聘者在同一情境下的同一肢体语言传递的信息不一定相同，同一应聘者在不同情境下的同一肢体语言传递的信息也不尽相同。因此，面试考官可以参考肢体语言传递出的信息，但却不能单纯地根据肢体语言信息得出结论，而应在接下来的面试提问中，收集更多的有用信息，并进一步作出验证和判断。

【阅读材料】

Google的五条人才招聘“秘笈”

Google被公认为是全球最大的互联网公司。对于人才招聘，它有哪些你不知道的“独到秘笈”呢？

1. 羊群效应

“顶尖的员工团队就像一个羊群，人与人之间是互相效仿的。”你招聘到一个A级员工，才会吸引另一个A级员工。B级或C级的员工只能给你带来B或C级的同事。举一个很简单的例子。企业里的每个部门，其部门负责人带出来的团队、下属也会或多或少地呈现这个负责人的特点。并且，也会有主管人员在离开一家企业时，将之前的下属一起带走。优秀的人，总是愿意和同样优秀的人在一起。同样，他们的离开，也会影响企业里另一些优秀的人跟着离开。招聘和留用A级人才，是一个企业非常核心的竞争力。

2. 激情

“有激情的人一般都会去坚持自己的目标，并且认真而专注。”可能对于大多数公司来说，招聘一个员工，更多的是看重他的背景、工作经历和经验。而Google更看重候选人身上他们想要的一些特质。尤其是激情。那么，如何发现候选人是否是一个有激情的人呢？在面试的时候，面试官可以从应聘者谈论自己爱好时的表现中去发现。他热爱什么？热爱的原因是什么？从什么时候开始的？他又是如何去坚持和完成的？看他描述时的眼神、表情，他的价值观。一个没有激情的人，做的只是工作本身，他的经验是不可再造的，能力是有限的；而有激情的人，他会为自己喜欢的事情孜孜不倦，他会为此而排除万难。

3. 雇佣学习型“动物”

“招聘时，不要太看重应聘者掌握了多少知识，而要重视他们尚未开发的潜力。”亨利福特说过：“不管你是20岁还是80岁，只要停止学习，就说明你老了。”因为坚持学习的人永远年轻。经验和技能都是固定的。唯有不断学习，才会增加更多的智慧，才会有源源不断的创造力和可能。爱学习的人，会善于利用身边的资源，会谦虚求教，会有很强的好奇心。万事万物都处于变化之中，唯有不断学习，才能拥抱变化，如鱼得水。

4. 物色人才不只是招聘官的事

“招聘官管理招聘流程，但人人都应该参与到招聘工作中来。”在大多数企业，招聘工作就是人力资源部或招聘部门的事情。用人部门更多的是提出他们的需求，询问招聘的进度和结果，在人员跟不上的时候，不是考虑是否需要协助，而是对人员不能及时到位抱怨和责问。过于依赖招聘官，会让招聘官不是百里挑一地去寻找精英人才，而是安于拿平庸之辈甚至无用之才来充数。因为一旦犯错，承担损失的不是招聘官本人，而是企业。另外，从观念上看，若企业里每个员工都重视人才对于企业的意义，帮忙引荐或推荐人才，招聘的范围会扩大，速度会更快，人选也会更稳定。因为你亲自证明，这家企业值得你来！这就是雇主品牌。拉里说："每位员工只需引荐一位俊才，这个目标就实现了。"相对于仅靠招聘部门，整个团队的力量才是巨大的。

而Google又是如何实施的呢？Google把招聘人才纳入每位员工的职责，并进行评估。从举荐人数、带来参加面试的人数、参与招聘活动的频率等指标中对这个观念落地执行。当然，在评估的同时，也会有相应的奖励。从推荐简历到人选入职，分段、及时奖励，由此激励员工给企业带来更多的人才。

5. 面试是最重要的技能

在大多数公司，面试是人力资源部或用人部门领导的事情。最初的决策也是他们。而对于Google来说，把一个人的命运直接交由一个用人部门领导来决定，是很匪夷所思的事情。因为会出现以下几种情况：

首先，人们很难保证这个领导能在企业干多长时间。或许你就遇到过，部门领导把新人招进来，自己却在几个月后离开，然后新上任的领导对这个新人却不待见。

其次，人们无法保证领导看人的眼光。同样，人们会发现，不同的领导对于选人的眼光和看法是不一样的。若没有一个系统、规范、科学、合理的测评体系，仅凭个人的面试，无法保证招聘的质量。并且大多数人都会喜欢和自己接近或类似的人，俗称"相似效应"。

最后，要考虑到这个职位的多样需求。除了职位本身需要的技能和经验外，人们还要考虑到候选人所在的这个团队需要什么样的人；这个人是否能融入团队，以及团队里其他同事对于这个职位的需求。

以上均说明靠一个人的面试就决定候选人的命运，实在有些草率。于是，Google就设立了面试委员会这样的机构。人员数量一般在4～5人，用人部门领导没有招聘决定权，但有一票否决权。成员里的每个面试官不是单靠个人的感觉面试，也不是看谁的职位高或说话算数，而是以数据为根据。不仅招聘如此，升职决策也是由升职委员会来共同定夺。招聘，不是一件简单的事。就像《招聘，价值百万》里说的："聘错了人，造成百万损失；招对了人，带来百万效益。"

（九）面试的发展趋势

（1）面试形式丰富多样。有单独面试和集体面试，有一次性面试和分阶段面试，有非结构化面试和结构化面试。

（2）结构化面试成为面试的主流。

（3）提问的弹性化。面试虽然依据事先定好的思路进行，但是面试提问应围绕面试背景和面试目的自然展开，使前后题目之间自然衔接。

（4）面试测评的内容不断扩展。面试测评的内容不仅包括知识和仪表，而且包括思维能力、反应能力、心理成熟度、求职动机和进取精神等，是对应聘者的全方位考查。

（5）面试考官的专业化。有越来越多的人专门研究面试与人才测评，成为这方面的专家，他们与用人单位组成面试小组，为企业开展面试活动，使得面试的专业技巧得到很大的提高。

（6）面试的理论和方法不断发展。

【阅读材料】

员工招聘时应注意的问题

为了获取适合企业岗位需求的最佳员工，不少企业已经下了很大的功夫，包括设立专职的招聘人员负责企业的常年招聘工作等，但实际效果并不十分如意。当然，员工选择就某种程度而言有一点要靠运气，但是，仍然需要研究一下“秘诀”，以把失误的概率降到最低。实际上，选择到优秀的员工取决于很多方面，选择工作本身的质量也是影响招聘质量的一个重要因素。

以下列举的是招聘工作中应注意的几个问题：

1. 简历并不能代表本人

简历的精美程度与应聘者个人能力无必然联系。招聘人员可以通过简历大致地了解应聘者的情况，初步判断是否需要安排面试。从应聘者的角度来说，每个应聘者都希望通过简历反映自己的优点。作为招聘人员，应该尽量避免通过简历对应聘者作深入的评价，也不应该因为简历对面试产生影响。

2. 工作经历比学历更重要

对于有工作经验的人而言，工作经历远远比他的学历重要。他以前所处的工作环境和他以前所从事的工作最能反映他的需求特征和能力特征。特别是一些从事高新技术的研发人员，如果在两三年时间内没有从事相关领域的工作，他所掌握的技术就很难处于领先水平。另外，从应聘者的工作经历中还可以反映出他的价值观和价值取向，这些东西远比他的学历信息重要。

3. 不要忽视求职者的个性特征

除了对应聘者岗位技能的考核，还要考查他们的个性特征。首先，考查他的性格特征在这个岗位上是否有发展潜力，有些应聘者可能在知识层面上适合该岗位的要求，但个性特征却会限制他们在该岗位上的发展。比如一个应聘技术开发岗位的应聘者，他可能掌握了相关的知识，但缺乏自学能力，并且没有钻研精神，他就不适合这个岗位的工作。其次，由于许多工作并非由一个人单独完成，需要团队合作，所以，团队合作精神已经越来越为组织所看重。在决定录用某一个员工时，要考虑这个人是否能跟小组里的其他成员相处，邀请他（或她）到用人部门去工作半天，便可知分晓。如果应聘者是一个非常固执或者偏激的人，在招聘时应该慎重考虑。

4. 让应聘者更多地了解组织

招聘和求职是双向选择，招聘人员除了要更多地了解应聘者的情况外，还要让应聘者更充分地了解企业。应注意的是，当应聘者与企业在进行初步接触时，因为企业的宣传材料或者招聘人员的宣传，应聘者一般都会对组织有过高的估计。应聘者对企业不切实际的期望越高，当应聘者上岗后，一旦发现过高的期望不能实现时，他们的失望会越大。这种状况可能导致员工对企业的不满，甚至会使员工产生离职的念头。所以，在招聘时，应尽可能多地让应聘者了解企业，避免由于应聘者对企业的过高估计而产生的人才流失现象。

5. 给应聘者更多的表现机会

招聘人员不能仅根据面试中标准的问答来确定对应聘者的认识，应该尽可能为应聘者提供更多的表现机会。比如，在应聘者递交应聘材料时，可让应聘者提供更详尽的能证明自己工作能力的材料。另外，在面试时，招聘人员可以提一些能够让应聘者充分发挥自己才能的问题。如："如果让你做这件事，你将怎么办?""在以前工作中，你最满意的是哪一项工作?"等。

6. 注意不忠诚和欠缺诚意的应聘者

对那些频频更换企业的应聘者，用人单位一定要特别小心，一个不诚恳的应聘者并不是你想用的人。他们现在也许会在你面前责怪他们以前老板的不是，但同样的，他们也有可能在15个月后在别人的面前数落现在的老板。而有些应聘者可能只想暂时找一份工作安身，然后再慢慢找一个更稳定的永久性工作。对这些人要特别留心，因为很可能在他们身上投资了3个月的员工训练，而他们却在工作快要进入状态时离去了。在选择员工时，用人单位一定要就上述要点对应聘者诚恳地表达你的质疑。

7. 关注特殊员工

如果招聘人员遇到职业经历坎坷或者是能力超强的应聘者，一定要给予特别关注。记住这一点：一个人的一生如果一直都很顺利，充满成就或者有许多成功的记录的话，那这种人往往也可能会继续成功；对那些自称运气不好的应聘者，要特别小心，不论他们解释得如何有道理，也不要轻易相信。此外，对于一个能力超强的人，除非这个空缺的工作即将有很大的发展前景，否则要小心，能力超强的人有可能会很快感觉工作不充实，产生厌烦，并会很快地离职。

8. 慎重作决定，千万不要急着作决定

假如面试后合适的应聘者有好几个，你要利用面试的方法继续挑选，直到找出最佳人选。尤其不要因为企业领导急于知道选择结果，急于用人，你便受到影响。如果你明知某人不很适合，但仍加以录用，那等于是告诉你自己，不久之后，你又得把整个招聘程序重复一遍。当你已经确定人选后，要再想一想：假如你的上级经理不满意你招考员工的方式，认为你的甄选成本过高或是费时过长时，你可以提醒他（或她），不要忘了用错人时所要付出的代价有多高。

9. 面试考官要注意自身的形象

关于应聘者在面试时应该如何注意自己的形象，不用多谈。实际上，面试时招聘人员也应该注意自身的形象。前面已经讲过，面试的过程是一个双向交流的过程，它不仅是企业在选择应聘者，也是应聘者在选择企业，特别是那些高级人才更是如此。招聘人员首先应注意的是自己的仪表和举止，另外要注意自己的谈吐。向应聘者提问时，应该显示出自己的能力和素养。因为招聘人员代表着组织的形象，所以，面试不应该随便，更不能谈论一些有损企业形象的内容。

学习任务二　面试的实施阶段

情境案例引入

面试技巧案例

小A到一家大型集团公司应聘招聘主管一职，下面是主考官和小A的一段对话以及根据对话分析的面谈技巧。

1. 关系建立阶段

目的是创造自然、轻松、友好的氛围，一般采用简短回答的封闭式问题，约占面试过程的2%。

主考官：你是看到广告还是朋友推荐来的？

小A：我一直敬仰贵公司，这次是从广告上看到而来的。

分析：这是封闭性问题。它要求应聘者用非常简单的语言，对有限可选的几个答案作出选择。封闭性问题主要用来引出后面的探索性问题，以得出更多的信息。

2. 导入阶段

这一阶段主要问应聘者一些有所准备、比较熟悉的题目，最好的方式是提问开放性问题，约占面试的8%。

主考官：请你介绍一下你的经历，好吗？

小A：……

分析：这是一个开放性问题。它能使主考官从应聘者的回答中得到较多信息。这种题目不是让应聘者简单地回答"是"或"否"，而是要求应聘者用相对较多的语言作出回答。在它的基础上可构建许多行为性问题，而行为性问题能够让主考官得到对应聘者进行判断的重要证据。

3. 核心阶段

这一阶段主要收集关于应聘者核心胜任能力（岗位胜任特征、素质模型）的信息。

主考官：请问当你与用人部门的主管对某一职位的用人要求有不同意见时，你会怎样处理？（开放性问题）

小A：我想我会尽量与用人部门的主管沟通，把我的想法和理由告诉他，并且询问他的想法和理由，双方来求同存异，争取达成一致意见。

主考官：那么你能不能举出一个你所遇到的实例？

小A：好吧。有一次保安部门有一个保安人员的职位空缺，用人部门的经理要求找到的人必须身高在1.8米以上，体重在80公斤以上。

分析：这是一个行为性问题。它要求针对过去曾经发生的关键事件提问，根据应聘者的回答，探测应聘者对事件的行为、心理反应（行为样本），从而判断应聘者与关键胜任能力的（素质模型）拟合程度。

主考官：为什么？

小A：因为他认为身材强壮的保安人员对坏人具有威慑力。

分析：这是一个探索性问题。它通常是在主考官希望进一步挖掘某些信息时使用，一般是在其他类型的问题后做继续追问。

主考官：那后来怎么样了呢？

小A：我向那个部门经理解释这并不是必要的条件。因为对于保安人员来说，忠于职守、负责任、反应敏捷、有良好的自控能力这些才是最重要的，而身高和体重则不必非得提出那么高的要求。

主考官：那么你是怎么做的呢？（探索性问题）

小A：我对他说，如果你能够拿出一些统计数据表明保安人员的身高和体重确实可以阻止坏人的犯罪企图，那么我就接受这条要求，否则，提出这种要求就是没有道理的。

主考官：那接下去情况怎么样了？（探索性问题）

小A：后来那位部门经理收回了他的意见，到现在为止，那个职位还处于空缺的状态。

主考官：那么你和那位部门经理这次意见不一致是否影响了你们之间的关系？（封闭式问题）

小A：没有。

4. 确认阶段

主考官进一步对核心阶段所获得的对应聘者关键胜任能力的判断进行确认。这一阶段最好用开放性问题，约占面试过程的5%。

主考官：刚才我们已经讨论了一个具体的实例，那么现在你能不能谈谈招聘的程序是怎样的？

小A：……

5. 结束阶段

结束阶段是主考官检查自己是否遗漏了关于那些关键胜任能力的问题并加以追问的最后机会，约占面试过程的5%。可以适当采用一些测试基于关键胜任能力的行为性问题或开放性问题。

主考官：你能再举一些例子证明你在招聘方面的专业技能吗？（探索性问题）

小A：……

案例分析：面试一般分为关系建立阶段、导入阶段、核心阶段、确认阶段和结束阶段。本案例体现了面试提问的艺术性。

任务提示：一次良好的面试不但要有相当的准备工作，而且在面试过程中要充分发挥面试的技巧，一次成功的面试不但是对应聘者的考验，更是对主考官如何选择合适的人到合适的岗位的能力考验。

必备知识

知识基础二　面试问题的设计及提问技巧

（一）面试问题的设计

1. 面试问题设计技巧

在面试之前，面试考官需要准备一些基本的问题。这些基本问题的来源，主要是招聘岗位工作说明书以及应聘者的个人资料。通过回顾工作说明书，会对岗位的职责和任职资格有所了解，并且会考虑到该岗位所需要的主要能力，由此可以准备一些用来判断应聘者是否具备岗位所要求的能力的问题。另外，通过筛选应聘者的简历或申请表，也会对某些问题感兴趣，也可以准备一些有关应聘者过去经历的问题。

2. 面试问题举例

（1）你为何要申请这项工作？（了解应聘者的求职动机）

（2）你认为这项工作的主要职责是什么？如果你负责这项工作，你将怎么办？（了解应聘者对应聘岗位的了解程度及其态度）

（3）你认为最理想的领导是怎样的？请举例说明。（据此可了解应聘者的管理风格及行为倾向）

（4）对你来应聘，你家庭的态度怎样？（了解其家庭是否支持）

（5）你的同事当众批评、辱骂你时，你怎么办？（了解其在现场处理棘手问题的经验及处理冲突的能力）

（6）你的上级要求你完成某项工作，你的想法与上级不同，而你又确信你的想法更好，此时你怎么办？（了解在困境中是否能冷静处理问题）

【阅读材料】

电话面试要掌握的技巧

通过电话和陌生人交谈会让人焦躁不安，在进行电话面试时，要求双方的声音要比较大，而且清晰，这让人更加头疼。但有时候电话面试又不可避免。比如说，求职者在外地，不能及时赶过来参加现场面试。既然电话面试有时不可避免，那么面试官该如何应对呢？

1. 尽可能多地先了解求职者

电话面试前多了解一下求职者，这会让电话面试平缓。因为面试官已经了解了对方的一些情况，彼此之间的陌生感会降低很多。了解求职者有很多种方式，求职者的博客或者网络上任何关于他（她）的报道。如果求职者没有博客和任何网络可以查到的报道，没有关系，多看一下他（她）的简历，了解一下此人的背景、经历等。如果连简历都没有呢？那面试官可以把自己需要了解的信息发一封电子邮件，让对方填写。

2. 恰当地称呼对方

如果充分了解了对方的背景和当前情况，面试官将对电话面试有充分的自信。比如：面试官得知对方是博士学位，如果称呼对方为某某博士，效果会不会比某某先生（甚至某某某）更好些？

3. 提前准备好要问的问题

面试官当然知道电话面试要问什么问题。提前准备好问题是指：把需要问的问题列表打印出来，电话面试时就不至于有所遗漏。当然，这并非让面试官对着问题毫无变化地一个个往下问。如果这样的话，这就和 E-mail 列出问题没什么区别了。电话面试的优势在于，面试官可以根据对方的回答及时调整问题的顺序、形式等。

4. 用一个放松的开场白

如果面试官觉得开场白是电话面试最尴尬的部分，那么可以想好一个对所有求职者都行得通的开场白。比如：先介绍自己，并感谢对方接受电话面试，然后再说“好的，我不打算占用你太多时间，转入正题吧”。到目前为止，求职者没有讨厌过这种直接的开场白。毕竟电话面试是两个陌生人通过电话的交谈，所以，简单、直接而且放松的方式其实是更受欢迎的。

5. 限制电话面试的时间

即便面试官时间充足，电话面试的时间也不宜过长。被面试的求职者不喜欢听到你反复地说“再问一个问题”，结果又是10分钟……求职者会对这种不知道需要多长时间的电话面试感到厌烦。

6. 使用类似Skype（网络电话）的工具来做电话面试

如果Skype的语音效果和电话差不多，那么使用它比电话更好些。如果双方都有摄像头，你们就可以视频面试了。Skype还可以将你们的聊天记录录下来（当然，双方必须先征得对方的同意）。

（二）面试提问的技巧

面试技巧是面试实践中解决某些难点问题的技术，是面试操作经验的积累。在面试中，“问”“听”“观”“评”是几项重要而关键的基本功。在此，我们重点讨论面试提问的技巧。就“问”而言，无论哪种面试，都有导入过程，在导入阶段中的提问应自然、亲切、渐进式地进行，如“什么时候到的？家离得远吗？是怎么来的”，等等；同时，面试考官的提问与谈话，应力求使用标准话或使用不会给应试者带来误解的语言，进而通俗、简明地表达自己的问题；并且，问题安排要先易后难，循序渐进，先熟悉后生疏，先具体后抽象，让应聘者逐渐适应、展开思路并进入角色。当然，提问方式的选择以及恰到好处地转换、收缩、结束，扩展问题和问话，也有很多值得注意的技巧。

面试考官作为面试的召集者，也是面试的主持者，其提问的方式以及问题决定了从应聘者那里可以得到什么资料和多少资料。一般来说，面试考官应运用一些提问的技巧来控制面试的方向以及进度。主要的提问方式有以下几种：

1. 开放式提问

开放式提问是让应聘者自由地发表意见或看法，以获取信息，避免被动。一般在面试开始的时候运用，用以缓解面试的紧张气氛，消除应聘者的心理压力，使应聘者充分表现自己的水平和潜力。开放式提问又分为无限开放式和有限开放式。无限开放式提问没有特定的答复范围，目的是让应聘者说话，有利于应聘者与面试考官进行沟通，如“谈谈你的工作经验”等问题。有限开放式提问要求应聘者的回答在一定范围内进行，或者对回答问题的方向有所限制。

2. 封闭式提问

封闭式提问即让应聘者对某一问题作出明确的答复，如“你曾干过秘书工作吗”，一般用“是”或“否”回答。它比开放式提问更加深入、直接。封闭式提问可以表示两种不同的意思：一是表示面试考官对应聘者答复的关注，一般在应聘者答复后立即提出一些与答复有关的封闭式问话；二是表示面试考官不想让应聘者就某一问题继续谈论下去，不想让对方多发表意见。

3. 清单式提问

清单式提问即鼓励应聘者在众多选项中进行优先选择，以检验应聘者的判断、分析与决策能力。例如，在回答“你认为产品质量下降的主要原因是什么”的问题时，让应聘者对所提出的各个选项进行优先选择。

4. 假设式提问

假设式提问即鼓励应聘者从不同角度思考问题，让应聘者发挥想象力，以探求应聘者的态度或观点。如“如果你处于这种状况，你会怎样处理”等。

5. 重复式提问

重复式提问让应聘者知道面试考官接收到了应聘者的信息，考官在检验获得信息的准确性。如“你是说……”“如果我理解正确的话，你说的意思是……”等。

6. 确认式提问

确认式提问鼓励应聘者继续与面试考官交流，表达出对信息的关心和理解。如“我明白你的意思！这种想法很好！”等。

7. 举例式提问

这是面试的一个核心技巧，又称为行为描述提问。传统的面试往往集中问一些问题，十分注意求职申请表中所填的内容，并加以推测分析。同时还询问应聘者过去做过的工作，据此来判断他将来能否胜任此岗位，这是完全必要的。但有时应聘者也会编造一些假象。为了克服这一点，在考查应聘者的工作能力、工作经验时，可针对其过去工作行为中特定的例子加以询问。基于行为连贯性原理，所提问题应涉及工作行为的全过程，而不应当集中在某一点上，从而能较全面地考查一个人。当应聘者回答该问题时，面试考官可通过应聘者解决某问题或完成某项任务所采取的方法和措施，鉴别应聘者所谈问题的真假，了解应聘者实际上解决问题的能力。面试中一般可让应聘者列举应聘职务的要求并与其过去从事的工作相关的事例，从中总结和评价应聘者的相应能力。

【注意事项】

面试提问时应关注的几个问题：

（1）尽量避免提出引导性的问题。不要问带有提问者本人倾向的问题，例如以“你一定……”或“你没……”开头的问题。不要让应聘者了解你的倾向、观点和想法，以免应聘者为迎合你而掩盖他真实的想法。

（2）有意提问一些相互矛盾的问题，引导应聘者作出可能矛盾的回答，来判断应聘者是否在面试中隐瞒了真实情况。

（3）面试中非常重要的一点是了解应聘者的求职动机，这是一件比较困难的事，因为一些应聘者往往把自己真正的动机掩盖起来。但我们可以通过对他的离职原因、求职目的、个人发展、对应聘岗位的期望等方面加以考查，再与其他的问题联系起来综合加以判断。如果应聘者属于高职低求、高薪低求，离职原因讲述不清，或频繁离职，则须引起注意。在这方面，一定要注意通过应聘者的工作经历分析应聘者的价值取向，而不要轻信应聘者自己的说法。

(4) 所提问题要直截了当，语言简练，有疑问可马上提出，并及时做好记录。不要轻易打断应聘者的讲话，对方回答完一个问题，再问第二个问题。

(5) 在面试中，除了要倾听应聘者回答的问题，还要观察他的非语言行为，如脸部表情、眼神、姿势、讲话的声调和语调、举止，从中可以反映出对方是否诚实，是否有自信心等情况。

情境案例

在招聘面试中如何进行有效的提问

上个月，我受国内某大型制药企业华中区大区经理王总的邀请，给他们作一个重要职位招聘面试的测评，将要招聘的职位是高级营销经理，很不凑巧，飞机晚点，没有时间和王总作面试前的沟通，所以只好急匆匆赶到现场，还好，面试刚刚开始。由于事先已经做了筛选，来参加面试的只剩下两位候选人。由王总亲自担任主考官，在半小时里，他对第一位候选人问了三个问题：

(1) 这个职位要带领十几个人的队伍，你认为自己的领导能力如何？

(2) 你在团队工作方面表现如何？因为这个职位需要交流、沟通，你觉得自己有良好的团队精神吗？

(3) 这个职位是新近设立的，压力特别大，并且需要经常出差，你觉得自己能适应这种高压力的工作状况吗？

当候选人回答完以后，我马上叫了暂停，因为我意识到王总提出的问题不妥当，我花了五分钟对应聘者进行了询问，然后我把应聘者的回答和他的真实想法告诉了王总。

候选人是这样回答这三个问题的：第一个问题，我管理人员的能力非常强；第二个问题，我的团队精神非常好；第三个问题，能适应，非常喜欢出差。候选人只能回答“是”与“不是”，他们肯定会回答“是”，因为王总已经提供了太明显的暗示。实际上，如果把工作条件进行排序的话，候选人最痛恨的可能就是出差，还有就是占用自己的下班时间。但是王总的问话方式直截了当地给候选人暗示，使候选人必须说“是”。

事实上，王总问的是三个本应该设计成开放式的问题：第一个问题是有没有领导能力；第二个问题是有没有团队精神；第三个问题是能不能承受巨大的工作压力，他却都错误地采用了封闭式提问的方式进行提问，而候选人从王总询问的问题中很容易就知道他想听到的答案是什么，实际上这是面试中最大的忌讳，而且肯定无法得到正确的答案。

接下来我花了 10 分钟的时间从三个方面重新为王总设计了以下问题：

1. 在管理能力方面

①你在原来的公司工作时，有多少人向你汇报工作？你向谁汇报工作？

②你是怎么处理下属成员间的矛盾纠纷的？举个例子好不好？（行为式问题）

2. 在团队协作能力方面

①营销经理和其他部门特别是人力资源部门经常有矛盾，你是否遇到过这样的纠纷，当时是怎么处理的？（情境式问题）

②作为高级营销经理，你曾经在哪些方面作过努力以改善公司内部的沟通状况？

3. 能不能经常出差

①以前公司的加班频率如何？经常要加班吗？多长时间出一次差？

②这种出差频率影响到你的生活没有？对这种出差频率你有什么看法？

重新询问以上问题，王总从两位候选人中得到了更多的信息，最终选择了他需要的人才。

面试一般分为关系建立阶段、导入阶段、核心阶段、确认阶段、结束阶段。除了在关系建立阶段可以用封闭式问题进行提问以外，其他阶段要尽量采用开放式问题进行提问。

采用开放式问题，可以让应聘者畅所欲言，从中获得很多所需的信息。例如："你在团队工作方面表现怎样?""你的沟通技巧怎么样?"……这些都是开放式问题。应聘者不可能用一两句话就简单回答了，而是需要总结、引申、举例等一系列的回答，这样，主考官才能从中获得足够的信息。例如：想了解应聘者的团队精神和沟通技巧如何时，绝不能直接问："你认为自己的团队精神好吗？你的领导能力好不好?"这是一种封闭式问题，只能回答"是"或"否"。应该尽量让应聘者用事实来说话，以提高回答的可信度。同时还可以设计一些情境式、行为式的问题，如："告诉我最具有挑战性的客户是什么样子?""你最敬佩的人是谁？为什么?"以此来收集关于应聘者核心胜任能力（岗位胜任特征、素质模型）的信息。

一个好的面试，最重要的一点便是能询问开放式的探索性问题，把问题的提问方式全部换成开放式，就能够问出候选人的真实想法，有些应试者会将探索性问题以数量化的方式回答，有些则非常具有分析性、批判性、逻辑性或倾向于线性思考，而招聘者从中能够更好地了解应聘者过去是否有过类似的工作经历，从而判断其能否适应这种工作。这种问题就是一种有效的面试问题。

学习任务三　面试的评价阶段

情境案例

宝洁公司的标准化面试

如何高效组织面试

宝洁的面试分两轮。第一轮为初试，一位面试经理对一个求职者面试，一般都用中文进行。面试官通常是有一定经验并受过专门面试技能培训的公司部门高级经理。一般这个经理是被面试者所报部门的经理，面试时间在30～45分钟。通过第一轮面试的学生，宝洁公司将出资请应聘学生来广州宝洁中国公司总部参加第二轮面试，也是最后一轮面试。为了表示宝洁对应聘学生的诚意，除报销往返机票外，面试全过程在广州最好的酒店或宝洁中国总部进行。第二轮面试大约需要60分钟，面试官至少是3人，为确保招聘到的人才真正是用人单位（部门）所需要的，复试都是由各部门高层经理来亲自面试。如果面试官是外方经理，宝洁还会提供翻译。

（1）宝洁的面试过程主要分为以下4大部分：

①相互介绍并创造轻松的交流气氛，为面试的实质阶段进行铺垫。

②交流信息。这是面试中的核心部分。一般面试人会按照既定的8个问题提问，要求每一位应试者能够对他们所提出的问题作出一个实例的分析，而实例必须是过去亲自经历过的。这8个题由宝洁公司的高级人力资源专家设计，无论你如实回答还是编造回答，都能反

映你某一方面的能力。宝洁希望得到每个问题回答的细节，高度的细节要求让个别应聘者感到不能适应，没有丰富实践经验的应聘者很难很好地回答这些问题。

③讨论的问题逐步减少或合适的时间一到，面试就引向结尾。这时面试官会给应聘者一定时间，由应聘者向主考人员提几个自己关心的问题。

④面试评价。面试结束后，面试官立即整理记录，根据求职者回答问题的情况及总体印象作评定。

（2）宝洁的面试评价体系。宝洁公司在中国高校招聘采用的面试评价测试方法主要是经历背景面谈法，即根据一些既定的考查问题来收集应聘者所提供的事例，以此来考查应聘者的综合素质和能力。

宝洁的面试由8个核心问题组成：

①请你举1个具体的例子，说明你是如何设定1个目标然后达到它的？

②请举例说明你在1项团队活动中如何表现主动性，并且起到领导者的作用，最终获得你所希望的结果？

③请你描述1种情形，在这种情形中你必须去寻找相关的信息，发现关键的问题并且自己决定依照一些步骤来获得期望的结果。

④请你举1个例子说明你是怎样通过事实来履行你对他人的承诺的？

⑤请你举1个例子，说明在完成1项重要任务时，你是怎样和他人进行有效合作的？

⑥请你举1个例子，说明你的1个有创意的建议曾经对1项计划的成功起到了重要的作用。

⑦请你举1个具体的例子，说明你是怎样对你所处的环境进行评估，并且能将注意力集中于最重要的事情上以便获得你所期望的结果的？

⑧请你举1个具体的例子，说明你是怎样学习1门技术并且将它用于实际工作中的？

根据以上几个问题，面试时每一位面试官当场在各自的“面试评估表”上打分：打分分为3等：1～2分（能力不足，不符合职位要求；缺乏技巧、能力及知识），3～5分（普通至超乎一般水准；符合职位要求；技巧、能力及知识水平良好），6～8分（杰出应聘者，超乎职位要求；技巧、能力及知识水平出众）。具体项目评分包括说服能力（毅力评分）、组织能力（计划能力评分）、群体合作能力评分等。在“面试评估表”的最后1页有1项“是否推荐栏”，有3个结论供面试官选择：拒绝、待选、接纳。在宝洁公司的招聘体制下，聘用1个人，须经所有面试经理一致通过方可。若是几位面试经理一起面试应聘人，在集体讨论之后，最后的评估多采取1票否决制。任何一位面试官选择了“拒绝”，该生都将从面试程序中被淘汰。

【案例分析】 面试评价往往与面试实施同步进行，它的基本思路是通过将考生在面试中的言语和行为表现与体现职位要求的测评指标相比较，并对二者相一致的程度给出一个数量化的描述。这个思路说起来容易，做起来难。因为科学、准确的评分是与考官的品格、素质和业务能力密切相关的。作为面试考官，除了要了解与岗位相关的具体业务知识和能力外，还应掌握人才测评方面的有关理论和方法，特别是与面试直接相关的面试设计思想、命题原理、提问技巧、倾听技巧和观察技巧，这些都是正确评分的基础。

【任务提示】 面试测评标准的制定通常是在对目标职位的工作分析的基础上进行的，并要根据面试目的确定测评要素（胜任特征要素）的内容和测评指标。

知识基础三　面试成绩的评定

（一）制定面试测评标准

1. 面试测评标准的含义

面试测评标准，就是考官据以评定应试者成绩的尺度。考官将应试者的表现与职位的要求相对照，并对二者相一致的程度给出一个数量化的描述，这就是面试评分的基本思路。因此，面试测评标准包含三方面的内容：一是测评指标，即反映应试者素质、资格的典型行为表现；二是水平刻度，是描述这些行为表现所体现的能力、素质或资格条件的数量水平或质量等级的量表系统；三是测评规则，即一定水平刻度与一定行为指标之间的对应关系。

2. 面试测评标准的基本要求

（1）切实体现招聘职位对应聘人员的能力、个性品质和资格条件的要求，标准过高或过低，都不可取。

（2）不包含与职位无关的内容和要求。

（3）表述清楚，并且内容是可观察的，便于考官之间取得一致的理解。

（4）水平刻度即分数体系符合一般的模糊评价习惯。

（5）评分规则明确、具体，便于掌握和操作。

3. 制定面试测评标准

（1）测评标准的等级确定。在设计面试测评表时，可把面试标准等级按三点、五点、七点尺度进行划分，每一等级赋予一定的标准内容，如将面试成绩按优、良、中、差划分为4个等级。如表4－1所示为语言表达能力测评标准。

表4－1　语言表达能力测评标准

测评要素	测评指标的标准解释	等级
语言表达能力	语言流畅，内在逻辑性强，具有说服力	优
	语言流畅，表达清楚，逻辑性强，有较好的说服力	良
	语言较通顺，基本达意，有一定说服力	中
	语言不通，表达不清，逻辑混乱，不具说服力	差

（2）测定标准的等级量化。等级量化就是对各评价标准等级予以标度。标度一般有两种基本形式：一是定量标度，就是采用分数形式进行标度，如百分制之中的90分、80分、70分、60分等；隶属度函数中的90分（含90）以上，80～89分，60～79分，60分（不含60）以下，等等。二是定性标度，如采用“优、良、中、差”或“甲、乙、丙、丁”等字符进行标度。当然，定性标度与定量标度实际上存在着一定的对应关系，可以互相置换。但对一些平行的或不可比的评论或字符，则不一定存在这种对应关系，如性格与气质测定中的A型、B型等。

（3）测评标准的结构形式。测评标准的完整结构形式是：测评标准 = 测评项目 + 测评指针 + 水平刻度，测评项目（即测评要素）是面试所要测评的素质项目。测评指标是能够反映测评项目的行为表现，如对于“语言表达能力”这个测评项目，可以以叙述、描写、议论三种典型的语言行为表现为指针来加以反映。水平刻度是指测评指针或测评项目的数量水平的连续分布顺序及刻度。应变能力测评标准、逻辑思维能力测评标准和阅读理解能力测评标准如表4－2～表4－4所示。

表4－2 应变能力测评标准

测评项目	行为表现（测评指标）	得分/分
应变能力	对突发情况反应灵敏	3
	对突发情况反应较快	2
	对突发情况反应一般	1
	对突发情况反应迟缓	0.5

表4－3 逻辑思维能力测评标准

测评项目	测评指标	水平刻度		
逻辑思维能力	回答问题层次是否清楚	清楚	一般	混乱
	论述问题是否周密	周密	一般	不周密
	论点论据照应是否连贯	连贯	一般	不连贯

表4－4 阅读理解能力测评标准

测评项目	测评指标	水平刻度			
		等级	甲	乙	丙
		分数/分	10	5	1
阅读理解能力	能否明白文章的内容		能	多半能	不能
	能否抓住文章的主题		能	多半能	不能
	能否分清文章的结构层次		能	多半能	不能
	能否评析文章内容或写作技巧		能	多半能	不能

4. 面试评分表

面试成绩的评价，是指运用评分表，根据面试过程中用观察与言词答问所收集到的信息，对应试人的素质特征及工作动机、工作经验等进行价值判断的过程。在这一过程中，主考官必须作出3种一般类型的判断：

①对应试者特定方面的判断，比如他们的能力、个性品质、工作经验或工作动机（一般要求用预先设计好的评价量表对这些因素作出正式的评价）。

②录用建议。

③录用决策。

面试评分表的设计至少包括3个方面的内容：评分表的构成、评价标准和评分表的格式。

（1）面试评分表的构成。面试评分表如表 4－5 所示。

表 4－5　面试评分表

考号		姓名		性别		年龄
报考职位			所属部门			
面试内容	A	分数	B	分数	C	分数
仪表	端庄整洁	5	一般	3	不整	1
表达能力						
态度						
进取心						
实际经验						
稳定性						
反应性						
评定总分						
评语及录用建议						
主持人	（签字）　日期：　年　月　日					

具体构成主要包括以下几项内容：

①考号、姓名、性别、年龄。

②报考的类别与职位。

③面试考查的重点内容及考核要素。

④面试评价的标准与等级。

⑤评语栏（包括录用建议和录用决策）。

⑥面试评委签字栏。

⑦面试时间等。

（2）面试评分表的格式。面试评分表的格式主要有以下几种：

①问卷式评分表。运用问卷形式，将所要评价的项目列举出来，由主考官根据应试者在面试中的行为表现对其进行评定。

②等级标准评价表。确定面试评价的基本要求是，将每一个要素划分为若干标准等级，主考官根据应试者在面试过程中的行为表现及回答问题的状况，选择一个符合应试者客观实际情况的等级予以评分。

（3）面试测评指标及表达形式。

测评指标是测评标准的基本组成部分之一，通常把反映和体现面试内容或测评项目的行为称为测评指标。测评指标是测评项目的行为表现或标志，比如口头表达能力，可以用“用词”“思路与逻辑”“语音”“节奏感”等语言行为来反映和体现。

在面试实践中，设计测评标准时表示测评指标的形式有以下几种：

①评语短句式。在设计测评标准时，往往用评语短句来表示测评指标及其水平刻度。如反映和体现“语言表达能力”的“用词准确性”指标，可以用如下的一组评语短句来表示：“没有用词不当的情形”“偶有用词不当的情形”“多次出现用词不当的情形”。

评语短句是对事物的优劣、好坏、是非、大小、高低等进行判断、评论的句子；主要是描述句、叙述句、议论句，多用描述事物特征的方法对事物作出评论；是句子中含有一个以上词语或词组表示的语言变量。

评语短句中的语言变量，表示指标的数量特征，如个数、程度、范围、性质、优劣、好坏、是非、大小、高低、深浅，等等。语言变量是一种模糊数量，如在“思路清晰”“思路较清晰”“思路不清晰”三个评语短句中，“清晰”“较清晰”“不清晰”就是用词语表示的“量”的概念，是模糊语言变量。这与传统数量观念中的“数字变量”不同，它虽然表示量的概念，但本身是以思维模糊性为基础的，到底如何“清晰”“较清晰”“不清晰”，本身并不是完全清晰的。在思维实践中，虽然像“思维清晰”这样的句子本身还有一定的模糊性，但人们一般可以理解。事实上，要对人的素质作出度量，就避免不了模糊性。正确合理的态度是把这种模糊性控制在许可的范围内。

如表4－6所示，测评项目有思想内容、逻辑思维、综合分析、语言和仪表，每个测评项目列举了三四个测评指标，如思想内容项目的测评指标就有观点正确性、主题突出性、理论充足性、符合政策性、结合实际的水平等。按照每个指标的水平程度，划分为甲、乙、丙三个等级，并规定了相应的评分幅度。这是一份综合的测评标准表，但仔细分析，每条具体标准的结构仍然符合一般结构形式。

表4－6　问答式面试测评标准

测评项目	测评指标及评定等级、得分幅度		
	甲等（4～5分）	乙等（2～3分）	丙等（0～1分）
思想内容	观点正确，主题突出 理论充足，符合政策 结合实际，解决问题	观点正确，主题明显 理论欠足，符合政策 结合实际，水平一般	观点模糊，主题不明 理论较差，违背政策 脱离实际，水平亦差
逻辑思维	术语准确，概念清楚 逻辑严谨，层次分明 概括全面，条理清晰	术语准确，概念清楚 有逻辑性，层次较明 概括一般，条例尚清	术语欠准，概念欠清 逻辑较乱，层次不明 概括较差，条理不清
综合分析	抓住实质，分析透彻 素材突出，综合得力 整体性强，创新合理	接触实质，分析较好 素材一般，综合尚可 有整体性，建议合理	未见实质，分析一般 素材零散，综合不力 整体性差，无可用性
语言	语言流畅，表达清晰 富于感染，应变力强	语言流利，表达清楚 宣读一般，有应变力	语言欠畅，表达不清 宣读较差，应变亦差
仪表	仪表端庄，举止得体	仪表端庄，举止尚可	仪表一般，举止一般

②设问短句式。用设问短句式表示测评指标，就是以询问的口气列举出测评指标。例如，某人事考试研究中心拟定的回答、交谈式面试的测评标准中，测评指标“着眼点”就是以设问短句式表示的，设问短句式面试测评标准如表 4－7 所示。

表 4－7　设问短句式面试测评标准

<table>
<tr><td colspan="6">面试测评表</td></tr>
<tr><td>实施年月日</td><td>年　月　日</td><td>考生姓名</td><td></td><td>考官姓名</td><td></td></tr>
<tr><td colspan="6">【评定】　A. 优秀　B. 良好　C. 普通　D. 较差　E. 差</td></tr>
<tr><td>评定项目</td><td colspan="4">着眼点</td><td>评定</td></tr>
<tr><td>协调性</td><td colspan="4">合作意识怎么样？见解、想法固执吗？自我本位感强吗</td><td>记录　A B C D E</td></tr>
<tr><td>主动性</td><td colspan="4">有进取心吗？能积极陈述自己的见解、想法吗？有朝气、活力吗</td><td>记录　A B C D E</td></tr>
<tr><td>可靠性</td><td colspan="4">诚实吗？责任感强吗？有没有轻率的地方？能信赖吗？有忍耐力吗</td><td>记录　A B C D E</td></tr>
<tr><td>表达力</td><td colspan="4">能简洁明白地表达吗？回答的正确性高吗？讲话逻辑性强吗</td><td>记录　A B C D E</td></tr>
<tr><td>态度</td><td colspan="4">回答问题认真吗？表情和动作自然吗？沉着吗</td><td>记录　A B C D E</td></tr>
<tr><td>判定</td><td colspan="4">（与判定相关事项的备注）</td><td>（对于拟任职务的适合性）
非常好　相当好　可以　尚待深究　不行</td></tr>
<tr><td colspan="5">（3 位考官的综合判定）</td><td>A　B　C　D　E</td></tr>
</table>

③操作定义式。在设计测评标准时，具体地描述理想的行为表现。操作定义式测评标准如表 4－8 所示。

评分说明：

- 对每一评分要素，考官按 0～10 给分。表现好的给 8～10 分；一般的给 4～7 分；差的给 0～3 分。
- 总分 T＝1.7A＋1.7B＋1.4C＋1.4D＋1.3E＋F＋0.7G＋0.8H

表4－8 操作定义式测评标准

序号	02	姓名	陆强	性别	男	年龄	28	文化程度	研究生	报考部门	人事部

面试要素	综合分析能力	语言表达能力	应变能力	计划、组织与协调能力	人际交往的意识与技巧	自我情绪控制能力	求职动机与拟定职位的匹配性	举止仪表
权重	17	17	14	14	13	10	0.7	0.8
观察要点	对事物能从宏观方面总体考虑；对事物能从微观方面考虑其各个组成成分；能注意整体和部分间的关系及各部分间的有机协调组合	能理解他人意思，口齿清晰、流畅；有内容、有条理、有逻辑；理解能力强并具有一定说服力；用词准确、恰当、有分寸	在有压力的状况下，思维反应敏捷；情绪稳定；考虑问题周到	能依据部门目标，预见未来的要求、机会和不利因素，并作出计划；看清冲突和各方面关系；能根据现实需要和长远效果作适当选择；及时作决策；能合理调配、安置人、财、物等有关资源	人际合作主动；能理解组织中权属关系（包括权限、服从、纪律等）；人际间适应；能有效沟通（传递信息）；处理人际关系时能把原则性和灵活性相结合	在较强的刺激情境中，表情和言语自然；在受到有意挑战甚至有意羞辱的场合，能保持冷静；能为长远或更高目标抑制自己当前的欲望	兴趣与岗位情况匹配：成就动机（认知需要、自我提高、自我实现、服务他人的需要、得到锻炼等）与岗位情况匹配；认同组织文化	穿着打扮得体；言行举止符合一般的礼节；无多余的动作
满分	10	10	10	10	10	10	10	10
要素得分	A 9	B 9	C 8	D 7	E 8	F 6	G 5	H 10
考官评语	各方面综合素质好，可塑性强，潜力大。易激动，朴实，但不够成熟。对机关低收入状况估计不足，求职动机不够明确，应通过考核多加了解。建议考核录用 考官签字：金朝 评分：79.5分 年 月 日							

④极端特征式。在设计测评标准时，对高分、低分的特征给予明确说明，据此判定应试者的成绩。不同测评要素高、低分者特征对照如表4－9所示。

表4－9 不同测评要素高、低分者特征对照

要素名称	高分者特征	低分者特征
思维	说理充分；论证严密；分析、归纳正确；思维的逻辑性强；思维面广	说理不充分；论证不严密；推论不正确；思维面窄
语言表达	语言表达清楚、准确、简洁、流畅，有逻辑性	语言表达不清、累赘，缺乏逻辑性
责任感与进取心	回答问题诚实、负责；办事自信；有进取意识	回答问题绕弯子；办事不负责；无进取心

续表

要素名称	高分者特征	低分者特征
计划与组织能力	办事有计划；组织能力强；可行性高	办事无计划；无组织管理意识
人际合作与协调	有很强的合作意识；合作技巧有效；注意沟通	无合作意识；合作技巧简单无效；较封闭
应变能力	对事物的变化反应敏捷，处理得体	对事物的变化反应迟钝，处理不周
个性稳定性	情绪稳定；沉稳有耐心；有一定的承受力	情绪易激动、急躁；对外部压力特别敏感
举止仪表	文化素养高；举止得体、穿着整齐；无多余动作	文化素养差，穿着不适当，多余动作较多

（二）面试总成绩的确定

在多个考官分要素地同时评价同一位应试者后，如何确定应试者的面试总成绩，既是一个测评理论问题，也是一个实际操作问题。从理论上讲，这是用几个考官的实际评分尽可能合理地估计出应试者的真实水平（即“应得分”，这个“应得分”是无法实际得到的，只能通过应试者的各项“实得分”来估计）；从技术上讲，这是如何利用各个考官的分别评分，计算或统计出一个相对更有代表性和更少误差的分数；从操作上讲，则是如何使最后分数的取得更简便易行、更易使应试者和社会所接受。目前，面试总成绩的确定主要有两种方式：协议法和统计法，其中统计法又有两种不同的模式。

1. 协议法

这主要适用于采用分级量表评分时对面试总成绩的确定，如 5 分制、7 分制等。面试结束后，考官小组成员坐在一起，比较各自的给分并陈述理由，讨论分歧点；讨论之后，考官各自重新打分以反映讨论的结果。因此，这种方法有时也被称作二次评分法。

2. 统计法

即通过对各考官的原始评分进行统计处理来取得面试总成绩的方法。这种方法比较适合于面试成绩采用百分制的情况。实践中，又有两种不同的统计模式。

第一种方法可简称为“总分和去高低分法”。首先，分别把 N 个考官每人在 M 项要素上的分数相加，求其总和，得到考官给该应试者的 N 个面试总成绩，然后，从这 N 个总成绩中去掉一个最高分和一个最低分，再求余下的 $N-2$ 个给分的平均数，即为应试者的面试总成绩。

第二种方法可简称为“要素和去高低分法”。首先，分别求出应试者在每个要素上得到的 N 个分数，去掉一个最高分和一个最低分后，再求余下的 $N-2$ 个给分的平均数，然后，将这 M 个要素平均数相加，即得到应试者的面试总成绩。

（三）面试成绩测评应注意的问题

1. 克服第一印象的影响

第一印象也称首因效应，指人与人第一次见面留给对方的印象。在生活中，人与人能否保持交往，在很大程度上取决于第一印象。

许多面试考官在刚刚开始面试的时候，就对应试者形成了一种印象，甚至对应试者定性地下了结论，认为这个人不错，那个人估计不行，等等。

考官的这种轻易判断是面试中普遍存在的一种错误倾向，它使得面试过程成为应试者验证考官自己的判断的过程，考官在后续的面试中会不自觉地寻找信息来支持自己的判断。特别是当考官在面试之初对应试者形成不良印象后，根据心理学的原理，应试者要改变这种印象是很困难的。显然，面试中考官的这种错误倾向破坏了面试本身的意义及其公平性。为此，考官在面试前和面试中一定要保持开放的思想，摒弃一切成见，以应试者的行为表现为面试评价的唯一证据。

2. 光环效应（晕轮效应）

面试评价中的光环效应又称晕轮效应，指考官把对应试者某个方面的印象扩展到了其所有的方面，也就是说，如果考官发现了应试者在某一个方面的优点，那么就像给这个人套上一个光环一样，会认为他在所有的方面都是好的。同样地，如果考官发现应试者的某个方面差，可能就认为其所有的方面都差。光环效应是考官在面试评价中很容易犯的错误。我们之所以要对应试者实行分要素评价，就是因为人各有所长、各有所短。一个应试者可能思维表达能力很强，但组织协调能力不行；另一位应试者可能相反。所以要客观地考查应试者的相关素质，必须对各种不同的素质（面试要素）分别进行评价，而光环效应则减弱了分要素评定的作用，使各要素评价间关联性增强。

在面试实践中，要降低光环效应的影响，事先一定要进行面试评价练习，并通过结果反馈让考官去控制这种效应。

3. 趋中趋势

在对应试者进行面试评价的时候，许多考官习惯于给应试者打一个不高不低的中间分数。这样做的结果是很难将不同的应试者区分开来，也达不到面试选拔的目的。所以，趋中趋势也是面试评价中的一种错误倾向。考官之所以出现这种错误，可能是因为人们喜欢走“中庸之道”，对自己的评价能力缺乏自信，生怕极端评价显得与其他考官不一致；也可能是由于考官对评价标准把握得不好，觉得不好区分应试者。在面试评价中，某个考官的趋中趋势等于削弱了自己在考官组中的作用，导致应试者的最终面试成绩主要由其他考官的评价来决定。

4. 相对比较

所谓相对比较，就是在应试者之间进行比较，而不是将应试者与面试评价标准进行比较。这也是考官常犯的一个错误。面试要将具有职位胜任特征的应试者选拔出来，所以面试评定必须对照评价标准。如果在应试者之间进行相对比较，那么面试评价结果容易产生扭曲。比如，上午进行面试的应试者总体素质比较高，那么可能对一个素质一般的应试者的评价就会比较低，容易低估；而如果下午进行面试的应试者总体素质较差，那么对一个素质一般的应试者评价就会比较高，容易高估。由此可见，同一个人在不同群体中进行面试，结果差异可能很大，显得缺乏标准。所以，在面试评价实践中要尽量控制相对比较的倾向。

5. 避免情境压力

应试者在与主考官面谈时，常常伴有情境压力。他们会意识到，面试给主考官的印象可能会影响自己的前程，从而可能导致一些平时很镇定的人变得紧张不安，不能很好地表现自己。这种情境压力可能会使专家对某些人的知觉产生偏差，导致判断失误。

为了减少面试中的情境压力，主考官要训练有素，要善于在初次见面时给人以友善、亲切的印象，要在谈话一开始就运用多种手段来减轻应试者的紧张心理，要认识到主考官的态度会影响应试者的行为，而应试者的行为又反过来会影响主考官对他的评判。

6. 情绪效应

面试的特点是持续时间长，考官要连续作战。面试中，考官不仅要考虑和留意主考官的提问，仔细倾听应试者的回答，认真观察其反应，还要保持清醒的头脑，及时对应试者的能力、水平作出恰当的判断。

如果考官将个人情绪带到面试中，会影响面试评价的客观性。考官情绪对面试的影响主要表现是：当考官心情好时，工作起来有干劲，思维敏捷，注意力集中，面试评分认真细致，在评分中就会不自觉地对错误表示宽容，评分就会偏高。而当其心情烦闷时，不仅注意力分散、面试评分草率，有时甚至借评分来发泄心中的不快；他们满眼看到的都是缺陷、错误，不容易看到应试者的长处，因而评分会偏低。这两种情况都会使评分宽严失当，失去客观性。

学习任务四　几种高效率面试的组织

情境案例：

公务员面试题集锦

1. 你对“不在其位，不谋其政”有何看法？

2. 面对世界地图，你会想到什么？

3. 俗话说：“没有规矩，不成方圆。”可是又有人说：“要创新就不能守规矩。”你怎么看？

4. 古人云：“疑人不用，用人不疑。”你在使用下属干部时，是否采用“用人不疑”的观点？

识才利器之行为面试

5. 相传古代有个叫柳下惠的人夜宿旅店，因天骤冷，一位住店女子冻得快不行了，柳下惠将其抱入怀中，一直坐到天明，没有非礼之举。分析这个“坐怀不乱”的故事对领导干部从政的启示。

6. 为什么有的单位能“三个臭皮匠赛过一个诸葛亮”，而有的单位则是“三个和尚没水喝”？对待后一种情况，如果你是这个单位的领导，你会怎样处理这个问题？

7. 当前对有些单位实施的末位淘汰制有不同争议，你怎么看待这种用人措施？

8. “谁在背后不议人，谁人背后无人议。”对此你是怎么理解的？

9. 你对人们追求时尚有何看法？

10. 当一辆满载乘客的汽车驶入车站时，久等的候车者都希望能立即挤上这辆车；而已经上了车的乘客则高喊着：“别再上了，等下辆车吧！”你如何看待这种现象？

11. 你对公务员升职慢，在单位里熬年头有什么看法？

12. 改革开放以来，民办学校如雨后春笋般涌现，你对此有何看法？

13. 你觉得现在的公务员素质怎么样？请谈谈你的看法。

14. 齐白石说：“学我者生，似我者死。”谈谈你对这句话的看法。

15. 社会保障体系的建立对社会有什么好处？请谈谈你的看法。

16. 谈谈你对“有偿家教”的看法。

17. 我国加入世贸组织，使企业间竞争更加激烈，尤其是人才的竞争，请谈谈你的看法，并指出自己的不足以及公务员应如何做？

18. 吸烟有害健康，但烟草又是我国的重要财政收入，你怎么看待这个问题？

19. 现在有些人收入比公务员高，公务员中有些人心理不平衡了，你怎么看？

20. 现在中央对安全生产很重视，但有的地方总会出现小煤窑倒塌、爆炸的事情，你认为主要原因是什么？

21. 有人把党群关系说成是“鱼水之情”，请你结合社会上的一些现象，谈谈你的看法和见解。

22. 用人单位招聘时要求高学历，你怎么看？

23. 有的歌星开一场个人演唱会就有好几十万的收入，相当于一个普通工人30年的收入，你怎么看这个问题？

24. 史书里有一句话：“察察不明。”意思是说，不要以为就自己聪明，别人都不如自己，对此你的看法是什么？

案例分析：本案例列举的是结构化面试的试题，我国公务员招考采用的就是结构化面试。

任务分析：结构化面试是在细致全面的职位分析基础上，针对岗位要求的要素提出一系列设计良好的问题，参考求职者的举止仪表、语言表达、综合分析、应变能力等多方面的行为指标，观察其在特定情境下的情绪反应和应对方略，并作出量化分析和评估；同时结合个人简历等资料，提出对每个个体需要着重考查的工作经验、求职动机等方面的问题，全面把握应聘者的心态、岗位适应性和个人素质。目前被广泛应用于人员招聘活动中。

知识基础四　了解几种高效的面试技术

（一）结构化面试

1. 结构化面试的内涵

结构化面试又称标准化面试，是指面试前就面试涉及的内容、试题评分标准、评分方法、分数使用等一系列问题进行系统的结构化的面试方式。结构化面试的一项主要要求是：对报考相同职位的应试者，应测试相同的面试题目，使用相同的评价标准。考官根据应试者的应答表现，对其相关能力素质作出相应的评价。

2. 结构化面试的特点

（1）面试问题多样化。面试问题应围绕职位要求拟定，可以包括职位要求的知识、技术和能力，也可以包括应试者的工作经历、教育背景；还可以让应试者对某一问题发表见解或阐述自己的观点。

（2）面试要素结构化。根据面试要求，确定面试要素，并对各要素分配相应权重。同时，在每一道面试题目后，给出该题的测评要素（或考查要点），并给出答题要点（或参考答案），供考官评分时参考。

（3）评分标准结构化。具体体现在与面试试题相配套的面试测评表上。“评价要素”是对每个测评要素的描述；“权重”是该要素的水平刻度；“评分标准”是观察要点标准与水平刻度的对应关系，是每个测评要素不同表现的量化评分指标。

（4）考官结构化。一般考官为5～9名，依据用人岗位需要，按专业、职务、年龄及性别进行一定比例的科学化配置，其中设主考官一名，具体负责向应试者提问，并总体把握面试的进程。

（5）面试程序及时间安排结构化。结构化面试应按照严格的程序进行，时间一般在20～30分钟，具体视面试题目的数量而定，同时对每一个题目也应限制时间，一般每题问答时间为 5 分钟左右。

3. 结构化面试的测评要素

结构化面试测评要素的确定应依据面试的具体要求（如面试达到的目的、职位的具体要求等）而定。

【阅读材料】

结构化面试的测评要素一般有以下 3 大类：

1. 一般能力

（1）逻辑思维能力：通过分析与综合、抽象与概括、判断与推理，揭示事物的内在联系和本质特征及变化规律的能力。

（2）语言表达能力：清楚流畅地表达自己的思想、观点，说服动员别人，以及解释、叙述事情的能力。

2. 领导能力

（1）计划能力：对实际工作任务提出实施目标，进行宏观规划，并制定实施方案的能力。

（2）决策能力：对重要问题进行及时有效的分析判断，作出科学决断的能力。

（3）组织协调能力：根据工作任务，对资源进行分配，同时控制、激励和协调群体的活动过程，使之相互配合，从而实现组织目标的能力。

（4）人际沟通能力：通过情感、态度、思想、观点的交流，建立良好协作关系的能力。

（5）创新能力：发现新问题、产生新思路、提出新观点和找出新办法的能力。

（6）应变能力：面对意外事件，能迅速地作出反应，寻求合适的方法，使事件得以妥善解决的能力。

（7）选拔职位需要的特殊能力（该能力测评要素根据不同职位要求确定）。

3. 个性特征

在面试中表现出来的气质风度、情绪稳定性、自我认知等个性特征。

4. 结构化面试问题的类型

面试问题通常会涉及教育、培训、工作经历、职业发展、自我评价、家庭背景、求职动机、专业知识和技能等方面。具体可分为以下 7 种类型：

（1）背景性问题。即关于应聘者的个人背景、家庭背景、教育背景和工作背景等方面的问题，如个人爱好兴趣、家庭的一般情况、在什么企业工作过等。

（2）知识性问题。即与应聘者的应聘岗位相关的基本知识，如人事经理应该了解劳动人事制度和法令，财会员工应该了解财务制度等。

（3）思维性问题。这类问题旨在考查应聘者理解、分析、辨别、综合、评价和推断的能力，如“你认为什么是一个人成功的标准？”“你怎么看待大学教师在外兼职的问题？”等。

（4）经验性问题。即关于应聘者过去所做过的事情的问题。

（5）情境性问题。这类问题将应聘者置于一个假设的情境之中，让应聘者设想一下，自己在这样的情境下会怎样做。如“假如现在你是公司的人事部经理，你会怎么做?”“如果你的两个得力下属一直吵架，你会怎么处理?”等。

（6）压力性问题。这类问题将应聘者置于一个充满压力的情境中，观察其反应，以对其情绪稳定性、应变能力等进行考查。如“你好像不太适合我们这里的工作，你看呢?”“你怎么连这么简单的问题都不懂?”等。

（7）行为性问题。这类问题是围绕与工作相关的关键胜任能力来提问的，它要求应聘者讲述一些关键的行为事例，面试考官对这些事件进行记录，并从中提取出应聘者的胜任特征。例如，某岗位要求任职者对项目进行管理，就可以在面试中问这样的问题：“请你讲述在过去的工作中由你来负责管理项目的一次经历。当时这个项目有什么样的要求?”“除了你之外，还有哪些人参与到项目之中?”

5. 结构化面试的程序

从总体上来说，结构化面试的程序可以分为 3 个阶段：

（1）导入阶段。以一种轻松的熟人似的交谈，使应试者自然放松地进入面试情境之中，消除应试者的紧张心理，使面试气氛和谐、友善。这一阶段中安排的结构化问题是导入性问题，一般来说不涉及正题，也较易回答。这一阶段一般以导入语和指导语的形式开始。

例如，指导语：“现在，我们会向你询问一些问题，其中，有些是和你过去的经历、工作有关的，有些要求你发表自己的见解。一共 × 道题，总共时间不超过 × 分钟，到 × 分钟会给你一个提醒。请你仔细思考问题后再回答。”“请你仔细听好问题，把握问题的实质。现在，请你准备好，开始提问了。”

（2）正式面试阶段。面试进入实质性阶段，主考官提问，应试者回答，一般采取一问一答的形式。

（3）结束阶段。这一阶段要顺畅、自然，否则会给应试者留下不好或太突然的感觉。在这一阶段，一般安排应试者对自己的情况作出补充，或者考官解释一些有欺骗性的设计意图，避免应试者对考官产生不必要的误会。

【注意事项】

结构化面试的要求：

（1）考官组成员中要有本单位外的考官，确保评分客观、公正。

（2）确定面试题目时，对同一职位的应试者使用同一试卷，便于对不同应试者的应答进行比较，确保公平性。

（3）面试开始前，考官应集体熟悉面试题目，统一评分标准。

（4）考官应善于听取应试者的陈述，避免打断应试者的思路，避免发表个人意见和对事物的价值性判断，防止应试者投其所好，影响测评结果。

（5）控制面试过程，把握面试时间。主考官提问要简洁明了，发音清楚，语速适中，要把握好面试进程，特别是在一些陈述不清的问题上不要与应试者长时间纠缠。

（二）引入胜任力模型的结构化面试

结构化面试的考查基本上停留在外显的指标上，胜任力将考查的重点放在取得优秀绩效的岗位核心特征上，两者的有效结合将是提高结构化面试信度和效度的有效途径。

1. 开发岗位胜任力模型，建立面试测评要素

（1）建立胜任力特征评估专家组。专家组主要由所需岗位的部门主管和人力资源部管理人员组成。这个小组主要负责胜任力特征的提取、面试题库的建设以及评分标准的设计。小组成员如果涉及企业的核心职位，可以聘请外部咨询人员担任顾问，小组由 5 ~7 人组成。

（2）选择效标样本。组建岗位焦点小组，选取企业中与所招聘岗位相同或相关的工作人员作为效标样本，按照他们平时的工作绩效分为优秀绩效组与一般绩效组，其中把优秀绩效者视为焦点小组，这两小组的人数由企业的规模决定，但不能少于 3 人。选取优秀绩效组是为了提取获得优秀绩效的岗位核心胜任力特征，选取一般绩效组是为了提取符合岗位需求的岗位通用胜任力特征，分组时一定要严格按照绩效标准划分，不考虑员工的工龄与性别等外在因素。

（3）组织行为事件访谈，提取关键胜任力指标。行为事件访谈是建立岗位胜任力模型的关键，在访谈开始时要向受访者说明访谈的主要目的，要向他们说明访谈的内容不会涉及个人的隐私，并且会严格保密，这样做的目的是取得他们的信任和配合。专家小组要做好分工，有人负责提问以及深度追问，有人负责记录。为了完整地保存访谈材料，要用录音笔对访谈进行全程录音，但要取得受访者的同意。整个访谈应该在和谐友好的气氛中进行。访谈的核心内容是让被访谈者列出他们在工作中遇到的关键事例，包括正面和负面事件，让他们详细地描述事件的起因、过程、结果以及事件所涉及的范围及影响的层面等，还要求描述当时的想法，并总结失败或成功的原因。访谈时要遵循五项原则：

①所描述的关键事件必须与工作有关联；

②关键事件是过去的行为，不是目前正从事或设想将来会发生的事件；

③受访者所描述的仅仅是个人行为，与事件有关联的其他人不包括在内；

④要让受访者完整地描述整个过程，强调事件的结果；

⑤重点让受访者叙述当时的行为与感受，而不是事后的感受。

访谈完毕后由专家小组对两组的访谈内容进行整理，通过小组讨论，分析优秀绩效组与一般绩效组面谈内容的区别，通过内容分析对比得出一般绩效组的岗位通用胜任力特征以及取得优秀业绩的岗位核心胜任力特征，之后由专家组对所归纳的胜任力特征根据胜任力素质词典进行详细定义，并确定相应的行为标杆等级，每一个胜任力特征按照优秀程度一般划分为五级，每一级都有相应的行为描述，这样就做到了特质行为化、行为可测量化，在结构化面试评分时以此为参考，就能保证结果的客观性。

【阅读材料】

别样的面试

参加一家投资公司的笔试后，我幸运地接到了面试通知。可是我到公司后，秘书却告诉我："老板原计划亲自给你当考官的，但临时有事，脱不开身，留下张纸条给你。"我打开纸条，上面写着："请在 24 小时内与我联系，我将通过手机和你交谈。"

走出公司大门，我迫不及待地掏出手机，话筒里清晰地传出柔和的女声：“对不起，您拨打的电话已欠费停机。”我以为按错了号码，又小心地重拨了一遍，听到的还是那句话。在这 24 小时中，我不停地拨打这个号码，每次都以失望告终。我愤怒了。我赶往公司，一定要讨个说法。见到老板的秘书后，我大声询问：“老板呢？我要见他。”“请你稍等一会儿，等参加面试的人都到齐了，他马上接待你们。”秘书从容不迫地答道。不一会儿，又来了两个人，他们同样面带愠色，遭遇和我一样。不过，我们很快惊讶地发现，老板给我们三个人的手机号码竟然各不相同。他的葫芦里到底卖的什么药？我们几个很茫然。秘书将我们带到接待室，老板已经在那里等候了。没等我们开口，老板就开口了：“非常遗憾地告诉你们，你们没有一人通过这次面试，你们的素质和我们要求的还有一些距离。”我们同时叫起来：“可是，你给我们的手机号码根本无法打通呀。”老板露出微笑：“谁说没有办法？其实很简单，只要你们花上 50 元，给这部手机充值，这个号码不就可以开通了吗？”我们目瞪口呆。老板接着补充道：“作为一家投资公司的员工，要懂得收益与风险并存，没有敏锐的投资意识和准确的投资眼光，何来可观的收益？从这个角度上讲，各位不适合在我们公司任职。”

2. 以岗位胜任力特征为标杆编排面试题目

（1）编排预试题目。预试题目要根据岗位通用胜任力特征与核心胜任力特征来编写，以岗位通用胜任力特征为标杆所编写的试题应覆盖岗位所必需的、基本的要求，通过对应聘者答案的分析能明确地了解应聘者与本岗位及本组织的基本匹配度；以岗位核心胜任力特征为标杆所编写的试题要能体现出在岗位上取得优秀绩效者独有的特征。整个面试试题设计要体现出岗位通用胜任力特征与核心胜任力特征，面试题目要按照由易到难的形式排列，以此形成不同的难度梯级，每个胜任力特征至少包括两个题目，预试题目的编写应尽量多一些。

（2）建立正式面试题库。为了检验试题的有效性，把预试题目以面试的形式对不同绩效的在职人员进行预试。专家组根据预试人员的回答，分析所编写的题目能否对优秀绩效者与一般绩效者进行区分，以此决定对试题进行修改或删除。根据测试结果，再经过专家小组讨论，形成正式面试题目。正式面试题目基本上要涵盖行为型、情境型、智能型、投射型这四个方面的问题，其中行为型与情境型问题在结构化面试中最常用。行为型问题是让应聘者对自己以前有过的某些行为进行描述，通过了解应聘者过去曾经发生过的与工作有关的行为，考查其与工作有关的特质。智能型问题主要考查应试者的综合分析、语言表达、逻辑思维能力等。通过提出一些值得思考而且富有争论性的现实问题和社会问题，让应试者阐述自己的看法和观点。这一类问题没有明确的正确答案，因此考查的重点不在于应试者的答案是否正确，而在于应试者是否具有较好的逻辑思维能力、推理能力、分析能力、表达能力和广泛的知识面，在于应试者能否抓住看似复杂的问题的实质和症结所在，能否有逻辑、有层次、有针对性地展开论述，也在于应试者的思维是否活跃且具有创造性。情境型问题主要通过向应试者展示一个假设的情境，来让应试者解决未来工作岗位情境中可能出现的问题；投射型问题一般适用于选拔高级管理人才。

（3）确定面试评分标准，制定面试评分表。在面试评分时，根据岗位通用胜任力特征和核心胜任力特征所编写的面试题目权重是不同的，一般后者的权重高于前者，具体权重系数值要根据岗位的具体情况由专家小组讨论决定。面试评分表的呈现形式要包括胜任力特征、对应的行为描述以及计分方式，这样面试评分表就有了具体的评分标准，能够在很大程度上减少面试官的主观印象对面试决策的影响，并且可以极大地提高面试的信度和效度。在面试前一定要对面试官进行培训，重点是让他们熟悉具体的关键行为和评分权重。

3. 面试的具体实施

面试的实施一般要经历 3 个阶段：导入阶段、核心阶段和结束阶段，不同的阶段有不同的任务。在导入阶段，面试官应该提一些应试者有准备的、熟悉的题目，例如让应试者介绍一下自己，以缓解应试者的紧张情绪。

在核心阶段，面试官提一些涉及岗位胜任力特征的问题，按照题目难度梯级由易到难的原则进行提问。以行为型问题为例，请应试者列举工作或学习中自己参与的印象最深刻的一件事。具体的提问方式可以采用 STAR 模式：S——Situation 当时的情境是什么？T——Task 具体任务是什么？A——Action 采取了什么具体行动？R——Results 结果怎么样？如果应试者提到了某胜任力特征，就根据他的重视程度进行等级评分，没有提到的胜任力特征不计分。

在提问时要注意向应试者多使用“是什么”和“怎么做”的词语，而不要使用“为什么”的词语，因为如果让应试者去解释，难免会加入应试者的主观看法，这样与行为型描述不符，偏离了考查的主题。

在结束阶段，主要是给应试者一个机会，询问应试者是否有问题要提问，不管录用还是不录用，均应在友好的气氛中结束面试。

面试官为每一位应试者在每一个问题上记录了表现分，把整个面试组对某一胜任力特征所涉及问题得分的平均数作为这个胜任力特征要素的得分。这个计算方法产生了一系列的胜任力特征要素得分，同样地，把各胜任力要素的平均分作为整体分数。面试评分应该在问答的过程中与回答同步进行，不能在面试结束后进行，这样，在一位应试者面试结束后，其面试分数也就可以统计出来了。

胜任力是在一定的工作情境中表现出来的，在不同的职位、行业、文化环境中的胜任力是不同的，这就要求人们将胜任力模型置于“人—职位—组织”匹配的框架中去构建和运用。同时，建立了一个正确的模型并不代表可以一劳永逸，还需要不断地检验它、确认它。只有根据现实不断地对胜任力模型进行调整、修正和完善，并有效地加以利用，才能真正实现其管理价值。

由于“以价值为基础”的招聘人才战略被越来越多的优秀企业采用，员工甄选理念从“产品导向型”转化为“服务导向型”，尤其在那些组织与个人的关系比较松散的企业中，管理者更需要那些能够自我激励、对组织忠诚的人，这就需要构建基于胜任力模型的招聘甄选管理系统来支持，使组织中的员工不仅是在职位上适合于组织，而且在知识、技能、能力、性格、态度、价值观、兴趣等各个方面都适合于组织。

【实训项目】

请设计结构化面试中用到的面试成绩评定表、面试成绩汇总表、面试考官记分平衡表。如表 4 - 10 ~ 表 4 - 12 所示。

表4－10 面试成绩评定表

应试者序号：　　　　　　　　　　　　　　报考单位职位：

面试要素		综合分析	沟通	应变	主动性	信息获得	服务意识与技巧	语言表达	举止仪表
权重		20	14	14	10	12	12	10	8
观察要点		能够通过分析、归纳、演绎等推理过程，准确理解、把握事物的本质和内在联系，以解决问题	准确理解他人，清晰地表达自我，有效地影响他人	在有压力的情境下，能够思考、解决问题，能够迅速而灵活地转移角度、随机应变、触类旁通，作出正确的判断和处理	能够在工作中发现或创造新的机会，做要求之外的事，这些行为将提高工作绩效或减少潜在问题的出现	为了全面、准确地了解事件、任务或者问题，采取有效方式获取所需信息	能够察觉他人的需要，愿意并能够以合适的方式来满足他人的需要	针对不同的听众将自己的思想、观点以语言的方式明白无误地表达出来，便于听众接受。要求用词准确，表达流畅，有感染力、说服力	穿着得体，气质、风度良好，能够始终保持头脑清醒，行为表现起伏波动小，不失分寸
评分标准	好	15～20分	11～14分	11～14分	8～10分	9～12分	9～12分	8～10分	6～8分
	中	8～14分	5～10分	5～10分	4～7分	5～8分	5～8分	4～7分	3～5分
	差	0～7分	0～4分	0～4分	0～3分	0～4分	0～4分	0～3分	0～2分
要素得分									
考官评语		考官签字：　　　　年　　月　　日（上/下）午							

表 4 - 11　面试成绩汇总表

应试者序号			姓名			报考职位			
考官姓名	综合分析	沟通	应变	主动性	信息获得	服务意识 与技巧	语言表达	举止仪表	合计
扣最高分									
扣最低分									
面试成绩									
主考官 评语	主考官签字：								

核分员签字：　　　　记分员签字：　　　　年　　月　　日

表4－12　面试考官计分平衡表

日期：　　　　用人单位：　　　　考官姓名：

应试者序号	评分情况									备注
	综合分析	沟通	应变	主动性	信息获得	服务意识与技巧	语言表达	举止仪表	合计	

（三）行为描述面试的应用举例

招聘岗位：人力资源总监助理。

1. 岗位职责

（1）对应聘者进行面试，并将合适的候选人推荐给合适的部门。

（2）对将要录用的员工进行背景调查。

（3）帮助人力资源总监计划和实施每月一次的新员工培训计划。

（4）协助实施有关人力资源的政策与程序，向公司员工解释说明相关的政策问题。

（5）协助建立和完善岗位描述信息。

（6）协助实施组织的薪酬计划，监控薪酬提升，保证其符合报酬增长的原则。设计行为描述面试的问题（根据岗位职责）。

2. 问题设计

（1）根据“对应聘者进行面试，并将合适的候选人推荐给合适的部门”，可以设计以下问题：“请你讲一下组织中出现了岗位空缺之后，你是怎样填补这个空缺的？”“请举一个例子说明你是怎样对应聘者进行面试的。面试之前你要进行哪些准备活动？面试的过程是怎样的？你是怎样作出判断的？”“你是否经常向用人部门的负责人推荐人选？请讲述某一次你所推荐的人选被用人部门拒绝的经历，你是怎样处理这件事情的？”“请讲述如果你录用了一个人，但经过一段时间的工作考察后，发现这个人并不合适。你能分析一下你的录用决策吗，看看问题出在哪里？你从这件事情中吸取了哪些教训？”“你是否遇到过与用人部门的负责人在对一个候选人的判断上产生分歧的时候？你是怎样处理这件事情的？”“能不能告诉我你所遇到的最难得出结论的候选人的具体情况是怎样的？你是怎样做的？”

（2）根据“对将要录用的员工进行背景调查”，可以设计以下问题：“请举一个例子说一下你是怎样对候选人进行背景调查的？过程是怎样的？”“通常你会选取哪些人作为背景调查的对象呢？你是怎样与他们联系的？针对不同的调查对象，你会问他们什么问题？”“你是否遇到过在背景调查中得到关于候选人的负面评价的情况？对这种情况你是怎样处理的？请举例说明。”“请给我们讲一下某一次你从两个被调查对象处得到关于候选人的不一致的信息，你是怎样处理的？”“对于候选人在学校期间的表现记录，你是怎样取得证明的？请举例说明。”

（3）根据“帮助人力资源总监计划和实施每月一次的新员工培训计划”，可以设计以下问题：“请讲述一次你全过程参与的新员工培训的准备和实施过程。”“在新员工培训的工作中，你觉得比较难做的有哪些？请分别举例说明。”“请讲述一下你在组织实施新员工培训的过程中突然遇到的棘手的事情，例如，已经确定好的讲师突然有事不能来了，讲义印刷出了些问题，以至于不能及时地发放，教室的视听设备突然出现了故障，等等。你是怎样处理这样的问题的？”“除了你之外，通常还有谁和你一起准备新员工的培训工作？你们在工作中是怎样分工合作的？”“你是怎样对学员进行管理的？在管理过程中有什么印象深刻的事情呢？”

（4）根据“协助实施有关人力资源的政策与程序，向公司员工解释说明相关的政策问题”，可以设计以下问题：“你在实施和解释人力资源政策方面起到了什么样的作用？具体地讲，你在这方面做了哪些工作？”“举一个例子说明，你是怎样为员工解释人力资源方面的政策的?”“你是否遇到过员工对你的解释感到不满意的时候？当时的情况是怎样的？你是怎么做的?”“请举一个某一次一个员工向你提出挑战的例子，你是怎样应对的?”“你认为你们公司现行的人力资源政策和程序有什么问题吗？请具体解释一下。”“请你举出一个例子说明你为公司的人力资源政策和程序所提出的合理化建议。在采纳了你的建议以后，公司的管理有什么变化?”

（5）根据“协助建立和完善岗位描述信息”，可以设计以下问题：“请你讲一下你是怎样实施工作分析、建立和完善岗位描述信息的?”“除了你之外，是否有其他人和你一起实施工作分析，建立和完善岗位描述信息?”“你和其他人在工作分析的过程中是怎样一起开展工作的？你在这项工作中的角色是怎样的?”“在建立和完善岗位描述信息时，你有没有遇到过困难的情况?”“在收集岗位描述信息时，你是否遇到过这样的情况：从任职者那里收集到的信息与从他的主管人员那里收集到的信息不一致，你是怎样处理这种情况的?”“在岗位信息的及时更新方面，你都做了哪些工作?”

（6）根据“协助实施组织的薪酬计划，监控薪酬提升，保证其符合报酬增长的原则”，可以设计以下问题：“你在实施薪酬计划方面都做了哪些工作?”“在你的组织中，薪酬提升的依据是什么？你是怎样对这些依据作出判断的?”“当你得到部门负责人给你的关于该部门某个员工薪酬调整的建议时，你会做哪些工作?”“你是否遇到过经过调查了解到某个部门建议提升薪酬的员工不应该得到提升的情况？你是怎样与提出建议的部门经理沟通的?” “你是否遇到过员工对他的薪酬调整存在异议的情况？你是怎样处理这种情况的?”

（四）战略面试法

1. 确定明确的面试目标

在面试前，由招聘经理制定出应聘者（应试者）来访的活动日程，确定面试的具体目标，交由人力资源部经理或者高级经理审核，再由人力资源部召集面试官开会，详细讨论各面试目标的具体负责人及面试时间的安排等。

2. 确定工作岗位的预期业绩

预期业绩是指组织对应聘者业绩水平的期望标准。由于考核应聘者能否达到工作岗位的预期业绩是面试目标的关键，因此，确定预期业绩是准确考核和成功面试的首要步骤。预期业绩包括目标、工作障碍和能力要求三部分，确定预期业绩时也应从这三部分着手进行。

（1）确定目标。目标作为预期业绩的组成部分，必须是具体的与可衡量的，例如：推销员的目标是：在无须经过竞争性投标程序的情况下与客户完成一次销售，但如果模糊地描述成“与客户有良好的关系”，就会导致他人对目标是否实现存在争议，并且由于目标不可衡量，也会使组织无法通过面试来准确考核应聘者。

（2）确定工作障碍。工作障碍是指为了实现目标所必须克服的问题。确定工作障碍的前提是能够区别绩效不同的员工。比如，处理一般的退款要求对于办事员来讲不是一个工作障碍，因为这是绩效好与绩效差的员工都能够有效完成的工作。但是，为一位怒气冲冲，而且丢了发票的客户处理退款就是一个工作障碍，因为它能够区分不同绩效的办事员。

（3）确定能力要求。能力要求是指员工在面对工作障碍时所采取的组织期望的行动。但在有些情况下，招聘经理可能并不介意应聘者采用什么行为，只要解决了问题就行。然而员工如何处理工作障碍往往是区分绩效的关键所在，因此，为了找到优秀的员工，应该尽可能具体地描述能力要求，其中包括可观察到的行为、行为的背景及可观察到的行为结果等。

3. 面试提问的战略

通过面试提问应该能够得到考核应聘者所需要的相关信息，因此，有效的面试问题应该隐含着以下两种有效的假设：通过考核过去的行为可以很好地预测将来的行为；与预期业绩紧密相关的问题能更好地预测应聘者的工作能力。根据以上假设，可以制定出面试提问的相关战略，具体介绍如下：

（1）要求示范。考核应聘者能否完成工作业绩的最好办法是请应聘者示范，也就是通常所指的工作模拟或业绩模拟。如果应聘者通过工作模拟表现出了期望的行为，就说明他能够胜任未来的岗位工作。

（2）要求描述相同情形中的经历。如果示范以往经历是不可行的，那么可以要求应聘者描述相同情形中的以往经历，以听取他是否回答出组织期望的行为。为了有效地实施这一战略，面试官需要学会如何针对工作障碍提问，并知道应该怎样克服工作障碍。

（3）要求描述类似情形中的行为。虽然要求应聘者描述相同情形中的以往经历对面试考核具有很高的参考价值，但是这一方法却不适用于考核没有经验的求职者，因为描述的内容与具体工作有关。

在这种情况下，可以要求应聘者描述类似情形中的行为，比如要求应聘者回答问题："请用工作上或工作外的经历来描述，面对需要同时完成的几个同样重要的任务时，您曾经是怎样做的？"

（4）要求描述过去行为与预期业绩的关系。运用该战略时，既可以要求应聘者回答他的工作经历能否使他胜任此项工作，也可以要求应聘者回答他的相关经历能否使他胜任此项工作。例如，一位CEO指出他接受的音乐教育对他的工作十分有益，因为作曲时必须协调好不同的部分，而他在工作中也需要这么做。因此，这一战略扩大了求职者的来源，一些没有相关工作经历的应聘者也可能被录用。

（5）要求描述成就。前四个战略与工作障碍和能力要求有关，而战略五则更注重成果。该战略假设曾经把事情做好的人将来也有可能把事情做好。但是这种做法很可能导致聘用了一些为了成功而不择手段的人。因此，面试提问时不仅要弄清成就，还要了解这些成就是如何实现的。

以上五个战略与预期业绩之间存在着一种递进关系，顺序依次是示范行为、描述相同情形中的以往经历、描述类似情形中的行为、描述过去行为与预期业绩的关系、描述成就。

【阅读材料】

在面试过程中，对不同级别的人员要有不同的面试方法和考核要点，在与中高级人才的面试过程中，一方面，公司在考查应聘者是否符合岗位要求；另一方面，应聘者通过面试官也在考察公司。因此，公司的环境、面试官的身体语言和对话都应向应聘者传达公司的价值观和公司的情况。

对于中高级人才，在面试过程中主要考查以下几个方面：

1. 价值观

应聘者的价值观是否符合公司的价值主张、底线在哪个程度、自我约束程度如何。

2. 思维方式

看问题的方式和角度，考查应聘者是否有独特的视野，是否是一个思维清晰、有条理的人，看问题是浮于表面，还是具有一定的深度，是否有全局观，是否有创新思维。

3. 抗压能力

考查应聘者在工作中的压力指数在什么程度。

4. 专业能力

考查应聘者的目标感、计划性、沟通性、专业能力等。

5. 稳定性

考查应聘者对自己的定位和岗位是否相匹配，个人的职业规划或倾向如何，对公司的印象如何，对岗位工作内容的想法是什么，是否与现有团队匹配，适应变革的能力如何，应聘的动机是什么，等等。

6. 领导力

考查应聘者是否有全局的思维、是否具有包容的胸怀、是否能够领导一个团队、应聘者的个性怎样、如何处理矛盾和解决矛盾、是否有服务意识。

7. 成本意识

考查应聘者控制成本的意识和能力。控制成本并不意味着所有的东西都要买价格低的，而是在有限的价格中能够选到最好的那一个。在现实中，那些往往看起来是低成本的商品，带来的却是真正的高成本。

4. 确定面试问题的答案

很多组织都没有确定过面试问题的答案，而只是通过对比应聘者的回答来作出聘用决定，从而导致面试的失败，因为相对最好的应聘者也可能是面试不合格的。因此，只有明确面试问题的答案，才能使面试官有所依据地筛选应聘者，作出正确的选择。

（1）确定答案的范例。确定答案的目的是区分不同的预期业绩，因此既要确定有效答案，又要确定无效答案，无效答案有助于淘汰最低预期业绩标准之下的应聘者。

（2）把答案的范例视作一系列回答的参考范本。比如“试图找到客户问题的真正根源”这一范例就可以作为许多问题有效回答的参考范本。

（3）答案应尽可能地保证行为上的具体性。只有把答案描述成具体的行为，才便于面试官识别有效回答与无效回答。

5. 运用科学的方法组织面试

顺利完成前述的面试程序只是面试成功的一个开端，还要运用科学的方法来组织面试，才能最终招聘到优秀的员工。具体方法如下：

（1）制定与使用面试官指南。面试官指南是进行面试的一项计划方案，它的制定与使用可以确保面试官运用相同的标准对所有应聘者进行评估，提高面试的公平性，并可以减少多个面试之间的重复内容，节省面试时间。面试官指南中一般包括以下内容：

①在面试过程中，面试官需要遵循的指导方针。

②关于如何开始面试的建议。

③在考核部分列出预期业绩、问题及答案的范本。

④把类似的问题放在一组，并要求面试官按难易顺序进行提问。

⑤关于如何结束面试的建议。

（2）预先介绍面试过程。预先介绍面试过程可以使应聘者心里有数，从而更好地与面试官进行沟通。介绍时需要强调以下几点：

①作记录是为了记下要点，而不表示回答得对与错。

②探查的目的是更好地理解他们的回答，而不表示回答是错误的。

③他的简历已经被看过，面试的重点将放在工作能力的考核上。

（3）探查出完整的信息。精于面试的应聘者在回答行为问题时，往往只说出干过什么，而不会描述采取了何种行动，比如，他们只会说“我领导过一支团队”，却不会说明是怎样领导的。这时面试官就需要进一步询问“您是怎样做的”或“您为什么要这么做”等来探查完整的信息。探查的目的是理解应聘者的行为与行为的结果，而不是获得正确的答案，因此，面试官不要作出是与非的判断。

（4）表现出专业的形象。在面试过程中，面试官应该通过语言或非语言的战略给应聘者留下专业的印象，因此，既要注意说话的内容，也要注意说话的方式。具体可以依照以下原则来进行：

①职业化着装。

②微笑着打招呼并称呼应聘者的名字。

③通过面部表情和恰当的语言真诚地表现出对应聘者的兴趣。

④在提问与探查时始终保持职业化的举止。

⑤即使是在作记录时，也要与应聘者保持频繁的目光交流。

（5）营造良好的面试环境。良好的面试环境能够保证双方进行轻松自如的沟通。营造良好的面试环境应注意以下几点：

①选择一个没有任何干扰、温度适宜、灯光柔和的安静环境。

②给双方提供舒适的座位，其摆放的距离与角度应有助于双方的沟通。

③尽可能使用圆桌，缩小双方之间的权力差距。

（6）使用团队面试。使用团队面试，能够消除多轮面试的重复；减少应聘者的疲惫；提高聘用决定的准确性；表现出组织重视团队合作，有利于面试官之间相互学习。

6. 运用行为决策法作出聘用决定

作出聘用决定是面试工作的完结部分，也是面试成功的关键环节。然而有很多面试官不清楚如何正确地作出聘用决定。以下列举的有关行为决策法的策略将有助于解决这一难题。

（1）翔实地记录作出聘用决定的过程。作出聘用决定涉及收集信息、记录信息、分析信息、陈述聘用依据等一系列工作，所有工作所包含的信息都应进行书面记录，以提高聘用决定的准确性。

（2）重新审查面试过程和聘用决定。对于某些关键岗位，在提出聘请之前应该对面试过程和聘用决定进行重新审查。通过审查不仅可以评估面试过程的有效性，而且能够督促面试官使用与工作有关的信息，从而提高聘用决定的准确性。审查工作可以通过对在聘用过程中书面记录的信息进行提问来开展，具体问题如下：

①预期业绩及应聘者行为是否明确；

②评分的理由是否充分；

③对应聘者在工作岗位上的预期表现是否有明确的认识；

④应聘者行为与预测的优势和劣势是否有明确的关系；

⑤预期业绩的排序与决策过程使用的顺序是否一致。

综上所述，战略面试法是一种科学而系统的面试方法，它通过运用一系列有效的面试战略为组织提供了一套行之有效的招聘模型，使组织的面试工作与岗位的预期业绩联系起来。为面试工作的进一步开展指明了方向。

知识掌握

1. 面试一般遵循哪些基本原则？
2. 面试的流程是什么？
3. 面试有哪些注意事项？
4. 要进行结构化面试的组织应注意什么？
5. 当今有哪些高效的面试技术？

知识应用

某大公司招聘人才，经过三轮淘汰，还剩下11个应聘者，最终将留用6个。第四轮由总裁亲自面试。奇怪的是，面试考场出现12个考生。总裁问：“谁不是应聘的？”坐在最后一排的一个男子站起身：“先生，我第一轮就被淘汰了，但我想参加一下面试。”在场的人都笑了，包括站在门口闲看的那个老头子。总裁饶有兴趣地问：“你第一关都过不了，来这儿有什么意义呢？”男子说：“我掌握了很多财富，因此，我本人即是财富。”大家又一次笑得很开心，觉得此人要么太狂妄，要么就是脑子有毛病。男子说：“我只有一个本科学历，一个中级职称，但我有11年工作经验，曾在18家公司任过职……”总裁打断他：“你的学历、职称都不算高，工作11年倒是很不错，但先后跳槽18家公司，太令人吃惊了，我不欣赏。”

男子站起身：“先生，我没有跳槽，而是那18家公司先后倒闭了。”在场的人第三次笑了，一个考生说：“你真是倒霉！”男子也笑了：“相反，我认为这就是我的财富！我不倒霉，我只有31岁。”这时，站在门口的老头子走进来，给总裁倒茶。男子继续说：“我很了解那18家公司，我曾与大伙努力挽救它们，虽然不成功，但我从它们的错误与失败中学到了许多东西；很多人只是追求成功的经验，而我，更有经验避免错误与失败！”

男子离开座位，一边转身一边说：“我深知，成功的经验大抵相似，很难模仿；而失败的原因各有不同。与其用11年学习成功的经验，不如用同样的时间研究错误与失败；别人的成功经历很难成为我们的财富，但别人的失败经历却能成为我们的财富！”

男子就要出门了，忽然又回过头：“这11年经历的18家公司，培养、锻炼了我对人、对事、对未来的敏锐洞察力，举个小例子吧——真正的考官，不是您，而是这位倒茶的老人……”

问题：请问从本案例中你体会到了什么？

技能操练

项目名称：面试的组织与实施。

实训要求：根据本课程实训小组组建的公司，对通过初步筛选的候选人进行面试，可选择压力型或者非压力型面试、结构化或者半结构化面试、一对多或者小组面试等形式。每组选定一到两个岗位进行面试，要求设计面试方案，提出面试问题，以组外的同学为候选人进行实际面试。总结面试的体会与不足，最后用 PPT 汇报分享，教师进行点评。岗位可以有人事经理、财务经理、营销经理、研发经理、办公室主任、采购主管等。

实训成果：

1. 面试形式的分析。
2. 面试的组织、细节的处理。
3. 面试试题的编制。
4. 考官的综合表现。

考核指标：

1. 面试过程严谨有效，考官表现得当。
2. 面试试题编写正确、艺术性强。
3. 小组气势佳，分工合作好，成员参与度高。

学习情境五

评价中心技术

知识目标：理解评价中心的无领导小组讨论、公文筐测验、角色扮演、管理游戏、情境模拟等甄选技术的内涵、特点及适用条件。

能力要求：能运用评价中心技术（组织无领导小组讨论测试、组织文件筐测验、组织角色扮演测试等）甄选人才。

职业导向

职业全球化、信息化以及市场需求的多样性与多变性使得企业之间的竞争日益激烈。中、高层管理者是企业人力资源的重要组成部分，因其在企业管理决策活动中的特殊地位，使得中高层管理者选聘的成功与否尤为重要。在人才测评技术中，评价中心技术的应用能够帮助企业对中高层管理者的选拔实现人职匹配，提高人力资源的配置效率。

职业情境

李敏是我国某大型国企人力资源部的经理，最近需要运用评价中心技术甄选人力资源部副经理。合适的人才测评工具对企业的人力资源配置起着重要的作用：

（1）协助企业全面了解员工的职业能力、职业兴趣、人格特点、职业价值观、团队角色、管理风格等特点。

（2）帮助企业甄选最适合企业需要的员工，大幅降低企业的招聘成本。

（3）结合员工的优劣势，建立最佳组合的工作团队，达到人员优化组合。

（4）根据员工的主导需求，有针对性地对员工进行有效激励。

（5）为企业员工的培训、职业发展提供重要的参考依据。选拔工作的质量（即选拔准确程度）将对人力资源管理的一系列问题产生直接影响。那么如何使用这种新技术呢？

学习任务一 认识评价中心技术

情境案例引入

表 5－1 所示为一个典型评价中心的活动时间和活动内容安排。

表 5－1 一个典型评价中心的活动时间和活动内容安排

活动时间	活动内容
7 月 25 日（星期日）	
17：30	6 名评价者和 12 名候选人（应聘者）在某宾馆集合。评价中心的所有活动都在这个宾馆中进行。在此期间他们将入住该宾馆
18：00—19：00	晚餐
19：15—19：30	开会、致辞
19：30—19：50	介绍活动的日程安排
19：50—20：30	每个人进行自我介绍
20：30—21：30	自由活动
7 月 26 日（星期一）	
7：30—8：30	早餐
8：45—11：45	管理游戏 首先将候选人分成 4 个小组，参加管理游戏。管理游戏的内容是提供给每个小组一笔有限的资金用于采购原材料，制造成产品并销售出去。原材料是玩具的零件，这些零件可以装配成不同种类的产品，每种产品都有规定的市场价格。 候选人的任务是首先决定如何投资以得到最高利润，然后组织采购、制造和销售。评价者也会给候选人安排一些突发的事件。例如，让候选人突然接到一个通知，说原材料与产品的价格都突然改变了，这就需要候选人果断地作出决策，重新安排资金和组织工作。当大家刚刚安排完新的工作，忽然价格又一次发生了变化。候选人在这些突发的事件中作出的决策行为和处理方法，使得评价者能够对他们的适应能力作出评价。 在游戏结束的时候，评价者要求每一位候选人写出一份报告，对自己和其他候选人的执行效果作出评价
12：00—13：00	午餐
13：00—15：30	心理测验与面试
15：30—15：45	候选人接受心理测验，在此过程中，评价者会与候选人进行个别谈话。每个候选人的详细背景资料已经事先提供给评价者。通过这些资料可以审查候选人过去的工作经历、求职动机以及自我发展意识等。这些谈话的评价过程是考查候选人过去行为的一个措施
15：45—17：30	无领导小组讨论 在两个没有组长的 6 人小组中，候选人进行提升决策的讨论。在这里，候选人扮演的是主管人的角色，他们将会从上级那里接到一个简短的通知，要求从 6 人小组中选出一个人给予提升。每个候选人接到一份作为“选拔对象”的档案资料。当每个候选人读完了手中的这份材料后，他们将有一个小时的时间展开讨论来决定推荐谁给予提升。评价员可以观察候选人在讨论中表现出来的主动性、自信心、灵活性、说服本领、表达技巧、人际交往能力等

续表

活动时间	活动内容
17：30—18：45	晚餐
19：00—21：30	每个候选人接到一份怎样才能更好地选用员工的材料以及一份求职者的履历表。每个候选人都要阅读这些材料，因为这些材料将在第二天的一个练习中使用。当候选人在自己房间里阅读这些材料时，会接到一个特殊的“骚扰”电话。这个电话是由评价者安排的，目的是考查候选人的灵活反应能力和情绪的稳定性（候选人事先并不知道这个电话，而且这个电话伪装得足够好，以至于候选人几乎不能发现这项内容也在对自己的评价范围内）
7月27日（星期二）	
7：30—8：30	早餐
8：45—11：45	公文筐练习 假设候选人处于总经理的职位，在他的公文筐中装满了他所要处理的各种各样的文件。他要回答被查询的事件，可以索取他所要进一步了解的信息，也可以适当地授权给下级。他要像真正处于那个职位的人那样组织和开展工作
12：00—13：00	午餐
13：00—14：30	模拟面谈 第一单元 候选人按照前一天准备好的材料接待求职者的来访，评价者在场观察。求职者由受过这方面专门训练的大学生来扮演。访谈持续约一个小时，等求职者离开以后，评价者会询问候选人了解到了求职者的一些什么信息
14：30—14：45	休息
14：45—15：30	模拟面谈 第二单元 评价者提供给候选人一份材料，材料的内容是关于一个员工违反公司纪律的问题。由候选人与这个员工进行一次面谈。通过本练习，评价者可以评价候选人对人事问题的鉴别和判断能力以及他在处理下级人员的事件时的敏感性，同时，还能深入了解他在集体中的行为表现
15：45—17：30	无领导小组讨论 某城市决定在海边的一个小岛上开发一个休闲度假村，候选人组成一个项目小组向投资委员会提供设计方案，并接受投资委员会的质疑
17：30—18：45	晚餐
19：00—21：30	将一个公司的详细资料和数据提供给全体候选人。要求每一个候选人站在顾问的立场上审阅财务和市场销售情况，并准备一份关于发展一种产品的书面建议呈交给董事会。与此同时，评价者要准备第二天的活动，并详细阅读候选人的公文筐测验结果
7月28日（星期三）	
7：30—8：30	早餐
8：45—9：30	演讲 将评价者和候选人分成4个小组，每个小组由一个评价者和3名候选人组成。每个候选人轮流口头介绍他前一天晚上准备好的对公司材料的分析并提出书面的建议

续表

活动时间	活动内容
9：30—11：45	形成书面的案例分析 3个候选人集中在一起用2个小时的时间统一意见，写出一份综合性的建议书。
12：00—13：00	午餐
13：00—14：30	候选人向评价者提出自己关心的问题
14：30—14：45	候选人离开宾馆 评价者对候选人进行讨论，并准备对候选人的评价作出汇报。 在整个练习过程中，每一个评价者都争取尽可能多的机会去密切观察每一个候选人。每一个评价者都要对同一个候选人进行评价。例如，在对候选人进行评价的时候，由跟候选人A进行个别谈话的评价者总结候选人的背景以及对该候选人在谈话中的行为的评价，然后，另外一个对A的公文筐练习进行评价的评价者会向大家说明A在公文筐练习中的表现，依次类推，每个评价者都介绍自己所观察到的候选人A的表现。每个评价者尽可能使这些评价保持客观。 当所有观察过候选人A的评价者都对其发表意见后，他们才开始从候选人A在管理方面的潜在能力出发，判断他的能力对拟任职位的适宜性以及今后的培训及发展方向，然后将大家统一的意见写成总结性报告

【案例分析】 评价中心是以情境模拟技术为主体的多维度综合性甄选技术，是一项对各类管理人员特别是中高层管理人员的能力进行综合评估的技术，是现代人才测评方法综合发展的最高体现。对中高层管理者的甄选常常需要采用评价中心技术。评价中心的核心技术是情境模拟测试，即通过创设一种逼真的模拟管理情境或工作情境，将候选人放入情境中，要求其完成各种各样的工作，对被测评者的特定行为进行观察和评价。

【任务提示】 由于评价中心采取多维度、多个测评工具、多个测评师来全面考量测评对象，效度比一般面试方法高。根据国外权威机构研究数据表明，采用个性测验的效度为0.39，采用传统面试的效度为0.2，采用评价中心技术的效度可提高到0.65以上。财富500强中的大部分企业自20世纪60年代以后，已开始广泛采用评价中心技术来选拔和开发中高层管理者与关键人才。

必备知识

知识基础一 评价中心介绍

（一）评价中心的基本内涵

1. 定义

评价中心（Assessment Center）是近几十年来西方组织在进行人员招聘中广泛运用的一种甄选技术，是由对多次行为的标准化评估构成的，由许多受过训练的观察者运用技术手段，对被考核人从专门设计的模拟情境中表露出的行为作出判断。这些判断被提交到评委参加的会议上或经过统计方法加以分析整合。在评分讨论过程中，每位评委要全面地解释被考核人行为的原因，提交评分结果。运用的统计方法符合专业认可的标准。

评价中心是多方法、多技术的综合体，从测评的形式上来看，广义的评价中心包含了传统的心理测验（评价被试者的人格、能力、职业兴趣等特质）、面谈（主要是结构化面谈）、投射测验（评价被试者的深层次人格特质、职业动机、职业价值观等）和情境模拟等。它不同于我们传统的纸笔测验、面试等测试工具，它主要通过无领导小组讨论、公文筐、角色扮演、模拟面谈、案例分析、搜寻事实、演讲、辩论等形式，加上一些传统的测试方法，对人的知识、能力、个性、动机进行测评，从而可以在静动态环境中提供多方面有价值的评价资料和信息。评价中心通过设计特定的工作状态（如群体互动、一对一的单向或书面沟通的环境），运用多种测评手段，整合多位测评师的评价结果，对候选人的现有能力、潜在能力提供客观的、公正的评价，解决了过去难以对候选人工作能力及潜能进行测评这一难点问题。

【阅读材料】

评价中心技术的起源最早可以追溯到1929年德国心理学家建立的一套用于挑选军官的多项评价过程。在第二次世界大战期间，美国的战略情报局使用小组讨论和情境模拟练习来选拔情报人员，并获得了成功。开创在工业组织中使用评价中心技术先河的是美国电话电报公司。该评价工作从1956年一直持续到1960年，结果证明，在被提升到中级管理岗位的员工中，有78%与评价中心的评价鉴定是一致的；在未被提升的员工中，有95%与评价中心在8年前认定的缺乏潜在管理能力的判断是吻合的。此后，通用电气公司、国际商用机器公司、福特汽车公司、柯达公司等都采用了这项技术，并建立了相应的评价中心机构来评价管理人员。

2. 特点

（1）技术运用综合性。任何一项技术都存在不足，评价中心综合运用多种测评手段，可以弥补单一技术的缺陷，大大提高了对应聘者评价的有效性。

（2）评价来源多样性。评价中心对应聘者行为的评价是通过一组考官共同实施的，考官来自高层、直线经理、人力资源专家等，一般是5人以上，属于群体决策。

（3）测评情境仿真性。评价中心的核心技术是情境模拟技术，这种测评基于目标岗位的个性化要求，所采用的测评情境与应聘者未来的工作情境高度相似，具有极强的针对性。

（4）测评过程动态性。评价中心对应聘者的测评是在设定的情境中动态进行的，并且有些是在应聘者之间互动展开的，这给予了应聘者充分的自主性。动态性在一定程度上减少了掩饰与伪装，使某些特征能更清晰地被观察和比较。

（5）测评内容全面性。评价中心能很好地测评应聘者的实际工作能力、性格特征等综合素质。

3. 优点

（1）高可靠性。多方法、多技术的综合使用，定性和定量相结合的评价方法，减少了评价过程的误差，使评价结果能够交叉效度验证，大大提高了结果的可靠性，具有很高的信度。

（2）高预测性。仿真环境的行为表现对未来真实工作的绩效有很好的预测。

（3）高公正性。评价中心为应聘者提供了一个平等竞争的舞台，考官是由一组具有不同背景和经历的各类专家和管理人员组成的，可以在其评价应聘者能力的时候做到有效互补，避免单个考官因个人因素而造成评价结果的偏差，提高了评价的公正性。

（4）高指导性。评价中心也被称为发展中心、职业发展评价中心、潜能评价中心。一旦评价中心将测评结果反馈给候选人，对候选人而言，整个评价过程就是一个很好的培训过程。通过评估报告和具体行为表现的反馈，候选人便知道了自己的素质状况在人群中的位置；知道了自己的优势领域，有待发展的素质；知道了在今后工作中如何扬长避短，积极发挥自己的特长，并在行为层面改进自己，有意识地培养、弥补自己的劣势，成为更优秀的人才；同时对于候选人中存在的共同不足，可以开设专题性培训课程。所以说评价中心技术是一种有效的人才选拔工具，是人才的试金石，对人才的培训、职业生涯规划等均有很强的应用价值。

4. 缺点

（1）组织过程复杂。评价中心有单独测评和群体测评，测评的维度广泛，作为一个完整的项目管理过程，只有有效的组织才能提高有效性。

（2）实施周期长。测评与评定过程均需要大量的时间，并最终给出招聘综合报告。

（3）测评费用高。针对岗位个性化定制测评项目，题目开发难度高，工作量大，同时需要专门的场地、设备、专家等，都需要花费一定成本。

（4）对考官的要求高。主要是通过考官对应聘者的行为观察来进行评价，由于考官的知识结构、能力特点、价值观等不同，为了避免评价的主观性，对考官提出较高的要求。

5. 评价中心的适用范围

评价中心比较适用于选拔中高层管理人员和关键职位人员，而不适合普通岗位的选拔。一般而言，评价中心所考查的内容有以下几种，如表 5－2 所示。

表 5－2 评价中心所考查的内容

序号	考查项目	指标分解
1	个性特征	自信心、情绪稳定性、责任心、独立性
2	工作与职业动机	成就动机、职业兴趣、职业价值观
3	认知能力	综合分析能力、思维灵活性、逻辑推理能力
4	领导能力	领导风格、影响力、个人权威
5	人际交往能力	口头表达能力、人际沟通能力、人际敏感性、团队合作、冲突解决能力
6	管理技能	计划能力、组织能力、协调能力、决策能力、预测能力、授权能力、团队管理能力

（二）评价中心的实施流程

评价中心的实施流程如图 5－1 所示。

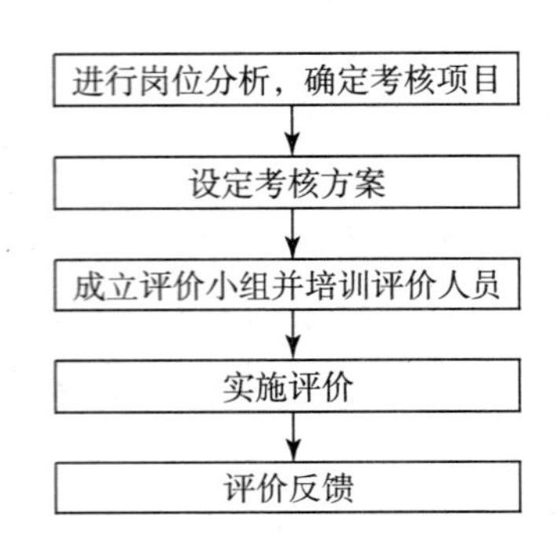

图5-1　评价中心的实施流程

1. 进行岗位分析，确定考核项目

针对具体企业的目标岗位进行工作分析，明确该岗位的能力、知识和动机等素质要求（胜任力），找到6~8个指标。比如，销售人员的素质要求（胜任力）指标可以是人际敏感性、说服力、客户服务意识、分析能力、成就动机等。

【阅读材料】

素质，英文为Competency，是在1983年由哈佛大学麦克·利兰（Mc. Clelland）教授根据大量的实证研究结果提出的。它的含义是，和有效的绩效或优秀的绩效有因果关联的个体的潜在特征，就是指能够将某一工作（或组织、文化）中表现优秀者和表现一般者区分开来的个体潜在的深层次特征。

麦克·利兰把素质划分为5个层次：

①知识。

②技能。

③自我概念：态度、价值观和自我形象等。

④特质。

⑤动机。

2. 设计考核方案

设计素质评价矩阵。评价矩阵包括测评工具和素质维度（胜任力）两部分内容，每个素质维度必须通过多个测评手段进行观察，以保证测评的效度。比如影响力，该素质维度可通过无领导小组讨论、角色扮演和演讲三种不同的测评工具进行评价，如表5-3所示。

表5-3　评价矩阵

方法	影响力	协调能力	授权	决策	分析判断
无领导小组讨论	☆	☆		☆	☆
公文筐测验			☆	☆	☆
演讲	☆				☆
角色扮演	☆	☆			☆
半结构化面试		☆	☆	☆	☆

最后，制订评价行动计划，包括确认评价目标，设计测评流程和测评的时间进度表，并将测评时间表提供给每位测评师。测评应按时间进行，确保每位候选人在公平一致的条件下进行测评。

3. 成立评价小组并培训评价人员

测评效果的好坏在一定程度上依赖于测评师的技术水平，测评师要从专业人士中挑选，保证挑选出的测评师具有丰富的测评实践经验。即使是最优秀的测评专家，在测试前也要接受有针对性的培训，包括：

（1）熟悉测评的素质维度和测评工具，了解特殊测评的一些细节内容。

（2）掌握在测评过程中有关行为观察、归类和行为评价的技巧。

（3）统一评价的标准和尺度，提高测评师评价的一致性。

4. 实施测评

详细过程见表5-1。

5. 评价反馈

测试结束后，每位测评师要将观察纪录进行归类、评价，写出评语，然后一起对每位候选人在不同测试中的表现分析整合，逐一对每一项素质维度（胜任力）出具分数，并按照严格的格式撰写测评报告，即对候选人的管理能力和素质是否有劣势、候选人的潜在能力和发展趋势、候选人还需要什么样的能力和经验方能满足既选岗位所明确的条件、要采取何种培训来弥补候选人经验和能力的不足等方面作出评价。

只有做到以上几点，才能使评价中心成为一种科学有效的人才选拔和评价工具。

学习任务二　无领导小组讨论的组织

情境案例引入

海上救援

现在发生了海难，游艇上有八名游客等待救援，但是现在直升机每次只能救一个人。游艇已坏，不停漏水。而且要面对寒冷的冬天、刺骨的海水。各位游客情况如下：

①将军，男，69岁，身经百战。

②外科医生，女，41岁，医术高明，医德高尚。

③大学生，男，19岁，家境贫寒，参加国际奥数获奖。

④大学教授，男，50岁，正主持一个科学领域的项目研究。

⑤运动员，女，23岁，奥运金牌获得者。

⑥经理人，男，35岁，擅长管理，曾将一大型企业扭亏为盈。

⑦小学校长，男，53岁，劳动模范，“五一劳动奖章”获得者。

⑧中学教师，女，47岁，桃李满天下，教学经验丰富。

请考生将这八名游客按照营救的先后顺序排序。考官按照打分表作记录并且评分。

【案例分析】 评价者观察应试者的组织协调能力、口头表达能力、情绪稳定性、处理人际关系的技巧、非言语沟通能力（如面部表情、身体姿势、语调、语速和手势）等各个方面的能力和素质是否达到拟任岗位的要求，由此来综合评价考生之间的优劣。还可以测试应试者的论辩能力，其中既包括对法律、法规、政策的理解和运用能力，也包括对拟讨论题目的理解能力、写作能力、逻辑思维能力、语言说服能力、应变能力、组织协调能力。

【任务提示】 无领导小组讨论作为一种有效的测评工具，和其他测评工具比较起来，具有很多优点，目前在企业中的使用范围较广。

必备知识

知识基础二 无领导小组讨论技术

（一）无领导小组讨论的内涵

1. 定义

无领导小组讨论（Leaderless Group Discussion，LGD）是评价中心技术中经常使用的一种测评技术，是将多名应聘者集中组织成一个小组（一般是5～8人），要求他们就某一问题或主题展开自由讨论，并在一定时间内得出一致性结论的一种测评方式。松散群体讨论，能快速诱发应聘者的特定行为，使测评师对其行为进行定性描述与定量分析，并通过群体中的比较来评价其素质特征。在讨论过程中不指定谁是领导，也不指定受测者应坐的位置，让受测者自行安排组织。

【阅读材料】

在世界500强企业中，有80%的企业在高级人才招聘、职务晋升中使用无领导小组讨论技术，此外，我国国内企事业单位也开始采用无领导小组讨论技术，并且该技术在党政领导干部的素质评价中也已得到普遍认可。国家公务员考试针对领导干部的基本素质，特别是能力素质要求和职位特点，也将其列为领导人才素质测评的重要方式。无领导小组讨论已被认为是招聘、选拔中高层管理人才的最佳方法，尤其适用于评价分析问题、解决问题以及决策能力等具体的领导人才素质。

2. 无领导小组讨论的功能

无领导小组讨论具备以下3个功能：

（1）区分功能。无领导小组讨论能在一定程度上区分出考生能力、素质上的相对差异。

（2）评定功能。无领导小组讨论能在一定程度上评价、鉴别考生某些方面的能力、素质和水平是否达到了规定的某一标准。

（3）预测功能。无领导小组讨论能在一定程度上预测考生的能力倾向和发展潜力，预测考生在未来岗位上的表现、成功的可能性和成就。

3. 无领导小组讨论的特征

（1）讨论角色的平等性。顾名思义，无领导小组讨论就是没有领导的讨论，在讨论中每个人的地位都是平等的。这样人为地提供一个相对平等的讨论场所，有利于每个参与者不受拘束，充分展示自己的能力和才华，保证每个参与者能真实地表现自我。

（2）讨论活动中的赛马场效应。无领导小组讨论使应试者之间的竞争由间接变为直接，强化了面试的竞争性，不仅为人才脱颖而出提供了机会，而且更有利于识别最具潜能的千里马。

（3）测评方式的仿真模拟性。这种群体讨论决策的方式，在某种程度上与一个单位的决策者们商讨问题极为相似。面对多元化的竞争对手，应试者如何表述自己的观点、如何说服别人、如何争取他人的认可、如何对待不同意见、如何巧妙地控制讨论的局势，这些都能反映应试者具备的组织协调能力以及显在和潜在的领导者素质。

（4）评价的公平客观性。这种公平效应主要体现在测评师对应试者的评价判断上。在传统的面试中，难免会出现光环效应、刻板效应、第一印象、近因效应等认知误差。而在无领导小组讨论中，由于测评师主要从可观察的、可比较的行为表现去评判应试者，有别于一般的价值判断，因此能较好地克服认知偏差，得出公平而科学的判断。

4. 无领导小组讨论的优点

无领导小组讨论作为一种有效的测评工具，和其他测评工具比较起来，具有以下几个方面的优点：

（1）能检测出笔试和单一面试所不能检测出的能力或者素质。

（2）可以依据考生的行为、言论来对考生进行更加全面、合理的评价。

（3）能使考生在相对无意中显示自己各个方面的特点。

（4）使考生有平等的发挥机会，从而很快地表现出个体上的差异。

（5）节省时间，并能对竞争同一岗位的考生进行同时比较（横向对比），观察到考生之间的区别。

（6）应用范围广，能广泛应用于非技术领域、技术领域、管理领域等。

5. 无领导小组讨论的缺点

（1）对测试题目的要求较高。

（2）对考官的评分技术要求较高，考官应该接受专门的培训。

（3）对应试者的评价易受考官各个方面特别是主观意见的影响（如偏见和误解），从而导致考官对应试者评价结果的不一致。

（4）应试者存在作戏、表演或者伪装的可能性。

（5）指定角色的随意性可能导致应试者之间地位的不平等，应试者的经验可能影响其能力的真正表现。

（6）只适用较高层次人才。无领导小组讨论比较适用于较高层次人才的选拔，需要被选拔人才具有较广泛的知识面和较强的思维和表达能力，只对一定领导层次人才的选拔具有较高的效度。

（7）成本较高。一般来说，一个无领导小组讨论要持续一个多小时，这相对于面试和心理测评来说，时间成本还是相对较高的。

（二）实施无领导小组讨论的准备

1. 岗位分析

不同的岗位对担任该岗位的人的个性、能力要求是不同的，因此应该首先分析岗位的种类、性质、特点、核心要素，还要分析该岗位的工作内容是程序性的还是非程序性的，是已有同种性质的还是新出现的。岗位分析的重点在于总结出那些与组织的愿景、价值观、工作战略等相关的活动，分析它们的特征，并由此概括出胜任该岗位所需的能力。

2. 确定评价维度

无领导小组讨论的评价维度主要是基于领导人才的要求和无领导小组讨论的特性确定的。在基础评价维度上，人们根据领导人才的素质结构要求，同时考虑无领导小组讨论的自身特点，选取决策能力、分析能力、应变能力、人际沟通能力、组织领导能力等测评要素。

3. 编写测评试题

编制试题应符合以下三个方面的要求：

（1）讨论题目必须具有争论性。

（2）题目为大家所熟悉的，保证人人可以有感可发。

（3）试题内容不会诱发应试者的防御心理，因为这样会影响应试者尽情展现自己的风采，表现真实的自我。

4. 选定并培训评委

（1）确定评委除了要考虑其素质外，还应注意以下几点：

①如果测评的目的是确定是否晋升，那么被评人的直接上司最好不要担任评委。

②评委人数一般与参与讨论的小组成员人数的比例为1∶2。

③评委应对所聘领导岗位的工作较为熟悉，了解部门的工作性质和内容。

（2）评委确定以后，要统一召集实施培训。培训可以从以下几个方面着手：

①评委要熟悉整个无领导小组讨论的过程。

②要统一测评要素的评价标准，以保证评委评分的一致性。

③培养评委的观察能力、观察方式非常重要。因为只有通过观察才能获取参与讨论的被评人的有关信息。

④观察评价的参考标准如下：

a. 参与讨论的人提出的观点是否有新意？

b. 他们怎样处理意见不同时的情况？

c. 是否善于赢得他人的支持？

d. 是否善于倾听别人的意见？

e. 是否一味只顾自己讲或者常常打断别人的讲话？

f. 是谁在引导着讨论的进程？

g. 是谁经常进行阶段性的总结？

【阅读材料】

无领导小组讨论的其他参考性标准：

（1）受测者参与有效发言次数的多少。

（2）受测者是否有随时消除紧张气氛、说服别人、调节争议、创造一个使不爱开口讲话的人也想发言的气氛的能力，是否能最终使众人达成一致意见。

（3）受测者是否能提出自己的见解和方案，同时敢于发表不同意见，并支持或肯定别人的意见，在坚持自己正确意见的基础上根据别人的意见发表自己的观点。

（4）受测者能否倾听他人意见，并互相尊重，在别人发言的时候不强行插嘴。
（5）受测者的语言表达能力、分析能力、概括或归纳能力如何。
（6）受测者是否具有反应的灵敏性、概括的准确性、发言的主动性等。

（三）无领导小组讨论的试题

无领导小组讨论的试题一般都是智能性的试题，从形式上来分，可以分为以下五种：

1. 开放式问题

所谓开放式问题，是指其答案的范围可以很广。主要考查应试者思考问题是否全面，是否有针对性，思路是否清晰，是否有新的观点和见解，例如：你认为什么样的领导是好领导？关于此问题，应试者可以从很多方面（如领导的人格魅力、领导的才能、领导的亲和力、领导的管理取向）来回答。开放式问题对于测评者来说，容易出题，但是不容易对应试者进行评价，因为此类问题不太容易引起应试者之间的争辩，所考查的应试者的能力范围较为有限。

2. 两难问题

所谓两难问题，是指让应试者在两种互有利弊的答案中选择其中的一种。主要考查应试者的分析能力、语言表达能力以及说服力等。例如：你认为以工作为取向的领导是好领导呢，还是以人为取向的领导是好领导？一方面，此类问题对于应试者而言，不但通俗易懂，而且能够引起充分的辩论；另一方面，对于测评者而言，不但在编制题目方面比较方便，而且在评价应试者方面也比较有效。但是，此类问题需要注意的是两种备选答案一定要有同等程度的利弊，不能是其中一个答案比另一个答案有很明显的选择性优势。

3. 多项选择问题

此类问题是让应试者在多种备选答案中选择其中有效的几种或对备选答案的重要性进行排序，主要考查应试者分析问题实质、抓住问题本质方面的能力。此类问题对于测评者来说，比较难以出题目，但对于评价应试者各个方面的能力和人格特点比较有利。

4. 可操作性问题

可操作性问题，是指给应试者一些材料、工具或者道具，让他们利用所给的这些东西，设计出一个或一些由测评者指定的物体来，主要考查应试者的主动性、合作能力以及在实际操作任务中的操作能力。如给应试者一些材料，要求他们相互配合，构建一座铁塔或者一座楼房的模型。此类问题，在考查应试者的操作行为方面要比其他问题好一些，同时情境模拟的程度要大一些，但考查语言方面的能力则较少，这就要求测评者必须很好地准备所能用到的一切材料。用可操作性问题考查应试者，对测评者的要求和题目的要求都比较高。

5. 资源争夺问题

此类问题适用于指定角色的无领导小组讨论，是让处于同等地位的应试者就有限的资源进行分配，从而考查应试者的语言表达能力、分析能力、概括或总结能力、发言的积极性和反应的灵敏性等。如让应试者担任各个分部门的经理，并就有限的资金进行分配，因为要想获得更多的资源，自己必须有理有据，必须能说服他人，所以此类问题可以引起应试者的充分辩论，也有利于测评者对应试者进行评价，但是对题目的要求较高，即题目本身必须具有角色地位的平等性和准备材料的充分性。

（四）无领导小组讨论的程序

1. 无领导小组讨论的几个阶段

无领导小组讨论的正式测评流程包括准备阶段、自由发言阶段、讨论辩驳阶段和总结阶段。

（1）准备阶段。主持人介绍整个测评程序、宣读指导语；考生了解试题，独立思考，列出发言提纲，一般为5分钟左右。

（2）自由发言阶段。考生轮流发言阐述自己的观点；要求每个人先阐明自己的观点，摆明自己的态度和立场。发言顺序可以是随机的，保证每个人有发言机会，给那些个性内向、表现欲不强的人提供一个展现风采的舞台。评委的任务是观察记录每个发言者的内容，形成初步印象。

（3）讨论辩驳阶段。考生交叉辩论，继续阐明自己的观点，或对别人的观点提出不同的意见，并最终得出小组的一致意见。

在这个阶段，每个考生必须充分展示自己的聪慧才智。杰出者在这个阶段会脱颖而出，成为小组的核心人物。在这个阶段，考生的人际沟通能力、决策能力、应变能力和组织领导能力会充分展现在评委面前。

在整个讨论过程中，每个评委要根据自己的观察对考生的表现依据公正、客观的原则在评分要素上打分。

评委在评分时不能相互商量，以避免相互影响。

（4）总结阶段。各组需要推荐一名小组长进行总结发言。

评委需要写一份评定报告，内容包括此次讨论的整体情况、所问的问题以及此问题的优缺点，重点说明每个考生的具体表现、最终录用结果、自己的建议等。

2. 无领导小组讨论的程序

无领导小组讨论的具体程序如下：

（1）讨论前事先分好组，每个讨论组一般为6～8人；尽量将报考同一或相近职位的应试者安排在一组，背景相近的安排在一组。排出时间表。

（2）考场按易于讨论的方式设置，一般采用圆桌会议式，面试考官席设在考场四边或集中于一边，以利于观察为宜。无领导小组讨论座位排列形式如图5－2、图5－3所示。

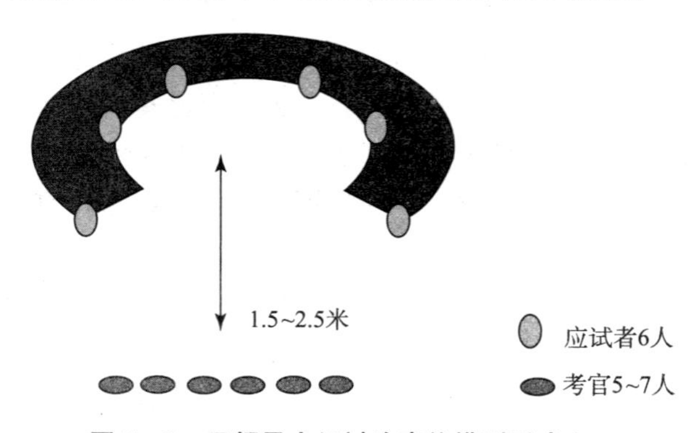

图5－2 无领导小组讨论座位排列形式之一

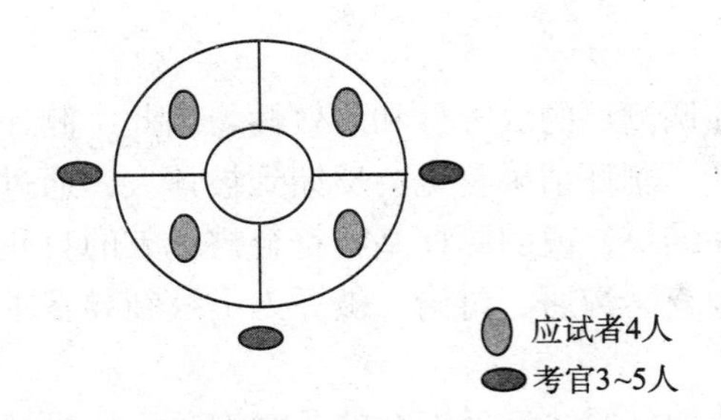

图 5-3　无领导小组讨论座位排列形式之二

（3）应试者落座后，面试考官为每个应试者发空白纸若干张，供草拟讨论提纲用。

（4）主考官向应试者讲解无领导小组讨论的要求（纪律），并宣读讨论题。

（5）给应试者 5~10 分钟准备时间（构思发言提纲）。

（6）主考官宣布讨论开始，依考号顺序每人阐述观点（5 分钟），依次发言，发言结束开始自由讨论。

（7）各面试考官只观察并依据评分标准为每位应试者打分，不准参与讨论或给予任何形式的诱导。

（8）无领导小组讨论一般以 40~60 分钟为宜，主考官依据讨论情况，宣布讨论结束后，收回应试者的讨论发言提纲，同时收集各考官评分成绩单，应试者退场。

（9）考官观察应试者的行为表现，依据测评要素打分。通常设定 7 个左右的要素，将同一类行为归入相应的测评要素中，对每个要素采用 0~5 分的 6 个等级评分。考官分别报告自己的记录及评分结果。然后得出平均分，计算出最后得分，主考官在成绩单上签字。考评打分表如表 5-4 所示。

表 5-4　考评打分表

应试者测评要素		应试者 1	应试者 2	应试者 3	应试者 4	应试者 5	应试者 6
要素 1 权值 A%	观察点 1						
	观察点 2						
	观察点 3						
要素 2 权值 B%	观察点 1						
	观察点 2						
	观察点 3						
要素 3 权值 C%	观察点 1						
	观察点 2						
	观察点 3						
要素 4 权值 D%	观察点 1						
	观察点 2						
	观察点 3						
要素 5 权值 E%	观察点 1						
	观察点 2						
	观察点 3						

3. 结果反馈

整体性人力资源开发强调测评的服务性和后效性，因此，测评结果的反馈在完整的测评中显得至关重要。一般来说，测评结果首先会反馈到被评人，通过与被评人沟通、讨论，使被评人基本接受、认同测评结果，说明测评基本符合被评人的自我认知；其次会反馈到被评人的直接上级领导，通过调查、沟通、讨论，被评人上级领导基本接受、认同测评结果，说明测评结果基本可信。

在上述结果反馈中，特别需要注意反馈时的及时沟通。如果结果反馈时缺乏与被评人沟通或沟通效果不好，则会使无领导小组讨论失去其应用价值，另外，也可能导致被评人出现消极行为。这对组织建设和个人发展都是不利的，因此需要人们慎重对待。

（五）无领导小组讨论的计分方式

一般而言，无领导小组讨论的计分方式有以下三种：

（1）各考官对每个考生的每一个测评要素打分。

（2）不同的考官对不同考生的每一个测评要素打分。

（3）各考官分别对每个考生的某几个特定测评要素打分。

在具体实施期间，考官之间可根据考官水平和考官特长等具体情况，有针对性地选择使用某一种计分方式。

（六）无领导小组讨论测评时的注意事项

在无领导小组讨论的测评方法中，需要注意的事项就是要确定清晰的测评要素，对被评人进行评价。表5－5所示为一个无领导小组讨论评分表。

请按照表5－5中的测评要素分别对每个被评人进行评价，在每个测评要素上按照1～5分来打分，5分是非常好，1分是非常不好。

表5－5　无领导小组讨论评分表

编号	被评人					
	一号	二号	三号	四号	五号	六号
发言次数 善于提出新的见解和方案 敢于发表不同意见 支持或肯定别人的意见，坚持自己正确的意见 消除紧张气氛 说服或调解 创造一个使不爱开口的人发言的气氛 把小组意见引向一致 发言清楚 分析概括或总结并作决议 口述技巧 非语言表情，随机应变 发言的主动性 反应灵敏						
评定等级						

各测评要素还应注意提供具体的观察点。例如，对于沟通能力，其观察点可以是清晰简洁地表达自己的意思；善于运用语音、语调、目光和手势；在他人发言时认真倾听；强调自己的观点时有说服力。

【实训项目】

请编制三份无领导小组讨论的试题，并在班级分组组织无领导小组讨论。

举例：

无领导小组讨论模拟讨论题之一：

能力和机遇

能力和机遇是成功路上的两个非常重要的因素。有人认为成功路上能力重要，但也有人认为成功路上机遇重要。

若只能倾向性地选择其中一项，您会选择哪一项？并至少列举5个支持您这一选择的理由。

要求：请您首先用5分钟的时间，将答案及理由写在答题纸上，在此期间，请不要相互讨论。

在主考官说“讨论开始”之后进行自由讨论，讨论时间限制在25分钟以内。在讨论开始时每个人首先要用1分钟时间阐述自己的观点。注意：每人每次发言时间不要超过2分钟，但对发言次数不作限制。

在讨论期间，你们的任务是：

①整个小组形成一个决议，即对问题达成共识。

②小组选派一名代表在讨论结束后向主考官报告讨论情况和结果。

无领导小组讨论模拟讨论题之二：

某天上午，你们坐飞机从某城到某城，在经过一个没有人烟的山野时，因遭遇大风雪，飞机失事坠落到了山林中。此时，气温低达－15℃。该机是双引擎机，可坐10人，失事后机身多处撞伤，并引发大火，飞机驾驶员及一名乘客死亡，其他9人则无重大伤害。

飞机驾驶员还来不及告诉大家飞机的正确位置就死亡了。但在飞机失事之前，你曾注意到飞机的显示高度，飞机是在3 000米高左右。失事地点正好在雪线下不远，地面崎岖不平，树林茂密，乘客们穿着秋装，但每人有一件大衣。

在飞机爆炸之前，这群乘客须从飞机中抢救出16种物品：该地区的航空地图、大型手电筒、4条毛毯、1支手枪、10发子弹、1支雪橇、1小瓶白酒、1面化妆用小镜子、1把小刀、4副太阳镜、3盒火柴、1瓶军用水、急救箱、12小包花生米、1张塑料防水布、1支大蜡烛。

讨论：

请选出最重要的5样物品，按重要性排序并说明排序的理由。

请小组先选出记录员一名，再进行小组自由讨论（25分钟）；在规定时间内得到一致结果，再选派一位代表陈述讨论的结果并说明理由（5分钟）。

注意：开始讨论后，主持人不参与任何交谈，也不提任何建议，讨论时可以进行简要的记录并选择使用房间内可以利用的设备和资源。主持人将通知讨论何时开始和结束。

无领导小组讨论模拟讨论题之三：

面包与记者

假设你是可口可乐公司的业务员，现在公司派你去偏远地区销毁一卡车的过期面包（不会致命的，无损于身体健康）。在行进的途中，刚好遇到一群饥饿的难民堵住了你的去路，因为他们坚信你所坐的卡车里有吃的东西。

这时报道难民动向的记者也刚好赶来。对于难民来说，他们肯定要解决饥饿问题；对于记者来说，他是要报道事实的；对于你来说，你是要销毁面包的。

现在要求：你既要解决难民的饥饿问题，让他们吃这些过期的面包，以便销毁这些面包，又不能让记者报道过期面包这一事实？请问你将如何处理？

说明：1. 面包不会致命；2. 不能贿赂记者；3. 不能损害公司形象。

学习任务三　公文筐测验的组织

情境案例引入

公文筐测验实例

指导语：

你好！欢迎你参加本次公文筐测验。公文筐测验是工作情境模拟活动的方式之一，它通过向你介绍一种模拟的工作情境，让你扮演一个给定的角色，在规定的时间内处理一批文件，从而测试你在模拟情境下的工作能力，根据你的表现再推断你在真实的工作情境中的潜力和胜任能力。我们将就几个与管理能力有重要关联的方面给你评分并作出总的评价，找出你的优点和不足。所以，请你在测试中保持严肃认真的态度，设身处地地对文件作出适当处理，尽量显出你的才能和优势。

情境：

新欣公司是一家大型民营上市公司，业务涉及水利工程、环保科技等多个领域，其人力资源部下设五个主管岗位，分别是招聘主管、薪酬主管、绩效主管、培训主管和劳动关系与安全主管，每个岗位有2～4个下属。今天是2017年12月6日，你（赵宏斌）在以后的两个小时里担任公司人力资源部总监的职务，全面主持公司的人力资源管理工作。

现在是上午8点，你来到办公室，秘书已经把你需要处理的邮件和电话录音整理完毕，放在文件夹内。文件的顺序是随机排列的，你必须在两个小时内处理好这些文件，并作出批示。在这两个小时内，你的秘书会为你推掉所有的杂事，没有任何人来打扰你。

任务：

在接下来的两个小时里，请你查阅文件筐中的各种信函、电话录音以及E－mail等，并选择回复方式，给出你对每个文件的处理意见。具体答题要求如下：

①文件的顺序是随机排列的，需要你自己作排序处理。

②确定你所选择的回复方式。

③你必须对所有的文件给出自己的处理意见，同时还得写明处理的依据或理由。

文件一

类别：电话录音

来件人：王鑫，劳动关系与安全主管

收件人：赵宏斌，人力资源部总监

日期：12月6日

赵总：您好！

我是王鑫，有件事情非常紧急，今早7点，我接到阜新交通管理局的电话，6点在阜新101国道上发生了重大交通事故，我公司销售部的王东驾车与一辆大货车相撞，王东当场死亡，对方司机重伤，目前正在医院抢救。与王东同车的还有赵东明、李鑫，两人都不同程度受伤，但无生命危险，目前事故责任还不确定，我准备立即前往阜新处理相关事务，希望您能尽快和我联系，商量应对措施。

回复方式：

信件/便函、E-mail、电话、面谈、不予处理，如有其他处理方式，请注明：
____

回复内容：

文件二

类别：电子邮件

来件人：张爱玲，绩效主管

收件人：赵宏斌，人力资源部总监

日期：12月4日

赵总：您好！

公司今年结束年终的绩效考核后，准备实施基于目标考核的新的绩效考核系统，从上周起要求各部门经理和员工一起制定员工明年的工作目标，按原定计划，该项工作应该在下周四前完成，绩效监督小组对工作进程进行了检查，发现全公司30个部门经理仅有4个完成了工作，大部分经理尚未开始进行目标设定。当我们希望他们加快进度时，很多部门经理抱怨没有时间，觉得这是表面文章，有的部门经理认为这是部门内部的事，监督小组是在干涉他们的工作。工作目前进展很不顺利，请您给我们一些支持。

回复方式：

信件/便函、E-mail、电话、面谈、不予处理，若有其他处理方式，请注明：________________

回复内容：

文件三

类别：书面请示

来件人：徐杰，招聘主管

收件人：赵宏斌，人力资源部总监

日期：12月4日

赵总：您好！

由于公司业务调整，今年六月，公司决定将化工研发小组并入研究方向相似的环保研发小组，并由原环保研发小组的项目主管全权负责。最近几个月，原化工研发小组的成员流失严重，我们高薪聘用的几位博士也提出了离职申请，通过与他们的沟通得知，原化工研发小组成员无法与原环保研发小组的成员合作，在工作中受到忽视，重要的研讨会议从来不通知他们。在今年的绩效考核中，很多原化工研发小组的成员觉得受到了排挤，考核结果都不理想。针对此事，希望您能给予指示。

回复方式：

信件/便函、E-mail、电话、面谈、不予处理，若有其他处理方式，请注明：________________

回复内容：

文件四

类别：便函

来件人：王杰，总裁

收件人：赵宏斌，人力资源部总监

日期：12月6日

小赵：你好！

7日下午你是否有空，我刚刚看过今年的绩效考评结果，综合过去两年的情况来看，我觉得有必要对公司的中层管理人员进行调整。请准备好相关材料，并与我联系。

回复方式：

信件/便函、E-mail、电话、面谈、不予处理，若有其他处理方式，请注明：________

回复内容：

文件五

类别：书面报告

来件人：张月，华北分公司总经理

收件人：赵宏斌，人力资源部总监

日期：12 月 6 日

赵总：您好！

有一个重要的情况向您反映。前两天我们调查发现，总公司派驻华北分公司销售部的负责人吴蓓蓓，在销售的过程中，与顾客暗中协商，泄露公司机密，赚取好处费，既给公司造成了经济损失，影响了工作，也损害了公司的形象，败坏了公司的风气。按照公司规定，由总公司派往分公司的职员如果出现问题，需要上报总公司人力资源部统一处理。因此，特向您汇报此事，如何处理？请您尽快指示。

华北分公司总经理　张月

回复方式：

信件/便函、E-mail、电话、面谈、不予处理，若有其他处理方式，请注明：________

回复内容：

文件六

类别：电话录音

来件人：马飞，副总裁（分管生产与物流）

收件人：赵宏斌，人力资源部总监

日期：12 月 6 日

宏斌：你好！

明年初，公司投资 2 000 万元的先进污水处理系统即将在大连分厂安装并试运行，提供设备的美国公司会安排两名技术人员参与设备安装与运行的监控，我想通过人力资源部安排一次污水处理系统的岗位设置与人员安排的专题讨论会，请你先提出一个大致想法，并在这几天与我沟通一下这个问题。

回复方式：

信件/便函、E-mail、电话、面谈、不予处理，若有其他处理方式，请注明：________

回复内容：

【案例分析】 被试者必须在规定的条件下（通常是较紧迫、困难的条件），在有限的时间（1～3小时）内，对各类公文进行现场处理。评价者通过被试者在处理文件过程中的行为表现和书面答案，评价其资料分析能力、信息处理能力、计划、组织、判断、决策、分派任务的能力和对工作环境的理解与敏感度等。有时在被试者处理完这些材料后，评价者还要对其进行采访，要求被试者说明为什么要这样处理。

【任务提示】 公文筐测验是一种信度和效度都比较高的测评手段，被越来越广泛地应用在领导干部和管理人员的招聘选拔中。

必备知识

知识基础三　公文筐测验技术

（一）公文筐测验的含义

1. 含义

“公文筐测验”（In－basket）作为一种综合性笔试测验，特别适合于中高层管理人员的能力测验。该测验在模拟的情境下实施，所测题目来自管理工作的实战经验。被试者假定顶替或接替了某个管理人员的工作，在其办公桌上堆积着一大堆亟待处理的文件，包括备忘录、电话记录、电报、报告、信函等。它们分别来自上级和下级、组织内部和组织外部的各种典型问题和指标，内容涉及人事、财务、资金、市场、政府法令、工作程序等许多方面。

2. 公文筐测验的优点

（1）公文筐测验兼备了情境模拟技术和传统纸笔测验的优点。从形式上看，公文筐测验把被试者置于模拟的工作情境中去完成一项任务，与通常的纸笔测验相比，显得生动且不呆板，较能吸引被试者的答题兴趣。

公文筐测验是一套公文的组合，可以同时从多个维度评定一个人的管理能力，这些能力是知识、经验和智力相互作用和整合的结果，具有综合性。这些题目的设计也可以因不同的工作特征和所评价的能力的不同而不同，具有一定的灵活性。

和无领导小组讨论等其他情境模拟测验相比，公文筐测验提供给被试者的背景信息、测验材料和要求的作业都要以书面的形式来完成和实现，比较简便，对实施者和场地的要求最低，既可以采取个别的方式施测，也可以采取团体的方式施测，只要评价者给予被试者相同的指导语就可以了。

（2）公文筐测验高度仿真和接近管理实战，非常有利于激发被试者的积极性和创造性，对于在很短的时间内全面、准确地掌握管理者的能力、潜能以及个性心理特征的某些关键要素具有不可替代的重要作用，是不折不扣的“管理者实战演习”。两小时左右的公文筐测验对被试者自身综合素质状况、工作经验积累、专业知识和相关知识的系统整合与娴熟应用的考查效果让其他许多人事测验望尘莫及。

（3）公文筐测验具有跨文化、跨地区、跨行业和跨企业规模的普遍适应性。据统计，欧美发达国家和日本在选拔、评价管理人员时最常用的技术就是评价中心技术，而在评价中心技术中，公文筐测验的使用频率高达95%。公文筐测验的效度和信度极高（信度相关系数为0.92）且操作方便，在企业管理工作中的价值和作用也逐步得到中国管理理论界及企业界人士的高度重视。

（4）从信度上看，公文筐测验采取纸笔的形式，一方面是考虑到被试者在日常工作中接触和处理大量文件的实际需要；另一方面也是为了统一操作和控制，给每个被试者提供相等的条件和机会。这种形式比较公平，不会因为情境的不同或者小组成员的差异等因素而影响测评结果。而且，对于被试者处理方式优劣的评价，不是个人单独决定的，而是由几位评价者共同讨论决定的。这有助于提高公文处理的信度。

（5）从效度上看，公文筐测验所采用的文件都取材于实际的管理活动，几乎类似于被试者所拟任职位上日常需要处理的文件，有时候直接选取真实文件。同时，处理公文这样一项管理活动也是任何一个管理者在日常生活中经常遇到的事情。这样，被试者很熟悉公文筐测验的目的所在，非常容易接受此种表面效度高的测评方式。

（6）公文筐测验具有良好的内容效度。虽然公文筐测验在测验过程中采用的是静态的考查方式，但是其材料包罗万象，范围广泛，任何静态的测评要素，比如背景知识、专业知识、操作经验以及能力倾向等都可以隐含于文件之中，通过处理文件这种形式，能对被试者的潜在能力和综合素质进行考查。

（7）公文筐测验中的成绩与实际工作中的表现有很大的相关性，对被试者未来工作绩效有很好的预测能力，即该测验具有良好的预测效度。因此，只要被试者能够妥善处理公文筐中的各类文件，评价者就有理由认为被试者在一定程度上具备了胜任新职位所需要的素质。西方有研究者在观察了51个人的工作实际绩效后发现，工作绩效与公文筐测验之间的相关度高达0.42；还有人发现公文筐测验的绩效与日后三年内的晋升之间的相关度为0.32。

从用途上看，公文筐测验除了能够挑选出有潜力的管理人才，用做评价、选拔管理人员外，还可以用做培训，训练他们的管理与合作能力，使选拔过程成为培训过程的开始，使参加测验的被试者提高其管理能力，提高其解决人际冲突和组织内部各部门间摩擦的能力，并为人力资源部计划和组织设计提供信息。西方有研究表明，公文筐测验的结果与培训成功间的相关度达到0.18~0.36。

3. 公文筐测验的缺点

（1）编制的成本较高。公文筐测验需要专业人员包括测验专家、管理专家和行业专家（实际工作者）三部分专家相互配合，投入的人力、物力比较多。编制公文筐测验需要结合实际的拟任职位特征和要求，共同研究开发新的合适的题目，收集不同的文件，并对文件进行典型化处理，将各个文件串联起来进行成套编制并标准化，这本身就是一个需要花费大量时间的过程。

（2）评价的客观性难以保证。虽然公文筐测验采用纸笔的形式和较为标准的考试程序，但是它所包含的公文的题目基本上都是采用开放式的方式，要求被试者主观作答。由于被试者在经验、背景、管理理念、基本素质等方面存在个体差异，其处理公文的行为方式也是不尽相同的。一个经常与公文打交道的企业中层管理者，由于受到企业文化和企业的作事风格的影响，在做此类测验时就很容易按照工作习惯来处理，一些真实的能力被隐藏了起来。这会影响评价者给予他的评价。

（3）不同的评价者之间对此也会有不同的认识，尤其是专业人员和实际工作者之间的认识有较大的差异。鉴于此，公文筐测验结果的评价应有专家指导，否则会由于对评价尺度把握不准而无法取得好的效果，而在具体实践中，专家并不容易请到，因此，这就使公文筐测验很难大规模推广使用，西方也一般只是在选拔高层管理人员时才使用。

（4）依然采用静态的形式。公文筐测验采用静态的纸笔考试，每个被试者都是自己独立完成测验的，评价者与被试者之间没有互动的交流，所以评价者很难对被试者在实际工作中与他人交往的能力和人际协调能力直接进行判断和评价。

（二）公文筐测验的适用范围

由于公文筐测验可以将管理情境中可能遇到的各种典型问题抽取出来，以书面的形式让被试者来处理，所以它可以考查被试者多方面的管理能力，特别是计划能力、分析和判断问题的能力、给下属布置工作并进行指导和监督的能力、决策能力等。归纳起来，主要有以下两类：

1. 与事有关的能力

公文筐测验的各种公文都会涉及组织中的各种事件，被试者搜集和利用信息的能力（洞察问题）首先会体现出来，另外，有的事情需要被试者作出分析、综合、判断；有的事情需要作出决策；有的事情需要组织、计划、协调；有的事情还需要分派任务（授权），而且在纷繁复杂的事情中需要分清轻重缓急，因此这些能力都可以在公文筐测验中得到反映。同时由于与其他测评方法相比，此法提供给被试者的测验材料和作答结果都是以书面形式来实现的，所以还能有效地考查被试者的文字水平与写作能力。

2. 与人有关的能力

在公文筐测验中会提到各种各样的人物以及他们之间的关系，这些文件也是来自不同的人。如果公文筐测验设计得很好，会把人物的特点勾勒得淋漓尽致。被试者除了善于处理公文筐中的事情之外，还要对与文件有关的人的性格非常敏感。在很多情况下，事情处理得是否得当，取决于被试者是否能够正确理解人的意图、愿望、性格特点和人物之间的关系。因此，在公文筐测验中也能很好地测试出被试者与人打交道的能力，尽管这种能力是通过书面的形式间接表现出来的。

由于公文筐测验的内容不尽相同，所以每次测验的维度也是根据实际情况而定的。总的说来，公文筐测验的评分维度主要有两个方面：

（1）明确单个公文的考查要点，针对每个要点的答题情况进行评分。

（2）从所有公文的总体进行分析，看被试者是否能够充分认识到各个文件之间的关联，对所提供的背景信息能否充分地利用，对各个人物在组织中的角色是否有较为准确的认识，是否可以通过对一些数据的分析得出相应的结论；看被试者是否对时间有敏感性，能否较为迅速地发现被拖延的公文，在分清时间先后顺序的同时是否能够敏锐地发现时间冲突，并在此基础上分清事情的轻重缓急，合理安排自己的工作；看被试者整体的文字表达能力如何，是否能够用清晰、简洁的语言来传达信息或分配任务，以及对处理公文的一些基本格式和规则的了解程度如何。当然，每一份公文并不一定只是测评一个要点或维度，也可以同时测评多个维度。

另外，在施测的过程中，还可以通过现场或者录像观察被试者处理公文的方式。有的被试者可能比较讲究效率，在看清测验要求之后就奋笔疾书，按照公文的先后顺序回答问题，并用一、二、三等数字来体现答题的逻辑性；有的被试者可能会从整体上考虑公文之间的联系，在附加的日历上做一些必要的标注，挑选出最重要或者最紧急的事情首先处理，然后才回答其他的。这一方面可以体现被试者的行事风格，另一方面也可以间接反映被试者的管理意识和能力。测评者可以在相应的维度上增加适当的分数。

概括起来，公文筐测验可以考查的素质有管理人员计划、组织、预测、决策、沟通的能力。这 5 大能力的个体水平和群体水平是企业管理团队核心能力的标尺，对于企业可持续发展力的保持和提升具有重大意义。这 5 大能力的考查是公文筐测验关注的焦点。

（三）公文筐测验的实施过程

公文筐测验的实施过程包括测评前的准备阶段、开始阶段、正式测评阶段和评价阶段，各个阶段都有一些特定的要求，任何环节出了问题，其他环节都难以弥补。所以在实施时，必须严格按照要求对所有的被试者进行测评，以保证测评的标准化和公平性。

1. 测评前的准备阶段

测评前的准备工作是公文筐测验能否顺利实施的关键。测评前的准备工作范围很广，包括指导语的设计、各种材料的准备、测试场地的安排等。只有将这些工作做得周到细致，才能确保实施质量。

（1）要有清楚、详细的指导语。指导语要说明被试者在公文筐测验中的任务与有关要求，文字应该通俗易懂，以保证每个被试者都能够准确无误地理解测验要求。一个典型的指导语应该是这样的：

这是一个公文筐测验，在这项测验中，你将作为一个特定的管理者，在两个小时的时间里处理一系列文件、电话记录、办公室的备忘录等。

这里为你准备了你今天需要处理的全部资料，放在办公桌的塑料公文袋里。

在测验中你需要使用以下工具：一本答题纸、有关背景材料、公文袋中的测验材料、铅笔、计算器等。

请不要在公文袋中的测验材料上写任何东西，所有的问题处理都写在答题纸上。我们只对答题纸上的作答进行计分，在其他任何地方的答题将不予考虑。

在测试期间，为了不影响你的成绩，请关闭手机。

大家都听明白了吗？有问题的请举手。如果没有问题，就开始答题了。

（2）准备好测验材料。测验材料包括两类，即提供给被试者的背景材料和待处理的各种测验资料。背景材料一般包括被试者的特定身份、工作职能等具体的情境设计，背景材料的多少随测验材料而定，其核心目的是为被试者处理公文筐测验中的各种问题提供一个背景情况，以保证被试者有足够的背景信息可以参照。各种测验资料包括信函、报告、备忘录等。这些材料事先放在桌子上的公文袋里。

为了突出公文筐测验的逼真性，上述文件可以用多种方式来呈现，比如不同的文件用不同规格和大小的纸张来呈现，文件内容可以既有打印稿又有手写稿，有些文件上甚至可以写上多位主管的批示，以表示文件已在多位主管中传阅过。

（3）准备好答题纸。答题纸专供被试者对材料写处理意见或回答指定的问题，是被试者唯一能够书写答案的地方，评分时只对答题纸上的内容进行评分。给每个被试者的测验材料和答题纸事先要编上序号，实施测验前要注意清点核对。答题纸一般由三部分内容组成：

一是被试编号、姓名、应聘职位、文件序号；二是处理意见或处理措施、签名及处理时间；三是处理理由。值得注意的是，文件序号只是文件的标识顺序，通常由易到难，并不代表处理的顺序，应该允许被试者根据轻重缓急调整顺序，只要给所有被试者的文件顺序相同即可，以示公正。在某些特殊的情况下，要被试者就某个问题写一个报告，此时得另加上几页空白答题纸。

（4）要事先编制好评分标准。根据各测验要素的定义，结合具体的测验试题，给出各要素的评分标准，必要时可以给出好、中、差三种情况的作答特征描述。

（5）要事先安排一个尽可能与真实情境相似的环境。公文筐测验除了要求环境安静、空气新鲜、采光好等条件外，最好能够使测试环境与真实情境相似，至少应该保证每个被试者有一张桌子和必要的办公用具，由于要处理大量的公文，桌面要足够大。被试者之间的距离也应该远一些，以免相互干扰。为了保密和公平，最好让所有的被试者在同一时间内完成公文筐测验。

2. 开始阶段

在公文筐测验正式实施前，主考官要把测验指导语从头到尾念一遍，并对测验要求作简要介绍，同时强调有关注意事项。当被试者对测验指导语完全理解后，每位被试者才可以开始阅读有关的背景材料，即被试者的身份和一个假定的时间与情境，通常包括工作职能说明、组织机构表、工作描述和部分工作计划等，阅读时间的长短随背景材料的多少而定，一般有十分钟就足够了。这里的关键是让被试者尽快进入情境，明确自己的角色，以便正式开始作答。被试者在这个阶段有任何不清楚的问题可以向主考官提问。

3. 正式测评阶段

这一阶段通常需要1~3个小时的时间，为了保证公平性，在正式测评前，被试者不得翻看测验材料。被试者对文件的处理意见或者答案都要写在答题纸上，除非总体设计中另有规定，被试者一般需要独立工作，没有机会与外界进行其他方式的交流。被试者在这个阶段有任何问题都不得向主考官进行提问。测评结束时，被试者必须同时停笔，但是可以提醒他们检查一下是否在每一页答题纸上写上了被试者的编号。对于提前做完的被试者，不要让他们离开考场，因为下一个阶段考官可能还会对被试者进行必要的追问。

4. 评价阶段

测试结束以后，主试者要对被试者的作答立即进行粗略的评价，只有这样，当主试者感到被试者的回答模糊不清时，才可能对被试者当面进行追问，在此并不获取新的信息。如果未能及时进行评价，那么也应该在现场翻看一下，以决定是否要对被试者进行必要的追问。主试者一般在评价被试者的实际回答时，不仅要看被试者的文件处理方式和方法，还要结合被试者对每个文件处理办法背后的理由说明。有时候，尽管两位被试者的处理办法相同，但不同的处理理由往往能反映出其不同的能力水平。

【阅读材料】

市场总监考查的要点

计划能力是指被试者分析每一个既得信息所反映的问题、问题产生的根源以及各问题间的相互关系，并据此确定工作目标、工作任务、工作方法和工作实施步骤的能力。对于市场总监来讲，就是考查他（她）在特定的外部竞争环境和内部资源条件下进行产品计划、价格计划、分销计划和促销计划的能力。滚动计划法的应用情况、计划的可行性、实施所需时间、成本以及风险度是考评管理者计划能力的关键指标。

组织能力是指被试者按照各项既定工作任务的重要和紧急程度安排工作次序，调配人力、物力、财力资源，合理分工、授权并进行相应组织机构或人事调整的能力。当某大区的商品营业额出现大幅度滑坡时，市场总监往往要组织增派促销人员、调拨促销用品、加大营销费用、授予大区市场部经理临时的特别权力，甚至调整大区市场部组织机构或管理班子来应对。工作次序安排、资源配置、工作分工、授权情况以及组织措施的成本和风险度是考评管理者组织能力的关键指标。

预测能力是指被试者对模拟工作环境中相互关联的各类因素及总体形势、未来发展趋势进行准确判断并预先采取相应措施的能力。竞争对手在某中心城市的各大商场刚刚投放一种明显优于公司现有主导产品的新产品，而该城市正是公司计划下一步重点经营的目标市场，准确的预测及有效的应对措施此时对市场总监来讲就显得十分关键。对工作环境中各类相关因素及总体形势、未来发展的多种可能性及其发生概率的分析论证，以及制定各种防范、应对措施的合理性是考评管理者预测能力的关键指标。

决策能力是指被试者在解决实际工作问题（特别是解决重要且紧急的关键问题）时策划并选择高质量方案的能力。公司的新产品已被消费者认同，销售额和利润正在快速增长，仿制品也开始进入市场，此时，是重点开拓全新市场、建立新的分销渠道，还是在已开发的市场中转变广告宣传策略、降价促销呢？这就需要市场总监审时度势、全面斟酌、正确决策。决策目标的清晰程度、备选方案（一般为两到三个）的可行性、各方案的评价比较是考评管理者决策能力的关键指标。

沟通能力是指被试者通过书面形式准确表达个人思想和意见的能力。在实际工作中，市场总监会经常以电子邮件、传真、信函或公文的形式与各大区市场部经理进行工作交流，根据市场人员状况和市场竞争态势对大区市场部经理进行适时的工作指导，对大区市场部经理进行日常慰问和精神鼓励等，这就需要良好的书面沟通能力。沟通网络和沟通方式的选择、信息的准确性、思维的逻辑性、结构的层次性、文字的流畅性是测评管理者沟通能力的关键指标。

（四）公文筐测验试题的编制过程

试题编制是公文筐测验过程中的核心环节，是直接影响测评效果的关键环节。如果这个环节的工作做得不好，那么测评实施与结果评定等环节的效果也很难保证，公文筐测验的有效性和可靠性就无从谈起。所以，如何设计和编制公文筐测验题目，是学习和掌握公文筐测验的关键。

在充分掌握相关资讯后，设计小组一般用两至三个工作日即可完成一个重要管理职务的公文筐测验题目设计。

1. 确定测评要素

测评要素的确定要依据两个方面来进行：一是通过上面提及的工作分析或胜任能力特征分析来确定拟任岗位的要求，通常需要分析岗位的职责与任职要求，这可以通过查阅有关职位说明进行，同时还要与任职者或者其上级领导进行深入细致的访谈，以明确拟任职位的关键任务指标和胜任能力特征。如果可以访谈的任职者数量比较多，还可以采用问卷的方式进行调研。

有效的工作分析是公文筐测验最核心的基础工作，工作分析的关键内容开展得越规范、越全面、越深入、越细致，公文筐测验的题目设计就越容易，测评结果的信度、效度也就越高。但仅有系统的工作分析还远远不够，对行业特点、企业内外环境、企业文化和测评目标的分析也是设计测验题目需要考虑的重要内容。下列因素就是设计公文筐测验题目的主要依据。

（1）企业所在行业的特点，企业内部和外部环境状况，企业同行文化和希望建立的新文化。

（2）测评的目标。根据招聘、选拔、评价和培训需求确定不同的测评目标，从而对不同的测评题目在整个测评中的权重有不同的考虑。主要包括管理职务设置的目的和工作职责；管理职务的工作性质与工作方式；管理者工作活动的内容、各项工作活动占全部工作和活动时间的比例、各项工作活动的执行权限和执行依据、工作活动结果的预期标准（每一个管理者的工作活动都包括人际关系、信息传递和决策制定3大类活动）；以及管理者每一项工作活动的主导业务流程。

（3）管理者的工作关系：管理者的直接上级和间接上级、直接下级和间接下级、管理者的同级、管理者的企业内部客户和企业外部客户之间的关系。

（4）管理者可调遣或协调的工作资源：人力资源、物力资源、财力资源和信息资源。

2. 编制试题（文件）

编制试题是公文筐测验中的核心环节，主要有以下3个步骤：

（1）得到文件素材。文件素材不能凭空杜撰，必须从任职者的实际工作中总结出来。一种比较有效的方法是请一批比较好的任职者或者他们的直接上级开个交流会，运用关键事件法，让他们回想自己印象比较深刻的在工作中处理过的各种事情，并要求他们写出来。一位任职者的回忆常常会引起另外一位任职者的回忆。为了得到任职者的配合，对关键事件的回忆通常从正面事件开始，因为大多数人谈论自己比较成功的事情还是比较容易的，这样做能使他们更加有信心，从而乐于去回忆。为了不至于使获得的事情太离谱，事先应该将测评要素及其内涵告诉他们，让他们围绕这些要素来回忆。至于征集关键事件的总体数量的多少，要根据所需要编制的文件的数量而定，一般要按所需文件数量的两倍到三倍来征集。

通过上述方法，可以确定拟任岗位的素质要求，这是要素确定的立足点。

在做到上述要求的同时，还要充分考虑公文筐测验的特点，进行取舍，如前文所说，公文筐测验不一定对所有的测评要素都适合，这就需要根据方法本身的特点进行选择。通过这一步骤，可以确定公文筐测验要测评什么要素，哪些要素可以得到充分测评，各个要素应该占多大的权重等。

【阅读材料】

公文筐测验对考官的要求

公文筐测验对考官的综合素质要求较高。考官不仅要具备管理学和心理学领域的基础知识，了解公文筐测验的理论和实战依据，了解各测评题目之间的内在联系，而且要对被试者所任职务的职责权限和任职资格（工作经验、学历、能力、潜能和个性心理特征等）进行过系统研究，能够独立地或与他人合作设计测评题目，能够恰如其分地开展考评问询，能够对被试者进行全面、客观、公正的评价。考官要对每种可能出现的答案及其所代表的意义成竹在胸并与其他考官事先达成共识。在20世纪50—80年代，公文筐测验的考官是清一色的管理顾问、咨询专家或心理学家，20世纪80年代以后，公文筐测验的考官也开始逐步变成了所在企业的高层管理人员（他们通常是被试者的直接上级）。企业高层管理人员通常对企业管理现状的各方面感受深刻，通过两周左右的标准化速成培训以及顾问人员的现场指导，他们基本上能够担负起合格考官的工作职责。这一变化对于企业自身管理团队的建设意义也很深远！

（2）筛选、加工文件素材。

①筛选文件。

在运用关键事件法得到的大量素材中，有一些可能不符合要求，比如有的事件根本就反映不出相应的能力来，在这种情况下，就得看事件能否反映别的测评要素，如果什么都反映不出来，就可以把这个事件淘汰掉；如果能够反映出别的测评要素，就可以把这个事件归类到相应的测试中。

②对剩下的许多事件进行加工。因为任职者写出来的事件有的太抽象或者内容不够完整，这就需要适当补充完整；有的包含了多个事件，这就需要适当地进行拆分；还有的事件描述得太烦琐，这就需要进一步精简加工。另外，完全真实的材料可能会过于偏重经验的考查，而忽视潜能的考查，据此选拔出来的人无疑是完全与招聘单位文化气氛相同的人，违背了引进外来人才、给单位输入新鲜血液的本来目的。

③还需要对文件的文字陈述进行加工，力图保证试题表述清楚，文句简明扼要，表意确切，不致使被试者产生误解，但是也不能遗漏一些必要的条件。注意公文筐测验不是阅读理解或者语文能力测验，而是对各种领导和管理能力的测验，因此不能用艰深的词句，以免影响测验结果的公平性。

（3）编制文件。完成上述的工作，就可以编制文件了。

【阅读材料】

文件的类型主要有三种：批阅类、决策类和完善类。

批阅类文件要求被试者能够区分事件轻重缓急和文件性质，提出处理意见，这类文件是常规性的公务文件，通常只需要按部就班地处理即可。

决策类文件往往是请示、报告、建议之类的，阐述的往往是日常工作中遇到的非常规性决策问题，要求被试者在综合分析的基础之上，提出决策方案或从给定的几种方案中选择最佳方案。

完善类文件是指有缺陷的文件或尚缺少某些条件和信息的文件，如材料不完善、观点意见不妥当等，这类问题考查被试者是否具有善于提出问题和获得进一步信息的能力。

文件的签发方式及其行文规定可以忽略，但文件的行文方向（对上与对下、对内与对外等）应该有所区别。文件的形式尽量与拟任职位中实际可能遇到的各种文件一致。

编成的文件应该具有3大特点：典型性，文件内容涉及未来工作中最主要的活动，是对多种情况的归纳与概括；主题突出，单个文件应该以描述一个主题为核心，尽量避免一个事件的多个方面都是重点；难度要适中，测验的目的在于区分能力不同的被试者，因此应该尽量避免测验中的“天花板”“地板”效应，以免大家的得分都很高或者都很低而不能区分，通常应该由易到难，形成梯度。

3. 试测与收集答案

公文筐测验试题编制结束以后，制定评价标准也是相当关键的。为了使评价标准有针对性和实用性，就需要收集各种答案，即文件的各种处理办法。一个比较有效的做法就是把编好的公文筐让在职的有关人员作答。这些在职人员应该和将来应聘的被试团体具有相似的特征，可以看做来自同一个样本群体，并且他们所在的岗位，就是被试者将来拟任的岗位。人数应该保证在几十个人以上，不能太少，但是时限可以稍微宽松一些，以保证他们能够将所有的文件都处理完。最后根据这些在职人员的结果进行汇总分类，列出表格。

为了验证编制出来的公文筐测验试题的效度，可以将公文筐测验施测于一批优秀的任职者和一批没有管理经验的一般人员。将两个团体的作答结果进行比较。假如两个团体的作答结果之间没有显著性差异，或者一般人员的结果比优秀管理者的结果要好，这就说明编制的公文筐测验试题可能存在问题，区分效度不明显，需要进一步修改。假如优秀管理者的结果明显地好于一般人员，则可以接受这份公文筐测验试题，但要注意强调保密。

4. 制定答案及评分标准

让有经验的高层管理人员或者主管对上述所有的答案用三级（好、中、差）量表评定，并进一步确认题目所测评的要素以及答案可能反映出来的被试者的能力水平。在此基础上，对所得到的结果进行总结性的统计，即可得出答案及评分标准。

【阅读材料】

公文筐测验的一个评分标准样例

测评计划能力：

好：能够有条不紊地处理各种公文和信息材料，并根据信息的性质和轻重缓急对信息进行准确的分类处理。在处理问题时，能及时提出切实可行的解决方案，主要表现在能系统地事先安排和分配工作，注意不同信息之间的关系，有效地利用人、财、物和信息资源。

中：分析和处理问题时能够区分事件的轻重缓急，能够看到不同信息间的关系，但解决问题的办法不是很有效，在资源的分配与调用方面也不尽合理。

差：处理各种公文和信息材料时不分轻重缓急，没有觉察到各种事件之间的内在联系。解决问题时没有考虑到时间、成本和资源方面的种种限制，以致提出的解决办法不可行。

（五）公文筐测验的结果评定

公文筐测验的结果评定既是重点又是难点，只有对被试者的作答进行准确合理的评定，才能有效地发挥公文筐测验的鉴别功能，才能体现以此方法进行人员选拔时的客观公正性。但是，由于公文筐测验作答的开放性，加上测验背景的复杂性，其结果评定很难，这就对评价者提出了很高的要求。

1. 评分标准的内容

评分标准（评价标准）的设计是公文筐测验结果评定中的基础环节，公文筐测验的评分标准包含着三个方面的内容：一是参考标准，即处理各个问题的较理想的方式；二是等级水平，是各种不同的处理方式所体现的能力、素质或资格条件的数量水平或质量等级的量表系统；三是测评规则，即一定等级水平与参考标准之间的对应关系。

对于参考标准来说，这是评分标准设计中的关键，因为只有明确了什么样的文件处理方式说明被试者某方面的能力高、什么样的文件处理方式说明被试者某方面的能力差，才可能有效地评价测验结果。确定这些测评指标的方法可以采用当前国际上盛行的行为定位法，这种方法不关注被试者之间的相互比较，而是有一个行为性的测评基准点，寻求有效的行为表现与无效的行为表现的区别以及不同表现所产生的效果。

参考标准确定以后，评分表的设计就比较简单了。首先要确定量表评定的等级，常用的有 5 点量表、7 点量表、9 点量表、10 点量表，其特点是将被试者的行为表现分成等距的几个等级，比如 5 点量表可以分成很好、较好、中等、较差、很差五个等级。10 点量表通常把行为分成好（8～10 分）、中（4～7 分）和差（1～3 分）三个等级，并对三个等级的行为表现作出具体的描述，然后评价者根据被试者的具体表现在三个等级内再做细分。公文筐测验评分表如表 5－6 所示。

表 5－6 公文筐测验评分表

分

测评要素	胜任素质定义	满分	得分
计划统筹能力	能够有条不紊地处理各种公文和信息材料，并根据信息的性质和轻重缓急，对信息进行分类处理	15	
洞察问题能力	能抓住问题发生的原因，把有关问题相联系，归纳综合，对问题形成正确判断，预见问题的可能后果	30	

续表

测评要素	胜任素质定义	满分	得分
解决问题能力	根据所了解的信息提出解决问题的有效方法，有效地利用信息资源，即使在情况不明的情况下也能及时决策，最大限度地处理好问题	30	
组织协调能力	协调好与各部门以及与下属之间的工作，按照一定的原则要求，调节好不同利益之间的矛盾冲突	25	

2. 评分标准的把握

让评价者掌握评定标准是公文筐测验结果评定的核心环节。评分表设计得再好，如果评价者对评分标准没有把握好，那么结果评定也是没有可信度的。要使评价者把握好评分标准，通常需要经过严格的训练。

首先要让评价者熟悉测评要素的内涵和拟任岗位的要求。在公文筐测验的评价者中，通常有两类人员：一类是评价专家，另一类是具备拟任岗位工作经验的人（一般是拟任岗位的上级领导或人事组织部门的领导）。评价专家虽然能够很好地把握测评要素的理论界定和评价尺度，但是对具体的岗位可能不是十分了解；而有关领导虽然熟悉岗位特征，但是对测评要素又把握得不是太准确，因此，双方需要密切合作，互相学习，各取所长，提高评价的客观性和有效性。

其次要加强评价练习。让评价者熟悉测评要素的内涵和拟任岗位的要求并不是一件很容易的事情，需要通过评价实践来巩固。通常可以让多位评价者同时对几份公文筐测验的作答情况进行多次评定训练。评分的实施程序一定要注意，一般应该两人以上各自独立评分，然后交流评分结果，如果发现不同评价者的评分结果之间的差异比较大，就得让他们简述自己的评分理由，拿出客观的评分依据，据此对他们进行指导，使他们把握好统一的评分尺度，直到达到预定的标准。公文筐测验评分标准如表5-7所示。

表5-7　公文筐测验评分标准

计划统筹能力	（13~15分）处理文件时不急迫，能分清轻重缓急，重要文件处理及时正确，信息分类处理正确
	（10~12分）处理文件时有些急迫，比较能分清轻重缓急，重要文件处理比较及时正确，信息分类处理正确
	（7~9分）处理文件时比较急迫，事情的轻重缓急处理稍有不当，重要文件能妥善处理，信息分类处理正确
	（4~6分）处理文件很急迫，事情的轻重缓急处理混乱，重要文件处理不正确，信息分类处理有错误
	（1~3分）处理文件时非常急迫，事情的轻重缓急处理没有头绪，重要文件处理有重大漏洞，信息分类处理有错误
洞察分析能力	（25~30分）能非常准确地抓住事情发生的原因，考虑问题非常周全，对问题的判断非常正确，能准确地判断、预见问题的可能后果
	（19~24分）能比较准确地抓住事情发生的原因，考虑问题比较周全，对问题的判断比较正确，能对问题的可能后果进行比较正确的预判

续表

洞察分析能力	（13～18分）能贴切地抓住事情发生的原因，考虑问题周全，对问题的判断正确，能对问题的可能后果进行预判
	（7～12分）所抓住的事情发生的原因有很大偏离，考虑问题不周全，对问题的判断不准确，对问题的可能后果预判完全错误
	（1～6分）没有抓住事情发展的原因，考虑问题十分不周全，对问题的判断不准确，对问题的可能后果预判完全错误
解决问题能力	（25～30分）能够最大限度地利用信息资源，提出最有效的解决办法，在情况不明的情况下最大限度地处理好问题，专业知识丰富
	（19～24分）能够较大限度地利用信息资源，提出较有效的解决办法，在情况不明的情况下较大限度地处理好问题，能够灵活运用专业知识
	（13～18分）能够很好地利用信息资源，提出相对有效的解决办法，在情况不明的情况下较大限度地处理好问题，有专业知识
	（7～12分）利用信息资源程度差，提出的办法不能很好地解决问题，在情况不明的情况下处理问题较盲目，专业知识有所欠缺
	（1～6分）利用信息资源程度很差，提出的办法不能解决问题，在情况不明的情况下处理问题盲目，专业知识欠缺
组织协调能力	（20～25分）能够非常好地协调与各部门及下属之间的工作，非常好地调节不同利益方之间的矛盾冲突
	（16～20分）能够较好地协调与各部门及下属之间的工作，较好地调节不同利益之方间的矛盾冲突
	（11～15分）协调与各部门及下属之间工作的能力一般，调节不同利益方之间矛盾冲突的能力一般
	（6～10分）协调与各部门及下属之间工作的能力差，调节不同利益方之间矛盾冲突的能力差
	（1～5分）协调与各部门及下属之间工作的能力非常差，调节不同利益方之间矛盾冲突的能力非常差

3. 评价结果的内容

在公文筐结果的评定过程中，评价者不要仅仅给出一个简单的分数，最好就各种测评要素给被试者写出相应的书面评语，这样做的意义有：一方面，保留公文筐测验中提供的、难以从分数中体现出来的很多宝贵信息；另一方面，更明确地反映出评价者对被试者的倾向性意见，同时也能够使录用决策建立在更为生动、具体的评价信息基础之上。关于如何填写公文筐测验的评语，并没有很严格的限定，只要抓住被试者的主要特点，用适当的文字描述出来，给予恰当的考核建议即可。如果对公文筐测验的结果仍然存在很多疑点或者判断模糊的地方，可以留待与其他测评方法相互印证。

学习任务四　角色扮演的组织

情境案例引入

角色扮演测评情境方案

岗位：某县中国银行大堂经理

评价要素：沟通能力、应变能力、问题解决能力、角色适应能力

设计：让被试者以大堂经理的身份解决一场在办理银行业务排队过程中发生的争执。

情境设计：被试者与办理业务的顾客拿到各自的角色定位和面谈任务，看过3～5分钟以后，开始进行模拟面试。

被试者的角色

问题情境：你是中国银行××分行刚刚上任的大堂经理，银行的职员通常称你为“小赵”。该银行始建于1998年，现有员工20人，资产规模为1.5亿元。你每天的工作是负责维护银行大厅的相关设备及接待前来办理业务的顾客。由于该银行地处大学及闹市附近，因此每天前来办理业务的人员比较多。某天中午，一群顾客排队办理业务，这时一位年轻人兴冲冲地走进来，看了看队伍之后便插了进去，队伍里一位排在后面的顾客看不顺眼，便走上前去跟该年轻人理论，由于双方意见不合，发生了争执，大厅里的气氛顿时紧张起来。

你的任务：作为大堂经理，看到该情境后，你上前制止两人争吵，尽量说服年轻人按秩序排队，并处理好两人的争执，维护好大厅内的秩序。

角色扮演情境（王某）

问题情境：你是××公司的一名职员王某，某天上午公司总经理要求你在中午下班后去中国银行××分行给另一个公司汇款，并且双方已经约定好在中午完成交易，下午要向公司汇报。但是中午你又和朋友有约，赶着去见朋友，而单位附近又只有一家中国银行，所以对你来说时间很紧，你要马上到银行完成汇款任务，事后赶去见你的朋友。

你的任务：你进入银行后发现人特别多，但是你又赶时间，所以你便想着插队赶紧办完事去见朋友，没想到却引起队伍中某个人的不满，上前跟你理论，你要说服那个人理解你，并顺利完成任务。（在任务中要充分表现出我有急事，我就不排队，使矛盾激化）

角色扮演情境（李某）

问题情境：你是中国银行××分行附近的居民，某天中午你去该银行办理业务，看到大家都在排队，于是你也就排进了队伍，而没过多久，就冲进来一个人，一句话不说就插进队伍。这时，你很生气，觉得他太没礼貌，并且感到不公平。

你的任务：

上前和插队的人理论，让他道歉，并让他去排队。

测评标准：

评价等级与评价依据的对应关系如表5－8所示。

表 5－8　评价等级与评价依据的对应关系

等级	评价依据
5	所有内容都表现出来
4	多数内容都表现出来
3	内容中等程度表现出来
2	少数内容表现出来
1	很少内容表现出来
0	根本不存在表现出来的机会

测评指标与赋分表如表 5－9 所示。

表 5－9　测评指标与赋分表

测评维度	权重划分
沟通能力	45
应变能力	20
问题解决能力	25
角色适应能力	10

一、沟通能力（45 分）

沟通能力是指能够准确表达自己的意思，同时能够准确理解他人所说的话，并作出适当反馈的能力。

1. 合理使用礼貌语言；
2. 善于抓住谈话的中心议题；
3. 能够清晰表达自己的观点；
4. 能够倾听别人的意见；
5. 平息当事人情绪；
6. 语速平缓；
7. 语言表达条理清晰，具有逻辑性；
8. 及时给予当事人反馈；
9. 肢体语言丰富（眼睛、肢体动作）。

二、应变能力（20 分）

应变能力是指当环境、条件、对手等发生变化时，能够及时采取措施迅速加以应对的能力。

1. 能够迅速觉察到事件的发生；
2. 能够想出一些应对的方案，并根据具体情境采取适当的措施；
3. 能够迅速认识到两人的分歧所在，协调双方意见；
4. 有引导事件发展的能力，使问题向好的方向发展；
5. 提炼双方观点，使双方达成初步共识；
6. 能够协调好双方的关系。

三、问题解决能力（25分）

问题解决能力就是一种面对问题的习惯和处理问题的能力。这种能力体现在：一个人在遇到问题时，能积极地、主动地谋求解决，能有规划、有方法、有步骤地处理问题，并能适宜地、合理地、有效地解决问题。

1. 事件解决程度：完全消除矛盾，使大厅恢复秩序。

2. 抗压能力：能够勇敢面对突发事件，不作出冲动、偏激行为。

四、角色适应能力（10分）

角色适应能力指对角色的认知到位，并在此基础上表现出与角色相一致的言语和行为。

1. 是否清晰知道自己要做什么；

2. 语言与行为表现是否符合自己的身份。

【案例分析】 角色扮演是一种主要用以测评被试者人际关系处理能力的情境模拟活动。在这种活动中，主考官设置一系列尖锐的人际矛盾与人际冲突，要求被试者扮演某一角色并进入角色情境，去处理各种问题和矛盾。主考官通过对被试者在不同人员角色情境中表现出来的行为进行观察和记录，测评其相关素质。

【任务提示】 角色扮演的测评要素：人的主动性、自信心、说服能力、人际关系技能、情绪的稳定性和情绪的控制能力、随机应变能力、技巧和方法等。

必备知识

知识基础四　角色扮演技术

（一）角色扮演的含义

1. 角色扮演的定义

角色扮演是一种情境模拟测评法，通常的做法是选取和被试者的工作相关的一个人际或工作情境，由一名角色扮演者饰演被试者的客户、上级、同事、下属等角色。

人员组成：一个完整的角色扮演测评应该包括主考官一名、测评员若干名、被试者一名或若干名、监督员一名。

时间安排：角色扮演按照严格的程序进行，准备时间15～30分钟；实施时间15～30分钟。角色扮演现场示意图如图5-4所示。

2. 角色扮演的操作要点

（1）高度结构化的角色扮演往往需要经过精心的设计，被试者在测评过程中的表现都会被记录下来，由评委根据评分规则对其进行客观准确的评价。

（2）通过观察被试者在模拟情境中的行为表现，考官可以评价其角色把握能力、人际关系的处理技巧、团队辅导能力、情绪控制能力、思维的敏捷性、应变能力、沟通能力、决策能力、合作能力、客户导向能力、培养下属和管理下属的能力、表达能力等。

（3）通常一个结构化的角色扮演需要30～40分钟。

（4）适用于较高层的管理者。

角色扮演评分标准和评分表如表5-10和表5-11所示。

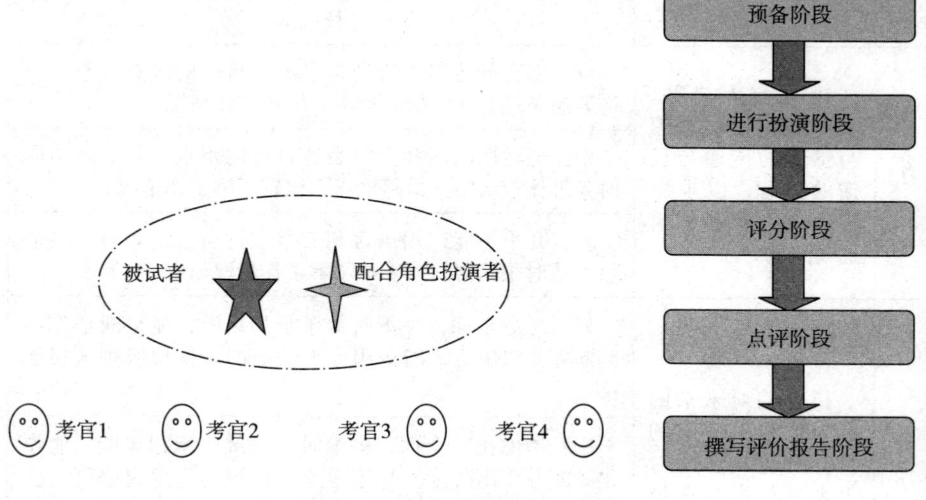

图 5-4　角色扮演现场示意图

表 5-10　角色扮演评分标准

分

评价维度	定义	考核标准	评分
角色把握能力	指判断形势并进入角色情境，按照角色规范的要求采取相应的对策行为	好：对要求自己承担的工作角色有清楚的认知，能恰当地进行角色定位，按照角色的要求参与活动；语言、行为表现与角色的要求一致	8~10
		中：对要求自己承担的工作角色有一定的认知，能比较恰当地进行角色定位；语言、行为表现与角色的要求比较一致	4~7
		差：对要求自己承担的工作角色没有认知，几乎不能进行角色定位，不能按照角色的要求参与活动；语言、行为与角色的要求不一致	0~3
应变能力	指在外界事物发生改变时所作出的反应能力，是经过大量思考过程后作出的决策	好：能迅速地作出反应，寻求非常合适的方法，使事件得以妥善解决	8~10
		中：能比较迅速地作出反应，寻求比较合适的方法，使事件得以解决	4~7
		差：不能迅速地作出反应，寻求不到合适的方法，不能使事件得以妥善解决	0~3
表达能力	指将思维所得的成果用语言反映出来的一种行为，以物、事、情、理为内容	好：将整件事情介绍得简明、扼要、全面，表达清晰流畅，对事情有正确客观的评价，表达出的内容真实可信	8~10
		中：将整件事情介绍得比较简明、扼要、全面，表达有一定的流畅性，对事情有一定正确客观的评价，表达的内容可信程度比较高	4~7
		差：将整件事情介绍得不清楚，对事情几乎没有正确客观的评价，表达的内容让人怀疑	0~3

续表

评价维度	定义	考核标准	评分
沟通能力	指人与人之间、人与群体之间思想与感情的传递与反馈的过程，以求思想达成一致和感情通畅的能力	好：能充分运用语言和文字表达自己的观点，与上级沟通时条理清晰、措辞恰当，了解工作情况	8～10
		中：能运用语言和文字表达自己的观点，与上级沟通时条理比较清晰、措辞恰当，比较了解工作情况	4～7
		差：几乎不能运用语言和文字表达自己的观点，与上级沟通时很紧张，几乎不了解工作情况	0～3
决策能力	指人们对未来的行为确定出明确的目标和方向，同时为实现目标而选择最佳的行动方案与策略的能力	好：考虑全面，决策时敢于承担风险，能果断地作出判断并作出决定，能运用令人信服的论据说服别人接受决定	8～10
		中：考虑比较全面，决策时比较敢于承担风险，能作出判断并作出决定，有运用令人信服的论据说服别人接受决定的能力	4～7
		差：考虑片面，不敢作出决策，不能果断地作出判断并作出决定，不能运用令人信服的论据说服别人接受决定	0～3
合作能力	指有集体观念和团队精神。对内能同企业各部门协调发展；对外能选取合适的合作伙伴的能力	好：重视企业整体实力，能够充分同上下级及与企业有关的外部人员进行合作，十分懂得合作技巧，有很好的沟通能力	8～10
		中：比较重视企业整体实力，能够同上下级及与企业有关的外部人员进行合作，比较懂得合作技巧，具有一定的沟通能力	4～7
		差：对企业整体实力漠不关心，不能同上下级及与企业有关的外部人员进行合作，合作技巧十分薄弱，几乎很少同其他人进行沟通	0～3

表5－11　角色扮演评分表　　分

评价维度	得分	权重	总得分
角色把握性	15		
应变能力	20		
表达能力	15		
沟通能力	15		主考官签名
决策能力	20		
合作能力	15		

（二）角色扮演的两大功能：测评功能和培训功能

（1）角色扮演法具有测评的功能。通过角色扮演法可以在情境模拟中对被试者的行为进行评价，测评其心理素质以及各种潜在能力。可以测出被试者的性格、气质、兴趣爱好等心理素质，也可测出被试者的判断能力、决策能力、领导能力等各种潜在能力。

（2）角色扮演法具有培训的功能。在日常工作中，每个人都有其特定的工作角色，但是，从培养管理者的角度来看，需要人的角色呈现多样化，而现实条件又不可能同时满足角色实践的要求。因此，在培训条件下，进行角色扮演就可以达到较好的效果。同时，通过角色扮演法还可以发现行为上存在的问题，及时对行为作出有效的修正。换句话说，角色扮演法是在培训情境下给予受训者角色实践的机会，使受训者在真实的模拟情境中体验某种行为的具体实践，帮助他们了解自己，从而得以改进和提高。通常，角色扮演法适用于领导行为培训（如管理行为培训等）、会议成效培训（如会议讨论、会议主持等）等。此外，还适用于培训某些可操作的能力素质，如推销员业务培训、谈判技巧培训。

（三）角色扮演法的优点

（1）角色扮演是一项参与性的活动。作为被试者，可以充分调动其参与的积极性，为了获得较高的评价，被试者一定会充分表现自我，施展自己的才华。在角色扮演过程中，被试者会抱有浓厚的兴趣，并带有娱乐性。

（2）角色扮演具有高度的灵活性。从测评的角度看，角色扮演的形式和内容是丰富多样的，为了达到测评的目的，考官可以根据需要设计测试主题和场景。在考官的要求下，被试者的表现也是灵活的，考官不会把被试者限制在有限的空间里，否则不利于被试者真正水平的发挥。从培训的角度看，实施者可以根据培训需要改变受训者的角色，与此同时，培训内容也可以作出适于角色的调整。在培训时间上没有任何特定的限制，视要求而决定长短。有关人际关系的培训，从培训设计上就已经消除了由于人际交互作用所产生的不利影响。

（3）角色扮演是在模拟状态下进行的，因此被试者或受训者在作出决策行为时可以尽可能地按照自己的意愿来完成，也不必考虑在实际工作中决策失误会带来工作绩效的下降或失败等问题，它是一种可反馈的反复行为。被试者或受训者只要努力扮演好角色就行，没必要为自己的行为担心，因为这只是角色扮演行为，其产生的影响可以控制在一定的范围内，不会造成不良影响，也没必要在意他人对你的看法。

（4）在角色扮演过程中，需要角色之间的配合、交流与沟通，因此可以增加角色之间的感情交流，培养人们的沟通、自我表达、相互认知等社会交往能力。从培训的角度看。尤其是同事之间一起接受培训，在进行角色扮演时，能够培养员工的集体荣誉感和团队精神。

（5）从培训的角度看，角色扮演法为受训者提供了广泛获取多种工作、生活经验和锻炼能力的机会。在培训过程中，通过角色扮演，受训者可以相互学习对方的优点，可以模拟现实的工作和生活，从而获得实际的工作经验，明白本身能力的不足，通过培训，使各方面能力得到提高。

（四）角色扮演法的缺点

（1）从培训的角度看，如果没有精湛的设计能力，在设计上可能会出现简单化、表面化和虚假人工化等现象，这无疑会对培训效果产生直接的影响，使受训者得不到真正的角色锻炼。同样的，在设计被试者角色扮演的场景时，由于设计不合理，设计的场景与测评的内容不符，就会使被试者摸不着头脑，更谈不上测出被试者的能力水平来。

（2）从培训的角度看，有时受训者由于自身的特点不乐意接受角色扮演的培训形式，而又没有明确地拒绝，其结果是在培训中不能够充分地表现自己。另外，受训者的参与意识不强，角色扮演漫不经心，这些都会影响培训的效果。在测评的过程中，由于被试者的参与意识不强，没有完全进入角色，就不能测出被试者的真实情况。

（3）从培训的角度看，对某些人来说，在接受角色培训时，可能表现出刻板的模仿行为和模式化行为，不能真实反映他们自身的特征，这样，他们的角色扮演就如同演戏一样，偏离了培训的基本目的。在测评被试者的角色扮演中，如果被试者也表现得刻板或行为模式化，测评也就失去了意义。

（4）在角色扮演时，在大多数情况下有第三者存在，第三者或是同时接受培训的人，或是评价者，或是参观者，自然的交互影响会产生于受训者和参观者之间，这种影响是很微妙的，但绝不容忽视。

（5）有些角色扮演活动是以团队合作为宗旨的，在这种情况下可能会出现过度突出个人的情况，这也是在角色扮演中很难避免的，因为，一旦某个人表现得太富个性，就会影响团队的整体合作性。

（五）测试者必须讲明的注意事项

为了弥补角色扮演的不足，测试者（考官）必须向受训者或被试者提出一些具体的角色扮演要求，主要有以下几点：

（1）接受作为角色的事实。

（2）只是扮演角色。

（3）在角色扮演过程中，注意自己态度的适宜性改变。

（4）使自己处于一种充分参与的情绪状态。

（5）如果需要，注意收集角色扮演中的原始资料，但不要偏离案例的主题。

（6）在角色扮演中，不要向其他人进行角色咨询。

（7）不要有过度的表现行为，那样可能会偏离测评的目的。

综上所述，角色扮演法既有自己的优点，又有不足之处，是一种难度很高的培训和测评方法。要想达到理想的培训和测评效果，就必须进行严格的情境模拟设计，同时，保证对角色扮演全过程的有效控制，以纠正随时可能出现的问题。

【阅读材料】

角色扮演实例

招聘职位：某商品市场推广经理。

扮演职业：宣传广告策划专员。

测评要求：在规定的时间、在规定的地点拍摄一份产品的宣传广告片。

助手：摄影师一名。

道具：摄像机一台。

测评要素：策划能力、人际沟通能力、市场把握能力、逻辑思维能力以及流程构思能力。

评价标准：略。

学习任务五　管理游戏测评的组织

情境案例引入

管理游戏的测评方式如表 5－12 所示。

表 5－12　管理游戏的测评方式

能力测评	游戏名称	操作方法	说明	得分
				A、B、C
团队协作力	红与黑	将人员分为 A、B 两队，每队每轮选择红或黑，共选择十轮，得分多者获胜； 前四轮两队人员没有任何沟通，每轮由工作人员告知每队得分，两队人员根据前四轮的得分情况摸出规律，第五轮每队可派出一名代表进行第一次沟通之后作出选择；第八轮可做第二次沟通，面谈一分钟，但不可做与游戏规则无关的其他沟通； 计分规则：A 队、B 队均选红，各得 1 分；A 队、B 队均选黑，各减 1 分；一队选红、一队选黑，选红者减 3 分，选黑者加 3 分；第 9 与第 10 轮选择，得分乘 3 后计入总分	1. 要取得长期利益，必须采取合作的态度； 2. 团体合作的基础是相互信任； 3. 信任来自顺畅的沟通； 4. 信任一旦逝去，就难以补救。 通过游戏考查应聘者的团队协作能力	
领导力	众人抬单杠	准备一根铝制单杠，将人员分成 A、B 两队，每队都用食指轻轻托起单杠，将单杠从胸前移到膝盖的位置； 所有人的食指都必须轻轻托着单杠，不许用手勾，每个人的食指都不能离开单杠，如果有人手指离开单杠，就失败了。哪队按要求最快完成这项目标，哪队就是优胜者	1. 由于单杠很轻，还要一队人集体完成，如果没有领导者，很难完成； 2. 游戏中能够起到领导作用并能尽快完成任务的人，可被认为是具有一定领导才能的人	
沟通力	“瞎子”背“瘸子”	每两人组成一组，可以男、女生搭配，男生当“瞎子”，女生当“瘸子”，男生负责背起女生，并按照女生指引的道路，绕开各种障碍以最快速度到达目的地； 在每组前进的路途中可放置一些气球跟鲜花，气球要踩破，鲜花要拾起给女生	1. 这个游戏考查两人的沟通合作能力，通过清晰的语言表达尽快达成目标； 2. 达成目标越快，得分越高	

续表

能力测评	游戏名称	操作方法	说明	得分
				A、B、C
创造力	案情分析	可设定一个案情，或者给定简单的时间、地点、人物及事件，让被试者通过自己的想象来分析这个案情或者讲出一个完整的故事。 案情：一个男人走到湖边的小木屋，同一个陌生人交谈后，突然跳到湖里死了	案情分析越精彩，故事讲得越生动，创造力、想象力越强	
观察力	你我来找茬	两个人一组，背对背，通过一些简单的道具来做各种造型，准备好后转过身来，彼此观察对方一分钟，记住每个细节； 然后再背对背，对刚才的造型作出五处细微改动，改动得越隐蔽越好，之后再转过身来找出改动的地方	通过这个游戏可考查一个人的记忆力和观察能力	
学习力	动作接龙	一队人排成一排，第一个人随意做出一个动作，第二个人重复这个动作然后再加一个新动作，第三个人重复前两个人的动作再加一个新动作，以此类推； 动作重复错误，导致动作衔接不上就被淘汰	通过简单动作的学习，可以考查被试者的学习、记忆、观察等能力	
责任担当力	大声道歉	一队人站成一排，工作人员站在前面喊口令，1代表向左转，2代表向右转，3代表向后转，4代表向前转。 根据口令，被试者集体做出相应的动作，如果谁做错了动作，就要站到队伍前面大声喊："对不起，我错了！"	工作中都会犯错，犯错不可怕，可怕的是不敢承担错误或大声承认错误，大声喊出"我错了"，是一种勇于承担错误和责任的表现	

备注：A（81～100分）、B（61～80分）、C（60分以下）。

【案例分析】 作为评价中心技术之一的管理游戏，如果用来测评应聘者（被试者）的胜任力，可以通过简单的管理游戏的设定，来考查应聘者的团队协作力、领导力、沟通力、创造力、观察力、学习力、责任担当力等个人能力。

【任务提示】 管理游戏中涉及的管理活动范围也相当广泛，可以是市场营销管理、财务管理，也可以是人事管理、生产管理等。在测评过程中，主试者（测评者）常常会以各种角色身份参与游戏，给被试者施加工作压力和难度，使矛盾激化、冲突加剧，目的是全面评价被试者的应变能力、人际交往能力等素质特征。

必备知识

知识基础五　管理游戏技术

（一）管理游戏的含义

1. 管理游戏的定义

管理游戏（Management Game）是一种以完成某项"实际任务"为目标的团队模拟活

动，通常采用小组的形式进行，数名被试者组成一个小组，就给定的材料、工具共同完成一项游戏任务，并在任务结束后就某一主题进行讨论交流。在游戏中，每个小组成员都被分配了一定的任务，有的游戏还规定了小组成员的角色，不同的角色权限不同，但不管处于什么角色，都要完成任务，所有的成员都必须合作。在游戏的过程中，测评者通过观察被试者在游戏中的行为表现，对预先设计好的某些能力与素质指标进行评价。

2. 管理游戏的优点

(1) 可集中考查被试者的多种能力。管理游戏是为了解决某一问题或达到某一具体目的而设计的，被试者在游戏过程中参与问题的解决过程，可集中反映其多种能力。

(2) 模拟内容更接近实际工作情况，真实感强。在游戏中，被试者置身于真实的矛盾环境中，需要其具有良好的情绪控制能力、领导能力以及指挥能力才能完成任务。

(3) 形式活泼，趣味性强。管理游戏将复杂的测评内容与有趣的游戏结合起来，形式活泼，消除了被试者的紧张感，使他们在游戏的过程中得到乐趣，在游戏结束后，通常会安排讨论，讨论的过程会揭示蕴含在游戏中的深刻寓意，被试者可以从中受到启发；同时，游戏的趣味性容易激发出被试者潜在的能力。

(4) 测评效度高。在管理游戏中，由于被试者处于一种放松的状态，其行为表现会更加真实，可以减少掩饰的机会，提高测评的效度。

3. 管理游戏的缺点

(1) 管理游戏对环境、道具的要求较高，且需要花费大量的时间去组织与实施。大多数管理游戏都要设置特定的场景，一些游戏还需要在户外进行，而且根据游戏内容的不同要准备各种有形的道具，比如在小溪任务中，需要选择特定的户外环境以及滑轮、木板、绳索以及粗大的圆木等道具。

(2) 操作不便，难以观察，对测评者要求较高。通常在游戏中，成员完成任务时要来回走动，这时测评者难以进行观察，假如测评者要观察一个以上被试者的行为，问题就更为复杂。鉴于这种活泼的测评形式，在游戏过程中往往会产生混乱状态。测评者要在这样的情形中仍能观察并评价被试者细小的行为表现，确实需要测评者具有很高的水准。

(3) 完成游戏所需时间较长。由于兼有行为运动与脑力活动的特点，管理游戏通常比其他测评方法需耗费更多的时间，大部分需要一个小时才能完成，一些要求较高的游戏则需两个小时甚至更多时间。

（二）管理游戏的具体做法

(1) 分类测评。面对不同岗位的应聘者，需要重点测评的能力也各不相同，因此就应对上面几种能力进行分类测评，大体分为以下3类，每类可重点测评6种能力，如表5-13所示。

表5-13　分类测评表

%

测评分类	团队协作力	领导力	沟通力	创造力	观察力	学习力	责任担当力
管理类	20	40		15			25
技术类	20			40	15	25	
销售类	25		40		20	15	

（2）设计游戏并测试，结合具体操作中各个能力的得分，按分类测评中每类能力测试所占百分比，得出最终测评分数。

总之，作为一个相对独立的评价系统，评价中心操作比较复杂，由于其成本和技术力量的问题，在企业建立和实施一个非常严谨的评价中心系统不太现实，可以把评价中心流程作为人才选拔和考核的最后一个阶段：在选拔的前期运用简历筛选、专业知识测试和技能测试、心理测验、结构化面试等方法，考查基本的工作要求和能力要求，筛除明显不合格的人选，让较少的应聘者进入评价中心流程，评价他们在某些特定维度上的表现，衡量他们是否具有某些关键的潜质。这样既能节约人员选拔的成本，又可以保证在不同的层次上把握应聘者各方面的关键特质。

知识掌握

1. 什么是评价中心？
2. 如何组织无领导小组讨论？
3. 如何组织公文筐测验？
4. 如何组织角色扮演？
5. 如何组织管理游戏？

知识应用

请为下面公司进行公文筐测验的题目进行续编，并组织班级学生进行测试。

某公司人力资源部下设三个处：人事处、劳资处、福利处，分别处理人力资源调配、工资奖金和员工福利等工作。人力资源部的刘总经理在外地分公司视察，由副总经理代理刘总处理公司事务。今天是2017年12月2日，恭喜你有机会在以后的两个小时内担任该公司人力资源部的副总经理。由于人力资源部的刘总经理正在外地分公司视察，因此，你将在他回来之前全权代理他的职务。

现在是上午9点，在听取了下属的工作汇报，做好了今天的工作安排之后，你来到办公室。秘书已经将你需要处理的文件整理好，放在了文件夹内。文件的顺序是随机排列的，没有任何意义，你需要自己去排序处理。你必须在两个小时内处理好这些文件，并作出批示。11点在会议室还有一个重要的会议等你主持。在这两个小时里，你的秘书会为你推掉所有的杂事，保证没有人会来打扰你。另外，很抱歉，由于电话线路正在维修，你在处理文件的过程中，没有办法与外界通话，所以，需要你以文件、备忘录、便条、批示等形式将所有文件的处理意见、办法，做书面表达，最后交给秘书负责传达。

在公司，你被员工称为“吴副总”或“吴总”。好了，可以开始工作了，祝你一切顺利。

技能操练

项目名称： 评价中心技术的应用。

实训要求： 每个模拟公司针对自己公司的一个高层职位，设计评价中心技术的考核方案，要求写出具体步骤并实施。无领导小组讨论、公文筐测验、管理游戏、角色扮演四种是必须选的，小组实施后写出总结，做PPT展示汇报，教师点评打分。

实训成果：

1. 对使用评价中心技术的分析。
2. 四种试题的编写。
3. 对实施过程的分析。

考核指标：

1. 试题内容准确、有效。
2. 考核试题的信度、效度高，过程全面，分析到位。
3. 小组气势佳，分工合作好，成员参与度高。
4. PPT 制作清晰，汇报者表达流畅。

学习情境六

员工录用管理

知识目标：通过对本情境的学习掌握员工录用的基本概念，了解员工录用的原则和影响因素，熟悉员工录用的基本流程；了解新员工培训的内容和方法。

能力要求：能够运用录用环节的基本知识，进行一般性的录用决策并掌握录用员工的各项具体工作事项；运用新员工培训的基本知识来制订一般性的岗位适应性培训计划。

职业导向

人力资源管理的招聘工作包括招聘、甄选、录用等具体环节，要开展员工录用管理工作，首先要熟悉人力资源管理招聘的流程以及各阶段的主要工作要点，其次要懂得国家相关的各项劳动法律法规，做到合法用工，同时还必须具有防范风险的意识，从学历审查、体检、背景调查等方面把好人才的质检关。

职业情境

李敏是我国某大型国企人力资源部的人事文员，已经在招聘岗位工作了一年，最近人力资源部进行岗位轮换，接下来她需要接手的岗位是人员录用岗，李敏既兴奋又担心，兴奋是因为她知道，在录用环节不仅要对员工进行背景调查，还要办理登记、入职、任免、迁调、奖惩和离职等具体手续，同时对人事档案进行日常维护，如纸质档案、EHR（人力资源管理）系统的维护等。这可以使她学到很多新技能；担心是因为此项工作具体且烦琐，要做好这项工作必须认真学习，并且有足够的耐心。她该如何开始新的工作呢？

学习任务一　明确员工录用的程序

HR如何管理入职员工

员工不签劳动合同

北京市朝阳区某机械制造公司有员工数十人，一直未签订劳动合同。

2008 年后，随着《劳动合同法》宣传的不断深入，公司逐渐认识到签订劳动合同的重要性，于是要求员工与公司签订书面的劳动合同。但李某拒绝签订劳动合同。他认为劳动合同是对自己的束缚，因此不愿意签。公司方面很无奈，让李某写了一个声明，声明上写道："本人不愿意签订劳动合同，特此声明。"后面是李某的亲笔签名。于是公司方面也就未再要求李某签订劳动合同。

一年后，李某因为加班费的问题，向北京市朝阳区劳动争议仲裁委员会（以下简称"仲裁委"）提出了仲裁请求，要求公司支付加班费 2 万余元，同时要求支付未签订劳动合同期间的双倍工资 3 万余元。就未签订劳动合同的问题，公司方拿出了李某签名的声明，认为未签订劳动合同完全是由于李某的原因，公司不应该再对其进行赔偿。李某承认声明的真实性，但他认为不签订劳动合同的原因是由于公司拿出的劳动合同条款不公平。因此，未签订劳动合同的责任还在于公司这一边。

仲裁结果：

仲裁委经审理后作出了裁决，就双倍工资问题，认定公司未签订劳动合同属于违法，应依法向李某支付双倍工资近 3 万元。后公司向法院提起诉讼，法院仍然维持了该项裁决。

【案例分析】 本案件适用相关法律条款《劳动合同法实施条例》第六条规定，用人单位自用工之日起超过一个月不满一年未与劳动者订立书面劳动合同的，应当依照《劳动合同法》第八十二条的规定向劳动者每月支付两倍的工资，并与劳动者补签书面劳动合同。

《劳动合同法实施条例》第五条、第六条则规定，员工如果拒绝签订劳动合同，用人单位应当书面通知劳动者终止劳动关系。

这个裁决恐怕会让很多人感觉意外。然而，其法律依据却是充分的。如果说《劳动合同法》还没有对员工拒签劳动合同的处理作出规定的话，《劳动合同法实施条例》第五条、第六条则规定，员工如果拒绝签订劳动合同，用人单位应当书面通知劳动者终止劳动关系。也就是说，如果员工拒签劳动合同，用人单位只能终止劳动关系而不能继续留用该员工，否则就要支付双倍工资。法律在这里没有考虑员工拒绝签订劳动合同的动机，而直接规定用人单位不得留用不签订劳动合同的员工。

所以，在本案中，不论李某说的"公司拿出的劳动合同条款不公平"的说法是否属实，都不会影响本案的判决。

员工如果拒绝签订劳动合同，用人单位应当书面通知劳动者终止劳动关系。也就是说，如果员工拒签劳动合同，用人单位只能终止劳动关系而不能继续留用该员工，否则就有用工风险。

【任务提示】 在运用各种甄选测评方法对应聘者进行筛选评估后，企业下一步要做的就是将自己需要的应聘者安排到相应的岗位上，这个过程也就是员工录用的过程，员工录用就是指企业对从招聘评价测试阶段胜出的应聘者，作出录用决定并通知其报到及办理相关入职手续的过程。它有科学的程序。

必备知识

知识基础一　员工录用概述

（一）录用原则

员工的职位一般会根据企业招聘要求并结合应聘者的应聘意愿综合考虑安排。对于一个企业来说，招聘新员工不仅是人力、财力的消耗，更关乎组织战略目标的实现。所以，在员工录用过程中一定要坚持宁缺毋滥、有利于组织发展等宗旨。概括起来，人员录用应该坚持以下原则：

1. 公平原则

首先，给予每位应聘者同等的机会，尽量减少人为的不公正；其次，保证录用过程合理规范，测评方法科学适当，只有从方法上、规则上实现客观公正，才能实现结果的公正；最后，要注意评价者自身的能力和素质，避免因为评价者本身专业素养欠缺而导致评价有失公允。

2. 择优原则

员工录用的核心原则之一便是择优录用。择优录用就是在广泛测评甄选的基础上为组织选出最适合岗位的人才。这也要求在录用之前做到严格考核、深入分析、准确判断和慎重决策，只有这样，才能在最大程度上为组织筛选出优秀且适合的人才。

3. 适才重于英才的原则

企业甄选员工时，适才往往比英才更重要。所谓适才，就是不论专业能力、心理素质还是身体素质都能胜任其岗位工作，更重要的是其追求工作的动机在企业中能够得到满足。如果企业盲目追求英才，甄选的员工工作水平远高于岗位要求，现有岗位对其没有太大挑战，往往会流失人才，最终导致企业过多支出不必要的成本。企业管理者应该认识到，员工能力与岗位匹配是最重要的。

【情境案例】

“我想我们用错人了！”就在四周之前，人力资源部就向技术开发部的经理推荐了3名比较适合的候选人，最后经理也从这3个人中挑选了在面试现场表现最出色的人。但事情并不是那么简单，在1个月的试用过程中，大家发现这位应聘者并不能胜任上司交给他的工作，现在经理正想着换人……

案例分析：录用决策的标准应该是该岗位的工作说明书。其中任职资格以及工作职责是录用的重点，选择适合的而不是高分的更符合人岗匹配的原理。

（二）影响录用的因素

1. 宏观经济环境

宏观经济繁荣，就业充分，劳动力供给就相对紧张，招聘资源不足，企业招聘优秀人才会面临很多困难，使录用决策有一定难度。相反，宏观经济形势较差时，失业人数增多，劳动力供给较充分，招聘资源充足，企业招聘录用会轻松很多。

2. 组织需求偏好

组织自身的发展阶段不同，对人才的需求也不同。致力于新产品研发与推广的组织，偏好于录用技术研发型人才和市场拓展型人才；产品成熟，需要销售份额不断扩大的组织，偏好于录用营销方面的人才；生产性组织在扩建新的生产基地时，对一线操作员工需求会更大一些。

3. 甄选评价方法

企业招聘过程中会运用各种测评手段，对应聘人员进行全方位考核，从而了解其潜力和能力。而各种甄选测评手段自身的特点会影响到录用的效率和质量。

4. 录用决策者

录用决策者由两部分人组成。人力资源部招聘负责人经过层层选拔，会筛选出他认为合格的人选，但是，最终录用哪一位，则是由用人部门负责人决定。也就是说，人力资源部负责提供某一岗位应聘合格者名单，最终由用人部门负责人拍板选人。在这种情况下，用人部门负责人的用人偏好和个人素质会决定录用结果。

除了以上影响因素外，职位层次高低也会影响到录用。例如，针对高层管理者的招聘录用往往会有更多流程，决策会更谨慎。

（三）录用程序

录用程序如图 6－1 所示。

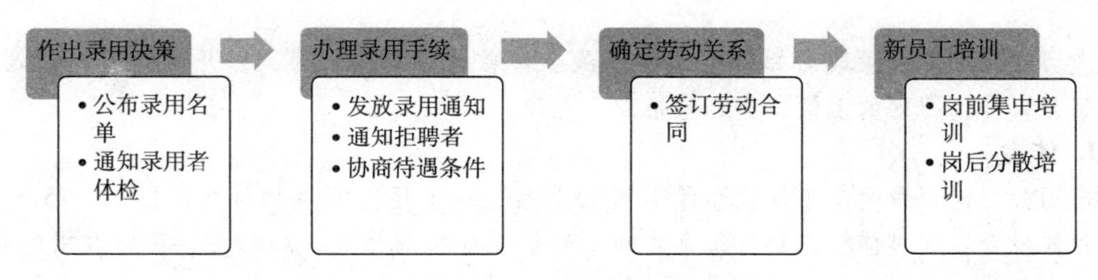

图 6－1　录用程序

【职位导航】

［**职位名称**］

员工录用管理岗。

［**主要职责**］

（1）负责员工入离职、转正、岗位升降或调整手续的办理工作；负责发放录用通知书、通知体检事项等。

（2）协助社保专员做好因人员异动而引起的各类保险的增、减工作（要求在入职 1 年后办理新增、离职，当月办理删减）；

（3）负责员工花名册信息的建立（输入）、更新和维护工作；

（4）负责员工合同的签订、变更、解除、终止和续签工作，确保及时有效。

（5）负责员工入离职、转正、岗位升降或调整后档案管理；

（6）严守保密制度，做好人事决定的保密工作，不得随便对外泄露信息。

（7）协助人事主管做好人力资源部文件的起草、打印和签批工作。

[**任职条件**]

（1）教育水平：大学专科（含）以上。

（2）专业要求：人力资源管理、行政管理、经济、管理类专业。

（3）岗前培训：公司办公室管理规定、公司人力资源部工作流程等。

（4）工作经验：有1年以上相关岗位工作经验。

（5）知识要求：熟悉《劳动合同法》中有关员工入职、档案、离职、异动、劳动合同等相关法律知识。熟悉国家、地区劳动关系管理的相关法律，具备扎实的人力资源管理理论基础。

（6）能力及个性要求：细心、认真，有较好的亲和力，能熟练使用办公自动化软件，具备基本的网络知识，责任心强，有团队精神，服从管理。

学习任务二　做出录用决策与实施录用

情境案例引入

招聘的后续工作

人力资源部发放录取通知书后还要确认应聘者是否同意录用，并开始办理有关入职手续。除此以外，招聘的后续工作还包括以下几项：

1. 体检

丰田公司向拟录用员工发放预录取通知书后，员工还需要参加第5阶段——25小时的全面身体检查。通过体检了解员工身体的一般状况和特别情况，如酗酒、药物滥用的问题。身体检查合格，才正式发放录取通知书。

2. 招聘后期的沟通

宝洁公司认为，在物质待遇大致相当的情况下，感情投资便是竞争重点了。一旦成为宝洁决定录用的毕业生，人力资源部会专门派1名员工去跟踪服务，定期与录用人保持沟通和联系，把录用人当成自己的同事来关怀照顾。

3. 建立人才库

朗讯公司有时会碰到这样一种情况：遇到一些非常优秀的人才，但是暂时还没有适合他们的位置，人力资源部会有一个自己的“红名单”，记录这些暂时没机会进入朗讯的优秀人才。他们会与“红名单”上的人建立联系，这是他们的一种习惯。建立自己的“人才小金库”，往往能在少量人才变动时及时补上。

4. 招聘效果考核

宝洁公司招聘结束后，公司会对整个招聘过程进行一些可量化的考核和评估，考核的主要指标包括：是否按要求招聘到一定数量的优秀人才；招聘时间是否及时或录用人是否准时上岗；招聘人员素质是否符合标准，即招聘人员是否通过所有招聘程序并达到标准；因招聘录用新员工而支付的费用，即新员工因招聘而产生的费用分摊是否在原计划之内。

【案例分析】 招聘的前期工作更多的是保证人才的质量，招聘的后期工作主要是通知体检、录用手续办理、对新员工进行适应性的引导、入职沟通、培训等。而招聘后期对选择的人员的安排则更能保证企业期望的员工队伍的相对稳定性。

【任务提示】 录用决策，是指对甄选测评过程中产生的信息进行综合分析，进一步确定每一个应聘者能力素质的特点，并根据组织事先制定好的人员录用标准进行筛选，最后选择出最合适的人员。人员录用决策的成功与否决定着招聘的成功与否。录用决策失误不仅会使组织浪费人力、财力，甚至会影响组织发展。在录用实施中，一方面，企业要为新录取的员工办理录用手续；另一方面，还应当委婉地回复未被录取者，并进行科学的记录以储备人才。

必备知识

知识基础二 录用决策与实施

（一）作出录用决策

1. 录用决策的要素

（1）信息的准确度。首先，确保应聘者的原始信息准确。比如应聘者的年龄、性别、毕业学校、所学专业、之前的工作经历、在原单位的表现等。其次，确保招聘过程中的现实信息准确可靠。比如知识测试、心理测试、面试成绩等各种测评结果都必须是准确、可靠、真实的信息。

（2）招聘过程的科学性。一方面，招聘程序要规范、科学，对应聘者的考查应该是层层递进；另一方面，测评手段要保证较高的信度和效度；此外，资料分析的方法要正确客观。

（3）考官的专业素养。优秀的考官会充分利用自己的知识、经验来作出较为准确的分析判断。考官的专业素养越高，招聘录用的成功率就越高。

【情境案例】

“王磊处理问题的能力更强一些，”韩宇经理说，“而且他的反应速度快。”“但是反应速度并不代表他的技术水平。”沈涛说。陈君看着还在争论不休的两个人，说：“技术能力可以培训，但我们无法改变他们的个性。”……会议已经持续了一个半小时。这三位仍然没有作出最后的决定。这是否意味着他们还要再举行一次会议？

案例分析： 录用决策过程要明确录用的策略，引入加权平均法等群体决策法能避免个体决策的武断与片面，在实际中应用很广。

人员录用是依据选拔的结果作出录用决策并进行安置的活动，其中最关键的内容是做好录用决策。录用决策是依照人员录用的原则，避免主观武断和不正之风的干扰，把选拔阶段多种考核和测验结果组合起来，进行综合评价，从中择优确定录用名单。值得强调的是，人员选拔环节中的所有方法都可用来选择潜在的雇员，但决定使用哪些选拔方法，一般要综合考虑时间限制、信息与工作的相关性，以及费用等因素，对相对简单或无须特殊技能的工作，采用一种方法就行了。例如，招聘打字员，根据应聘者打字测试的成绩，一般就足以作出决定了。但是，对大部分岗位来说，通常需要采用多种方法相互结合，才能提高录用决策的科学性和正确性。

2. 人员录用的主要策略

（1）多重淘汰式。在多重淘汰式中，每种测试方法都是淘汰性的，应聘者必须在每种测试中都达到一定水平，方能合格。该方法是将多种考核与测验项目依次实施，每次淘汰若干低分者。全部通过考核项目者，再按最后面试或测验的实得分数，排出名次，择优确定录用名单。

（2）补偿式。在补偿式中，不同测试的成绩可以互为补充，最后根据应聘者在所有测试中的总成绩作出录用决策。如分别对应聘者进行笔试与面试选择，再按照规定的笔试与面试的权重比例，综合算出应聘者的总成绩，根据总成绩决定录用人选。值得注意的是，由于权重比例不一样，录用人选也会有差别。假设在甲、乙两人中录用一人，两人的基本情况与考核得分相同时，到底录用谁，关键要看不同项目的权重系数。

（3）结合式。在结合式中，有些测试是淘汰性的，有些测试是互为补偿的，应聘者在通过淘汰性的测试后，才能参加其他测试。

【阅读材料】

在作出最终录用决策时，应当注意以下几个问题：

（1）尽量使用全面衡量的方法。企业要录用的人员应该是能够满足单位需要，符合应聘岗位素质要求的人才。因此，必须根据单位和岗位的实际需要，针对不同的能力素质要求给予不同的权重，然后录用那些得分最高的应聘者。

（2）减少作出录用决策的人员。在决定录用人选时，必须坚持少而精的原则，选择那些直接负责考查应聘者工作表现的人，以及那些会与应聘者共事的人进行决策。如果参与的人太多，会增加录用决策的困难，导致争论不休或浪费时间和精力。

（3）不能求全责备。人没有十全十美的，在录用决策时也不要吹毛求疵，挑小毛病，总是不满意。必须分辨主要问题以及次要问题，分辨哪些能力对于完成这项工作是不可缺少的，这样才能录用合适的人选。

3. 经选拔后的应聘者还需满足的条件

一般来说，当一名应聘者通过层层选拔，确定各项能力都符合职位和组织要求后，还不能完全确定最终是否能进入该组织工作，应聘者还需要满足以下几方面的条件：

（1）体检合格。大多数用人单位都会要求新员工参加入职前的体检，确保身体条件符合所从事工作的要求。一般有两种情况：用人单位统一组织员工入职体检，或者要求员工出具指定资格医院出具的体检报告。

（2）背景资料信息准确。用人单位一般会对有录取意向的应聘者进行背景调查，以此来核实应聘者提供信息的真实性和准确性。通常会通过应聘者原来的单位主管、同事以及人力资源部工作人员等了解应聘者的实际情况。此外，应聘者提供的相关证件（身份证、学历学位证、相关资质证书等）的真实性也应得到查验。一名员工想要进入新的组织工作，必须和原用人组织解除劳动关系。

（二）进行背景调查

1. 背景调查的含义

背景调查是指通过从外部求职者提供的证明人或以前工作的单位那里搜集资料，以此来核实求职者个人资料的行为，或由独立专业机构依托权威数据源通过合法的途径和方式对被调查人提交的个人背景信息进行核查比对，并形成背景调查报告以辅助委托调查人验证其真伪。这是一种能直接证明求职者情况的有效方法。背景考察既可在深入面试之前进行，也可在录用之前进行。聘用前的背景调查一是为了证实应聘者在申请职位时所提供的资料是否真实可信；二是为了了解应聘者以前是否有对其工作绩效有负面影响的行为，如酗酒、吸毒、盗窃等行为。需要证实的信息主要包括以下几个方面：

（1）是否可录用（由于有些应聘者可能与前雇用单位的劳动合同尚未终止，在此情况下，雇用此应聘者将有可能牵涉到与应聘者前单位的劳动纠纷之中）。

（2）前单位任职情况，包括任职日期、职位、薪金、在职表现、离职原因等。

（3）教育背景。

（4）身份确认。

2. 背景调查的内容和方法

背景调查的内容有身份背景调查、学历背景调查、工作背景调查，其中最有价值和最有难度的是工作背景调查。

（1）身份背景调查可以通过收取应聘者身份证、户口簿、护照等个人信息证件来进行，一般的方式是通知应聘者带证件的原件和复印件，审核原件，留复印件。关于身份证的信息，目前有很多验证身份证号的软件和网站，能查询身份证号是否有效以及身份证首次登记的地址（一般精确到区）等信息。

（2）学历背景调查目前有多种途径，审核毕业证原件只是其中的一个环节，在审核毕业证原件的同时还要辅以其他验证方式。第一个方式就是到教育部学历验证中心的网站上去验证，在此网站查询的结果比较权威，除军校学历外，数据库一般包含各个层次的学历数据。第二种方式就是打电话到所在院校的学籍管理部门进行确认。

（3）工作背景调查的方法如下：

①电话调查。电话调查是最常用的调查手段。通过拟录用员工留下的电话号码或者其他渠道获取拟录用员工原公司的通信方式，采用合理、合法的方式从拟录用员工所在公司的人力资源部人员或者所在部门的上下级进行该员工的背景调查。电话调查效率较高，但如果操作不当，容易引起被调查企业的警觉（尤其是竞争对手），不少被调查企业出于跟被调查者的矛盾，在电话采访中不可避免地会对跳槽员工的工作能力和态度给予极低的评价。所以在调查时要注意甄别信息的可靠程度。

【情境案例】

下面是腾讯大申网员工背景调查电话沟通的问题示例。

开场：自我介绍，说明意图，确认对方身份，说明电话是保密的，问对方这时候谈话是否方便。例如：您好！我是腾讯大申网的HR×××，我们已经将A纳入候选人的行列，现在想就A的工作经历及表现进行简单了解。我们将对电话内容进行保密，不知您现在谈话是否方便？首先确认一下您的身份，请问您的名字是什么？您与A过去的工作关系是怎样的？

问题1：关于候选人的职位、入离职时间、薪酬。例如：请问您与A共事多久？A离职时的职位是什么？他的入职时间是什么时候？离职时间是什么时候？A离职时您是否还是他的上级？A离职前在贵公司的薪资是多少？

问题2：关于候选人的主要职责、工作表现、同事关系。例如：请问A在职期间的主要工作内容包括哪些？您认为A的工作能力怎么样？和A平级的您的下属共有几位？A在平级中的业绩排名如何？除了工龄工资和全员普调之外，您给A涨过工资吗？您认为A的强项是什么？您认为A在哪些地方最能帮助上司？A是否有生活作风问题及影响工作业绩的行为习惯呢？A需要改进和加强提高的地方有哪些？请问A跟同事相处得如何？A和您的意见不一致时他会如何表达？A管理团队时，您是否收到过其他人直接向您投诉？

问题3：关于候选人的离职原因。例如：A离职的主要原因是什么？当初他离职的时候您挽留过他吗？

问题4：其他情况。例如：就您了解，A有无重大疾病？在公司期间有没有不良记录或纠纷？A跟贵公司的劳务合同关系有没有完全解除？A在跟贵公司签订的劳动关系合同中有没有涉及竞业限制、保密等内容？A跟贵公司有没有欠款？

结束：我们需要向您了解的信息大概就是这些，非常感谢您的配合。再见。

②委托调查机构调查。企业自身在进行员工背景调查时，由于很多员工来自竞争企业，较难获得其人力资源部的配合和支持，另外，企业人力资源部由于调查手法单一、技术不专业，无法保证调查结果的真实性和有效性。所以，对于部分核心和重要岗位，很多企业会委托外部调查机构，调查机构利用自身的数据库以及与法院、公安机关、学校以及部分企业之间的战略联盟优势，也因不存在竞争关系，能有效利用自身的专业工具，迅速调查清楚被调查者的背景信息。但是使用这种调查方法，企业花费较大，需要承担较大的人力成本压力，并且我国员工背景调查市场尚处于初级阶段，各种信用制度尚未建立，员工背景数据库尚不健全，各种调查公司鱼目混珠，这种方式的可信度仍待提高。

③利用行业HR联盟。企业之间的竞争更多体现在决定企业命运的核心技术或营销岗位上，事实上，企业之间人才的流动更多是在相互竞争的企业之间进行的。但随着行业发展的日益成熟，不同企业的人力资源部也会走向合作，相互交流行业经验和管理心得，甚至互相交换人才数据库等，因此，基于共同发展和良性发展的理念，很多同行业的企业也会建立HR联盟，相互承诺不恶性挖墙脚、互相接受流动人员的背景调查等，使员工背景调查的可信性更高、更易于操作。

【阅读材料】

众所周知，宝洁、可口可乐等许多中外大型企业为了降低因企业人才招聘带来的风险，都会对公司的研发工程师、配方员、市场销售经理等核心技术岗位、中高层领导岗位以及关键管理和销售岗位的拟录用员工进行背景调查，甚至不惜投入重金委托猎头公司、中介调查公司等外部机构来帮助企业做好员工背景调查工作，为人力资源部管理者的员工聘用提供客观、真实的参考依据，避免因人员招聘不当而产生经济及技术损失和风险。宝洁、可口可乐公司还算防范意识比较强的企业，但因为忽视背景调查，而使公司蒙受损失的事件也不胜枚举。如竞争对手派人伪装成应聘者去应聘竞争公司的关键技术岗位，待进入对方公司后窃取技术秘密资料，同时率先将产品或技术等推入市场，抢占市场份额。又如广州的一家微电子企业在招收财务主管时，由于对录用人员的背景了解不够，就办理了该员工的入职手续，半年后，该公司发现账上的300多万元现金不翼而飞，而该财务主管不久后也不知所踪，虽然后来公安机关对此做了处理，但是该企业短时间内所造成的损失却无法弥补。另据了解，在珠三角的很多企业中，经常发生仓管员工偷窃、财务人员贪污、采购人员吃回扣等现象。

3. 背景调查的意义

背景调查是对员工的诚信度和信息的真实性进行调查。企业在招聘工作中所面临的种种风险可以归纳为胜任力风险、法律风险、职业操守风险、成本风险四大类。如果没有采取必要的措施，那么这些风险将直接由企业的人力资源部承担。市场的风险主要来自应聘者的素质与企业要求之间的差异。而来自内部的风险不仅是试用期员工给企业造成的成本损失及企业品牌形象的损害，还可能危害企业内部员工、客户与股东的利益。这些风险最后都集中于人力资源部的招聘工作。

【阅读材料】

招聘中的各种成本如下：

前期成本：广告费、招聘会费用、猎头费、中介费、员工推荐奖励金、校园招聘费、媒体宣传费。

运作成本：负责招聘/面试的HR专员、经理的时间成本；企业支付给HR的工资、交通差旅费及其他管理费用。

试用期成本：与其他部门的磨合成本；新员工试用期的薪酬福利、培训费、管理费、办公费。

机会成本：如果招聘到一名合适的员工，能够给公司创造巨大的效益；如果试用期员工与企业要求不匹配，有可能给企业带来名誉、经济上的损失。

再招聘成本：重新招聘一名员工所需要的所有成本。

雇主以股东、客户和员工的利益为出发点，有责任去核实拟入职员工的背景以及具体情况。一份彻底的员工背景调查报告，可以为企业节省未来不必要的花销，规避用人风险，减少企业招聘和培训以及再培训的相关费用开支，更重要的是为企业选用可靠的人才，避免对公司和客户造成损害，从而促进企业产生更大的效益。第三方专业背景调查机构的服务团队可以让企业在相对较小的成本费用下避免雇佣风险，提高招聘质量，加快招聘进程，从多方面核实预聘员工的背景信息，从而使企业作出充分知情的聘用决定。

【阅读材料】

企业的哪些岗位需要做背景调查：

1. 涉及资金管理的职位。如会计、出纳、投资，出于对资金安全的考虑，企业会对这些岗位的人员进行背景调查，以了解这些准员工的工作能力、犯罪记录和诚信状况。

2. 涉及公司核心技术秘密的职位。如研发部的工程师、技术人员。核心技术秘密关系到企业的生存问题，一旦被竞争对手弄到手，企业就会出现生存危机。所以，企业招聘这类人员时都会非常谨慎，愿意花费一定资金对拟录用者进行犯罪记录、诚信状况等背景调查。

3. 部分中高层管理职位。运营总监、销售总监、战略管理总经理这些职位主要涉及企业的运营战略、企业的运营方向、核心客户资源，如果这部分人员有动荡，整个企业的资金链或者运营层面都会受到极大影响。所以，大多数企业都会对中高层岗位聘用者做背景调查。

4. 背景调查的原则

（1）要有被调查人授权，背景调查要让被调查人知情。

（2）不涉及被调查人尚未离职的公司。

（3）不涉及被调查人个人隐私。

（4）第三方仅记录客观情况，不评价被调查人是否可以胜任。

（5）给予认为有问题的被调查人申辩的权利。

（6）对被调查人的信息保密。

5. 背景调查的资料来源

（1）调查机构的权威数据源，并有合法授权。

（2）必须具备被调查人的相应授权材料。

（3）来自校方的推荐材料。

（4）有关原来工作情况的介绍材料。

（5）关于申请人财务状况的证明信。

（6）关于申请人所受法律强制方面的记录。

（7）来自推荐人的推荐材料。

（8）被调查者的简历。

究竟哪些来源更有用，取决于企业将向被调查者提供什么样的职务。

6. 背景调查的操作要点

（1）与客户进行沟通，参考目标职位的素质模型确定背景调查的内容。

（2）确定调查的对象和范围。

（3）设计相应的调查问卷或提纲。

（4）设法取得调查对象的合作。

（5）运用一定的方法或技巧解决较棘手的问题。

（6）提交背景调查报告。

现在的背景调查主要是通过电话形式来展开的，先与员工进行沟通，再到原公司进行核实。

【阅读材料】

背景调查授权书

本人________，已许可并授权___________有限公司及其代理机构___________对本人在职位申请表及个人履历中所提供的信息的真实性进行核实，并在认为必要时向相关部门和单位进行问询。我授权持有或了解相关情况的人士向___________有限公司或其代理机构___________如实披露有关情况。本人将不追究其因此而可能产生的责任。

此授权书复印件与原件同样有效。

特此证明，希望您予以配合，非常感谢！

本人签字：_______________

日　　期：_______________

7. 背景调查对企业的价值

企业通过背景调查能获得的价值如下：

（1）提高招聘效率，帮助企业筛除有虚假信息的应聘者。企业能够准确知晓应聘者所提供的个人信息是否真实，了解其诚信程度，并以此判断应聘者的个人素质。

（2）优化人力配置。企业能够准确知晓应聘者以往的职业信息，对应聘者进行更精确的职位匹配，帮助企业员工达到人尽其才的效果。全面了解应聘者的素质与能力。

（3）降低用工风险。了解应聘者是否是非正常离职或有纠纷，帮助企业减少解聘员工的损失，帮助企业节省成本、规避用人风险。

特别是专业第三方机构的综合服务能使企业与市场之间形成有效的防火盾，可以帮助企业规避用人风险，减少企业损失，提升人力资源部的战略性管理职能，进而改善企业人员筛选机制，提高企业的诚信文化及核心竞争力，保护企业的品牌，保护员工、客户以及股东的利益，从企业内部和外部降低客户满意度风险。

总之，对核心岗位的拟录用者进行背景调查势在必行，在做背景调查时要注意保护被调查者的隐私和尊重被调查者，同时调查时尽可能多地听取多方意见，确保调查结果合理、合法、客观和有效。

（三）协商确定薪酬

薪酬协商是企业招聘录用环节必不可少的工作。在企业作出初步录用决策后，应该与拟录用人员协商薪酬待遇的相关问题。在应聘者进入企业之前，企业有告知其详细薪酬信息的义务。

1. 组织确定录用人员薪酬水平时需要考虑的因素

应聘者过去的薪酬水平以及当前的薪酬期望；应聘者的面试表现；同行业类似职位的薪酬水平；组织所在地薪酬状况；组织自身薪酬机制和战略目标。

2. 当应聘者提出的薪酬要求高于组织薪酬标准时，组织可以采取的措施

突出组织所提供职位的职业前景；展示组织所提供工作的发展机会，包括工作价值、学习机会、提升空间等；明确薪酬增长机制，介绍组织薪酬调整的频率和幅度、组织的各项福利等；明确薪酬协商范围，对于真正有价值的应聘者可以适当作出让步；把握放弃时机，多次努力仍然无法满足应聘者要求时，重新考虑招聘价值。

3. 协商待遇条件时组织需要注意的问题

（1）不可许诺无法实现的条件。招聘者对应聘者要坦诚相待，如实介绍组织能够提供的薪酬待遇条件，不做即兴空头承诺，一旦日后无法兑现，会造成很差的影响。

（2）不要一味等待应聘者回应。在招聘者提出能满足的待遇条件后，如果短时间内得不到应聘者答复，就应该及时联系对方询问情况，避免招聘浪费时间和精力，因为有些应聘者在此期间可能已经选择了其他薪酬待遇满足自己的组织。

（四）录用实施，发出录用（辞谢）通知

1. 通知应聘者

通知应聘者是录用工作的一个重要组成部分。通知只有两种情况：录用通知和辞谢通知。两种通知的结果截然相反，对于一个负责任的公司来说，辞谢通知更要求慎重处理，因为它能体现出公司对人才的基本态度。

（1）录用通知书。公司一旦作出录用决策，就应该及时通知被录用者。因为应聘者都在不断寻找工作机会，所以录用通知如果不及时发出，往往会失去合适的人才。

【情境案例】

张杰收到了公司的录用通知书，但一直没有回信，这天崔经理突然收到了张杰的电话，“对不起，我可能无法接受贵公司的offer（录用通知）。”崔经理很震惊：“我们公司的薪酬福利待遇都不错，为什么呢？”张杰说：“另一家公司可以为我提供较好的职业发展空间，所以我已经接受了他们的offer。”崔经理大脑一片空白，心想：这下所有的努力和功夫白费了！

案例分析：招聘回复的速度风险是指由于招聘人员未对人才的求职行为作出及时回应而造成错过人才的损失。企业在吸引应聘者上已经花了很大成本，但却使潜在的合适人才溜走，这就大大不值了。人事经理在拿到简历之后24～48小时内应与求职者联系。“我们的简历积压得太多，所以无法快速地从中筛选。”“人事经理出差了，还没来得及看简历。”这是人们常听到的不可接受的借口。可以说，招聘速度是衡量人力资源部管理工作的一个重要指标，对投递简历的应聘者反应速度越快，就越可能招收到合适的优秀人才。规避招聘回复的速度风险可为企业尽早取得人力资源上的竞争优势。本情境中崔经理没有在录取环节及时跟进，导致目标人选流失。

在录用通知中应该讲清楚新员工报到的时间、地点，甚至报到路线的详细信息也应该解释清楚。此外，公司因为为新员工办理各种手续而需要的东西都应该在录用通知中详细说明，比如居民身份证、一寸免冠照、毕业证、学位证或其他与工作有关的资质证书等。

需要强调的是，通知被录用者的方式应当一致，而且在录用通知中要让被录用者感觉到自己对于组织发展具有很大意义。一般来说，公司的录用通知会采取信函通知、电话通知、电子邮件通知等方式。为了通知及时，企业选择后两种通知方式居多。

【阅读材料】

录用通知可以吸引人才，但是稍有不慎，它也可以困住企业的脚，从现代企业人力资源管理理念的角度出发，招聘实务中关于录用通知的使用，应当追求法律方面的严谨，更大限度地减小企业的录用风险。

1. 发出录用通知与候选人体检的顺序安排

关于发出录用通知与候选人体检的顺序安排，在实务中一般有两种操作模式，第一种模式是先让候选人进行体检，候选人体检合格后再发出录用通知；第二种模式是先发出录用通知，再让候选人体检。如果企业的招工条件允许的话，建议在操作中采取第一种模式。

第二种模式主要存在以下两个方面的法律风险：

（1）在拒绝理由上不易选定。如果在发出录用通知后体检，而在体检中发现候选人有某种疾病的话，则企业不易找出拒绝理由，否则非常容易被视为就业歧视。特别是在2008年1月1日《就业促进法》实施以后，如果企业存在就业歧视，候选人可以向法院提起诉讼。

（2）加大解雇成本。如果在发出录用通知后体检，而在体检中发现候选人有某种疾病仍让其顺利入职的话，则可能会在用工期间产生病假、医疗期等一系列后续问题，同时丧失了巨大的招聘机会成本，而且加大了企业的解雇成本。

2. 录用通知的失效

在实务中，会出现这样的情形：企业向候选人发出录用通知，数月后候选人才回复公司表示接受，此时公司已经找到了新的候选人，并且新的候选人已经入职工作了。为了规避此种情形带来的法律风险，建议在录用通知上设立一个回复期限，如果在期限内不回复，则录用通知自动失效。

另外，在实务中也会出现另外一种情形，候选人答复接受并且承诺在具体的时间入职报到，但是报到时间已到而该候选人杳无音信，可能该候选人已经另栖他枝而再无踪迹，也可能过了一段时间又重新出现来公司报到，那么在这种情况下，企业是否还要受录用通知的约束，如何规避这种情况的法律风险？对此，建议可以在录用通知上设定，如果候选人不能在承诺的时间入职报到，需事先得到企业的同意才能后延，而且后延时间不能超过企业设定的期限，否则录用通知自动失效。

3. 录用通知与劳动合同之间关系的处理

在实务中一般有以下三种操作模式：第一种模式是明确劳动合同签订后，录用通知自动失效；第二种模式是明确劳动合同签订后，某些合同的某些内容特别是劳动报酬内容条款按照录用通知上的相关条款执行；第三种模式是对录用通知与劳动合同之间关系的处理未作任何设定。专家更倾向于建议采取第一种模式，这样可以最大限度地减少后患。

首先，第三种模式是人们应该坚决摒弃的，它对二者之间的关系未作任何设定，而录用通知和劳动合同上往往会出现一些相互矛盾的条款甚至是待遇条款一高一低的情况，与此伴随的则是内在的法律风险，在实践中企业因此而败诉的案例也时常见诸报端。第二种模式虽然明确了劳动报酬按照录用通知执行，但是在其他方面的内容仍然不能彻底摆脱第三种模式的类似风险。如果采用这种模式，至少应当明确，当二者内容不一致时，以双方劳动合同为准。

下面是录用通知书的范本。

××公司录用通知

尊敬的先生/女士：

您应聘本公司××职位一事，经复核审议，决定录用您为本公司员工，欢迎您加入本公司。

具体事宜如下：

1. 报到时间：××××年××月××日上午/下午××点
2. 报到地点：公司人力资源部办公室
3. 携带资料：

（1）居民身份证原件

（2）毕业证、学位证原件，其他与工作相关资质证书

（3）近期一寸免冠彩照3张

如果您有什么疑惑或困难，请与人力资源部联系。电话：0351－××××××。若您不能就职，请于××××年××月××日之前告知本公司。

××公司人力资源部（公章）

××××年××月××日

（2）辞谢通知书。许多组织以各种理由忽视应聘失败者的通知环节，对于未被录取的应聘者不予回应。从表面上讲，一个组织周到的辞谢方式可以树立良好的企业形象；从深层次来看，对未被录用者的态度反映了组织对待人才的态度，反映了组织在管理理念上是否以人为本。向未被录用者发出辞谢通知，感谢其对公司的关注，这是招聘流程中一个不可忽视的环节。辞谢通知的形式有电话形式、信函形式等。

××公司辞谢通知

先生/女士：

您好！非常感谢您对我们公司的关注及对我们工作的支持。

您在应聘期间的良好表现给我们留下了深刻的印象，但由于招聘名额有限，我们只能割爱。我们已将您的有关资料备案，并会保留一年，在此期间如有合适的工作机

会，我们会优先考虑您。

感谢您对我们决定的支持和理解，祝您早日找到理想的工作！

××公司人力资源部经理

××××年××月××日

（3）关注拒聘者。尽管组织采取各种方式去吸引人才，但仍然会发生被录用者接到通知后没有来组织报到的情况。每个被录用者都是组织经过深思熟虑选出来的，都是组织重视的人才，所以拒聘是组织不愿意发生的事情。发生拒聘时，人力资源部应该主动询问，了解原因，并表示积极争取的态度。如果发生大规模拒聘的现象，往往是组织本身的问题，招聘部门一定要认真询问，详细调查，找出背后原因。

2. 办理入职手续与签订劳动合同

劳动合同是劳动者与用人单位为了确定劳动关系，明确双方责任、权利和义务的协议，是组织与员工之间合法权益的保障，是预防和处理劳动纠纷的前提。

（1）签订形式。劳动法明确规定，劳动合同应当以书面的形式签订。

（2）时间要求。劳动合同签订的时间一般限定为自用工之日起一个月内。

【实训项目】

撰写劳动合同

C公司人力资源部作出初步录用的决策后，拟与此次招聘的员工签订劳动合同。人力资源部的主管安排李专员撰写一份劳动合同，要求切合企业实际，符合合同文书书写的规范，遵守国家的相关法律法规。李专员迅速投入此项工作中。

1. 劳动合同必备的内容

（1）用人单位的名称、地址和法定代表人或者主要负责人。

（2）劳动者姓名、住址和居民身份证或其他有效身份证件号码。

（3）劳动合同期限。

（4）工作内容和工作地点。

（5）工作时间和休息休假时间。

（6）劳动报酬。

（7）社会保险。

（8）劳动保护、劳动条件和职业危害防护。

（9）法律、法规应当纳入劳动合同的其他事项。

以上是劳动合同必备的内容，除此之外，用人单位和劳动者可以结合自身实际在不违反法律的前提下约定一些其他事项。

2. 劳动合同样本

C公司劳动合同

甲方（用人单位）：C公司　　　　乙方（职工）：________

法定代表人（主要负责人）：________　　身份证号码：________

注册地址：__________　　　　户籍地址：________
通信地址：__________　　　　通信地址：________
联系人电话：________　　　　联系电话：________

为确立甲、乙双方的劳动关系，明确双方的权利和义务，根据《中华人民共和国劳动法》《中华人民共和国劳动合同法》及其他相关法律法规，甲、乙双方本着自愿、平等的原则，经协商一致签订本合同。

一、合同的类型和期限

第一条　本合同的类型为：________；期限为：________。

（一）有固定期限合同。期限为____年，自____年____月____日起，至____年____月____日止。

（二）无固定期限合同。自____年____月____日起。

（三）以完成一定工作任务为期限的合同。具体为：________。

第二条　试用期为：________。

（一）无试用期。

（二）试用期为____个月（天），本合同的试用期自____年____月____日起，至____年____月____日止。

二、工作内容和工作地点

第三条　乙方同意根据甲方工作需要，担任____岗位（工种）工作。

第四条　根据甲方的岗位（工种）作业特点，乙方的工作区域或工作地点为：________。

第五条　乙方应按时、保质保量地完成甲方指派的工作任务。

三、工作时间和休息休假

第六条　甲方安排乙方执行工时制度：________。

第七条　甲方对乙方实行的休假制度有：________。

第八条　甲方应该严格遵守国家有关加班的规定，确实由于生产经营需要，应当与乙方协商确定加班事宜。

四、劳动报酬

第九条　本合同的工资计发形式为：________。

（一）计时形式。乙方的月工资为：____元（其中试用期月工资为：____元）。

（二）计件形式。乙方的劳动定额为：____　计件单价为：____。

第十条　甲方每月____日以法定货币形式足额支付乙方的工资。如遇节假日或休息日，应提前到最近的工作日支付。

第十一条　本合同履行期间，乙方的工资调整按照甲方的工资分配制度确定。

第十二条　甲方安排乙方延长工作时间或者在休息日、法定假日工作的，应依法安排乙方补休或支付相应工资报酬。

五、保险福利待遇

第十三条　甲方应按照国家和本市社会保险的有关规定为乙方参加社会保险。

第十四条　乙方患病或非因工负伤，其病假工资、疾病救济费和医疗待遇等按国家和本市有关规定执行。

第十五条 乙方患职业病或因工负伤的工资和工伤保险待遇按国家和本市有关规定执行。

第十六条 甲方为乙方提供以下福利待遇：________。

六、劳动纪律

第十七条 乙方遵守国家的法律法规及甲方依法制定的规章制度；爱护甲方财产，遵守职业道德；积极参加甲方组织的培训。

第十八条 乙方违反甲方依法制定的劳动纪律和规章制度，甲方可依据本单位规章制度，给予纪律处分，直到解除本合同。

七、劳动保护、劳动条件和职业危害防护

第十九条 甲方根据生产岗位的需要，按照国家有关劳动安全、卫生的规定为乙方配备必要的安全防护措施，发放必要的劳动保护用品。

第二十条 甲方根据国家有关法律、法规，建立安全生产制度；乙方应当严格遵守甲方的劳动安全制度，严禁违章作业，防止劳动过程中的事故，减少职业危害。

第二十一条 甲方应当建立、健全职业病防治责任制度，加强对职业病防治的管理，提高职业病防治水平。

八、劳动合同的履行和变更

第二十二条 甲方应当按照约定向乙方提供适当的工作场所、劳动条件和工作岗位，并按时向乙方支付劳动报酬。乙方应当认真履行自己的劳动职责，并亲自完成本合同约定的工作任务。

第二十三条 甲、乙双方经协商一致，可以变更本合同的内容，并以书面形式确定。

九、劳动合同的解除、终止和经济补偿

第二十四条 甲、乙双方解除、终止、续订劳动合同应当依照《中华人民共和国劳动合同法》、国家和本市有关规定执行。

第二十五条 甲方应当在解除或终止本合同时，为乙方出具解除或终止劳动合同的证明，并在____日内为乙方办理档案和社会保险关系转移手续。

第二十六条 乙方应当按照双方约定，办理工作交接。应当支付经济补偿的，在办理工作交接时支付。

十、当事人约定的其他内容

第二十七条 甲、乙双方约定本合同增加以下内容：________。

十一、劳动争议处理

第二十八条 因履行本合同发生的劳动争议，当事人可以向本单位劳动争议调解委员会申请调解，调解不成，当事人一方要求仲裁的，可以向企业所在地的劳动争议仲裁委员会申请仲裁。对裁决不服的，可以向甲方所在地的人民法院提起诉讼。

十二、其他

第二十九条 本合同一式两份，甲、乙双方各执一份。合同自签订之日起生效，具有同等法律效力。

第三十条　本合同未尽事宜，按照《中华人民共和国劳动法》《中华人民共和国劳动合同法》，以及当地劳动合同规定和甲方的有关规定执行。

第三十一条　本合同条款如与国家法律、法规和政策相悖时，以国家法规政策为准。

甲方（盖章）：__________　　　　乙方（签字）：________

法定代表人：__________

（委托代理人）：________

签订日期：____________　　　　签订日期：________

（五）展开录用面谈

根据新录用员工的来源不同，可以把他们分为两类：一是从外部招聘进来的新员工，二是从企业内部竞选到新岗位的员工。新录用的员工进入企业后，最好安排相关负责人与其就工作职责、企业规章制度、企业文化、企业的组织结构等至少进行一次沟通，这样可以加深双方对彼此的了解，有助于以后工作的开展。

（六）办理人事档案转移手续

新员工办理完入职手续并与企业签订劳动合同后，企业应将员工的档案转移到企业人事档案管理系统中来，按照人事档案管理制度的规定妥善保管。某公司的人事档案管理制度示例如下：

××公司人事档案管理办法（摘录）

一、公司人事档案管理办法总则

为进一步加强公司人事档案管理工作，有效地保护和利用档案，实现人事档案管理的规范化、制度化、科学化，根据《中华人民共和国档案法》及《企业职工档案管理工作规定》，结合公司实际，制定本办法。

1. 人事档案，指企业在招聘录用、调配、培训、考核、奖惩、选拔和任用等工作中形成的有关职工个人经历、政治思想、业务技术水平、工作表现以及工作变动等情况的文字材料，是历史地、全面地考察职工的重要依据。

2. 在档案管理中，应严格执行保密制度，保证档案安全。

二、公司人事档案管理办法职责

（一）综合办劳资员

1. 负责正确应用档案，做到职工档案工资的准确无误。

2. 负责办理工人档案的查阅、借阅和转递手续。

3. 负责登记工人工作变动情况。

4. 负责为有关部门提供职工情况

5. 负责定期向本单位档案室移交档案。

（二）综合办档案员

1. 负责保管工人档案，做好对劳资使用档案情况的监督。

2. 负责收集、鉴别和整理工人档案材料。

3. 负责做好工人档案的安全、保密、保护工作。

三、公司人事档案管理办法管理规定

（一）工人档案的内容和分类

1. 履历材料。指个人经历和基本情况，包括简历表、履历表、招聘职工登记表、职工登记表、更改姓名证明等材料。

2. 自传材料。是指自己撰写的传记材料。

3. 鉴定、考核、考查材料。包括实习、毕业鉴定，学习、培训、工作、技术、工作调动等考核鉴定材料。

4. 评定岗位技能和学历材料。包括学历、学位、成绩、培训结业成绩表和评定技能的考核、审批等材料。

5. 政审材料。包括政审表，政治历史问题和本人检查交代及证明材料，申诉及落实政策的材料。

6. 参加中国共产党、共青团及民主党派的材料。包括加入党团组织和民主党派的申请书、志愿书、转正材料，退出党团组织和民主党派的材料等。

7. 奖励材料。包括经公司及上级组织授予的各种物质、荣誉奖励决定和先进事迹材料。如先进生产者、劳动模范、“三八红旗手”、模范党团员及立功材料。

8. 处分材料。包括违犯党纪国法或违反厂规厂纪所受的处罚、处分决定及本人检查、旁证材料。

9. 招用、劳动合同，调动、聘用、复员退伍、转业、工资、保险、福利待遇、出国、退休、退职等材料。包括岗位工种变动审批表，工龄改变证明，转正定级表，工资变更审批表，调资升级表，调动工作登记表，工资处理表，聘用审批表，解聘登记表，保险福利待遇审批表，出国、内退、退职、退休、解除或终止劳动合同证明等材料。

10. 其他可供组织参考的材料。指凡以上九类不能包括的、有较大参考价值的以及县或相当县级以上组织盖章的结论材料。

11. 材料内容混在一起无法按上述分类的，按其主要内容确定归类。

（二）档案的收集、鉴别与归档

1. 劳动工资部门对职工进行考查、考核、培训、奖惩、转正定级、入党、入团、调资升级等所形成的材料要及时收集，整理立卷，保持档案的完整。

2. 对遗失的档案应积极查找，确实查找不到的应登记造册，经分管领导批准后补建。

3. 档案材料不齐全的，应由劳资部门负责收集、补充，经分管领导批准后归档。

4. 立卷归档的材料必须认真鉴别，保证材料真实、文字清楚、手续完备。材料须经组织审查盖章或本人签字的，应在盖章、签字后归档，做到人档相符。

5. 属于归档的材料，必须齐全、完整。对头尾不清、来源和时间不明的材料，要查清注明后再归档。

6. 不属于归档的材料，应登记造册，转交本人保存或转交有关部门处理。

7. 各类归档材料一般按每项材料形成的时间，由远至近依次排列。应将一份近期职工登记表（履历表）放在首页（在目录上仍按时间顺序排列）。

（三）档案的保管

1. 建立健全档案管理工作制度，做好防火、防蛀、防潮、防光、防盗等工作。

2. 严禁任何人私自保管他人档案或利用档案材料营私舞弊。

3. 劳动工资部门成员及其直系亲属和主要社会关系成员的档案应转交组织、人事部门代管。

4. 档案按姓氏或拼音字母编号等方法进行排序，并按规定的分类装订成册。

5. 职工死亡后，其档案移交本单位档案管理部门保管。对国家和单位有特殊贡献的英雄、模范人物死亡以后，其档案按《齐鲁石化公司档案接受征集管理办法》（齐办发〔1996〕66号）有关规定移交公司档案馆保管。

6. 退职、退休、失踪、逃亡、自动离职、出国不归等人员的档案，按《齐鲁石化公司档案接受征集管理办法》有关规定移交档案管理部门保管。

7. 调动、解除（终止）劳动合同或被开除、除名人员的档案，在办理解除（终止）劳动合同手续后，由公司劳动工资部在30日内转交新的工作单位或劳动保障行政部门。

（四）档案的借阅与查阅

1. 任何人不得查阅或借阅本人及亲属的档案。

2. 档案除特殊情况外一般不借出查阅，如必须借阅时，须持注明借阅理由的单位介绍信，经劳资部门负责人批准，办理借阅手续。外单位借阅档案时，还应出示本人工作证或身份证。借阅档案要如期归还，逾期不还的，档案员必须及时追回。

3. 借阅档案时，档案员和借阅者要当面点清材料份数和页数，登记签名。归还时当面交清，双方签字认可。借档人员要保证档案安全，有遗失、缺页、损坏等情况时，应立即追查责任。

4. 查阅档案，必须有查阅单位领导签字。外单位查阅应持单位介绍信及本人工作证或身份证，经劳动工资部门负责人同意后，方可查阅。未经同意，不得摘录、复制档案材料。严禁涂改、圈划、抽取、撤换档案材料。

5. 档案查阅应遵守以下规定：

（1）查阅档案应在阅档室进行，且应2人以上，其中至少要有1名中共党员；

（2）在查阅档案时，严禁吸烟和出现其他可能污损档案的行为；

（3）查阅档案的人员，对档案内容应严格保密，不得向无关人员泄露。

（五）档案的转递

1. 档案应通过公司机要部门转递或派专人送取，不准邮寄或交本人自带。

2. 对转出的档案，必须按“企业职工档案转递通知单”的项目登记，并密封包装。对转出的材料，不得扣留或分批转出。

3. 接收单位收到档案经核对无误后，应在回执上签名盖章，并将回执立即退回。

逾期一个月转出单位未收到回执应及时催问，以防丢失。

（六）处罚

有下列行为之一的，视情节轻重，由主管部门对有关责任人员给予行政处分或经济处罚：

1. 不按规定建立档案工作管理制度或档案保管条件不当危及档案安全，造成损失的；

2. 发现档案破损、变质、丢失或泄密等情况，未及时采取措施造成损失的；

3. 不按有关规定将应归档的文件材料向本单位档案机构或档案馆移交的；

4. 涂改、伪造、盗窃档案或擅自提供、抄录、公布和损毁档案的；

5. 阻挠、拒绝档案管理部门依法监督检查的或对检举揭发违法行为者打击报复的；

6. 档案工作人员玩忽职守，造成档案损失的；

7. 违反国家有关档案法规的。

（七）档案员守则

1. 认真执行档案管理规定，遵守保密制度，忠于职守。

2. 保护档案的安全，不得擅自转移、分散或销毁档案材料。

3. 除转正定级、党团、调资升级、奖惩等政党性材料可以随时归档外，其他材料应随时进行登记，经主管领导批准后，方可归档。

4. 需要销毁或处理的档案材料，必须经登记和批准后方可处理。

5. 不准无关人员进入档案室。不向无关人员泄露档案内容。

6. 档案材料书写时一律用钢笔或毛笔，字迹要端正、清楚，不准使用圆珠笔、铅笔、红色墨水及复写纸书写。

7. 档案管理应做到：认真鉴别、人档相符、分类准确、编排有序、目录清楚、查取迅速、装订规范、存放整齐、查（借）阅有手续。

学习任务三　了解新员工入职培训

情境案例引入

德国西门子公司的入职培训

西门子的人才培训计划有新员工培训、大学精英培训及员工在职培训，涵盖了业务技能、交流能力和管理能力的培训。通过一系列的培训，帮助公司新员工具备较高的业务能力，储备大量的生产、技术和管理人才。因此西门子长年保持着公司员工的高素质，这是西门子强大竞争力的来源之一。

新员工培训又称第一职业培训。在德国，一般15岁到20岁的年轻人，如果中学毕业后没有进入大学，要想工作，必须先在企业接受3年左右的第一职业培训。

在第一职业培训期间，学生要接受双轨制教育：一周工作5天，其中3天在企业接受工作培训，另外2天在职业学校学习知识。这样，学生不仅可以在工厂学到基本的技巧和技术，而且可以在职业学校受到相关基础知识教育。通过接近真刀实枪的作业，他们的职业能力及操作能力都会得到提高。

由于企业内部的培训设施基本上使用的是技术最先进的培训设施，保证了第一职业培训的高水平，因此第一职业教育证书在德国经济界享有很高的声誉。由于第一职业培训理论与实践结合，为年轻人进入企业提供了有效的保障，也深受年轻人欢迎。在德国，中学毕业生中有60%～70%接受第一职业培训，20%～30%选择上大学。

西门子早在1992年就拨专款设立了专门用于培训工人的“学徒基金”。这些基金用于吸纳部分15岁到20岁的中学毕业后没有进入大学的年轻人，参加企业3年左右的第一职业培训。

现在西门子公司在全球拥有60多个培训场所，如在公司总部慕尼黑设有韦尔纳·冯·西门子学院，在爱尔兰设有技术助理学院，它们都配备了最先进的设备，每年培训经费近8亿马克。目前共有10 000名学徒在西门子接受第一职业培训，大约占员工总数的5%，他们学习工商知识和技术，毕业后可以直接到生产一线工作。

第一职业培训（新员工培训）保证了员工一正式进入公司就具有很高的技术水平和职业素养，为企业的长期发展奠定了坚实的基础。

西门子计划每年在全球接收3 000名左右的大学生，为了利用这些宝贵的人才，西门子也制订了专门的大学精英培训计划。

西门子注意加强与大学生的沟通，增强对大学生的吸引力。公司同各国高校建立了密切联系，为学生和老师安排活动，并无偿提供实习场所和教学场所、举办报告会等。

1995年4月，西门子在北京成立了高校联络处，开始与高校建立稳定而持久的伙伴关系，加强与高校教师、学生及各院系、研究所的联系和沟通。西门子每年在重点院校颁发300多项奖学金，并为优秀学生提供毕业后求职的指导和帮助，高校联络处也因此被称为“西门子和高校沟通的桥梁”。

进入西门子的大学毕业生首先要接受综合考核，考核内容既包括专业知识，也包括实际工作能力和团队精神，公司根据考核的结果安排适当的工作岗位。

此外，西门子还从大学生中选出30名尖子生进行专门培训，培养他们的领导能力，培训时间为10个月，分3个阶段进行。第1阶段，让大学生全面熟悉企业的情况，学会从互联网上获取信息；第2阶段，让大学生进入一些商务领域工作，全面熟悉本企业的产品，并加强他们的团队精神；第3阶段，将大学生安排到下属企业（包括境外企业）承担具体工作，在实际工作中获取实践经验和知识技能。

目前，西门子共有400多名这种精英，其中四分之一在接受海外培训或在国外工作。

【案例分析】 西门子的第一职业培训和大学精英培训计划为西门子训练和储备了大量管理人员，这一做法值得人们借鉴。

【任务提示】 应聘者被录用到企业报到后身份就转化为企业的新员工。一般来说，企业对新员工都要进行一定的培训。新员工的培训又被称作岗位适应性培训。对于新员工培训的目的就是让员工尽快融入企业，适应环境，适应岗位特点。具体来说，新员工培训要完成以下任务：一方面，通过培训让新员工熟悉企业环境，了解企业发展过程以及未来前景，了解企业文化、规章制度等；另一方面，通过培训使新员工学习岗位所需的新技能或新知识，及时适应企业内部独特的管理风格，尽快融入企业整体环境中。无论是应届毕业生还是具有工作经验的员工，都需要接受这种培训。

知识基础三　新员工培训

（一）新员工培训的作用

1. 使员工尽快融入组织整体环境

新员工刚进入组织，面临一个陌生的环境，需要一定的时间去适应。对新员工进行培训会缩短他们的适应期，帮助其尽快融入组织。组织环境包括硬件和软件两个方面：组织的硬件环境也就是指组织的地理位置、自然环境、办公条件等；组织的软件环境就是指组织的战略规划、组织文化、经营理念、规章制度以及劳动纪律等内容。通过有针对性的培训，使新员工尽快适应、接纳组织的整体环境特点，为日后开展工作打下良好的基础。

2. 使新员工在短时间内有效开展工作

刚从学校毕业的新员工对即将从事的工作没有经验，开展工作的难度会很大，对其进行适应性培训很有必要；对于有相关经验的新员工，因为不同的企业环境即使是相同的职位，其具体的工作流程也会有差别，同样需要培训。组织可以通过发放员工手册、讲解工作说明书、组织参观活动和技能培训活动，让新员工明确自己的工作任务、职责范围，适应新的工作流程，从而在较短时间内进入工作状态。

3. 为招聘甄选提供反馈信息

通过岗位适应性培训，新员工的性格特点、工作能力以及工作态度都会真实地表现出来，这些信息会直接检验出录用决策者的判断是否准确。同时新员工的全方位表现会使组织加深对员工的了解。这些信息都能对之前的招聘、甄选提供较准确的反馈，进而指导日后的相关工作。

（二）新员工培训内容

通常情况，新员工岗前培训中所涉及的主要内容有以下几个方面：

1. 精神层面

了解组织发展历史与现状；了解企业文化，包括组织传统、组织宗旨、组织经营理念以及组织精神等；目的就是让新员工明白组织倡导什么，组织需要员工以什么样的状态投入工作，以及如何在精神层面上做一名优秀员工。

2. 制度规范

组织制度规范属于有形文化。新员工应该认真学习组织的一系列规章制度，包括奖惩制度、福利制度、培训考核制度、发展晋升制度、财务制度等。此外，服务岗位还有其他行为规范，比如客服接电话要遵守的礼貌规范、服务生的仪态要求等。

3. 物质层面

新员工需要了解组织的地理位置和工作环境；了解组织产品，包括产品名称、性能特点、市场占有率；了解组织的品牌商标等。

4. 业务知识技能

在业务知识方面，新员工首先应该了解组织结构、职能部门、上下级之间的汇报关系等；其次，通过科学规范的工作说明书来熟悉自己的工作职责。业务技能培训则包括新员工岗位的工作标准与操作流程、产品判断、上下游流程的关系等。

【阅读材料】

海尔是如何做新员工培训的

新员工培训有共性也有特性，优秀的企业会从新员工心态与需求出发，结合企业自身的管理理念、企业文化，制定出一份符合企业发展需求的新员工培训方案。

海尔作为一个世界级名牌企业，每年招录上千名大学生，但是离职率一直很低，离开的大部分是被淘汰的（海尔实行10/10原则，奖励前10%的员工，淘汰后10%的人员），真正优秀的员工绝大部分会留下来。海尔的新员工培训是如何进行的？

1. 稳定员工心态

毕业生新到一个陌生的、与学校完全不同的环境，总会有些顾虑：待遇与承诺是否相符、会不会得到重视、升迁机制对自己是否有利等。在海尔，公司首先会肯定待遇和条件，让新人把心放下，做到心里有底。接下来组织新、老大学生见面会，人力中心、文化中心和旅游事业部的主管领导与新人面对面地沟通，使新员工尽快客观地了解海尔，解决他们心中的疑问，不回避海尔存在的问题，并鼓励他们发现、提出问题。另外还与员工就职业发展规划、升迁机制、生活方面等问题进行沟通，让员工真正把心态端平放稳。

2. 鼓励员工说出心里话

让员工把话说出来是解决矛盾的最好办法。如果你连员工在想什么都不知道，解决问题就没有针对性。开辟“绿色通道”是个不错的方案，使他们的想法可以第一时间反映上来。海尔给新员工每人都发了“合理化建议卡”，员工有什么想法，无论是关于制度、管理、工作、生活还是其他任何方面，都可以提出来。对合理化的建议，海尔会立即采纳并实行，对提出人还有一定的物质和精神奖励。而对不适用的建议，也给予积极回应，因为这会让员工知道自己的想法已经被考虑过，他们会有被尊重的感觉，更敢于说出自己心里的话。在新员工提的建议与问题中，有的居然把“蚊帐的网眼太大”的问题都反映出来了，这也从一个侧面表现出海尔的工作相当到位。

3. 培养“家”的感觉

海尔不像外界传说的那样，除了严格的管理，没有一点人性化的东西。“海尔人就是要创造感动”不只是一句口号，领导对新员工的关心到了无微不至的地步。新员工军训时，人力中心的领导会把他们的水杯一个个盛满酸梅汤，让他们一休息就能喝到；集团的副总会专门从外地赶回来参加新员工的培训；集团领导对员工的祝愿中有这么一条——“希望你们早日走出单身宿舍”；海尔为新员工统一过生日，每个人都会得到一个温馨的小蛋糕和一份精致的礼物；首席执行官张瑞敏曾特意抽出半天时间和700多名大学生共聚一堂，沟通交流。这些，对于长期在外漂泊、对家的概念逐渐模糊的大学生来说（一般从高中就开始住校），海尔所做的一切帮他们找回了“家”的感觉。

4. 树立职业心

当一个员工真正认同并融入企业当中后，就该引导员工树立职业心，让他们知道怎样去创造和实现自身的价值。海尔对新员工的培训除了开始的导入培训，还有拆机实习、部门实习、市场实习等一系列的培训，海尔花费近一年的时间来全面培训新员工，目的就是让员工真正成为海尔躯体上的一个健康的细胞，与海尔同呼吸、共命运。

（三）新员工培训方法

1. 参观

对组织硬件环境的介绍如果用课堂讲述的方式可能效果一般，这时候应该用参观法。通过参观，帮助新员工了解组织内部及附近的环境，如组织参观办公地点、休息地点、开会地点、就餐地点、附近交通站点、银行机构、超市等；让新员工了解即将进入的部门位置、办公设施、生产设备、生产工具等。

2. 讲演

针对组织制度规范方面的培训，可以用讲演法实现。培训之前将组织的规章制度印制成内部刊物、员工手册等发放给新员工，将培训者讲演和员工自学结合起来。

3. 示范

教授某种技能或程序时，可以采用示范法，通过运用相关材料和教具进行示范，使受训者明白某种技能或程序是如何完成的。示范法要求之前准备好相关材料和设备，场地的布置应该使所有学员都能看清楚细微的动作，事先说明示范目的；示范后，应该让每位学员试一试，针对学员表现做针对性反馈与讲解。

4. 游戏

培训组织者精心设计一些游戏活动，以一种轻松自由的方式进行培训。该方法的主要目的是通过员工参与游戏来培养员工之间的合作意识、应变能力等。

5. 座谈

举行新员工座谈会，鼓励员工积极提问，并详细解答，可以进一步促进员工关于组织和自身岗位的了解。同时有助于培养新员工的主人翁精神，使其更积极、更迅速地参与到组织的工作中。

知识掌握

1. 录用过程一般遵循哪些基本原则？
2. 影响录用的因素有哪些？
3. 科学合理的录用决策需要具备哪些要素？
4. 劳动合同必备的内容有什么？
5. 简述新员工培训的内容和方法。

知识应用

温格皮具公司是一家私营企业，以设计生产各类皮包、皮箱、皮饰品为主。随着市场份额的不断扩大，生产部门的业务越来越多，员工数量不断扩大，人员管理出现了一些问题。为了对生产部门的人力资源进行更为有效的管理和开发，生产部经理李飞申请设立一个专门职位来处理生产部的人力资源问题，该职位是联系生产部与人力资源部的桥梁。高层批准后，人力资源部马上发布招聘信息。紧接着收到几十份简历，为了表示重视，人力资源部经理王宇亲自进行面试，经过筛选后留下6个应聘者交由生产部经理李飞决定。李飞选出这6个人中的徐磊和邢鹏，在他俩之间难以进行抉择，于是决定听听王宇的建议，想和王宇共同决定。徐磊和邢鹏的简历如下：

徐磊，男，30岁，管理学硕士学位，有6年的人事管理经验，在此之前在生产性企业工作，表现良好。

邢鹏，男，28岁，管理学学士学位，有4年的人事管理经验，换过三次工作，有两次工作均没有主管的评价资料。

生产部经理李飞来到人力资源部经理办公室向王宇说明困惑，寻求建议。李飞说："两位应聘者的资格审查都合格，唯一的问题是，邢鹏有两次工作对应的评价信息没有，但是也没有发现不好的地方，你怎么看？"王宇说："我觉得两人表现都没什么大问题，只是徐磊在形象气质上比邢鹏差很多，而且我跟邢鹏更谈得来。估计邢鹏以后在工作中和我更合拍一些。"李飞说："既然你有这种看法，咱们就录用邢鹏好了，尽快通知他上班吧。"

于是，邢鹏被公司录用了，而且由于工作迫切需要开展，邢鹏报到后就直接开始工作了。但是进入公司半年以来，邢鹏经常暴露出工作拖延以及工作完成质量差的问题，引来许多人的抱怨。

分析：

1. 公司为什么会错选邢鹏？
2. 案例中暴露出哪些问题？该如何解决？

技能操练

项目名称： 员工录用环节工作处理。

实训要求： 每个模拟公司针对自己拟录用的人员，编写发放录用通知、体检通知，写档案接收调函，办理档案接收手续，拟写劳动合同，设计培训方案。小组做PPT展示汇报，教师点评打分。

实训成果：

1. 录用表单的设计。
2. 档案关系的接转手续。
3. 体检与背景调查的组织。
4. 劳动合同的撰写。

考核指标：

1. 设计表单内容全面，可行性强。
2. 小组气势佳，分工合作好，成员参与度高。
3. PPT制作清晰，汇报者表达流畅。

学习情境七

招聘的风险防控与招聘评估

知识目标：掌握相应的法律法规，运用专业技巧有效规避招聘各环节可能存在的风险；掌握招聘评估的基本概念，理解招聘评估的重要意义，熟悉招聘评估中财力资源评估和人力资源评估常用的评估指标。

能力要求：能够规避招聘风险，提高招聘质量；能够运用基本的招聘评估知识进行一般性的招聘评估；能够撰写简单的招聘工作评估报告。

职业导向

招聘和甄选工作决定了企业的人力资源数量、质量和结构，决定了企业各项工作的顺利开展，如果招聘来不合适的人员，不仅会造成直接成本、间接成本和机会成本的增加，而且极有可能给公司带来劳动用工风险。这就要求人力资源工作者熟知国家相关的各项劳动法律、法规，合法用工，防范风险，把好人才入口的质检关。

职业情境

李敏是我国某大型国企人力资源部的人事文员，调到人员录用岗工作的这段时间，顺利地为不少员工办理了员工录用、登记、入职、任免、迁调、奖惩和离职等具体手续，但是听说人事主管碰到了一个棘手的问题：公司发现试用期有个员工不太符合公司要求，趁着试用期还没有结束，拟对其解除劳动合同，没想到这名员工却把公司告到了劳动仲裁委员会，公司最终被判败诉，本来这类事件是可以避免的，却因主管一时没有做好招聘的风险防控，让公司遭受了损失。如何做好招聘的风险防控和评估等工作？李敏陷入了深思。

学习任务一　招聘的风险防控

情境案例引入

员工离职风险管理

某公司在发布的招聘软件工程师的广告中没有写明需要具有流利的外语水平。王某经面试被录用后，公司与其签订了3年的劳动合同，其中包括试用期6个月。然而，王某入职后，公司发现他虽然工作积极肯干，但因为英语水平不高，与外籍员工在工作中沟通不畅，因此欲与其解除劳动合同。王某向公司提出支付两个月的工资作为经济补偿金。公司认为无须向王某支付经济补偿金，因为仍在试用期内，公司享有解除劳动合同的权利；而且，王某与外籍员工存在语言沟通问题，工作障碍突出，不符合录用条件。王某一纸诉状将公司诉至劳动争议仲裁委员会，经审理后，公司因无法举证证明王某不符合录用条件而败诉。

【案例分析】 本案用人单位败诉是因为公司设定的录用条件和工作职责过于笼统，使得“欠缺语言沟通能力”与“不符合录用条件”无法联系起来，导致解除劳动合同没有相应依据，使公司最终承担了不必要的经济损失。由此可见，招聘广告中的录用条件和工作职责对用人单位在试用期内合法解除劳动合同具有重要的作用。

【任务提示】 企业和劳动者若不在诚实信用、满足双方知情权的基础上建立劳动关系，就会产生不必要的法律风险。劳动争议的发生与处理都需要双方付出成本。企业出现劳动争议，会对其他员工产生潜在的心理影响，会使员工对企业的用人观念产生怀疑。这些负面影响对企业正常的人力资源管理秩序极为不利。对有些人才来讲，还可能带来与原单位有关的法律风险。

必备知识

知识基础一　招聘中的风险控制

聚焦劳动争议

（一）招聘过程中的风险控制

1. 避免就业歧视

在招聘广告中，应多使用对岗位具体能力的描述性语言，避免存在性别、年龄以及对未婚未育女性、乙肝病毒携带者的歧视等问题。

情境案例

招聘保安

某公司招聘保安，招聘广告如下：

第一，性别：男性；第二，年龄：35周岁以下；第三，户籍：本地户口；第四，身高：1.7米以上。该公司请专家指导招聘广告是否有问题，专家指出，该招聘广告各项均涉嫌就业歧视。

专家问：“如果前来应聘的是退伍的女武警，人品很好，具有丰富的管理经验，是否可以聘请？”总经理回答：“当然可以！”该专家又问：“这名女子身高1.65米，年龄是38岁，外地户口，她丈夫是本地户口，稳定性很强。”总经理说：“没有问题。”

最后专家指出，其实该企业要招聘的员工须具备如下条件：第一，工作稳定性要强；第二，能够胜任工作压力；第三，对坏人要有威慑力；第四，体格健壮，能够按照公司的要求加班、出差。这样的招聘广告既避免了就业歧视，又可以找到自己真正想要的员工。

2. 避免欺诈性招聘

有的企业为了提高对人才的吸引力使用夸张性的描述，如，承诺给员工出国进修学习的待遇，但员工工作一年后，发现没有此项安排，为此，将企业告上法庭，要求赔偿福利待遇损失。如果涉嫌欺诈，法院会支持员工的诉讼请求。同时还应避免不切实际的口头承诺。如，企业在面试员工时，承诺不经常加班和出差，然而事实并非如此，最终员工依据面试的谈话录音起诉企业，结果企业构成欺诈性招聘。

3. 保障求职者的知情权

（1）在招聘人数方面。根据《就业促进法》的规定，企业在招聘员工时有告知招聘人数的义务，招聘简章上要对招聘人数有明确的描述。如果企业的招聘人数不是很确定，可以说明一个区间，如2～20人，或者也可以直接写明计划招聘员工20人，如果在实际招聘中仅招聘了两名员工，企业可以解释是一直没有招到合适的人员，这也是合法的。

（2）在薪酬福利待遇方面。根据法律规定，企业有告知招聘员工工资、人数、工作地点以及企业基本情况的义务。一般来说，企业经常不愿说明工资待遇问题。如果该岗位的工资在行业内不是秘密，这种情况招聘企业不妨将工资情况告之于众，例如招聘岗位工资一般在2 500～3 500元，在企业招聘简章上可以写明工资3 000元左右，这样可以提高招聘效率。如果招聘岗位的工资在行业内确实为秘密，这种情况招聘企业可以用区间范围说明招聘岗位的工资，如工资2 000～20 000元。

反歧视、反欺诈、保障知情权是《就业促进法》对企业招聘提出的三大要求，能够做到这三点，既是合法、合规的表现，也是企业在招聘方面非常专业的表现。

4. 优化招聘流程

企业在招聘员工时，经常会出现关于招聘流程方面的问题。

第一种情况，公司在招聘员工时，面试、笔试等程序进行完毕，录用通知发给员工后，由于种种原因，企业不想招聘这名员工，又再次通知该名员工取消录用。

第二种情况，面试、笔试等程序进行完毕，因女员工计划半年之后怀孕，所以又通知员工不予聘用。

以上行为在法律上是缔约过失，侵犯了员工的权利。员工可能因为企业的录用通知而做了许多准备，例如可能辞退了原来的工作、为新的工作而搬家等。由于企业的变更给员工带来的损失，企业需要予以赔偿。这是因为企业在招聘流程上出现了问题，在录用通知发出之前要对员工的情况了解清楚，确实没有问题，才可以发出录用通知。

（二）劳动合同签订的管理风险控制

1. 不签订劳动合同的法律风险

2007年出台的《劳动合同法》明确规定：企业在用工一个月后、十二个月之前，仍未与员工签订劳动合同的，需要支付员工双倍工资；超过十二个月仍未与员工签订劳动合同的，视为双方已经形成无固定期限的劳动合同关系。

实际上，一些企业的分支机构或下属部门，在招聘完员工后不与员工签订劳动合同（劳务合同），认为这样招聘的员工就是临时工，导致最后出现用工方面的纠纷。

情境案例 **门卫与企业未签订劳动合同的案件**

北京某大学校办企业的一个门卫是外地农村来的农民，企业认为他属于临时工，未与其签订劳动合同。后来该门卫向法院起诉用人单位，要求：第一，签订无固定期限的劳动合同；第二，补合同；第三，补交社会保险；第四，补偿自己这些年的加班费。

由于未签署（签订）劳动合同，可能给企业带来经济和声誉上的损失。

2. 如何判定是否构成劳务关系

（1）不需要签署劳动合同的情况。

在实际中，也存在一些不需要签署劳动合同的情况：

①大学生到企业实习，双方不构成劳务关系，不需要签署劳务合同；

②返聘已达到退休年龄的员工；

③员工与上级（下级、合作等）单位签署劳务合同，上级（下级、合作等）单位将其派到自己的单位工作；

④一些兼职人员，偶尔到公司来工作一段时间。

（2）劳务关系成立的法律条件规定。

法律对构成劳务关系的条件规定如下：

①员工在用人单位平均每个工作日的工作时间超过四个小时，少于四个小时的属于钟点工，可以不签署劳务合同。

②员工从事的是用人单位的工作内容，包括用人单位主营的或辅助性的工作。

③员工接受用人单位的管理，双方是管理与被管理、隶属与被隶属的关系。例如有些保险公司的代理人，并不接受保险公司的管理，而是凭借着自己的资源帮助保险公司销售产品，然后根据双方事前的约定领取报酬，这种情况双方不需要签订劳务合同。

④主体合法。如果员工是与自己的上级、下级或合作单位签署的劳务合同，被派到自己的公司工作，这种情况下自己公司不与员工签署劳务合同。

企业使用员工具备以上四个条件时，需要签署劳务合同。

需要注意的是，法律在界定主体条件时，劳务工并不是指农村户口的员工，而是指用人单位和员工之间的一种劳务关系。例如，自己的公司与另一家公司合作开展一个项目，合作公司派员工到自己的公司帮忙，这名员工与自己的公司构成劳务关系，是自己公司的劳务工，这名员工与合作公司是劳动合同关系。

所谓临时工，并不是指在自己公司不重要的岗位上工作的员工，而是与自己公司签订短期劳务合同，如签订三个月的劳动合同，或是钟点工，平均每天工作不超过4小时，每周工作时间不超过24小时的员工。

3. 招聘权限的问题

有的公司业务部门的权限很大，可以自己决定是否招聘员工，这样往往导致很多问题。

情境案例

非专业部门招聘员工引发的问题

某公司有许多业务部门，均可以自行招聘员工。其中一个部门 2005 年招聘了一名司机，该部门提出的薪酬待遇为：工资每月 3 000 元 + 社会保险 + 住房公积金。由于这名司机不是本地人，所以他主动提出公司不需要为其缴纳保险等费用，只要多发点现金就可以。最后该业务部门将其工资定为 4 500 元/月，仅为其购买人身意外伤害险，自当年 7 月 1 日开始上班，双方也没有签署劳务合同。

这名司机一直在这个部门工作到 2011 年 9 月 11 日，打算辞职，这时他向业务部门提出赔偿要求：第一，因为没有签署劳务合同，要求从工作一个月后到辞职发放双倍工资；第二，补偿工资，按照一年工龄补偿两个月工资的标准；第三，补交社会保险。

针对司机提出的要求，用人部门请专家予以指导。专家分析，这三条要求主要是因为没有签署劳务合同引发的。针对该司机提出的第一项要求，《劳动合同法》规定用工超过一个月，不足十二个月的要给予双倍工资。所以双倍工资最多是 11 个月 ×2 = 22 个月的工资。但《劳动合同法》是从 2008 年 1 月 1 日开始实施，该司机索赔要求双倍工资最多也只能从 2008 年 2 月 1 日开始到 2008 年 12 月 31 日，共 11 个月的时间。但更重要的是该司机已经错过了诉讼的有效时间。因为劳动争议的仲裁时效为一年，对本案来说该司机最晚需要在 2009 年 12 月 31 日以前起诉补偿双倍工资的问题。目前该员工只能够要求用人单位签订无固定期限的劳动合同，而该司机想要辞职，没有此项要求。

该司机提出的第二项要求，是因为用人单位没有给其缴纳社会保险，所以辞职，并要求每年赔偿两个月的工资。此种情况比较复杂，用人单位解释说不缴纳社会保险和公积金是员工自己的要求，已通过多发工资的形式直接给予了员工。这时第一种可能是员工不予承认之前达成的口头协议，第二种可能是即使法院采信了用人公司的解释，仍可能认为公司有给员工缴纳社会保险的义务。

该司机提出的第三项要求，由于各地政策要求不完全一致，所以最后判决从何时补交社会保险的时间不完全相同。

上述案例主要是因为业务部门权限很大，又缺乏相应的专业知识，没有意识到未签署劳务合同可能会带来纠纷。所以，企业要加强对分支机构和业务部门的监管，严格控制招聘员工的权限。即使有的部门知道一些相关知识，但可能判断不清楚到底是否构成劳动关系，所以要由专业部门或人员具体负责招聘工作。

4. 签订劳动合同流程方面的问题

企业在签订劳动合同的流程方面也容易出现问题。

情境案例

签订劳动合同流程方面的问题

某员工申请仲裁，将用人单位告上法庭。员工起诉说，用人单位在用工期间没有与其签订劳动合同，要求赔偿双倍工资。用工单位说与该员工签订过劳动合同，并当庭出示了劳动合同，合同上有员工的签字。员工说没有签订过，这份合同是公司找别人代签的，是伪造的。

用人单位进一步说明，当时将合同给员工时，员工没有立即签订，解释说需要回家和妻子商量。第二天将合同交上来时，公司当即发现签订的笔迹不是该员工的笔迹，而这名员工说回家干活后，手比较脏，就让自己的妻子代签的。但员工在仲裁庭上否认有这件事情，坚称合同是用人单位伪造的。

仲裁法庭的主审法官后来和专家探讨此事，主审法官说当时在法庭上仔细观察了这名员工的表情和眼神，基本可以判定员工在说谎。但仲裁需要依据证据，合同上的字迹经鉴定确实不是该员工的，如果用人单位说是员工妻子签的，根据“谁主张谁举证”的原则，用人单位需要提供证据，第一需要说服该员工的妻子证明这件事，第二需要证明是员工授权给他妻子的。由于用人单位无法提供证据，结果被判决败诉。

这个案例主要是在合同签订流程上出现了问题，一般来说，签订合同时要求员工现场签字确认。如果员工需要和家人商量，用人单位可以现场制作劳动合同签收确认单，请员工签字确认。这个签收单据能够证明公司履行过与员工签订劳动合同的行为，以排除法律风险。

另外，合同签订流程出现问题，还容易发生在老员工的续约问题上。比如，用人单位需要提前一个月通知员工合同到期续签或终止。如果员工的合同已经到期，但用工单位没有注意到，这和新员工没有签订劳务合同的风险是相同的。

5. 合同签订期限的问题

企业需要在员工工作一个月内与员工签订劳动合同，如果超过一个月，企业就需要承担无劳动合同的风险。所以，作为专业的人力资源管理者，一般在员工上岗前就要与其签订劳动合同，甚至有的企业为了引进人才，提前一年就签订了劳动合同，因为这样的人才职业操守很强，或者员工和原来的企业有“脱密期”的约定，计划辞职需要提前半年通知所在企业。

提前签订劳动合同，可以给双方足够的时间协商解决合同中的细节。否则，等到工作后再讨论这些细节，最后协商不成，企业打算解雇员工时，双方已经形成事实上的劳动关系，具有较高的法律风险。所以，最专业的做法应该是，先有合同再有劳动关系。

6. 完善劳动合同文本

很多企业没有仔细研究劳动合同文本，认为越详细越好。通常来说，其他合同可能越详细越好，因为双方是平等关系，合同上的条款对双方都有约束作用，可以避免日后产生纠纷。但劳动合同不同，因为劳动法对企业的约束较多，例如，企业和员工签订了八年的合同，员工要辞职，只需提前一个月书面通知企业即可，但企业要辞退员工，法律有很多对员工权益的倾斜性保护，不是提前一个月通知就可以的。

情境案例 **劳动合同规定得太详细带来的烦恼**

上海某企业与员工签订的劳动合同文本内容十分详细，其中工作地点也在合同上列明为“上海市××区××路××号××大厦××室”。后来随着公司业务的发展，将工作地点搬迁到开发区。

这时，一名员工与公司发生了争执，因为劳动合同上明确写明了工作地点和合同期限，公司最后只好将这名员工单独留在原来的工作地点办公。

在这个案例中，如果企业当时在合同上只列明工作城市，当工作地点需要搬迁时，只要对员工上下班没有造成太大影响，员工有义务服从公司的合理安排。企业需要将工作地点迁往不同城市时，如果员工不同意，企业可以支付补偿、解除双方的劳动合同，在法律上称为“行事变更”。

（1）用企业的规章制度详细约定劳动双方的权益。关于员工具体的津贴、饭贴、车贴、房贴等薪酬福利的详细约定，企业可以通过公司内部制度予以详细约定，不必在劳动合同中列明。这样处理对企业的好处是，如果需要改变其中的条款，只需与职工代表或工会进行协商，工会会站在职工整体利益的角度考虑。例如，公司由于经营状况计划裁员，但工会不同意，如果公司不裁员，就需要取消员工的饭贴、房贴等，工会为了换取不裁员，可能就会在福利待遇上妥协；但如果将福利待遇都写在合同中，公司就需要和每一名员工协商，在实际操作中就会遇到很多困难。

所以，劳动合同只需列明必要的条款，越简单越好。例如，在劳动合同的解除与终止方面，合同上列明“按照法律相关规定执行”即可；在经济补偿金支付和计算方面，合同上列明“按照法律相关规定执行”；在工时、假期方面，合同上列明“按照法律相关规定及公司的相关规章制度执行”；工资、津贴、福利等方面，合同上列明“按照公司相关规章制度执行”。对于想要了解详细内容的员工，只要遵守公司保密条款，就可以将公司的规章制度发给员工。不要将规章制度作为合同的附件，如果作为附件，规章制度就是合同的一部分，进行变更仍需要与每名员工进行协商。作为制度需要更改时，企业可以对员工公示，在操作上具有一定的灵活性。所以，劳动合同越简单越好，公司的规章制度越详细、越完善越好。

（2）与劳动合同配套的相关内容。签订劳动合同时，首先需要员工提供一些基本信息。员工要填写基本信息登记表，包括员工的户籍、居住地址、E-mail 等，并且需要注明如果员工基本信息有变动，需要在两个工作日内书面通知公司。

其次，有些岗位需要签署《保密协议》，甚至需要签署《竞业限制协议》。

再次，有些岗位需要签署《绩效考核协议》《岗位责任确认书》等。

做人事管理工作，最难操作也最容易出现问题的是降职、降岗、降薪、解雇。对于表现很差的员工，甚至已经是“害群之马”，公司必须依据规章制度及时处理，所以在合同签订时要注意各方面的细节。

（三）试用期管理风险控制

1. 合法办理试用期各项手续

有的企业对试用期员工不办理相关手续、不签订劳动合同，有的企业即使与试用期员工签订劳动合同，但不缴纳社保，或是暂扣员工福利，待员工转正后一起发放。这些行为给企业带来的第一个风险是员工投诉。因为《劳动法合同》关于劳动合同签订的时间，甚至签好的合同何时交给员工都有明确规定。

试用期员工同样与公司存在劳动关系，需要签订劳动合同，甚至专业的人力资源管理者在现场签完合同后，还会办理劳动合同签收手续。在劳动关系存续期间，如果员工出现意外，发生重大疾病、工伤等，需要住院治疗，解决巨大的经济负担。所以从避免企业用工风险的角度，试用期期间要签订劳务合同。

企业在招聘时要审慎考核，一般同意试用的员工，基本上在试用期结束后就会被正式聘用，大量考核工作是放在招聘期间进行的。

2.《劳动合同法》约定的试用期

关于试用期期限的问题，主要包括以下几点：

（1）《劳动合同法》规定公司只能与员工约定一次试用期，所以企业不能待试用期结束后觉得对员工考核不够，又延长试用期。

（2）试用期的期限与合同是一一对应的。公司延长试用期的合同是无效的，所以延长的试用期也是无效的。

（3）试用期的最大风险——解雇问题。在试用期合同上需要清楚说明解雇的条件，否则容易发生纠纷。

3. 明确试用期的录用条件

试用期劳动合同中要明确试用结束后的录用条件，可以在合同的相关条款、公司的规章制度、相关岗位责任书中予以明确。

4. 举证试用期不符合录用条件

除明确试用期结束后的录用条件外，企业还有必要明确解雇条件。

有的企业为了避免试用期的风险，大概有以下做法：

（1）在招聘环节多设计几个环节，甚至包括试岗、模拟实际工作的情境，充分考核员工各方面的素质，这样录用人员的成功率较高，但加大了招聘成本。

（2）对招聘来的员工先做劳务派遣，不与公司建立劳动关系。员工被派遣一段时间后，如果企业认为其各方面均能满足企业的要求，再与员工签订正式劳动合同。

（3）有的公司让新员工先做钟点工，平均每天工作不超过4小时，每周不超过24小时。这种非全日制的钟点工，解雇时较简单，不需要提前通知，可以随时终止合作，且不需要补偿。

在多数企业中，试用期是必要的。因此企业在试用期期间要注意试用期的手续、期限及录用、解聘的条件，以避免试用期风险。

综上所述，招聘风险主要来自工作分析、人员需求计划、员工测试和员工录用四个方面。首先要通过加强企业的内部制度，提高招聘的决策质量，逐步构建起员工招聘的风险防范体系。其次，注重决策程序的规范性，提高招聘人员的业务素质，做好招聘人员的思想工作。然后，在招聘过程中体现出科学、客观、公正、公平，严格按照科学程序招聘，注重对相关人员权责对等的平衡，使决策能够很好地渗入招聘过程。具体招聘时要严格遵守国家的法律法规，不出现任何歧视行为。最后，做好各项招聘评估工作，为下次招聘做好必要准备。

【阅读材料】

在实际中可以从以下几个方面规避招聘录用过程中的风险：

1. 在招聘广告方面

2. 在基本录用条件方面

（1）年满16周岁。

（2）无吸毒、酗酒、赌博等不良嗜好，无任何犯罪记录和不良记录。

（3）与其他单位无劳动关系。

有下列情形之一的，为不符合录用条件：

①伪造学历、证书与工作经历的。

②个人简历、应聘登记表、员工登记表等所填内容与事实不符的。

③填写虚假体检信息或经体检发现患有传染性、不可治愈以及严重疾病的。

④不能按质、按量、按时完成工作任务或拒绝接受领导交办的临时任务的。

⑤非因工伤无法在工作时间内提供劳动义务的。

⑥有任何违反公司规章制度行为的。

⑦其他不符合录用条件的情形。

3. 在入职时要求员工提供相关资料并保存

(1) 要求员工提供身份证、学历、学位、职称、职业资格证书等复印件（查验原件无误后，须由员工本人在复印件上签署：与原件一致，由本人提供)。

(2) 指定医院的体检结果原件。

(3) 与其他公司终止、解除劳动关系证明（原件）或与其他企业无劳动关系的声明；重要岗位人员必须提供与其他公司终止、解除劳动关系证明（原件)。劳动密集型企业员工流动性较大，提供起来比较困难，由其本人书写与其他企业无劳动关系的声明即可。

(4) 当员工的个人资料有以下更改或补充时，要求员工于一周内报至人力资源部，以确保员工个人资料的准确：

①本人姓名、婚姻状况、生育状况以及家庭住址、联系方式；

②出现事故或紧急情况时的联系人、住址及联系方式；

③培训结业或进修毕业证明；

④其他入职时提供资料的变更。

4. 要求员工写本人声明

本人声明：

(1) 公司已如实告知本人工作内容、工作地点、工作条件、职业危害、安全生产状况、劳动报酬以及员工要求了解的情况。

(2) 本人所提供的个人信息、身份证明、学历证明、资格证明、工作经历等个人资料均真实，并充分了解上述资料的真实性是双方订立劳动合同的前提条件，如有弄虚作假或隐瞒的情况，属于严重违反公司规章制度，同意公司无条件解除劳动合同，公司因此遭受的损失，本人对此有赔偿义务。

(3) 所提供的通信地址为邮寄送达地址（姓名、通信地址如有变更，须在一周之内以书面形式上报人力资源部)，公司向该通信地址寄送的文件或物品，如果发生收件人拒绝签收或其他无法送达的情形，本人同意，从公司寄出之日起视为公司已经送达。

(4) 本人保证在其他用人单位工作期间无保密和竞业限制的约定，否则责任自负。

本人签名：

年　月　日

学习任务二　招聘评估

情境案例引入

“叮铃铃……”人力资源部经理办公室的电话响起，经理宁飞伸了个懒腰接起电话。“你们人力资源部怎么搞的，这次招聘花了这么多钱？不是说预算 6 000 元吗！现在花了

9 000 多元，超出的那部分钱花哪去了？你们写个总结报告，星期五给我。”王经理一口气说完就挂了电话。这时候，负责绩效考核的李辉进来汇报情况：“宁部长，这次录用的新员工齐宇和范斌考核结果很不理想啊，好多绩效标准都没有合格。”宁飞眉头紧皱，面色凝重地说：“下午四点咱们开个会吧，你去通知一下大家。”

问：

1. 案例中的现象反映了什么问题？
2. 你有什么方法来处理这些问题？

【案例分析】 本案例中的现象反映的问题是没有进行招聘评估，招聘评估是招聘过程中必不可少的一个环节，在招聘工作结束后，应该对招聘工作进行评估。招聘评估是指在完成招聘工作的基础上，对整个招聘活动的过程和结果进行总体评价与总结，检验是否完成招聘目标，同时将成功与失败的经验及时反馈的过程。

【任务提示】 招聘评估是招聘过程中必不可少的一个环节，一方面是对前期招聘工作的总结，另一方面是为日后招聘工作的改进提供依据。招聘评估通过成本与效益核算能够使招聘人员清楚地知道费用的支出情况，区分哪些是应支出项目，哪些是不应支出项目，这有利于降低今后招聘的费用，有利于为组织节省开支；招聘评估通过对录用员工的试用期绩效、实际能力、工作潜力的评估即通过对录用员工质量的评估，检验招聘工作成果与方法的有效性，有利于招聘方法的改进。

必备知识

知识基础二　招聘评估的意义及内容

（一）招聘评估的含义

招聘评估一般从两个方面进行：

1. 招聘的财力资源评估

通过成本与效益核算来了解招聘过程中费用的支出情况，区分应支出项目与非应出支项目，为降低招聘成本、节约组织开支提供经验。

2. 人力资源评估

通过对录用员工实际能力、工作潜力、试用期绩效的评估，来检验招聘质量，判断招聘方法的有效性，为今后招聘工作的改进积累经验。

（二）招聘评估的意义

具体来讲，招聘评估的意义主要体现在以下两个方面：

1. 有利于节约组织开支

在招聘评估工作中，一方面就是进行财力资源评估，其中涉及招聘甄选的成本与收益核算、录用安置的成本与收益核算、新员工培训成本核算等。通过这几方面的核算，使招聘人员清楚费用支出情况与支出价值，判断应支出项目与非应支出项目。在日后的招聘工作中就可以避免非应支出项目的发生，降低招聘费用，节约组织开支。

2. 有利于改进今后的招聘工作

一方面，通过对招聘效果的评估，可以检验招聘渠道是否合理、测评方法是否科学、评价指标是否准确，通过以上工作有利于日后合理选择招聘渠道、采用科学测评方法以及完善评价指标；另一方面，通过对录用员工数量的评估，可以分析实际招聘数量与目标招聘数量之间的差别，进而可以检验招聘信息发布的效果和甄选范围的合理性。此外，对录用员工质量的评估也可以间接反映录用决策的成败。总的来说，招聘评估可以不断积累招聘工作的经验，改进后续的招聘工作。

（三）招聘的财力资源评估

招聘的财力资源评估，又称招聘成本评估，是指对招聘过程中的费用进行调查、核实，并对照预算进行评价的过程。

招聘工作结束后要对整个招聘过程进行费用核算。招聘的财力资源评估是对招聘的经费使用情况进行度量、计算、记录等活动的总称。通过评估可以了解招聘中经费的使用细节，检验实际招聘费用与目标招聘费用的差别，发现问题，改进工作。

1. 招聘成本

招聘成本是在招聘过程中所花费的各项成本的总额，一般包括招聘成本、选拔成本、录用成本、安置成本、离职成本、重置成本以及新员工适应性培训成本。招聘成本项目明细如表 7－1 所示。

表 7－1　招聘成本项目明细

成本项目	说明	举例
招聘成本	组织为吸引应聘者而产生的成本	直接劳务费、直接业务费、间接管理费
选拔成本	对应聘者进行测评选拔所发生的费用	知识考试、心理测试的试卷费，面试成本、其他测评费用
录用成本	经过招聘选拔后，将合适人员录用到组织中发生的费用	录取手续费、调动补偿费、旅途补助费
安置成本	安置被录取员工到具体的工作岗位上所发生的费用	各种安置行政管理费、工作必备用品费、安置人员时间成本
离职成本	被录用员工在试用期内离职而给组织带来的各项损失	应付工资福利、离职管理费用、其他间接成本
重置成本	因招聘失败而重新招聘所发生的费用	重新招聘的费用、新员工培训费用
新员工适应性培训成本	组织对新员工在组织文化、制度规范、业务知识技能等方面进行培训所发生的费用	培训管理费、资料费、培训设备折旧费、培训期发的工资

2. 招聘成本效用评估

招聘成本效用评估是指对招聘成本产生的效用进行分析的过程。该评估主要包括总成本效用分析、招聘成本效用分析、选拔成本效用分析和录用成本效用分析等几项内容。

（1）总成本效用。

$$总成本效用=\frac{录用人数}{招聘总成本}$$

该公式反映单位招聘的总成本效用，计算结果越大，说明组织单位招聘成本所录用的人数越多，招聘效果越好；反之，则说明组织单位招聘成本所录用的人数不足，总成本效用低下。

（2）招聘成本效用。

$$招聘成本效用=\frac{应聘人数}{招聘期间费用}$$

该公式反映招聘费用支出在吸引应聘者方面的效用。计算结果越大，说明单位招聘成本吸引的应聘人数越多，招聘期间费用开支效用越高，间接反映应聘人数比较多，组织选择余地大，有利于招到优秀员工；反之，说明招聘费用存在较多无效花费，费用支出安排或者招聘信息发布效果存在问题。

（3）选拔成本效用。

$$选拔成本效用=\frac{被选中人数}{选拔期间费用}$$

该公式说明选拔资金投入情况。跟总成本效用、招聘成本效用不同，选拔成本效用的分析不能单纯通过公式计算结果的大小来判断效用的高低。用较少的花费来选拔较多的应聘者，不一定能保证选拔质量，而用较多的花费选拔较少的应聘者，也不一定完全能保证较高的选拔质量，所以需要在实际选拔中把握分寸。

（4）录用成本效用。

$$录用成本效用=\frac{正式录用人数}{录用期间费用}$$

该公式反映录用期间资金使用效率。

3. 招聘成本收益评估

分析招聘的成本收益情况也是对招聘工作进行整体评估的一种常用途径。招聘成本收益可以通过考核新员工在其职位上的业绩贡献来确定。通过分析比较招聘成本收益情况可以反映招聘工作的有效性，招聘成本收益比越高，说明招聘工作效果越好，录用员工素质较高，贡献较大；反之，招聘成本收益比越小，说明招聘工作效果越不理想。具体公式如下：

$$招聘成本收益比=\frac{所有新员工为组织创造的总价值}{招聘总成本}$$

（四）招聘的人力资源评估

招聘的人力资源评估是从两方面来进行的：一方面是反映招聘效果的录用人员的评估；另一方面是反映招聘效率的招聘人员的评估。

1. 录用人员评估

录用人员评估就是根据组织招聘计划和招聘岗位的工作分析，对所录用人员的质量、数量和结构进行评价的过程。在招聘工作结束后，对录用人员进行评估是一项十分必要的工作，尤其是大规模的招聘活动，更要重视录用人员的评估。通过录用人员评估可以检验组织在招聘活动中投入的时间、金钱和精力是否得到了应有的回报。一般来说，可以通过以下几个方面来评估招聘的数量和质量。

（1）应聘比。

$$应聘比=\frac{应聘人数}{计划招聘人数}\times 100\%$$

应聘比说明员工招聘的挑选余地和招聘信息的发布效果。应聘比越大，说明组织招聘信息的发布效果越好，越有利于招到高素质员工；反之，说明组织招聘信息发布不合理，对应聘者吸引力较小，组织挑选员工的范围较小。一般来说，应聘比至少应该在200%以上，而且越是重要的岗位，该比率应该越大。

（2）录用比。

$$录用比=\frac{录用人数}{应聘人数}\times 100\%$$

录用比间接反映组织选择余地的大小。录用比较小，说明组织在众多应聘者中选择了较少的一部分，实际录用者的素质就越高；反之，录用比较大，说明组织可以选择的范围较小，实际录用者素质较低的概率就会增加。但需要注意的是，录用比较小，会加大组织的录用成本。

（3）招聘完成比。

$$招聘完成比=\frac{录用人数}{计划招聘人数}\times 100\%$$

该比率反映招聘计划的完成情况。若招聘完成比小于100%，则说明招聘数量没有完成最初的招聘计划，招聘员工数量不足；若招聘完成比等于100%，则说明在数量上全面完成招聘计划；若招聘完成比大于100%，则说明在数量上超额完成了招聘计划。

（4）录用合格比。

$$录用合格比=\frac{录用人员胜任工作人数}{实际录用人数}\times 100\%$$

录用合格比是反映当前招聘有效性的绝对指标。录用合格比越大，说明录用决策的正确程度越高；反之，说明录用决策正确程度较低。

2. 招聘人员评估

招聘人员评估（工作评估）是对招聘结果的评估，体现了招聘工作过程的效率和效果。评估招聘人员工作的主要指标有以下几个：

（1）平均职位空缺时间。

$$平均职位空缺时间=\frac{职位空缺总时间}{补充职位数}\times 100\%$$

该指标反映新员工到位之前平均每个职位空缺的时间长短，它可以从量的角度反映出招聘人员的工作效率。该指标越小，招聘人员工作效率越高。需要注意的是，平均职位空缺时间只是从一个角度反映招聘工作的效率，实际分析时要结合其他指标。

（2）招聘合格率。

$$招聘合格率=\frac{合格招聘人数}{总招聘人数}\times 100\%$$

招聘合格率指标是从质的角度来对招聘人员的工作进行评估。招聘合格人数是指能够通过岗位适应性培训以及试用期考核的新员工。

（3）新员工对招聘人员工作满意度。

$$新员工对招聘人员工作满意度百分比=\frac{满意新员工人数}{新员工总人数}\times 100\%$$

新员工对招聘人员的工作进行满意度评价时，若满意的比例较高，则说明新员工对招聘人员工作的认可度高，间接说明招聘人员的工作表现好。

（4）新员工对组织的满意度。

$$\text{新员工对组织满意度百分比} = \frac{\text{满意新员工人数}}{\text{新员工总人数}} \times 100\%$$

该指标的高低会影响到新员工的工作态度与工作绩效：满意的比例较高时，说明新员工对组织的认可程度较高，会在实际工作中更积极；若满意度低的话，说明新员工对组织不够认可，这时候员工的工作士气一般较低。

（5）新员工试用期离职率。

$$\text{新员工试用期离职率} = \frac{\text{试用期离职员工人数}}{\text{录用人数}} \times 100\%$$

新员工试用期离职包括两方面原因：一方面是由于在试用期不符合组织要求被动离职；另一方面是对组织认可度太低自动离职。该指标越低，说明招聘工作的质量越高；反之，招聘工作质量越低。

（五）信度与效度评估

信度与效度评估是对招聘过程中所使用的方法的正确性与有效性进行的检验，这无疑会提高招聘工作的质量。信度和效度是测试方法的基本内容，只有信度和效度达到一定水平的测试，其结果才适于作为录用决策的依据，否则将误导招聘人员，影响其作出正确决策。

1. 信度评估

信度主要是指测试结果的可靠性或一致性。可靠性是指一次又一次的测试总是得出同样的结论，它或者不产生错误，或者产生同样的错误。通常信度可分为稳定系数、等值系数、内在一致性系数。

稳定系数是指用同一种测试方法对一组应聘者在两个不同时间进行测试的结果的一致性。一致性可用两次结果之间的相关系数来测定。相关系数高低既与测试方法本身有关，也跟测试因素有关。此法不适用于受熟练程度影响较大的测试，因为被测试者在第一次测试中可能会记住某些测试题目的答案，从而提高第二次测试的成绩。

等值系数是指对同一应聘者使用两种对等的、内容相当的测试方法，其结果之间的一致性。

内在一致性系数是指把同一（组）应聘者进行的同一测试分为若干部分加以考查，各部分所得结果之间的一致性。这可用各部分结果之间的相关系数来判断。

此外，还有评分者信度，这是指不同评分者对同样的对象进行评定时的一致性。例如，如果评分者在面试中使用同一种工具给一个应聘者打分，他们都给应聘者相同或相近的分数，则这种工具具有较高的评分者信度。

2. 效度评估

效度，即有效性或精确性，是指实际测到应聘者的有关特征与想要测的特征的符合程度。一个测试必须能测出它想要测定的功能才算有效。效度主要有三种：预测效度、内容效度、同侧效度。

预测效度说明测试用来预测将来行为的有效性。在人员选拔过程中，预测效度是考虑选拔方法是否有效的一个常用指标。人们可以把应聘者在选拔中得到的分数与他们被录用后的绩效分数相比较，两者的相关性越大，说明所选的测试方法、选拔方法越有效，以后可根据此法来评估、预测应聘者的潜力。若相关性很小或不相关，则说明此法在预测人员潜力上效果不大。

内容效度，即测试方法能真正测出想测的内容的程度。考虑内容效度时，主要考虑所用的方法是否与想测试的特性有关，如招聘打字员，测试其打字速度和准确性、手眼协调性和手指灵活度的操作测试的内容效度是较高的。内容效度多应用于知识测试与实际操作测试，而不适用于对能力和潜力的测试。

同侧效度是指对现有员工实施某种测试，然后将测试结果与员工的实际工作绩效考核得分进行比较，若两者的相关系数很大，则说明此测试效度很高。这种测试效度的特点是省时，可以尽快检验某测试方法的效度，但若将其应用到人员选拔测试时，难免会受到其他因素的干扰而无法准确地预测应聘者未来的工作潜力。例如，这种效度是根据现有员工的测试得出的，而现在员工所具备的经验、对组织的了解等，是应聘者所缺乏的。因此，应聘者有可能因缺乏经验而在测试中得不到高分，从而错误地被认为是没有潜力或能力的。其实，他们若经过一定的培训或锻炼，是有可能成为称职的员工的。

【实训项目】

撰写招聘评估报告

A 企业招聘工作结束后，人力资源部需要通过撰写总结评估报告来对招聘工作的整个过程进行记录和总结，同时对费用支出情况、招聘效率以及招聘质量等方面进行评价。A 企业人力资源部的员工迅速投入实际工作中。

（一）A 企业确定的招聘评估报告内容

招聘评估报告内容如表 7－2 所示。

表 7－2　招聘评估报告内容

序号	报告内容	招聘评估内容明细
1	招聘准备	招聘需求分析是否合理、招聘预算编制是否准确、招聘时间是否合适、招聘人员是否合格
2	招聘实施	招聘广告发放渠道是否有效、简历筛选是否合理、安排面试的一系列工作实施是否高效
3	甄选录用	测试的信度效度、评价技术是否科学合理，录用决策是否及时准确，入职手续办理是否高效，劳动合同签订情况如何
4	招聘成本	在整个招聘过程中招聘成本、选拔成本、录用成本、安置成本、离职成本、重置成本等费用支出
5	试用考核	新员工岗位适应情况、试用期工作表现、试用期考核结果、试用期离职率
6	改进意见	—

（二）撰写招聘评估报告的步骤

撰写招聘评估报告的步骤如图 7－1 所示。

1. 综述：介绍招聘活动实施背景、招聘目标、招聘成员、招聘流程、持续时间、整体效果

2. 阐述评估过程：概述招聘评估方案的设计、评估方法、评估指标、评估资料、评估实施

3. 说明评估结果：依据评估指标，运用评估方法得出评估结果，说明招聘工作实际效果与计划目标之间的差别

4. 提出改进建议：提出具有针对性的建议、解决措施，同时注意招聘效率和质量的平衡

5. 评估总结：总结整个评估过程，附上招聘评估相关分析资料、图表、记录等

图7－1　撰写招聘评估报告的步骤

（三）A企业招聘评估总结报告实例

A企业招聘评估总结报告

公司为期两个月的招聘工作已于2018年5月1日落下帷幕，为了不断提升招聘工作效率和质量，现对本次招聘活动作出总结和评价。

1. 招聘准备工作介绍

为了本次招聘工作能顺利开展，公司人力资源部在实施招聘工作半个月前就开始了紧张的准备工作。

（1）招聘需求及招聘方案的确定。

各部门根据业务发展需求情况，在规定时间内将用人需求报送人力资源部。人力资源部对报来的用人需求做了统计、分析、汇总工作并到用人部门复核，初步确定本次的招聘需求。最后将初步招聘需求报告到最高管理层请示，经过管理层决议后敲定最终招聘需求。具体为：管理人员10名、专业技术人员15名、基层员工20名。

在招聘实施过程中，部分部门对需求名单做了较大改动，管理人员由原计划10人调整为15人，最终录用11人；科研部人员由原计划15名调整为10名，最终录用8人。招聘需求的调整，给人力资源部简历筛选和人员初选工作带来了额外工作量，造成较大浪费。

（2）招聘渠道选择。

本次招聘选择以校园招聘为招聘渠道，其中招聘方案以校园宣讲会为主导，结合发布网络招聘信息。招聘对象为应届大学毕业生。

（3）招聘测试方式。

以结构化面试为核心，结合评价中心技术。具体分为以下几步：简历筛选、笔试、人力资源部结构化面试、各部门面试。但是在具体实施时，发现在对专业技术人员的测评中用无

领导小组讨论方法效果一般。

（4）宣讲会资料准备。

校园宣讲会以PPT播放为主要形式，包括公司概况、职业晋升空间、薪酬福利体系和自由提问四个环节。同时公司人力资源部印制了招聘手册，内容涉及企业概况、组织结构、组织战略、组织文化、人才发展战略以及薪酬福利体系。PPT制作水准很高，宣讲效果很好。招聘手册印制成本低，内容周详，很好地宣传了企业，吸引了很多学生。

2. 招聘实施评估

本次共开展了四场大型校园宣讲会，在山西、河南五所学校依次举办。校园招聘宣讲会情况如表7－3所示。

表7－3　校园招聘宣讲会情况

地区	学校	宣讲人	现场人数/人	接收简历数/份
太原	太原×××大学	×××	100	50
	山西×××大学	×××	120	60
	山西×××学院	×××	150	75
郑州	郑州×××大学	×××	200	150
	河南×××大学	×××	220	180
合计			790	515

（1）笔试。

依据大学英语等级和专业契合度进行简历筛选后，确定了400名符合条件者进入第一轮笔试，本次校园招聘的笔试情况如表7－4所示。

表7－4　校园招聘笔试情况

笔试地点	应到人数/人	实到人数/人	笔试合格率/%
太原×××大学	35	30	35
山西×××大学	50	40	40
山西×××学院	55	45	30
郑州×××大学	120	100	38
河南×××大学	140	110	42

从笔试合格率整体偏低的情况来看，此次笔试试题设计偏难，效果不是很理想，今后招聘工作需要注意。

（2）面试。

笔试过后，人力资源部进行初步面试，最终确定并推荐125人进入各用人部门面试。各部门面试录用情况如表7－5所示。

表7－5　面试录用情况表

部门	推荐面试人数/人	参加面试人数/人	录用人数/人	备注
生产部	40	36	13	
科研部	35	30	8	
销售部	35	29	15	
财务部	15	13	3	
合计	125	108	39	

根据录用情况，得出招聘完成比为86.7%（39/45），未完成招聘目标。应聘比为244%，录用比为35%。

（3）招聘成本评估。

招聘费用最初预算为5 000元，实际费用为5 400元，超额支出集中在人工成本上。详细评估过程略。

3. 问题发现

（1）招聘需求分析不到位。本次招聘由于部分用人部门招聘需求的调整导致招聘前期工作量加大。

（2）面试人员不够专业。公司在招聘工作实施之前对面试人员做了简单培训，主要目的是熟悉校园、招聘政策、招聘流程，了解试用期限、考核方式、晋升渠道等，没有对面试技巧进行培训。结果在面试过程中部分面试人员不够客观，甄选的合理性受到影响。

（3）招聘周期太长。从第一场校园招聘宣讲会到通知面试历时近一个月，在此期间好多原来有应聘意向的毕业生转向其他公司，造成了一定的人才流失。

4. 建议措施

（1）做好招聘需求分析，各用人部门应认真分析职位空缺情况，准确报告招聘需求，避免不必要的麻烦与浪费。

（2）加强面试人员培训，主要是加强各用人部门面试人员的面试技能和方法培训，避免面试判断时常犯的主观错误。

（3）缩短招聘周期，提高招聘效率。从简历筛选、初步面试到最终面试和决定录用，每个环节都坚持及时原则，用尽可能高的效率处理每项工作，减少应聘者的等待时间。

知识掌握

1. 控制招聘风险的方法有哪些？
2. 招聘成本评估中有哪些关键指标？
3. 招聘的人力资源评估主要由哪几方面构成？
4. 如何对招聘人员的工作进行评估？
5. 简述招聘评估报告内容及撰写步骤。

知识应用

康辉公司是某省IT行业的名牌企业。根据战略规划，公司需要在2018年补充一批高素质的年轻专业人才，目标锁定为刚毕业的研究生。因此公司计划从2018届毕业生中招聘30名研究生。根据惯例，校园招聘要在2017年年底开始实施。因此，2017年11月，人力资源部就开始筹备校园招聘工作。历时一个月，人力资源部召开招聘工作会议，拟定具体招聘工作方案，印制了公司宣传手册。2017年12月，公司派5人到省内××科技大学、××理工大学举办了两场校园宣讲会，由于PPT演示结合公司宣传手册发放，宣讲会效果特别好，共收到700份简历。两次宣讲会，公司支付场地费10 000元，印刷费5 000元，支付招聘工作人员的工资、福利、交通差旅补贴等30 000元。从2017年12月底开始，公司人力资源部对700份简历进行了半个多月的筛选，选出了符合公司基本要求的200份简历。从2018年2月开始，人力资源部对简历合格的研究生进行电话预约，准备第一轮面试。但是在预约过程中，将近50%的候选人员已经找到合适的工作单位或由于其他原因不能来参加面试。由于情况不乐观，人力资源部最后采取报销往返路费的措施来吸引剩下的候选人前来面试。因为该项举措公司多支出了30 000元。

2018年3月，公司最后录用了20名研究生，没有实现最初目标。同时，招聘工作支出费用却严重超出预算。

分析：

1. 该公司为什么没有完成既定的招聘数量目标？
2. 撰写康辉公司这次的招聘评估报告。

技能操练

项目名称：招聘的评估与风险规避。

实训要求：每个模拟公司对自己招聘的各个环节进行分析、总结、评估、计算成本，并分析此次招聘可能会遇到什么风险，如何规避。小组做PPT汇报，教师点评打分。

实训成果：

1. 撰写招聘评估报告。
2. 对各环节潜在风险进行分析。

考核指标：

1. 对可能出现的分析估计准确，招聘评估报告内容全面。
2. 小组气势佳，分工合作好，成员参与度高。
3. PPT制作清晰，汇报者表达流畅。

学习情境八

人力资源的有效配置

知识目标：通过对本情境的学习掌握人力资源配置的概念和原理、劳动分工的概念和作用、劳动协作的基本形式和基本要求；掌握人力资源空间配置、5S 活动等现场管理与劳动环境优化的方法。

能力要求：运用人力资源配置的基本知识，能够进行人力资源的空间配置和时间配置。

职业导向

企业人力资源与其他经济资源相结合产出各种产品的过程，也就是人力资源从空间和时间上实现多维度有效配置的过程。企业人力资源的空间配置主要包括组织结构的设计、劳动分工协作形式的选择、工作地的组织和劳动环境优化等。人力资源的时间配置主要是指建立工时工作制度、工作轮班的组织等管理活动。人力资源的合理配置不仅是人力资源管理的起点，也是人力资源管理的归宿。

职业情境

李敏是河北省一家生产涂料制品的中型合资公司人力资源部部长，最近他在工作中越来越感受到人力资源配置在人力资源管理工作中的重要性，他说："成也在人，败也在人。人是企业最重要的资产，人是一切事物中最活跃的因素。现代企业的竞争，说到底是人才的竞争。公司不分大小，人员不在多少，只要善于汇聚人的智慧，把各种各样的人用好，人尽其才，各尽所能，你的事业便兴旺发达，你就可尽享成功的乐趣……"他总结了什么是人力资源管理。人力资源管理是运用现代化的科学方法，对相关的人、事、物及其之间的关系进行合理组织、协调、培训、调配，使人力和物力经常保持最佳比例，同时对人的思想、心理和行为进行恰当的引导、控制和监督，以充分发挥人的主观能动性，做到事得其人，人尽其才，人事相宜，以实现组织目标。那么如何合理配置人力资源呢？

学习任务一　人力资源的空间配置

情境案例引入

酒店行业安保部配置实例

某度假村酒店（以下简称“度假村”或“酒店”）是隶属于某政府单位和某国企单位的一家集餐饮、住宿、会议于一体的度假村酒店，以接待具有一定社会背景的人物为主，所以，企业的安全保卫工作属于重中之重。酒店共分为四个区：一区（办公区）、二区（会议中心区）、三区（服务区）、四区（别墅区）。

安保部门主要负责度假村四个区域的安全保卫工作，内容涉及门岗站岗检查、区域巡逻、区域监控、消防检查等，但是目前在有限的人员配备下，主要工作更多的是体现在门岗站岗检查方面，其他安保工作由于人力不足没能予以完成，这样，安保工作的完善与人员的不足便形成矛盾；同时，安保人员大多数素质不高，职业规范化严重不足，不利于度假村的高标准接待，不利于树立企业形象。该酒店面临的现状如下：

(1) 区域广阔，有限的安保人员无法全面地检查到每一个细节之处；

(2) 企业既把安全保障工作作为企业的重中之重考虑，又希望有效地控制人工成本，两者达到有效平衡；

(3) 现有的安保人员素质普遍不高，但有限的薪酬确实不利于留住高层次人才。

【案例分析】 鉴于该度假村区域广阔、人员现状配备不足的现象，增加安保人员可能是所有人都会考虑到的一个措施，但是作为企业来讲，以追求效益最大化为主要目标，过高的人工成本可能是企业管理人员更为关注的问题之一，如何在人工成本增长不是很大的情况下，充分地将安保职能发挥得淋漓尽致，是解决问题的关键。这样，就需要采取一种调动全员的模式来实现安全保卫职能的有效发挥。通过对安保工作内容的分析、合理排班制的科学设计，从而有效实现人员的合理调配，实现人员角色定位准确，职能履行到位的效果。

首先需要做的第一步工作就是对安保工作职能进行深入的分析，这是确定人员编制的前提。其次，对影响安保部门的定编因素进行分析。不同的因素，会导致不同的编制需求，要综合考虑各方面的情况，确定合适的人员编制。具体的分析因素主要包含工作职责、工作区域、技术水平、巡逻安全以及企业形象。最后，通过对不同的工作班次安排不同数量的人员，来进行人员配置；并且通过对酒店监控设备的安装情况以及人员设置的分析，最终实现安保部门人员数量的确定。通过以上步骤的实施，逐步实现度假村安保工作到位，达到人工成本最低的效果。

【任务提示】 企业人力资源配置就是指通过人员规划、招聘、选拔、录用、考评、调配和培训等多种手段和措施，将符合企业发展需要的各类员工适时、适量地安排到适合的岗位上，使之与其他经济资源实行有效的合理配置，做到人尽其才，适才适所，不断增强企业的核心竞争力，最大限度地为企业创造更高的社会效益和经济效益的过程。

必备知识

知识基础一　人力资源配置的依据

（一）人力资源配置的原理

1. 要素有用原理

在人力资源配置过程中，首先要遵循一个宗旨，即任何要素（人员）都是有用的，换言之，没有无用之人，只有没用好之人，而配置的根本目的是为所有人员找到和创造其发挥作用的条件。

这一原理说明，对于那些没有用好之人，其问题之一是没有深入全面地识别员工，发现他们的可用之处。这是因为人的素质往往表现为矛盾的特征或者呈现非常复杂的双向性，优点和缺点共生，失误往往掩盖着成功的因素，这为人们发现人才、识别人才、任用人才，增加了许多困难。因此，正确识别员工是合理配置人员的前提。其问题之二是没有为员工发展创造有利的条件。只有条件和环境适当，员工的能力才能得到充分发挥。例如，企业推行双向选择、公开招聘、竞争上岗等新的人事政策，为许多人才提供了适合其发展的工作环境和条件，为许多人走上更高一级的岗位提供了机会。

过去企业经常强调伯乐式领导者对企业员工识别和配置所发挥的关键作用。但企业现在更强调创造良好的政策环境，建立“动态赛马”的用人机制，让更多的员工能够在这一机制下脱颖而出，化被动为主动，从根本上摆脱单纯依赖“伯乐”的局面。可见，识才、育才、用才是管理者的主要职责。

2. 能位对应原理

人与人之间不仅存在能力特点的不同，而且在能力水平上也是不同的。具有不同能力特点和水平的人，应安排在要求相应特点和水平的职位上，并赋予该职位应有的权力和责任，使个人能力水平与岗位要求相适应。

人力资源管理的根本任务是合理配置使用人力资源，提高人力资源投入产出比率。要合理使用人力资源，就要对人力资源的构成和特点有详细的了解。人力资源是由一个个劳动者的劳动能力组成的，而各个劳动者的劳动能力由于受到身体状况、教育程度、实践经验等因素的影响而各自不同，形成个体差异。

就个体能力来说，这种差异包括两方面：一是能力性质、特点的差异，即能力的特殊性不同。个人能力的特殊性，形成他的专长、特长，即他能干什么，最适合干什么。二是能力水平的差异，不同的人，能力才干是不同的，有的高些，有的低些。世界上也不存在两个能力水平完全相等的人。认识人与人之间能力水平上的差异，目的是为了在人力资源的利用上坚持能级层次原则，大才大用，小才小用，各尽所能，人尽其才。

一个单位或组织的工作，一般可分为四个层级，即决策层、管理层、执行层、操作层。决策层的工作属于全局性工作，决策的正确与否，关系到事业的成败。因此，决策层的能级最高。管理层的工作是将决策层的决策付诸实施的一整套计划、监督、协调和控制的过程，管理层的能级是仅次于决策层的比较高的能级。执行层的工作是将管理层拟定的方针、方案、计划、措施等变成具体工作标准、工作定额、工作方法以及各种督促、检查手段的实施过程，执行层的能级比管理层低。操作层的工作就是通过实际操作来完成执行层制定的工作标准、工作定额并接受各种监督检查，它是一个单位或组织中能级最低的层次。一个单位或组织中的工作，包括这样四个层次，应该配备具有相应能力等级的人来承担。只有这样，才能形成合理的能职对应，大大提高工作效率，顺利完成任务。

3. 互补增值原理

这个原理强调人各有所长也各有所短，以己之长补他人之短，从而使每个人的长处得到充分发挥，避免短处对工作的影响，通过个体之间取长补短而形成整体优势，实现组织目标的最优化。这是因为，当个体与个体之间、个体与群体之间具有相辅相成作用的时候，互补产生的合力要比单个人的能力简单相加而形成的合力大得多，群体的整体功能就会正向放大；反之，整体功能就会反向缩小，个体优势的发挥也受到人为的限制。因此，按照现代人力资源管理的要求，一个群体内部各个成员之间应该是密切配合的互补关系，互补的一组人必须有共同的理想、事业和追求，而互补增值原理最重要的是“增值”。

4. 动态适应原理

动态适应原理指的是人与事的不适应是绝对的，适应是相对的，从不适应到适应是在运动中实现的，随着事物的发展，适应又会变为不适应，只有不断调整人与事的关系，才能达到重新适应，这正是动态适应原理的体现。

从组织内部来看，劳动者个人与工作岗位的适应不是绝对的和一定的，无论是由于岗位对人的能力要求提高了，还是人的能力提高要求变动岗位，都要求人们及时地了解人与岗位的适应程度，从而进行调整，以达到人适其职，职得其人。

5. 弹性冗余原理

弹性冗余原理要求在人与事的配置过程中，既要达到工作的满负荷，又要符合劳动者的生理心理要求，不能超越身心的极限，保证对人、对事的安排要留有一定的余地，既带给劳动者一定的压力和紧迫感，又要保障所有员工的身心健康。

这个原理要求人们既要避免工作量不饱满的状况，也要避免过劳的现象发生，因此体力劳动的强度要适度，不能超过劳动者能承受的范围；脑力劳动也要适度，以促使劳动者保持旺盛的精力；劳动时间也要适度，以保持劳动者身体健康和心理健康；工作目标的管理也要适度，既不能太高，也不能太低。总之，根据具体情况的不同，如工种、类别、行业的不同，以及环境、气候的不同，弹性冗余度也应有所不同。

（二）企业劳动分工

1. 企业劳动分工的概念

劳动分工是在科学分解生产过程的基础上所实现的劳动专业化，使许多劳动者从事不同的但又相互联系的工作。

【阅读材料】

劳动分工有三个主要层次，即一般分工、特殊分工和个别分工。一般分工是按社会生产的大类划分的，如农业、工业、建筑业、交通运输业、商业等。特殊分工是对一般分工的再分解、再细化，将上述各大部门分解成许多行业，如农业可分为种植业、林业、畜牧业、渔业；工业可分为冶金业、化工业、机械业等。一般分工与特殊分工是社会内部的分工，简称社会分工；个别分工是企业范围内的分工，它是每个企业内部各部门以及每个生产者之间的分工。个别分工是把生产、服务过程分解为若干局部的劳动，各个局部的劳动既相互联系，又各自独立，具有专门的职能。企业的劳动分工正是建立在社会分工基础上的个别分工。

2. 企业劳动分工的作用

劳动分工对促进企业生产发展、提高劳动效率具有极其重要的作用。具体表现在以下几点：

（1）劳动分工一般表现为工作简化和专门化。这有利于劳动者较快地提高熟练程度，不断积累经验，完善操作方法，提高劳动效率。

（2）劳动分工能不断地改革劳动工具，使劳动工具专门化。由于劳动分工，劳动者要长期从事一种工作。为了提高效率，他会寻找或设计制造出适应这种工作的专门工具。这样，通用工具就慢慢被专用工具代替了。同时，由于专用工具从通用工具中逐步分化出来，又促进了劳动的进一步分工。

（3）有利于配备工人，发挥每个劳动者的专长。每个劳动者的劳动能力和特长客观上存在差异。劳动分工形成的具有不同特点的局部劳动，可以为每个劳动者提供与本人的劳动能力和特长相适应的工作。

（4）劳动分工大大扩展了劳动空间，使产品生产过程有更多的劳动者同时参与，因而有利于缩短产品的生产周期，加快生产进度。

（5）劳动分工可以防止因劳动者经常转换工作岗位而造成的工时浪费。

3. 企业劳动分工的形式

企业内部劳动分工，一般有以下几种形式：

（1）职能分工。企业全体员工按所执行的职能分工，一般分为工人、学徒、工程技术人员、管理人员、服务人员及其他人员。这是企业劳动组织中最基本的分工，它是研究企业人员结构、合理配备各类人员的基础。

（2）专业（工种）分工。它是职能分工下面第二个层次的分工。专业（工种）分工是根据企业各类人员的工作性质的特点所进行的分工，例如，工程技术人员及管理人员可以按专业特点分为设计人员、工艺人员、计划人员、财会人员、统计人员等。生产工人按他们从事的生产工艺的性质及使用的工艺装备特点进行分工，如机械制造业的工种有造型工、冶炼工、锻工、车工、铣工、电工等。这类分工对有计划地培训人员是重要的，同时也是研究每类人员构成的基础。

（3）技术分工。指每一专业和工种内部按业务能力和技术水平高低进行的分工。例如，技术人员分为助理技术员、技术员、助理工程师、工程师和高级工程师。每个专业及工种的级别，应该规定相应的业务能力和技术水平规范。进行这种技术分工，有利于发挥员工的技术业务专长，鼓励员工不断提高自己的技术水平。企业应使各个技术等级的人员保持合理的比例，注意提高员工队伍的素质，以适应企业不断提高生产经营水平的需要。

4. 企业劳动分工的原则

（1）把直接生产工作和管理工作、服务工作分开。特别要保证直接从事物质生产活动以及在生产经营活动中起关键作用的工作，如产品开发、市场营销等。

（2）把不同的工艺阶段和工种分开。企业的整个生产过程可以分成不同的工艺阶段。按照生产工艺阶段的不同，又可以把工作分成不同的工种或操作岗位。例如，在机械制造企业里，生产过程一般可以分为准备阶段（铸、锻）、加工阶段和装配阶段，在加工阶段又可进一步分为车工、铣工、磨工、刨工等工种。把不同的工种和工艺阶段分开，可以按照工人的技术专长合理地配备工人。

（3）把准备性工作和执行性工作分开。如在机床上加工零件是执行性工作，而加工前的准备图纸、准备工具、调整机床等都属于准备性工作。将两者分开，使准备工人专干准备工作，生产工人专干执行工作，便于发挥两者的专长，提高劳动效率。

（4）把基本工作和辅助工作分开。基本工作是指直接加工劳动对象的工作。辅助工作是指为基本工作服务的工作。例如，在纺织企业中，清花、纺纱、织布都是基本工作，修车、加油、领料、送半成品则是辅助工作。把基本工作和辅助工作分开来，是为了让基本工人不干或少干辅助工作，使其劳动时间能得到更充分的利用。

（5）把技术高低不同的工作分开。把不同技术等级的工作分配给相应等级的工人去做。

（6）防止劳动分工过细带来的消极影响。可以采用如下措施：使每一项分工都具有独立的技术内容；在掌握低等级工作后要向高等级工作发展；掌握本工种技术后要向多工种技术发展；既从事生产工作，又参加管理。

（三）企业劳动协作

企业的劳动协作，就是采用适当的形式，把从事各种局部性工作的劳动者联合起来，共同完成某种整体性的工作。

【阅读材料】

马克思在《资本论》中指出："许多人在同一种生产过程中，或在不同的但互相联系的生产过程中，有计划地一起协同劳动，这种劳动形式叫做协作。"企业有分工，就要有协作。协作是分工不可缺少的条件，分工越细，越需要加强协作。通过协作，不仅可以提高个人生产力，而且可以创造出一种新的生产力，这种生产力本身必然是集体力。协作以分工为前提，而分工又以协作为条件，在分工的基础上协作，在协作的原则下进行分工。分工和协作是不可分割的整体。

1. 企业劳动协作的形式

劳动协作分为两种：以简单分工为基础的协作是简单协作，而以细致分工为基础的协作是复杂协作。

简单协作的劳动者无详细分工，只是一起合作完成一项工作，如搬运重物、挖沟等。简单协作是一种结合的劳动，它使劳动者摆脱了个人局限性，从而创造了一种新的社会劳动生产力，它同单个劳动者力量的机械总和存在本质上的区别。因为结合劳动能扩大劳动的空间范围，缩短完成工作的时间，并能在较小的空间范围内使相互联系的生产过程靠拢，生产资料聚集，容纳较多的劳动者，从而节约劳动资料，降低生产成本。

复杂协作是建立在较为细致的分工上的协作。复杂协作是把生产过程中的各种操作分解并交给若干人，每人只负责一部分操作，全部操作由若干操作者同时进行，成果则是这个以分工为基础的联合体的劳动产品。在复杂协作的生产机构中，每个劳动者只是这个机构的一个部分。复杂协作所特有的优越性是使劳动专业化、工具专门化，在劳动方式、劳动组织方面发生了重大变化，更有利于改进技术，提高劳动熟练程度。

企业劳动协作的形式，一般分为企业之间的协作和企业内部的协作。从协作范围上看，有空间范围的劳动协作和时间范围的劳动协作。

【阅读材料】

组织企业内部劳动协作的基本要求：

（1）尽可能地固定各种协作关系，并在企业管理制度中，对协作关系的建立、变更，解除的程序、方法，审批权限等内容作出严格的规定。

（2）实行经济合同制。协作双方通过签订经济合同，保证协作任务按质、按量、按期完成。

（3）全面加强计划、财务、劳动人事等各项管理，借用各种经济杠杆和行政手段，保证协作关系的实现。

2. 作业组

作业组是企业中最基本的协作关系和协作形式。它是在劳动分工的基础上，把为完成某项工作而相互协作的有关工人组织起来的劳动集体。它是企业里最基本的组织形式，是人们研究企业劳动协作组织的基础。

作业组按工人的工种组成情况区分，有专业作业组和综合作业组两种。专业作业组由同工种工人组成，综合作业组由不同工种的工人组成。按轮班工人的组成情况分，作业组又可分为轮班作业组（即按照横班组织作业组）和圆班作业组（即按照早、中、夜三班组成一个作业组）两种。无论组织哪一种形式的作业组，企业都必须合理地配备作业组的人员，建立明确的岗位责任制，克服组内成员职责不清和无人负责的现象。

【阅读材料】

组织作业组时要遵守的一条基本原则，就是要把在生产上有直接联系的工人组合起来，不能把在生产上没联系的工人凑合在一起。以下几种情况需要组成作业组：

（1）生产作业需工人共同来完成。生产作业必须由几个人共同完成，而不能分配给每个工人独立完成时，需要组成作业组，例如石油化工企业里的设备检修组、机械制造业的装配组。

（2）看管大型复杂的机器设备。在工人共同看管大型复杂的机器设备情况下，需要组成作业组，例如机械制造企业的锻压作业组、冶金企业的高炉炉前作业组。

（3）工人的工作彼此密切相关。当工人的工作彼此密切联系时，为了加强协作配合，需要组成作业组。例如流水生产线，各道工序联系十分密切，为了加强全线各道工序的协作配合，需要组成作业组。

（4）为了便于管理和相互交流。生产工作虽然分配给每个人独立去完成，但为了互相帮助，交流经验，也要组成作业组，例如机械制造企业的车工组、铣工组，纺织企业的细纱作业组。

（5）为了加强工作联系。为了加强准备工作、辅助工作和基本工作的紧密联系和相互协作，可以组成作业组。例如，建筑企业中砌砖瓦工和运送灰、浆、瓦的工人组成一个作业组。

（6）在工人没有固定的工作地，或者没有固定工作任务的情况下，为了便于调动和分配他们的工作，需要组成作业组，如厂内的运输组、电工组、水暖工组等。

作业组组织工作的主要内容包括：

（1）搞好作业组的民主管理，同时结合生产实际情况，建立完善的岗位责任制度。

（2）为作业组正确地配备人员。

（3）选择一个好的组长。作业组长的人选可通过民主选举、领导批准等办法产生。

（4）合理确定作业组的规模，一般以 10～20 人为宜。

企业的劳动协作除了要安排好最基层的班组、作业组之外，还应当搞好车间一级的协作。车间是企业劳动协作的中间环节，起着承上启下的重要作用。长期以来，我国企业普遍存在着车间一级劳动协作不平衡的问题，特别是按生产工艺组织的车间，每遇一事，互相扯皮，互相推脱，影响企业生产的正常运行。近年来，许多企业与车间通过签订经济承包合同的方式，实行层层承包，使劳动协作关系制度化，保证了企业生产经营活动的总体协调和统一。这说明要实现企业内劳动协作，也必须借助经济杠杆。

（四）工作地组织

1. 工作地组织的基本内容

（1）合理装备和布置工作地。装备工作地，主要是确定使用的各种设备、工具和必要的辅助设备。其中生产设备是工作地装备的主体部分。装备确定以后，还必须进行合理的布置。布置工作地应尽量缩短工人在班上行走的距离，减少工人的辅助生产时间，减轻劳动强度。

（2）保持工作地的正常秩序和良好的工作环境。这方面要做的工作主要包括：安装必要的防护装置；保持工作地的清洁卫生；保持良好的照明条件；保持正常的温度、湿度和通风条件；控制工作地的噪声；尽量减少有毒有害气体和工业粉尘的危害；合理调节工作地的色彩等。

（3）正确组织工作地的供应和服务工作，包括及时供应原材料、半成品，防止停工待料；按计划检修机器设备，防止发生设备事故；按时供应各种工具、图纸和有关的技术资料；指导操作工人按技术规范操作；加强质量检验；及时运送加工好的半成品和成品；搞好各项辅助性和服务性工作等。

2. 工作地组织的要求

工作地组织是劳动空间组织的重要内容。工作地是指配置一定的设备、工具、器具，能够使劳动者从事某项生产劳动活动或进行工作的地点。

【阅读材料】

合理组织工作地应当达到以下几点要求：

（1）应有利于工人进行生产劳动，减少或消除多余、笨重的操作，减少体力消耗，缩短辅助作业时间。

（2）应有利于发挥工作地装备（如生产设备、工具、防护装置、监控仪表等），以及辅助器具的效能，尽量节约空间，减少占地面积。

（3）要有利于工人的身心健康，使工人有良好的劳动条件与工作环境，防止职业病，避免各种设备或人身事故。

（4）要为企业的所有人员创造良好的劳动环境，使企业员工在健康、舒适、安全的条件下工作。

情境案例

1776年3月，亚当·斯密在《国富论》中第一次提出了劳动分工的观点，并系统、全面地阐述了劳动分工对提高劳动生产率和增进国民财富的巨大作用。亚当·斯密最早提出了分工论，在当时起了很重要的作用，因为分工可以提高效率，所以到20世纪初亨利·福特就把生产一辆车分成了8 772个工时。分工论成为统治企业管理的主要模式。劳动分工理论对于管理理论的发展起到了十分重要的作用，后来的专业分工、管理职能分工、社会分工等理论，都与斯密的这一学说有着“血缘关系”。

分工有很多优势，但是过细的劳动分工也会带来很大的弊端。那么如何改进过细的劳动分工？

【案例分析】

对过细的劳动分工进行改进。

（1）扩大业务法。将同一性质（技术水平相当）的作业，由纵向分工改为横向分工。

（2）充实业务法。将工作性质与负荷不完全相同的业务重新进行分工。

（3）工作连贯法。将紧密联系的工作交给一个人（组）连续完成。例如将研究、试验、设计、工艺和制造等密切相关的各项工作交由一名技术人员去做，使其参与完整的工作过程。

（4）轮换工作法。将若干项不同内容的工作交给若干人去完成，每人每周轮换一次，实行工作轮换制。

（5）小组工作法。将若干延续时间较短的作业合并，由几名工人组成的作业小组共同承担，改变过去短时间内一人只干一道工序的局面。

（6）兼岗兼职。例如安排生产工人负担力所能及的维修工作。

（7）个人包干负责。例如可由一个人负责装配、检验、包装整台产品，并挂牌署名，以便由用户直接监督。

（五）员工配置的基本方法

员工配置的基本方法主要有三种：以人为标准进行配置、以岗位为标准进行配置和以双向选择为标准进行配置。假设在一次招聘中分别测定众多求职者，并把他们安排到多种不同性质的岗位上去，这是岗位和人之间相匹配的过程，既包括对人员的选择，也包括对人员进行合理的安置，适用于同时招聘多人，此方法成本也较低。10 位应聘者的综合测试得分如表 8－1 所示。

表 8－1　10 位应聘者在 5 种岗位上的综合测试得分　　分

应聘者	A	B	C	D	E	F	G	H	I	J
1	4.5	3.5	2.0	2.0	1.5	1.5	4.0	2.5	2.0	1.0
2	3.5	3.0	2.5	2.5	2.5	2.0	3.5	2.0	2.5	2.5
3	4.0	2.0	3.5	3.0	0.5	2.5	3.0	3.0	1.0	1.5
4	3.0	2.0	2.5	1.5	2.0	2.0	3.5	2.0	0.5	0.5
5	3.5	4.5	2.5	1.0	2.0	2.0	1.5	1.5	1.0	0.5

如果假设岗位 1、岗位 2、岗位 3、岗位 4、岗位 5 所需的最低测试分数分别为 3.5、2.5、2.5、3.0、3.5①，要从这 10 个人中选出 5 人来担当不同的岗位，有多种方法，由于录用决策依据不同，录用结果也不同。

1. 以人员为标准进行配置

即从人的角度，按每人得分最高的一项给其安排岗位。这样做可能出现同时多人在该岗位上得分最高，结果只能选择一个员工，而使优秀人才被拒之门外的情况。根据表 8－1 的数据资料，其结果只能是 A（4.5）从事岗位 1，E（2.5）或 I（2.5）从事岗位 2，C（3.5）从事岗位 3，B（4.5）从事岗位 5，岗位 4 空缺，分数计为 0。

若考虑空缺岗位的影响，其录用人员的平均分数为 (4.5＋4.5＋3.5＋2.5＋0)/5＝3.0；若不考虑空缺岗位的影响，则其录用人员的平均分数为 (4.5＋4.5＋3.5＋2.5)/4＝3.75。

2. 以岗位为标准进行配置

即从岗位的角度出发，每个岗位都挑选最好的人来做，但这样做可能会导致一个人同时被好几个岗位选中。尽管这样做的组织效率最高，但只有在允许岗位空缺的前提下才能实现，因此常常是不可能的。根据表 8－1 的数据资料，其结果只能是岗位 1 由 A（4.5）做（在岗位 3 上 A 的得分最高，但一人不能从事二职，因此岗位 3 出现空缺），岗位 2 或岗位 4 由 G（3.5）做，岗位 5 由 B（4.5）做。

若考虑空缺岗位的影响，其录用人员的平均分数为 (4.5＋4.5＋3.5＋0＋0)/5＝2.5；若不考虑空缺岗位的影响，则其录用人员的平均分数为 (4.5＋4.5＋3.5)/3＝4.17。

3. 以双向选择为标准进行配置

由于单纯以人为标准或者单纯以岗位为标准进行配置，均有欠缺，因此，可采用双向选择

---

① 叙述中单位略去，如“3.5 分”后的“分”略去。

的方法进行配置，即在岗位和应聘者两者之间进行必要调整，以满足各个岗位人力资源配置的要求。采用双向选择的配置方法，对岗位而言，有可能出现得分最高的员工不能被安排在本岗位上，而对员工而言，有可能没有被安排到其得分最高的岗位上工作。但该方法综合平衡了岗位和人员两个方面的因素，既现实又可行，能从总体上满足岗位人力资源配置的要求，效率较高。根据表8-1的数据资料，其结果只能是岗位1由A（4.5）做，岗位2由E（2.5）或I（2.5）做，岗位3由C（3.5）做，岗位4由G（3.5）做，岗位5由B（4.5）做。

其录用人员的平均分数为（4.5+4.5+3.5+3.5+2.5）/5=3.7。

（六）员工任务的指派方法

在企业劳动组织过程中，为了提高人力资源配置的有效性，通常可以采用运筹学的数量分析方法，例如，在解决员工任务指派问题时，企业普遍采用的一种方法是匈牙利法。这种方法就是实现人员与工作任务配置合理化、科学化的典型方法。

在应用匈牙利法解决员工任务的合理指派问题时，应当具备以下两个约束条件：

（1）员工数目与任务数目相等；

（2）求解的是最小化问题，如工作时间最小化、费用最小化等。

【实训项目】

用匈牙利法指派员工任务

假定甲单位有甲、乙、丙、丁、戊五个员工，需要在一定的生产技术组织条件下完成A、B、C、D、E五项任务，每个员工完成每项工作所需要耗费的工作时间，如表8-2所示。

请求出员工与任务之间应当如何进行配置，才能保证完成工作任务的时间最短？

表8-2 各员工完成任务时间汇总表　　小时

员工	甲	乙	丙	丁	戊
A	10	5	9	18	11
B	13	19	6	12	14
C	3	2	4	4	5
D	18	9	12	17	15
E	11	6	14	19	10

以下是匈牙利法计算过程：

（1）以各个员工完成各项任务的时间构造矩阵一，如图8-1所示。

$$\begin{vmatrix} 10 & 5 & 9 & 18 & 11 \\ 13 & 19 & 6 & 12 & 14 \\ 3 & 2 & 4 & 4 & 5 \\ 18 & 9 & 12 & 17 & 15 \\ 11 & 6 & 14 & 19 & 10 \end{vmatrix}$$

图8-1 矩阵一

（2）对矩阵一进行行约减，即每一行数据减去本行数据中的最小数，得矩阵二，如图 8－2 所示。

5	0	4	13	6
7	13	0	6	8
1	0	2	2	3
9	0	3	8	6
5	0	8	13	4

图 8－2　矩阵二

（3）检查矩阵二，若矩阵二各行各列均有“0”，则跳过此步，否则进行列约减，即每一列数据减去本列数据中的最小数，得矩阵三，如图 8－3 所示。

4	0	4	11	3
6	13	0	4	5
0	0	2	0	0
8	0	3	6	3
4	0	8	11	1

图 8－3　矩阵三

（4）画“盖 0 线”。即画最少的线将矩阵三中的 0 全部覆盖住，得到结果如图 8－4 所示。

4	0	4	11	3
6	13	0	4	5
0	0	2	0	0
8	0	3	6	3
4	0	8	11	1

图 8－4　矩阵四

操作技巧：从含“0”最多的行或列开始画“盖 0 线”。

（5）数据转换。若“盖 0 线”的数目等于矩阵的维数，则跳过此步，若“盖 0 线”的数目小于矩阵的维数，则进行数据转换，本例属于后一种情况，应进行转换，操作步骤如下：

①找出未被“盖 0 线”覆盖的数中的最小值，例中为 1。

②将未被“盖 0 线”覆盖住的数减去。

③将“盖 0 线”交叉点的数加上。

本例结果如图 8－5 所示。

3	0	4	10	2
5	13	0	3	4
0	1	3	0	0
7	0	3	5	2
3	0	8	10	0

图 8－5　矩阵五

（6）重复第4步和第5步［计算过程如图8－6（a）矩阵六和图8－6（b）矩阵六所示］，直到“盖0线”的数目等于矩阵的维数。本例最终矩阵如图8－7所示。

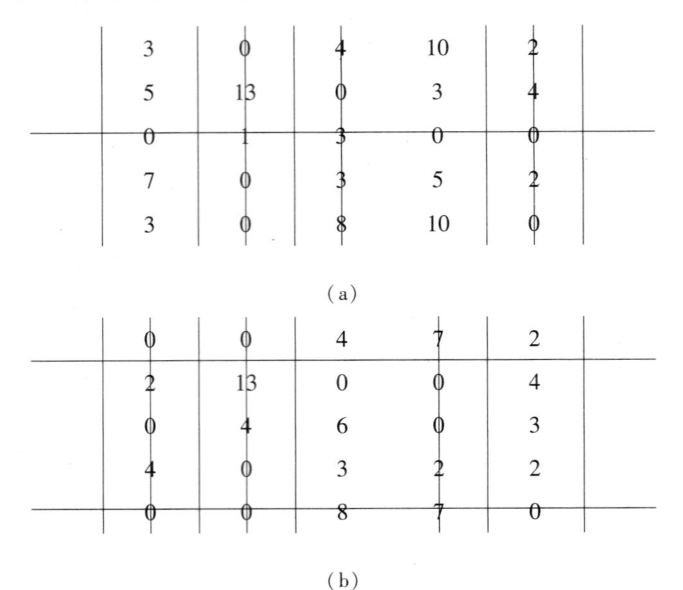

图8－6　矩阵六

0	0	4	7	2
2	13	0	0	4
0	4	6	0	3
4	0	3	2	2
0	0	8	7	0

图8－7　矩阵七

（7）求最优解。对n维矩阵，找出不同行、不同列的n个“0”，每个“0”的位置代表一对配置关系，具体步骤如下：

①先找只含有一个“0”的行（或列），将该行（或列）中的“0”打“√”。

②将带“√”的“0”所在列（或行）中的“0”打“×”。

③重复第①步和第②步至结束。若所有行列均含有多个“0”，则从“0”的数目最少的行或列中任选一个“0”打“√”。

其结果如图8－8矩阵八所示，即员工甲负责任务A，员工乙负责任务D，员工丙负责任务B，员工丁负责任务C，员工戊负责任务E，参照表8－2各员工完成任务时间汇总表，得出如表8－3所示的员工配置最终结果。

0 √	×	4	7	2
2	13	0 √	×	4
×	4	6	0 √	3
4	0 √	3	2	2
×	×	8	7	0 √

图8－8　矩阵八

表 8－3　员工配置最终结果

小时

员工	甲	乙	丙	丁	戊
A	10				
B			6		
C				4	
D		9			
E					10

【阅读材料】

注意：匈牙利法的计算过程不唯一，最终矩阵的形式也不唯一，但最终配置结果一定相同。

（1）约减时，可先进行行约减，再进行列约减；也可先进行列约减，再进行行约减。

（2）“盖 0 线”的画法不唯一。

（七）加强现场管理的“5S”活动

“5S”活动是日本企业率先实施的现场管理方法，5S 分别表示五个日语词汇的罗马拼音 Seiri（整理）、Seiton（整顿）、Seiso（清扫）、Seiketsu（清洁）、Shitsuke（素养）的首字母的缩写。

【阅读材料】

“5S”活动的具体介绍

1. 整理（Seiri）

整理是开展“5S”活动的第一步，它的目的是：改善和增加作业面积；使现场无杂物，行道通畅，提高工作效率；减少磕碰的机会，保障安全，提高质量；消除管理上的混放、混料等差错事故；减少库存量，节约资金；改变作风，改善工作情绪。具体步骤如下：

（1）确定现场需要什么物品，需要多少数量。

（2）将现场物品区分为需要的和不需要的，将不需要的物品清理出现场。现场不需要的典型物品包括工业垃圾、废品、多余的工具、报废的设备、用剩的材料、多余的半成品、切下的料头、切屑、个人生活用品等。

2. 整顿（Seiton）

整顿是指对现场需要留下的物品进行科学合理的布置和摆放，即把要用的东西，按规定位置摆放整齐，并做好标识进行管理，以便用最快的速度取得所需之物，以最简捷的流程完成作业。生产现场物品的合理摆放有利于提高工作效率和产品质量，保障生产安全。开展整顿活动的具体要求如下：

（1）物品摆放要有固定的地点和区域，以便于寻找。

（2）物品摆放方式要规范化、条理化，以提高工作效率。例如，根据物品使用的频率，经常使用的东西应放得近些（如放在作业区内），偶尔使用或不常使用的东西则应放得远些（如集中放在车间某处）。

（3）物品摆放目视化，使定量装载的物品做到过目知数，摆放不同物品的区域采用不同的色彩和标记加以区别。

（4）要求做到现场整齐、紧凑、协调。

3. 清扫（Seiso）

清扫是指在进行清洁工作的同时进行自我检查。生产过程中会产生灰尘、油污、铁屑、垃圾等，从而使现场变脏。脏的现场会使设备精度降低，故障多发，影响产品质量；脏的现场更会影响人们的工作情绪，造成安全事故。因此要进行细心的检查、清理以及恰当的预防措施，使工作场地保持最佳状态。清扫活动的具体要求如下：

（1）自己使用的物品，如设备、工具等，要自己清扫，而不要依赖他人，不增加专门的清扫工。

（2）在清扫的过程中，检查物品、设备有无异常，定期对设备进行维护保养。

（3）在清扫的过程中，发现问题，要查明原因，并采取措施加以改进。

4. 清洁（Seiketsu）

清洁是指对整理、整顿、清扫的成果的巩固和维持，使之制度化。整理、整顿和清扫是短期行为，可以一鼓作气，做出成绩，但这些只是“5S”活动的起步，还要开展清洁活动。清洁活动应做到以下几点：

（1）现场环境整齐、清洁、美观，有利于员工健康。

（2）用具、设备干净，无烟尘噪声。

（3）员工着装干净、整洁，焕发出积极向上的精神面貌。

5. 素养（Shitsuke）

素养即教养，努力提高员工的素养，养成良好的作业习惯，严格遵守行为规范，而不需要别人督促，不需要领导检查，这是“5S”活动的核心。具体实施方法如下：

（1）继续推动前“4S”活动。

（2）建立共同遵守的规章制度。

（3）将各种规章制度目视化。

（4）实施各种教育培训。

（5）违反规章制度的要及时给予纠正。

（6）受批评指责者应立即改正。

1. “5S”的内在联系

5个“S”间有着内在的逻辑关系，前三个“S”直接针对现场，其要点分别是：整理，将不用物品从现场清除；整顿，将有用物品布置存放；清扫，对现场清扫检查，保持清洁。后两个“S”则从规范化和人的素养高度巩固“5S”活动效果。

2. “5S”活动的目标

（1）工作变换时，寻找工具、物品的时间为零。

（2）整顿现场时，不良品为零。

（3）努力降低成本，减少消耗，浪费为零。

（4）缩短生产时间，交货延期为零。

（5）无泄漏、危害，安全整齐，事故为零。

（6）各员工积极工作，彼此间团结友爱，不良行为为零。

3. “6S”活动

在“5S”活动的基础上，有的人提出了“6S”活动，即在“整理、整顿、清扫、清洁、素养”的基础上增加了“安全（Security）”，即重视员工的安全教育，要求各个员工每时每刻都树立安全第一的观念，防患于未然，目的是建立起安全生产的环境，所有的工作都要在安全的前提下进行。

（八）劳动环境优化

为劳动者创造一个舒适、安全且有效率的劳动环境，是管理者的一项重要工作内容。优化劳动环境涉及的范围很广，主要包括以下几个方面：

1. 照明与色彩

工作环境中的采光一般有自然采光和人工照明两种形式。在设计照明时，应尽量利用自然光，因为自然光线柔和，而且对人体机能还有良好影响。通常，照明亮度越高，看得越清楚，但如果亮度过高，反而会造成眩目、看不清楚。一般应以人眼观察物体的舒适度为标准。在劳动环境中的不同地点，照明度应有所区别：在工作地和加工部位应比周围环境的照明度高一些；运动中物体的照明度应比静止的物体高一些；从整个厂房讲，各部分的照明度不可差距过大。

在劳动环境中选用适当的色彩，不仅可以调节人的情绪，还可降低人的疲劳程度。色彩对人的生理影响主要表现为提高视觉器官的分辨能力和减少视觉疲劳。实践证明，在视野内有色彩对比时，视觉适应力比仅有亮度对比有利。由于人眼对明度和饱和度分辨较差，因此，在选择色彩对比时，一般以色调对比为主。选择色调时，最忌讳蓝色、紫色，其次是红色、橙色，因为它们容易引起视觉疲劳。所以，在工厂厂房（包括设备外壳）的主要视力范围内宜采用黄绿色或蓝绿色作为基本色调。色彩还可以影响人的情绪：明快的色彩使人感到轻松愉快，阴郁的色彩则会令人心情沉重。

2. 噪声

噪声对人的听觉和其他器官都有严重危害。在劳动环境中控制噪声一般可采取如下办法：消除或减弱噪声源（经常通过更新或改造设备的方法）；用吸声或消声设备控制和防止噪声传播，一般采用隔声罩、消声器、隔音墙等；把高噪声和低噪声的机器设备分别排放，集中治理；采取个人防护措施，如佩戴防噪耳塞等。

3. 温度和湿度

工作地要保持正常的温度与湿度。要根据不同的作业性质和不同的季节气候，采取必要的措施。夏季，当工作地点的温度经常高于35℃时，应采取降温措施；冬季，室内温度经常低于5℃时，应采取防寒保温措施。人体的舒适温度夏季为18℃～24℃，冬季为7℃～22℃。

目前，我国常用的调节环境温度和湿度的设备有蒸汽和热水管空气加热器、电加热器、窗式和柜式空调机、蒸汽喷管、电加湿器、冷冻除湿机等，企业可根据情况采用适当的设备。

4. 绿化

厂区绿化是优化劳动环境的一项重要工作。绿化不仅能改善工厂的自然环境，还能为劳动环境中各种因素的优化起到辅助作用。

【阅读材料】

实践证明，花草树木是劳动环境天然的“消声器”“吸尘器”和“空调机”。绿化厂区是一项投资少、收益大的“基本建设”。花草树木可以吸收有毒气体，杀死细菌，吸滞灰尘，降低风速，减弱噪声，增加空气湿度，降低温度，净化空气。企业可以根据厂区环境和生产特点选择适当的树种和绿化方法。对于产生二氧化硫的企业，如冶金、化工、火力发电以及用煤和重油作燃料的企业可多种植柳杉、悬铃木、臭椿、垂柳、洋槐、丁香、中国槐、加拿大杨、夹竹桃等；对于产生氟化氢的磷肥厂、陶瓷厂、玻璃厂、制铅或有色金属冶炼等企业可以多栽培泡桐、垂柳、洋槐、松柏、梧桐、女贞、丁香、月季、美人蕉等；对于产生氯气的企业，应选择洋槐、垂柳、合欢、黑枣、女贞、夹竹桃、美人蕉等。

学习任务二　人力资源的时间配置

情境案例引入

在制造工厂，设计员工作业轮班制度，是HR的必备技能，而如何设计一份科学合理、有质量有水平的员工作业轮班制度，不但考验HR的功力，还关系到制造企业能否充分提高各类资源的生产率，更关系到人性化管理能否凝聚员工的心力与激发员工心智。能否将科学合理的作业轮班制推行成功，关系到工厂团队的稳定、员工士气及企业效率效益能否实现。

可事实上，在员工生产作业轮班制度的设计上，不容忽视的现象是：

（1）不分良莠，照搬照抄同行工厂的轮班制度，看起来为个人省事，可殊不知会害得企业增加不应该支付的成本与精力。

（2）有些HR总监/经理很不负责任地把任务要么推给其他部门做，要么交给下属，其理由冠冕堂皇，美名其曰信任他人、充分授权。然而，如此做的背后原因，或是因自己技能生疏，或是因心里不屑于做这样的“小儿科”。他人、下属的境界和视野不能达到总监的高度，总会导致结果存在这样那样的问题，如果总监或经理自身能力达不到，也同样发现不了问题，从而增加了企业无谓的成本与损耗。

(3) 企业老板或者总经理说了怎么轮班，就怎么轮班，作为HR总监或经理就认同，提不出任何有效的完善建议或者措施，得过且过。

(4) 在改变轮班制的推行上，很多工厂的做法不是简单地以行政手段来强行、粗暴改变，就是威逼利诱迫使员工就范，或者使员工在受骗上当中接受等。究竟该怎么设计一份科学合理的生产作业轮班制并成功推行呢?

【案例分析】 工作轮班是指在实行多班制生产的条件下，组织各班人员按规定的时间间隔和班次顺序轮流进行生产活动的一种劳动组织形式，它体现了劳动者在时间上的分工协作关系。

【任务提示】 轮班制变革涉及面广，影响深远，与员工利益和企业发展息息相关，更因其彻底颠覆了以往的工作制度，从一开始就备受全体员工关注。如何成功推行变革，是HR必须面对的课题。

必备知识

知识基础二　工作时间组织的内容

(一) 工作时间组织的内容

对于企业来说，工作时间组织的主要任务是建立工作班制，组织好工作轮班以及合理安排工时制度。企业里的工作班制有单班制和多班制两种。单班制是指每天组织一个班生产；多班制是指每天组织两班或两班以上的员工轮流生产。

实行单班制还是多班制，主要取决于企业生产工艺的特点。有些企业的工艺过程不能间断进行，例如发电、化工、石油、冶金等行业的主要生产过程，都是连续生产，必须实行多班制。有些企业的工艺过程可以间断进行，例如机械制造、纺织等行业的工作班制，要根据企业生产的任务、经济效益和其他有关的生产条件而定。一般来说，实行单班制不利于厂房、机器设备的充分利用，但员工生活起居比较有规律，有利于员工的身体健康，劳动组织工作也比较简单。多班制有利于充分利用机器设备，缩短生产周期，合理使用劳动力，但需要组织工作轮班，组织工作较为复杂。

根据企业实际灵活安排工时制度也是工作时间组织的一项重要内容。我国已经把周制度工时从48小时缩短到40小时，企业可以根据实际情况试行较为灵活的工作时间制度，即采取软化工时的模式，如实行弹性工作制，即每周制度工时不变，在每天工作时间中规定核心时间，在核心时间内必须上班，核心时间之外可以自由选择上下班时间；实行非全时工制，即以天或周为单位，其工时长度可以少于社会的正常工时，比如一天只工作4~6小时，一周只工作3~4天，这一制度最适合家庭主妇；实行分职制，即将一个职业岗位由两个人分担，共同从事全时的工作，工资与福利待遇按各人所做的工时比例分配；另外还可以实行在家做工和野外工作的大班制等。设计灵活而适宜的工时制度，有助于缓和冗员过多的矛盾，满足劳动者的实际需要，有利于他们的身心健康，提高劳动积极性。

【阅读材料】

工作轮班组织应注意的问题

为了组织好多班制生产，除了要解决轮休、倒班方法外，还应注意以下几个问题：

（1）工作轮班的组织，应从生产的具体情况出发，以便充分利用工时和节约人力。在一个企业里，并非各类工人都须实行统一的轮班制度。例如，在化工企业，有的化工产品的操作工人需要三班连续工作，但包装工人也可组织两班制甚至单班制生产。再如，车间的检修工人，除在系统停车大修或主要设备发生故障时需要实行多班制外，通常只需要实行单班制。

（2）要平衡各个轮班人员的配备。应注意各班人员数量保持大致相等，避免相差过多。在业务素质、技术力量的配备上，也要注意平衡，防止把骨干力量都集中在一个班，各班人员配备后，应尽量保持相对固定，避免调动频繁，以利于加强班组管理和工人之间的联系。

（3）建立和健全交接班制度。在交接班时，对于交接设备的完整、清洁、润滑和安全，机器的使用运转情况，工具有无丢失，产品的质量和数量，在制品的完成程度以至生产中存在的问题等，都要按规定的手续交接清楚。这样不仅能明确各班工人的责任，使各班工人更关心本班生产，并且能够加强各班之间的协作，使上一班工人更关心下一班工人的工作，主动为下一班准备好有利的生产条件。

（4）适当组织各班工人交叉上班。当工人从事前后密切衔接的不同工序时，为了便于下一班工人在接班前做好准备工作，上一班工人做好结束工作，可以把各班工人上下班的起止时间，进行适当的交叉；或者下一班工人中的一部分工人，提前上班，先做好生产准备工作。这就可使前后两班的工作密切配合，减少不必要的工时损失。

（5）工作轮班制对人的生理、心理会产生一定的影响，特别是夜班对人的影响最大。科学家和社会学者的研究表明，倒班制使员工的生物钟发生极大混乱。当工人在短时间内频繁地改变上班时间时，他们的睡眠周期就不能适应。国外调查资料表明，有8%的长期上夜班的工人因睡不好觉而垮掉，而在每个星期轮班时，有60%的人在班上打盹儿。倒班，特别是经常上夜班给工人造成了身心危害，还造成了许多工业事故，例如美国三里岛核电站和苏联切尔诺贝利核电站出现的核泄漏事故等，大都发生在后半夜。

为了解决夜班疲劳、工人生理、心理不适应和工作效率下降的问题，一般可采用以下办法

（1）适当增加夜班前后的休息时间。

（2）缩短上夜班的次数，例如采取四班三运转制的倒班办法。

时间生物学家科尔曼和其他一些研究人员在美国犹他州大盐湖矿物和化学公司进行了试

验。过去，该公司的员工上一个星期白班，接着上一个星期夜班，然后再上一个星期中班，而研究人员设计的新的倒班方法是，先上白班，接着上中班，然后再上夜班，每班工作时间每天向前推移 1 ~ 2 小时，而且每 3 个星期才换班一次，在每次倒班时还给几天空闲时间。他们认为，这样做才能符合人体生物钟自然变化的规律，使工作轮班与人体生理机构相互适应。经过九个月的实验，工厂管理人员发现工人生病、缺勤和事故数量大大减少，而工人生产效率提高了 20%。

（二）工作轮班的组织形式

1. 两班制

两班制是每天分早、中两班组织生产，工人不上夜班。这有利于身体健康，也便于机器设备的维修保养和做好生产前的准备工作。工人倒班也比较简单，每隔一周轮换一下班次即可。

2. 三班制

三班制是每天分早、中、夜三班组织生产。根据公休日是否进行生产，又可分为间断性三班制和连续性三班制。实行三班制必须组织好工人的倒班，对连续性三班制的工人还要组织好轮休。

（1）间断性三班制。间断性三班制是指有固定公休日的三班制轮班形式，即公休日停止生产，全体工人休息，公休日后轮换班次。其倒班的方法分为正倒班和反倒班。正倒班是甲、乙、丙三班工人都按早—中—夜的顺序倒班，即原来的早班倒中班，愿来的中班倒夜班，原来的夜班倒早班。反倒班是甲、乙、丙三班工人都按早—夜—中顺序倒班，即原来的早班倒夜班，原来的夜班倒中班，原来的中班倒早班。正反倒班方式如表 8 – 4 所示。

表 8 – 4　正反倒班方式

<table>
<tr><td>方式</td><td colspan="8">正倒班</td><td colspan="8">反倒班</td></tr>
<tr><td>班次</td><td colspan="2">第一周</td><td colspan="2">第二周</td><td colspan="2">第三周</td><td colspan="2">第四周</td><td colspan="2">第一周</td><td colspan="2">第二周</td><td colspan="2">第三周</td><td colspan="2">第四周</td></tr>
<tr><td>早班</td><td>甲</td><td rowspan="3">公休日</td><td>丙</td><td rowspan="3">公休日</td><td>乙</td><td rowspan="3">公休日</td><td>甲</td><td rowspan="3">公休日</td><td>甲</td><td rowspan="3">公休日</td><td>乙</td><td rowspan="3">公休日</td><td>丙</td><td rowspan="3">公休日</td><td>甲</td><td rowspan="3">公休日</td></tr>
<tr><td>中班</td><td>乙</td><td>甲</td><td>丙</td><td>乙</td><td>乙</td><td>丙</td><td>甲</td><td>乙</td></tr>
<tr><td>夜班</td><td>丙</td><td>乙</td><td>甲</td><td>丙</td><td>丙</td><td>甲</td><td>乙</td><td>丙</td></tr>
</table>

上述两种倒班方式在间断性三班制中都可采用，但一般以采取正倒班为好，因为公休日前最后一班的工人就是公休日后第一班的工人，这样可以避免出现因公休日全部停止生产而工作无法交接的现象。

（2）连续性三班制。对于生产过程不能间断的企业，一年内除了设备检修或停电等时间外，每天必须连续组织生产，公休日也不间断。这时必须实行连续性三班制。工人不能一起休息，只能组织轮休。

在原来的每周 48 小时工时制下，企业可以实行三班轮休制、三班半轮休制和四班轮休制。实行每周 40 小时工时制后，三班轮休制和三班半轮休制都超过了制度工时，不宜再采用。

四班轮休制，即“四班三运转”，亦称四三制。四班三运转的轮休制，是以八天为一个循环期，组织四个轮班，实行早、中、夜三班轮流生产，保持设备连续生产不停，工人每八天轮休两天的轮班工作制度。具体倒班方式如表8－5所示。

表8－5 四班三运转轮班表

班次	1	2	3	4	5	6	7	8	9	10	11	12	13	14	15	16
班组1	早	早	中	中	夜	夜	休	休	早	早	中	中	夜	夜	休	休
班组2	中	中	夜	夜	休	休	早	早	中	中	夜	夜	休	休	早	早
班组3	夜	夜	休	休	早	早	中	中	夜	夜	休	休	早	早	中	中
班组4	休	休	早	早	中	中	夜	夜	休	休	早	早	中	中	夜	夜

四班三运转制的组织方法，除上面介绍的每天三个班生产，一个班轮休，两天一倒班，工作六天休息两天之外，还可以安排工作三天休息一天或者工作九天休息三天，从循环期上看，可分为四天、八天、十二天等形式。在实行每周40小时的工时制度下，企业采用本轮班方法时，每个月需要安排一个公休日。

四班三运转制的优点如下：

（1）人休设备不休，提高了设备利用率，挖掘了设备潜力，在原有设备条件下增加了产量。

（2）缩短了工人工作时间。在实行每周48小时的工时制度时，该轮班制度使工人平均每周的工作时间减少了6小时，有利于保护劳动力，提高工人的积极性。

（3）减少了工人连续上夜班的时间，有利于工人的休息和生活。由于两天一倒班，工人每周只连续上两个夜班，对身体健康影响较小。

（4）增加了工人学习技术的时间，可提高工人技术水平，有利于提高工作效率和产品质量水平，从而提高企业经济效益。

（5）有利于在现有厂房设备条件下，增加用工量，为社会提供了更多的就业岗位。

3. 四班制

四班制是指每天组织四个班进行生产。四班制轮班组织又分为三种形式，即“四八交叉”、四六工作制和五班轮休制。

（1）“四八交叉”亦称四班交叉作业，是指在一昼夜24小时内组织四个班生产，每班工作8小时，前后两班之间的工作时间相互交叉。交叉时间一般为2～4小时，具体组织形式如表8－6所示。

表8－6 四班8小时交叉作业时间表

工作班次	1	2	3	4
上班时间	07：00—15：00	13：00—21：00	19：00—03：00	01：00—8：00

在交叉时间里，接班工人进行生产准备工作，了解和研究完成本班生产任务的一些关键性问题，并与上一班工人一起进行生产活动。这样可以加强各班之间的协作，缩短生产准备和交接班时间，更充分地利用工时和设备工具。

（2）四六工作制是每一个工作日由原来组织三班生产，改为四班生产，每班由八小时工作制改为六小时工作制。

四六工作制最早是20世纪80年代在采煤、掘进、开拓延伸工人以及矿建工程中的掘进工人中实行。如果范围扩大，需要增加人员过多，势必影响效率，加大成本。但在我国目前企业冗员较多，人浮于事，一线岗位留不住人的客观情况下，实行四六工作制不失为解决企业富余人员较多问题，增加一线岗位吸引力的一条有益途径。

（3）五班轮休制，即“五班四运转”，它是员工每工作十天轮休两天的轮班制度。

五班四运转的轮休制，是以十天为一个循环期，组织五个轮班，实行早、中、夜三班轮流生产，保持设备连续生产不停，并每天安排一个副班，按照白天的正常时间上班（不超过6小时），负责完成清洗设备、打扫卫生、维护环境等辅助性、服务性工作任务。

五班轮休制是我国企业推行40小时工时制度以后，在原“四班三运转制”的基础上，实行的一种新的轮班制度，它保证了企业员工某月平均工作时间不超过169小时。该轮班制适用于大中型连续生产的企业。

【阅读材料】

实事求是地取舍，是科学合理设计作业轮班制的必须关键。

掌握了轮班制的设计方法，还不能设计出一份符合自己工厂所需的轮班工作制，需要根据自己工厂实际情况，结合“七须”，实事求是地衡量、论证和取舍。

（1）须从生产具体情况出发，便于充分利用工时和节省人力成本。

（2）须盘点人数与能力，做到合理平衡各个轮班人员的配置。在数量配置上，各班人员数量保持大体相等，避免相差过多。

（3）须考虑所采取的轮班制对人员数量的需求及渠道来源，工资成本的变化，员工对现有轮班制的意见与新轮班制的期待，非轮班员工与轮班员工的工作对接，法定节假日上班人员的安排，宿舍后勤、考勤系统、工资核算系统等相应配套工作等因素。

（4）须适当组织各个轮班的相关岗位员工交叉上班，以保持上下两个轮班工作的相互衔接。

（5）须考虑夜班对员工生物钟的影响。

（6）须建立和健全交接班制度，保持各班组工作的连续性。

（7）须将多班制中各种演变的优点，能取长补短地糅合、嫁接于符合工厂实际所需的轮班制中。

知识掌握

1. 简述劳动分工的内容与原则。
2. 简述员工配置的方法。
3. 简述劳动协作的内容与形式。
4. 简述“5S”活动的内涵。
5. 简述劳动轮班的组织形式。

知识应用

东方宾馆是广州一家五星级涉外宾馆，其保安部采取的就是轮班轮岗制。首先从人员构成看，该部门的成员主要是老员工、外聘人员和实习生3种。人员结构不是很稳定，通过和员工的沟通了解发现该部门的薪酬偏低，与其他宾馆相比没有优势，所以员工的离职率相对较高。该部门采用的轮班制是三班反倒班工作制，每个班有11个人，设班长和副班长。该宾馆保安部的岗位主要有西南门、领事馆、北门、弯道、大堂前、牌坊等六个固定岗位和两个流动岗，早班工作时间是从早上7点到下午3点，中班时间是从下午3点到晚上11点，晚班从晚上11点到第二天早上7点，每个星期换一次班，每个月可以休息4天。但是，该部门人员配备相当的不完善，经常遇到用人捉襟见肘的情况，这样就不得不从其他班次抽人补班，很多员工一个月没休息一天，久而久之的恶性循环就会引发低稳定性高离职率的状况。

通过实际体验和员工访谈可以发现：员工工作压力和强度不会很大，1周可以根据需要安排休息。由于岗位较多，可以避免由于工作岗位单一而带来的厌烦感，使员工有一定的工作热情和活力，再一个就是工作具有间隔休息性。但也存在一些问题：员工个人轮休难以实现，员工的生物钟容易紊乱，比如从早班换成晚班，中间就只能休息8个小时，而休息时间由晚上变成白天，对生物钟的适应就需要2到3天，等刚刚适应这个时间，又需要换班，长久如此会导致身体状况下滑。再一个问题就是分级过多，一个班组人数不多设置一个班长足矣，不必要设置一正一副。

分析：

1. 该宾馆工作轮班制有什么特点？
2. 能从哪些方面对其人力资源配置进行改进？

技能操练

项目名称：员工配置中的排班。

实训要求：假设自己的模拟公司基层岗位需要排班，工种有保安、工勤车司机、前台服务员、数控操作员，请问有哪些方法可以使用？每个小组自行设计，做PPT汇报，教师点评打分。

实训成果：

1. 各种排班表。

考核指标：

1. 排班依据合理。
2. 小组气势佳，分工合作好，成员参与度高。
3. PPT制作清晰，汇报者表达流畅。

参 考 文 献

[1] 孙宗虎，等．招聘与录用管理实务手册［M］．北京：人民邮电出版社，2007.
[2] 萧鸣政．人员测评与选拔［M］．上海：复旦大学出版社，2007.
[3] 姚裕群．人力资源管理与开发［M］．北京：中国人民大学出版社，2003.
[4] 廖全泉．招聘与录用［M］．北京：中国人民大学出版社，2002.
[5] 王丽娟．员工招聘与配置［M］．上海：复旦大学出版社，2006.
[6] 张明清．公开招聘考试实用手册［M］．长沙：湖南科学技术出版社，2004.
[7]［美］加里·德斯勒．人力资源管理［M］．（第6版）．北京：中国人民大学出版社，2005.
[8]［英］史蒂夫·尼兰．伯乐相马：招聘策略与技巧［M］．北京：机械工业出版社，2001.
[9]［美］韦恩·卡西欧，等．人力资源管理中的应用心理学［M］．（第6版）．北京：北京大学出版社，2006.
[10] 赵琛徽．人员素质测评［M］．（第1版）．武汉：武汉大学出版社，2010.
[11] 赵琛徽．员工素质测评［M］．深圳：海天出版社，2003.
[12] 赵永乐．人员素质测评［M］．上海：上海交通大学出版社，2006.
[13] 赵永乐．人员招聘面试技术［M］．上海：上海交通大学出版社，2001.
[14] 中国就业培训技术指导中心．企业人力资源管理师一级［M］．北京：中国劳动社会保障出版社，2014.
[15] 中国就业培训技术指导中心．企业人力资源管理师二级［M］．北京：中国劳动社会保障出版社，2014.
[16] 中国就业培训技术指导中心．企业人力资源管理师三级［M］．北京：中国劳动社会保障出版社，2014.
[17] 李旭旦，等．员工招聘与甄选［M］．上海：华东理工大学出版社，2009.
[18] HR人才资源管理案例网．